U0936562

珍藏本·增订本

纪念版

汉译世界学术名著丛书

金帐汗国兴衰史

〔苏〕 鲍里斯·格列科夫 / 亚历山大·雅库博夫斯基 著

余大钧 译

张沪华 校

SINCE1897 商务印书馆 The Commercial Press

Б. Д. Греков

А. Ю. Якубовский

ЗОЛОТАЯ ОРДА

И ЕЕ ПАДЕНИЕ

Изд. Академии Наук СССР

Москва 1950 Ленинград

根据苏联科学院出版社 1950 年版译出

汉译世界学术名著丛书
（120 年纪念版·珍藏本）
增订本出版说明

2017 年 10 月，为纪念商务印书馆创立 120 周年，本馆推出“汉译世界学术名著丛书”（120 年纪念版·珍藏本），计七百种。近五六年来，仰赖学界同人倾力支持，订正旧译，增补新译，拓展新著，积累日多。为满足读者需要，本馆在七百种的基础上，继续推出“汉译世界学术名著丛书”（120 年纪念版·珍藏本·增订本）三百种。至此，“汉译世界学术名著丛书”累计出版已达千种。

今后，本馆将继续推进丛书的翻译出版工作，在积累单本名著的基础上陆续分辑刊行，汇印出版。为促进中外文明互鉴、推动我国学术发展，使“汉译世界学术名著丛书”这项对我国学术文化有基本建设意义的重大工程发挥更大作用，诚望海内外学术界、翻译界继续给予支持，帮助我们把这套丛书出得更好。

商务印书馆编辑部

2024 年 2 月

汉译世界学术名著丛书
（120年纪念版·珍藏本）
出版说明

2017年2月11日，商务印书馆迎来120岁的生日。120年前，商务印书馆前贤怀揣文化救国的理想，抱持“昌明教育，开启民智”的使命，立足本土，放眼寰宇，以出版为津梁，沟通中西，为中国、为世界提供最富智慧的思想文化成果。无论世事白云苍狗，潮流左右激荡，甚至战火硝烟弥漫，始终践行学术报国之志，无改初心。

逐译世界各国学术名著，即其一端。早在20世纪初年便出版《原富》《天演论》等影响至今的代表性著作，1950年代后更致力于外国哲学和社会科学经典的译介，及至1980年代，辑为“汉译世界学术名著丛书”，汇涓为流，蔚为大观。丛书自1981年开始出版，历时三十余年，迄今已推出七百种，是我国现代出版史上规模最大、最为重要的学术翻译工程。

丛书所选之书，立场观点不囿于一派，学科领域不限于一门，皆为文明开启以来，各时代、各国家、各民族的思想与文化精粹，代表着人类已经到达过的精神境界。丛书系统译介世界学术经典，引领时代思想，为本土原创学术的发展提供丰富的文化滋养，为推动中国现代学术和现代化进程做出了突出的贡献。

为纪念商务印书馆成立120周年，我们整体推出“汉译世界学术名著丛书”120年纪念版的珍藏本，寄望既利于文化积累，又便于研读查考，同时向长期支持丛书出版的译者、编者和读者致以敬意。

两甲子后的今天，商务印书馆又站在了一个新的历史时间节点上。我们不仅要铭记先辈的身影和足迹，更须让我们的步伐充满新的时代精神。这是商务人代代相传的事业，更是与国家和民族的命运始终紧密相连的事业。我们责无旁贷，必须做好我们这代人的传承与创造，让我们的努力和成果不仅凝聚成民族文化的记忆，还能成为后来人可以接续的事业。唯此，才能不负前贤，无愧来者。

商务印书馆编辑部

2017年10月

译 者 前 言

本书是苏联两位历史学家亚历山大·雅库博夫斯基、鲍里斯·格列科夫合写的有关金帐汗国史的一部专著,1952 年曾获斯大林奖金。本书对研究 13—15 世纪蒙古封建贵族统治下的金帐汗国(包括中亚细亚、伏尔加河中下游、顿河流域及高加索、克里木等地区)的历史、9—15 世纪的早期罗斯史,对了解统一的俄罗斯国家的形成和发展具有一定参考价值。

雅库博夫斯基,生于 1886 年,卒于 1953 年,是苏联历史学家、考古学家、东方学家。1925 年起同时在苏联国立物质文化史研究院和国立艾尔米塔什博物馆工作,1935 年起任列宁格勒大学教授,1937 年起在苏联科学院物质文化史研究所工作,1943 年起为苏联科学院通讯院士。他主要研究中亚细亚各族中世纪史、金帐汗国史以及阿拉伯、伊朗中世纪史。他曾领导过对中亚细亚的大量考古发掘工作。

格列科夫,生于 1882 年,卒于 1953 年,是苏联历史学家、社会活动家。1935 年起为苏联科学院院士,1939 年起任苏联科学院历史研究所所长,1951 年起为苏联保卫和平委员会副主席,曾两次获得列宁勋章,三次获得斯大林奖金。他主要研究俄国封建时期的历史。主要著作除本书外,有《古代罗斯的奴隶制度和封建制度》《基辅罗斯》《从古代到十七世纪的俄国农民》《斯大林与历史科学》等。

本书初版于1937年(1941年再版过一次,但内容基本相同),当时书名为《金帐汗国:13—14世纪形成与全盛时期的术赤兀鲁思史纲》,内容仅第一、二两篇。现根据原书1950年第三版修订增补本(由苏联科学院出版社出版,系"现代科学的总结与问题"丛书之一)译出。本书第三版共计三篇,即除原有的第一、二篇外,增加了新写的第三篇。第一篇研究金帐汗国形成和发展的历史;第二篇论述金帐汗国与罗斯的相互关系;第三篇研究金帐汗国的衰亡。作者在书中较详细地描写了蒙古封建军事贵族的统治给俄罗斯国家和人民带来的灾难,突出地阐述了蒙古统治对俄罗斯统一、中央集权国家的形成所产生的影响,并通过对一系列政治事变、军事斗争的描写叙述了金帐汗国衰亡的过程和原因。

本书的不足之处是较少论及金帐汗国对中亚、高加索、克里木等地区的历史发展的影响;对罗斯境内被统治的各族人民(尤其是非俄罗斯族人民)在金帐汗国衰亡过程中所起的作用也很少涉及。

作者在编写本书时利用了大量波斯、阿拉伯文史料,古罗斯编年史资料,金帐汗的敕令以及20世纪40年代以前在中亚细亚等地考古发掘的成果。因此金帐汗国史上不少过去不清楚的史实和问题在本书中得到了澄清。

书后附有人名、地名索引,参考书目,插图和地图。插图系13—15世纪别儿哥萨莱和金帐汗国其他地方的出土文物的照片和别儿哥萨莱城的废墟平面图(共五十二幅)。这些珍贵资料对于读者深入研究金帐汗国史,也必将有所帮助。

译　　例

(1)凡见诸我国史籍上的古代地名、人名、族名及其他专有名词、术语，一般加以采用，不另新译。如：Ургенч 从《元史》译作“玉龙杰赤”，不作“乌尔根奇”；Хубилай 作“忽必烈”，不作“胡比赖”；Хулагу 作“旭烈兀”，不作“胡拉古”；Газан 作“合赞”，不作“加赞”；кыпчак 作“钦察”，不作“克普恰克”；яргучи 作“札鲁忽赤”，不作“雅尔古奇”；яса 作“札撒”，不作“雅萨”；уртак 作“斡脱”，不作“乌尔塔克”。

(2)注意到名词术语的时代性，按照时代的不同采用不同的译名。如：Самарканд 元代译作“撒麻耳干”，明代作“撒马儿罕”；Герат 元代译作“也里”，明代作“哈烈”；Керулен 元代译作“怯绿连”(河)，清代以后译作“克鲁伦”；Уйгур 元明时译作“畏吾儿”，不同于今译“维吾尔”；узбеки，若指 14—16 世纪的草原游牧部则当译作“月即别人”，若指现代民族则作“乌兹别克”。

(3)蒙古突厥语的古地名、人名、族名及其他名词术语，凡不见于我国史籍者，大致采用元明时的译法。如：Тулабуга-хан 译“秃剌不花汗”，Каратаг 译“哈剌塔黑”。

(4)源于波斯、阿拉伯文史料等东方史料上的蒙古帝国及东方伊斯兰教国家的古代人名、地名等，凡不见于我国史籍者，也多采用元明时的译法。(因为考虑到与此相类的人名、地名等在我国元明载籍相当多。)如 Номан-ад-дин 译作“那蛮丁”，Бей-ходжи 译“别亦火者”。

(5)源于欧洲史料上的欧洲国家古地名、人名、族名等，以及一切现代名词，除个别(见于元明史籍上的)例外，大致从今译。因为欧洲国家古人名、地名、族名，在元明载籍中不多，如果也采用元明译法，削足适履，势必制造出许多与一般中世纪史、俄国史完全不同的译名，形成两个体系，这样对于读者来说是不方便的；同时也会造成史学名词上的混乱。如 Владимир(城名)译“弗拉基米尔”，不译“兀剌的迷儿”；Ярослав(人名)译“雅罗斯拉夫”，不译“牙罗思老”；Волга 译“伏尔加河”，不译“窝勒伽河”。

余大钧

1983 年

目　录

第一篇　金帐汗国的建立与发展
（13—14 世纪）

第二篇　金帐汗国与罗斯

第三篇　金帐汗国的衰亡

崇高的使命落到了罗斯身上：她那一望无际的平原耗尽了蒙古人的力量，使蒙古人的入侵就在欧洲的边缘上停住；蛮族不敢把被奴役的罗斯留在自己的后方，他们回到自己的东方草原上去了……

欧洲对待罗斯却总是那样无知、那样忘恩负义。

——A.C.普希金

作　者　序

一百二十三年前，即 1826 年，俄罗斯科学院悬奖一百金币，向 5
俄国及西欧学者征求关于蒙古征服俄罗斯的后果的科学著作，以
三年为期。到期交上来的这一题目的著作，因专门委员会认为不
合格而弃置。这第一次征稿不成功后，过了六年，科学院重新就蒙
古征服东欧问题的研究提出征稿，不过题目本身扩大了，奖金也增
加了。现在一等奖定为两百金币。关于此事，科学院于 1832 年刊
登了弗楞院士写的一篇详细征稿启事。他提出了应征著作的主要
任务如下："根据东方史学家，特别是伊斯兰教徒史学家的记载及
留存下来的该王朝诸汗的货币，以及古代俄罗斯、波兰、匈牙利等
国的编年史和现代欧洲人著作中的其他记载，批判地进行研究，写
成术赤兀鲁思史，或所谓金帐汗国史。"①弗楞的详细启事，不仅列
举了金帐汗国史的一些最重要的问题纲目，还注意到各类史料及
其中最重要的几种。启事中所提出的有关金帐汗国史的问题，其 6
特点是完全没有关于社会经济的题目。1835 年，科学院收到了德
国东方学家哈姆尔・浦尔格斯塔尔应征的巨著。尽管当时由弗
楞、克鲁格及施密特诸院士所组成的科学院委员会不得不承认作
者的这部巨著（共有整整 1272 页）既有很大缺点，也有优点，但是

① B. Г. 齐曾戈曾：《金帐汗国史资料汇编》，第 1 卷，附录 2（弗楞启事），第 557 页。

认为不能以任何奖金授予哈姆尔。经科学院委员会评定落选后四年，作者将此书出版，书名为《钦察金帐汗国史》。作者把科学院的评语以及自己的尖锐的反驳意见与著作一起发表。[①] 今天，在这次悬奖征稿一百多年后，我们有理由说，哈姆尔的著作尽管有很大的缺点，但终究是前进了一步，应当受到实际上由弗楞院士领导的学术委员会的赞许。

第二次征稿“失败”后，科学院不再悬奖征求。但是研究金帐汗国史的著作，并未停止出版过。有关金帐汗国政治和文化生活的各种问题的论文和书籍不时出现。与这方面问题的研究相联系的各次失败是如此的富有教益，致使尚未编写的金帐汗国史学史本身成了有意义的题目。有关金帐汗国史的著作所依据的不仅是文字资料，还有俄国一位最早的考古学家捷列申科所发掘的文物。捷列申科在一百年前发掘了金帐汗国第二个首都——别儿哥萨莱的遗址。

7 俄国东方学家大多数都曾与金帐汗国问题发生过这样或那样的关系。现在我只举出一些最卓越的名字：格里戈里耶夫、萨维里耶夫、贝勒津、维里雅米诺夫-哲尔诺夫、萨勃鲁科夫、帕特卡诺夫、齐曾戈曾、维谢洛夫斯基。可是他们没有一个人写过关于金帐汗国的整个历史的著作。迄今为止，还没有这样的俄文著作，无论学术研究性质的或科学普及性质的都没有。然而，科学院悬奖征稿一百年以来，在东方学中积累了大量实际材料，有已出版的史料，有经过研究而尚未出版的手稿，有专门搜集的金帐汗国史的资料；

① 有关此事的全部详情，见 B. Г. 齐曾戈曾：《金帐汗国史资料汇编》序言。

还有上述作者们在许多论文中记载的大量史实，那就毋庸多说了。在搜集金帐汗国史的具体资料方面，谁也没有 В. Г. 齐曾戈曾做得多；齐曾戈曾在其一生中花了不少岁月搜集东方史料（阿拉伯及波斯文史料）中的记载。可惜，他 1884 年出版的书名为《金帐汗国史资料汇编（第一卷）：阿拉伯文著作选辑》的著作，现在已成稀世珍本。这部著作里包含有 13—15 世纪阿拉伯作家，主要是埃及作家记载的有关金帐汗国的大量资料。

继第一卷（阿拉伯文部分）之后，齐曾戈曾准备出版第二卷（波斯文部分）。可惜，由于种种原因作者没能将第二卷出版。

1941 年苏联科学院东方学研究所出版了收藏在该所档案库中的好几纸夹齐曾戈曾的波斯文金帐汗国史资料。[①] А. А. 罗马斯凯维奇和 С. Л. 沃林花费了很大精力使这一未完成的著作得以
出版，我们对他们的劳动给予应有的赞扬。不用说，关心金帐汗国 8
史问题的人们在获得这一著作时是非常感激的。这部著作出版后几年就证明，它是多么有用。从这部书摘录的引文，时常出现在我们的史学著作中。只消浏览一下一百多年来俄国和西欧学者们有关这一复杂重大的问题的著作，就必须承认，作为文化遗产，俄国研究者齐曾戈曾多年辛勤的资料搜集工作是值得我们特别重视的。目前，任何一个研究金帐汗国史的历史学家都少不了他所搜集的材料。

正如一百多年前一样，金帐汗国问题又突出地摆在我们面前了。

① 齐曾戈曾：《金帐汗国史资料汇编》，第 2 卷（波斯文著作选辑，齐曾戈曾辑，罗马斯凯维奇、沃林校勘整理），莫斯科、列宁格勒，苏联科学院出版社，1941 年。

当弗楞、格里戈里耶夫和萨维里耶夫在世的时代，关心金帐汗国史的只有不多几人，主要是俄国史和东方学方面的专家。他们当时已提出了对金帐汗国及其在俄国史上所起作用的正确看法。弗楞院士在1832年就说过下面的话："我们称为金帐汗国，伊斯兰教徒称为术赤兀鲁思的蒙古王朝的统治……曾在将近两个半世纪中成为俄罗斯的灾难和苦痛，使俄罗斯处在奴役的极度束缚下，掌握了对俄罗斯诸公的生杀予夺之权。这一蒙古王朝的统治对我们祖国的命运、制度、法令、教育、习惯和语言，当然会有或多或少的影响。"[①]但是研究金帐汗国史的这种见解，只是揭示了问题的一个方面。除金帐诸汗及与之有关的钦察蒙古诸别[②]外，在金帐汗国内还有大量非游牧的(非鞑靼族的，而是当地被征服的)农业劳动居民；在各城市里手工业已颇发达，并过着文明生活。总之，在
9 金帐汗国内有自己的居民，他们的人种成分很复杂，过着独特的内部生活，其痕迹不只保存在物质文化和艺术遗物中，而且也保存于在文化上与邻族相互影响的事实中。伟大的苏联十月社会主义革命已使各族人民有可能真正知道自己的历史。

从苏联各族人民史的观点看来，首先是从俄罗斯史的观点看来，术赤兀鲁思，即金帐汗国，是有着特殊意义的。不研究俄罗斯人民曾与之进行英勇斗争的金帐汗国，就不能理解莫斯科中央集权国家的形成。这早已成了无可争辩的真理。但直到最近，俄国史学家实际上没有可能真正利用金帐汗国史的丰富资料，因为他

---

① 齐曾戈曾:《金帐汗国史资料汇编》，第1卷，附录2(弗楞启事)，第555页。

② 别(бег)，突厥语贵族尊号。——译者

们没有把这些资料系统地、科学地综合掌握起来。用大量事实材料写成的详尽的金帐汗国史，过去没有，直到现在仍然没有。[①] A. H. 纳索诺夫的有价值的著作《鞑靼人与罗斯》在某种程度上弥补了这一缺点，此书不只根据俄罗斯史料写成，而且还利用了东方史料，不过用的是译本。

И. П. 彼特鲁舍夫斯基著有《论蒙古统治时代伊朗农民被束缚于土地上》，（载《历史问题》，1947 年第 4 期）；《16—19 世纪初阿塞拜疆和亚美尼亚封建关系史概要》（国立列宁格勒大学出版社，1949 年）。这些著作虽与金帐汗国史无直接关系，但仍有很大意义。还可参阅：A. A. 阿利・咱德所著《金帐汗国与伊利汗国争夺阿塞拜疆的斗争》（载《阿塞拜疆共和国科学院通报》，1946 年第 5、7 期）。

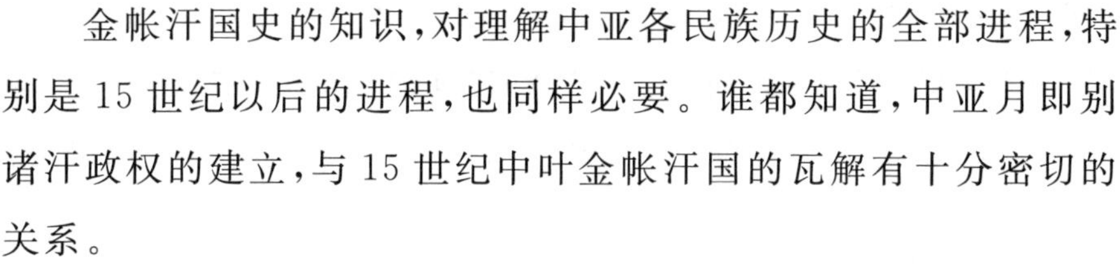

金帐汗国史的知识，对理解中亚各民族历史的全部进程，特 10
别是 15 世纪以后的进程，也同样必要。谁都知道，中亚月即别诸汗政权的建立，与 15 世纪中叶金帐汗国的瓦解有十分密切的关系。

没有金帐汗国史的知识，终究无法了解喀山汗国史、克里木汗国史、阿斯塔剌罕汗国史，因为这三个汗国只是在术赤兀鲁思崩溃和瓦解后，才可能出现。关于南俄罗斯草原、北高加索，里

① 上述哈姆尔的著作从各方面看来早已过时了。1943 年，莱比锡奥托・哈拉索威茨出版社出版了一部篇幅很大的著作：B. 斯普雷：《金帐汗国——在俄罗斯国土上的蒙古人（1223—1502 年）》，此书采用大量材料写成，详细地引证了史料；但此书无论如何也不能弥补上述空白。斯普雷此书就形式而言是学院式的，就实质而言则是不科学的，因为此书歪曲了俄罗斯史及俄罗斯人民与鞑靼人斗争的过程。

海和咸海北面草原这一大片领土，我们能说些什么呢？说实在的，这正是那个一度很大的国家所在的地方。没有金帐汗国史的知识，不可能理解鞑靼苏维埃社会主义自治共和国史。现在住在鞑靼苏维埃社会主义自治共和国里的鞑靼族，首先应说是古代不里阿耳人的后裔，它过去与金帐汗国在政治上和文化上都有十分密切的关系。苏联历史科学的需要是如此之大，因此史学家们现在比过去任何时期更有责任履行由来已久的义务，将金帐汗国史写成。

乍一看来，似乎这一任务并不那么困难，特别是因为19世纪和20世纪上半期积累了大量实际材料。但只是乍看来如此，因为原始资料和材料既可说是很多，又可说是太少了。让我来说明这个道理。有关金帐汗国史的史料数量很庞大。但这些史料是用多种文字——俄文、希腊文、拉丁文、捷克文、阿拉伯文、亚美尼亚文、突厥文、波斯文、格鲁吉亚文、蒙文、中文等——写成的。除了叙事体资料（编年史、旅行家写的游记）外，还有以诸
11 汗的诏敕形式流传下来的文件，公函范本，以及物质文化和艺术遗物形式的考古资料。

一百多年以前，在金帐汗国京城别儿哥萨莱废墟所在地（即俄国察列甫镇），俄国最早的一位考古学家捷列申科对这个一度很大的城市进行了系统的发掘（连续进行了好几年）。发掘出的文物大部分陈列在国立艾尔米塔什博物馆东方馆中，占据了一座大厅。这些实物资料的意义特别大，因为它们告诉我们的金帐汗国城市的文化状况比文字资料所告诉我们的还要多。

在现阶段的知识水平上，想凭一个人来掌握有关金帐汗国

史的全部资料是不可能的，因为几乎没有人能通晓写成上述资料的所有文字。可见单是由于这一情况就产生了对这一题目进行集体工作的问题。有关金帐汗国史的资料数量虽然很多，但遗憾的是，其社会政治史的各方面并未充分阐明。直到最近，熟悉原始资料的史学家大多数还认为（当然，这是没有根据的），对金帐汗国的社会关系，甚至其全盛时期，即 14 世纪的社会关系，哪怕是加以概略的阐述，也没有可能。要确定金帐汗国许多最重要的国内措施实施的年月，几乎是无望的。无论如何，现在我们不能用按照年代顺序叙述国内外事件的方式来编写金帐汗国史。甚至，个别汗的在位年代问题，也弄不大清楚。上述研究金帐汗国史的困难，引起了某些史学家的过分悲观，已故院士 B. 12
B. 巴托尔德便是如此，他只写过少许几篇有关金帐汗国史问题的文章，原因就在于此。巴托尔德的悲观主义固然有几分理由，但整个说来当然是错误的。

本书作者认识到目前着手写出一部苏联关于术赤兀鲁思的著作，即用马列主义观点写成的著作的重要性，决定担负起这个责任重大的任务——写出金帐汗国形成、全盛、衰落时期，即 13—15 世纪的简史。这部简史直接根据原始资料写成，同时也反映了在这个问题上现今的知识水平。作者尽可能采用了最大范围的原始资料，不但利用文字记载，也利用考古资料。在全部工作过程中，作者向自己提出的任务不仅是描写最重要的事实与事件，而且要阐明金帐汗国及其邻国——13—15 世纪的俄罗斯及中亚各民族的社会与政治发展倾向。作者从一开始编写就认识到，鞑靼国家（金帐汗国）的繁荣与衰落，都不能与它的邻国俄罗斯以及中亚各国的共同发展道路割裂开来理解。本书的编写估计到了这样的具体历史环境。

金帐汗国不是在某一民族正常发展的基础上成长起来的国家。金帐汗国是靠强占别国领土人为地建立起来的国家。

鞑靼人在东欧境内强占了哪些地方呢？被侵占的地区有：克里木（有民族成分复杂的居民，在其沿海城市中有着古老的文化），经营农业的不里阿耳公国，由伏尔加河上居民成分复杂（有残留下来的可萨人、阿兰人、乌古思人及已过渡到定居生活的波罗维赤人）、经营商业的各居民点及城市（如撒哈辛）所构成的文明地带以
13 及波罗维赤人游牧的东南欧广大草原。虽然疆域不大，但城市众多的、文明的花剌子模及北高加索山麓也在这些互不相属的地区之内。整个这一复杂的地区构成了鞑靼政权统治的国家。鞑靼诸汗从一开始就靠强大的蒙古突厥军队支持，这支军队随着金帐汗国草原上游牧人口的增长而扩大。汗政权拥有庞大的国库，国库中的钱包括剥削国内上述诸文明地区所得的收入，包括从俄罗斯国家，从俄罗斯的农村及城市索取的贡赋，从鞑靼汗在伊斯兰教斡脱商贾帮助下同邻国进行的贸易中取得的收入。金帐汗国伏尔加河沿岸城市的发展，主要是依靠掠夺其他各民族获得的资财，而不是依靠本身生产力的正常发展。十分突出的是，金帐汗国的物质文明和精神文明不是靠鞑靼人自己的力量，而是靠被征服民族的双手和才智创造的。

像金帐汗国这样的国家，只有靠暴力，靠掠夺被征服民族才有可能存在。但这个国家无法完全遏止它的邻国——俄罗斯诸公国及其热爱劳动、热爱自由的农业居民向前发展。更重要的是，俄罗

斯不仅有力量抵抗鞑靼人，而且有力量打击金帐汗国，摧毁它的军事实力。

14—15世纪俄罗斯的向前发展，它的农业与城市生活的发展，手工业与政治意识的发展，它的精神创造力的成长，最后是对祖国和独立自主的热爱，以及不断的反抗——这些就是金帐汗国衰落的主要原因。

另一原因则是中亚各农业民族的同样的向前发展；金帐汗国 14
也是它们向前发展的重大障碍，因为它使河中地区的居民点及城市经常遭到掠夺性的袭击和侵略的威胁。

罗斯与帖木儿及其后裔的国家，二者在削弱与消灭金帐汗国上都尽了一份力量。不管鞑靼诸汗多么强大，不管鞑靼军队在对罗斯的掠夺性袭击中多么训练有素，不管游牧草原所能提供的骑兵、步兵万户多么众多，也不管它向被压迫民族征收的贡税多么重，金帐汗国在文化发展上，在生产力发展上，却不可避免地是落后的。值得注意的是，14世纪后半期和15世纪时，俄罗斯径直地朝着打破封建割据、建立中央集权的封建国家的道路走去，争取独立自由的斗争恰好促进了这一事业——而金帐汗国却不能摆脱内乱纷争，不可避免地分裂成了几部分。

本书的指导思想就是如此。

要请读者们来评论的本书分为三篇。第一篇包括金帐汗国的形成与全盛时期(13—14世纪)；第三篇是金帐汗国衰亡时期。第一篇与第三篇由亚历山大·雅库博夫斯基编写，第二篇则是鲍里斯·格列科夫写的。

第一、二篇在重版时作了很多补充，第三篇是初版。

书后的索引是国立艾尔米塔什博物馆高级科学研究人员 K. A. 拉基齐娜编制的，她还参加了金帐汗国史参考书目的编写工作。

亚历山大·雅库博夫斯基

第一篇

金帐汗国的建立与发展（13—14世纪）

这个事变的火花四溅，祸及一切人。

——伊宾·阿昔儿（13世纪初）

第一章 11—13 世纪蒙古人到来以前的钦察草原

（波罗维赤草原）

从第聂伯河起到伏尔加河以东很远地方的一片广阔的“南俄 17
罗斯草原”，从 11 世纪起直到 15 世纪，在东方文献（阿拉伯文与波斯文文献）中称作“迭失惕钦察”，即钦察草原。[①] “钦察”这个词，在俄罗斯和拜占庭的编年史上都没有。古罗斯编年史使用“波罗维赤”这个词，而拜占庭编年史及拉丁文文献的作者都使用“库蛮”这个词。波罗维赤人的民族起源问题屡次成为学术探讨的对象。晚近在这个问题上发表意见的有马迦特、B. B. 巴托尔德、Д. 罗索夫斯基和 A. 波诺马廖夫。但未必能认为，这里问题已经完全搞清楚了。[②] 我们不去深入探讨，在东方被称为钦察人的民族，是怎样得到“波罗维赤”这个名称的，但我们认为必须强调指出，在 11 世

---

① B. B. 巴托尔德查明，自 1030 年起钦察人即已与花剌子模为邻（巴托尔德：《关于波罗维赤人的新著作》，见《俄罗斯历史杂志》，第 7 卷，第 148 页）。巴托尔德还查明了，“迭失惕钦察”这个名词最早见于 11 世纪著作家纳昔儿 · 忽思剌兀的著作上（同上书，第 148 页）。

② 马迦特：《库蛮民俗论》，见班额、马迦特：《东突厥方言研究》，柏林，1941 年；巴托尔德，前引书，注 1；Д. 罗索夫斯基：《波罗维赤起源考》，见 *Seminarium Kondakovianum*，第 7 页及其后各页，布拉格；A. 波诺马廖夫：《库蛮——波罗维赤人》，载《古代史通报》，1940 年第 3—4 期。

纪末时他们已成为整个钦察草原的全权主宰者。虽然在东方学和
18 俄国历史科学上,研究者都企图找出波罗维赤人出现在东南欧的准确年月,但在这一方面总是徒劳。直到 12 世纪初,大的政治事件才开始与波罗维赤人或钦察人联系起来。

马迦特在他的著作《库蛮民俗论》中指出,1120—1221 年当钦察人(波罗维赤人、库蛮人)在高加索与格鲁吉亚人一起出兵对穆斯林作战时,他们才作为一股巨大的政治力量出现。但是,《古罗斯编年史》从 11 世纪中叶起已经屡屡提及他们。根据《拉夫连季编年史》的记载,第一次有波罗维赤人参加的游牧民的入侵是在 1054 年。[①] 波罗维赤人是乞马人的西支,他们来到了伏尔加河与第聂伯河之间的草原上,代替了别彻涅格人,关于别彻涅格人在东方史料上及古罗斯编年史中都有记载。鞑靼人到来时,即 13 世纪初,钦察草原已为波罗维赤人牢牢地占据,甚至可以说,这里已有了若干游牧公国。可惜,由于我们现阶段的知识所限,在留传下来的史料中缺乏记载,我们对这里的社会政治制度不仅不能作全面的描写,甚至不能作概略的描写。但钦察草原生活中的某些特征毕竟还是相当鲜明的。

首先谈一下疆域、经济性质与居民成分。关于钦察草原的疆界不能说得很准确,这一点不仅由于 12 世纪有关这方面的记载很少,而且有些地方的疆界连当时的人们自己都搞不清楚,那我们就更难准确地说出那里的疆界了。无论如何,在东南欧境内,从第聂伯河起的土地,南面包括克里木,东北为伏尔加河中游地区直抵不里阿耳城

① 《拉夫连季抄本编年史》,1910 年,第 158 页。

及其所辖地区，东南到伏尔加河口，是钦察人欧洲部分的领土。

在俄国历史文献上，通常将波罗维赤人与纯粹游牧民的概念 19
联系在一起。这一点当然是很大的错误。波罗维赤人的基本群众虽过着游牧生活方式，但一部分波罗维赤人已开始了向定居农业劳动过渡的过程。情况不能是别样。我们都知道，在与农业地区交错的地方，一些处于社会封建化状况中的游牧民可向定居过渡。七河流域（谢米列契）与花剌子模的历史事实便是如此。在七河流域，随着粟特定居居民的突厥化，突骑施、乌古思、葛逻禄等游牧民于 9—11 世纪发生了值得注意的定居过程。[①] 在花剌子模，不仅在其邻近地区，而且在花剌子模境内，我们可看到乌古思人（突厥蛮）与钦察人发生了同样的定居化过程。我们从下文可看到，这个长期的过程，在 13 世纪时使这里原有的花剌子模语发生了很大程度的突厥化。[②] 毫无疑问，与伏尔加河下游、顿河沿岸、克里木农业地区接触的，及部分地与第聂伯沿岸与不里阿耳农业地区接触的波罗维赤人也发生了同样的定居化过程。

H. 阿里斯托夫发表于 1887 年的《波罗维赤地区》是关于这个问题最有价值的专题学术著作。[③] 虽然重写这样一部著作由于文字资料及考古材料的缺乏，会有很大的困难，但这样一部著作早就

① B. B. 巴托尔德：《论粟特语与吐火罗语问题》，伊朗，第 1 卷，第 36—38 页；可失哈儿人马合木的著作，第 1 卷，第 30、391 页。

② 普兰·迦儿宾指出，当时在花剌子模，人们已说库蛮语，即波罗维赤语了（见普兰·迦儿宾，A. И. 马列英译：《蒙古人史》及威廉·鲁勃鲁克：《东方国家行记》，俄译合刊本，圣彼得堡，1911 年版，第 24 页）。近年来，尤其是与 C. П. 托尔斯泰的花剌子模考古调查团的发现有关，出现了好几篇论花剌子模语的论文。

③ H. 阿里斯托夫：《波罗维赤地区（史地概述）》，基辅，1877 年。

20 应当重写了。最后,经过长久的期待,1948年终于出版了K. B.库德里亚绍夫的《波罗维赤草原》一书。该书探讨的是历史地理,主要描述了波罗维赤驻牧地与波罗维赤汗帐的位置,以及波罗维赤人与罗斯诸公国来往的道路。从这个观点来看,该书最令人感兴趣的部分是第八章:《12世纪的波罗维赤草原》。在这一章里,库德里亚绍夫指出了下列驻牧地:"'海湾的'或'多瑙河畔的'波罗维赤人游牧于多瑙河与第聂伯河之间。在第聂伯河湾,在河滩两旁,则是第聂伯河畔的或河滩上的波罗维赤人的宿营地。"从第聂伯河到顿河下游游牧着海滨波罗维赤人。"顿涅茨波罗维赤人分布于沙鲁坎、苏格罗夫与巴林城所在的北顿涅茨河与托尔河之间。在顿河流域游牧着顿河波罗维赤人。"在第聂伯河东部的支流奥列尔河与萨马剌河之间游牧着奥列尔河外波罗维赤人。[1] 伏尔加河下游至少从可萨王国(965年灭亡)时期起,[2]便开始了繁荣的生活;这里有城市、耕地,进行着活跃的贸易活动。965年斯维亚托斯拉夫毁灭可萨王国的京城亦的勒后,这里的文明生活并没有中断。波罗维赤人占领了伏尔加河下游及伏尔加河、第聂伯河之间的草原地区,从前一时期接受了大量遗产。据斡马里说,在包括伏尔加河流域在内的金帐汗国中,有许多耕地。伏尔加河下游两岸有经营农业的可萨人居民点,该地区的新的征服者也逐渐经营农

---

① K. B.库德里亚绍夫:《波罗维赤草原》,《全苏地理学会集刊》,新集,第2卷,莫斯科,1948年,第134页。

② 《拉夫连季抄本编年史》,1910年,第63—64页。阿拉伯地理学家伊宾·哈兀迦勒也谈到了可萨汗国的灭亡,但说的年代却不同——为969年;《拉夫连季编年史》似较可靠。《阿拉伯地理丛刊》,第2卷,第281、284、286页。

业。只有这种情况才能解释 12—13 世纪可萨人几乎湮没无闻这 21
一奇怪的事实。在克里木各城、不里阿耳各城及花剌子模京城玉龙杰赤,可找到可萨商人与手工业者,[①]1240 年经过钦察草原到蒙古去的普兰·迦儿宾就曾谈到了这一点。农村居民(在这里也即可萨人)逐渐丧失了自己的语言,甚至丧失了独立的人种类型。部分进入顿河沿岸及伏尔加河下游地区从事定居农业劳动的波罗维赤人,在语言与人种上都占有优势。除可萨人外,苏联东南欧部分在波罗维赤时期留下了不少阿兰人。

东方史料、拜占庭史料及罗斯编年史一致地谈到,在 11—12 世纪,甚至在 13 世纪,即鞑靼人到来以后,阿兰商人在商业上占有重要地位,[②]当时沿着伏尔加河从不里阿耳到中亚、高加索、伊朗、远东,以及通过草原到克里木,由此再经特拉布宗到小亚细亚君士坦丁堡活跃地进行着贸易活动,当时还与俄罗斯诸公国进行着贸易活动。

关于第一条道路,我们略谈几句,这条路从可萨人时代起直到金帐汗国衰亡为止,即从 8 世纪到 15 世纪,在东南欧生活上起着巨大的作用。尽管斯维亚托斯拉夫于 965 年毁灭了亦的勒,伏尔加河上的贸易虽在一定时期内有所衰落,却并未绝迹。在东方学文献中,伏尔加河上的商业问题(尤其是 10 世纪),研究得十分详尽。在中亚史的最著名的研究者 B. B. 巴托尔德的著作《蒙古入侵

① 普兰·迦儿宾与鲁勃鲁克,前引书,第 24 页。

② 同上书。齐曾戈曾,前引书,第 1 卷,第 47 页(阿拉伯原文),第 55 页(俄译)及他处。

时代的突厥斯坦》中列举了 10 世纪时沿着伏尔加河从不里阿耳运
22 往花剌子模的货物的有趣清单。这份清单是他从 10 世纪后半期阿拉伯地理学家马克迪西那里转录下来的。下面就是巴托尔德译出的马克迪西的原文："黑貂皮、银鼠皮、黄鼠狼皮、伶鼬皮、貂皮、狐皮、海獭皮、兔皮、山羊皮以及蜡烛、箭、白杨树皮、高帽、鱼胶、鱼牙、蓖麻油、琥珀、熟马革、蜜、核桃仁、鹰、剑、铠甲、白桦皮、斯拉夫种奴隶、绵羊、乳牛——这些东西都从不里阿耳运来。"[①]从这份清单中可看出，货物并不限于毛皮之类的奢侈品。除毛皮外，还有"熟马革"、鞣革用的树皮、奴隶与牲畜。在波罗维赤人时代有很大发展的不里阿耳城，它不仅靠毛皮买卖，还靠皮革买卖聚集财富。另一个问题是，这些货物中哪一项在该城的收入中起着较大作用？为了交换从维速、维鲁、玉剌等部落居住的"蛮邦"运到不里阿耳来的毛皮，从高加索运来了金属制品。迦儿纳梯指出，阿塞拜疆的剑在产地一底纳儿可购四柄。一底纳儿相当于五个金卢布，故一柄剑值一卢布二十五戈比。[②]

必须特别强调指出的是奴隶买卖，奴隶大批地通过不里阿耳与亦的勒市场运往伊朗、中亚及其他东方国家。在奴隶中，我们可看到斯拉夫人、罗斯人、不里阿耳人、不儿塔思人、别彻涅格人以及东欧其他各定居与游牧民族的俘虏。几乎所有的阿拉伯地理学家都在自己的著作中谈到伏尔加河上的奴隶买卖占有重大地位。阿拉伯地理学家伊宾·鲁思帖（Ибн-Русте，10 世纪人）[③]与波斯地理

① 巴托尔德：《蒙古入侵时代的突厥斯坦》，第 2 卷，第 295 页。

② 安答鲁西·迦儿纳梯的著作，巴黎，菲兰德出版社，1925 年，第 118 页。

③ 《阿拉伯地理丛刊》，第 7 卷，第 145—146 页。

学家迦儿底西（Гардизи，11世纪人）[1]说，伏尔加河上的各民族互 23
相掳掠，将敌人俘获后当作奴隶卖到上述市场，在这些市场上收买奴隶的人主要是东方的奴隶贩子。在波罗维赤人时代，从不里阿耳沿伏尔加河进行的贸易活动继续着，并且我们有充分根据可以肯定，贸易活动的性质，包括贸易对象，一点也没改变。只是贸易中心有了改变。

亦的勒（位于伏尔加河口）毁灭后，撒哈辛代之而起，可惜关于撒哈辛在史料中记载得很少。在专门文献中，关于它的位置迄今还没有一致见解。有些人（韦斯特别格、巴托尔德）[2]认为撒哈辛位于伏尔加河河口附近，即位于距今阿斯特拉罕不远之地，似乎即在亦的勒的原址上，这个看法或许是正确的。也许，有关撒哈辛的最重要的佐证，是阿拉伯旅行家安答鲁西·迦儿纳梯所提供的，这位阿拉伯旅行家于12世纪初到过伏尔加河流域，到过从伏尔加河口起直到不里阿耳这一带地方。在伏尔加河上他生活了好几年，因此他的记载具有作见证的价值。可惜，他虽对撒哈辛很熟悉，在自己的札记中却只写到他住在那里，遇见若干人等等，而完全没有描写撒哈辛，虽然也提到了城中的清真寺、市场和各种建筑。[3]

安答鲁西·迦儿纳梯还谈到撒哈辛城中的大部分居民是乌古思人。他谈到了四十姓乌古思人，也即突厥蛮。[4] 如果说波罗维

① 迦儿底西有关游牧民的断片记载的波斯原文及俄译（巴托尔德：《1893—1894年中亚细亚学术旅行报告》，第120页）。

② 巴托尔德：《土库曼族史纲》，《土库曼尼亚》一书的单行本，第1卷，第38—39页；韦斯特别格：《科学院通报》，1899年，第291页。

③ 安答鲁西·迦儿纳梯的著作，1925年版，第116页。

④ 扎迦里牙·可疾云尼的著作，乌斯登菲勒德出版社版，第2卷，第402页；巴托尔德：《土库曼族史纲》，第39页。

24 赤人时代的撒哈辛在商业方面力求起到可萨人时代的亦的勒的作用,并成了东南欧最大市场,那么在东北面,仍同上一时期一样,贸易活动为不里阿耳所把持,不里阿耳与 10 世纪比较,有了更大的发展。不里阿耳城及不里阿耳王公富有到何等程度,以及他们的贸易联系如何远达东方,可从下列事实看出。据《塔里黑-贝哈克》的作者说,不里阿耳异密,巴勒塔瓦尔之子马哈麻的儿子阿不·亦思哈克·亦卜剌辛于回历 415 年(即 1024—1025 年)拨出巨款于薛卜咱瓦儿及豁思罗乌只惕城建立礼拜五清真寺,并派人将许多礼物送给呼罗珊王。[①] 据编年史上的资料判断,不里阿耳是一座大城,其废墟在今韃靼苏维埃社会主义自治共和国境内伏尔加河上的保加尔-乌斯宾斯科耶村附近。伊帕齐耶夫的编年史描写 1182 年苏兹达尔公弗谢沃洛德·格奥尔吉耶维奇出征不里阿耳城时说,罗斯人将部分队伍留在岸上后,“骑马进入不里阿耳国,直抵银色的不里阿耳大城前。不里阿耳人见罗斯大军到来,不敢应战,将城门关起;王公们便率部向城门冲杀去”。[②]

从这段记载可知,不里阿耳不仅是一个大城,而且围有城墙。我们上面已提及的 12 世纪初阿拉伯旅行家的下面这段有价值的记载,就像是对《伊帕齐耶夫编年史》上的资料作了补充:“该城(不里阿耳)是用松木建成的,城墙用橡木筑成,城四周除不里阿耳人外,住有突厥诸部。”[③]

---

① 阿不·哈散·贝哈乞(伊宾·封答克):《塔里黑-贝哈克》,德黑兰,回历 1317 年,第 53 页。

② 《伊帕齐耶夫编年史》,1871 年,第 422—423 页。

③ 安答鲁西·迦儿纳梯的著作,第 236—237 页。

可见，不里阿耳是一座大木城。似乎，该城时常起火。关于这一点，编年史上 6737 年[1]的记载是很典型的：“神的天谴不久降临到了不信神者的头上，他们的大城（不里阿耳）起火了，全城焚毁大 25
半。”[2]13 世纪后半期的作者、成吉思汗侵略时期的波斯史学家志费尼也谈到了不里阿耳城人口众多、难以攻占。[3] 从不里阿耳沿伏尔加河通往撒哈辛并远达里海的道路（据阿拉伯地理学家雅库特说，12—13 世纪时从撒哈辛由海路可达满吉失剌克[4]完全为波罗维赤所控制，波罗维赤人也跟 9—10 世纪的可萨人一样，向商船征收缴给波罗维赤汗的关税，看来这是一笔很大的收入）。据记载，12 世纪时罗斯人的商船及军船沿着伏尔加河直达里海高加索沿岸。巴托尔德在其《高加索、突厥斯坦、伏尔加河》一文（第 7 页）中写道：“12 世纪有一段时期伊斯兰教徒丧失了打耳班及其南诸州。这几次战争，罗斯人也参加了；1175 年左右，罗斯舰队败绩于巴库附近。”

在这一时期内，伏尔加河流域与东方的贸易关系和文化关系得到蓬勃发展，以致波罗维赤军队中有了在中亚、伊朗与高加索的封建国家中广泛使用的射击武器。《伊帕齐耶夫编年史》在 1184 年项下给我们留下了穆斯林专家——制造发射器的工匠们参加波罗维赤军队的极有价值的记载：“可咒的不信神的康察黑带着波罗维赤大军侵入了罗斯，急急前进，来攻取和焚烧罗斯各

① 这是拜占庭通常采用的纪元，以上帝创造世界之年为元年，6737 年相当于公元 1229 年。——译者

② 《俄罗斯编年史全集》，第 7 卷，第 136 页。

③ 志费尼的著作，载《吉布纪念丛刊》，第 16 卷，第 1 分册，第 224 页。

④ 雅库特：《地理辞典》，乌斯登菲勒德出版社，第 4 卷，第 670 页。

城。他们找到了一个异教徒,会喷射火焰,他们还有五十个人才拉得开的弩机。”[1]

26 这段记载无可争辩地直接指出了,在波罗维赤军队中曾采用能射出炮弹的发射器,炮弹中装着特种燃料,主要是石油。值得注意的是,《伊戈尔远征记》清楚地反映了这种武器的使用,武器的名称则是从波斯语汇中借用来的。让我们引用两段话:“啊,那殴打鸟儿的苍鹰飞远了——飞向迢遥的海滨!伊戈尔的勇敢的军队再也不会苏醒!卡尔娜和热丽亚对那牺牲的军队大声呼唤着,用火角散布着熊熊的焰灶,在俄罗斯的国土上奔驰着。”[2]

另一段为:“要知道,你能由陆路,用活的长矛(шерешир),向戈列勃的骁勇的儿子们投射。”[3]

这几段精彩的话,曾引起突厥学家 П. 密里奥兰斯基的注意。[4] 按照密里奥兰斯基的见解,шерешир 即波斯语“梯利彻儿黑”,意即箭或炮弹,彻儿黑在波斯语中有弩弓之意。《伊帕齐耶夫编年史》在 1184 年项下,也有一段话谈到这个。密里奥兰斯基认为“焰灶”意指石油焰,“火角”则为 шерешир 一词的俄语同义词。[5]

毫无疑问,会使用上述器械的工匠是花剌子模或高加索的穆

---

① 《伊帕齐耶夫编年史》,第 428—429 页。

② 译文出自《伊戈尔远征记》,魏荒弩译,人民文学出版社,1957 年,第 12 页。——译者

③ 同上书,第 18 页。——译者

④ 《〈伊戈尔远征记〉文字中的突厥语成分》,《科学院俄罗斯语言文学研究室通报》,第 7 卷,第 296—301 页;《俄罗斯考古学会东方部集刊》,第 14 卷,第 22 页。

⑤ 参阅拙著:《伊宾·毕必所讲的 13 世纪初小亚细亚突厥部远征速答黑及波罗维赤、罗斯人的故事》,《拜占庭年鉴》,苏联科学院出版社,第 25 卷,第 59 页。

斯林，石油就产在那里（巴库）。编年史上明确地谈到了穆斯林："他们找到了一个异教徒，会喷射火焰。"东方封建时代的这种独特的"炮"在东方获得广泛应用，这一点可从下述事实看出：蒙古以前时代及蒙古时代的一切史料（无论是波斯文或阿拉伯文资料）在描写攻城时，几乎都提到了发射火焰的器械的使用。[1] 27

随着贸易活动的进行，伊斯兰教从东方传入了伏尔加河各城。我们知道，10 世纪时不里阿耳主要是一座伊斯兰教城市，至于亦的勒，据 10 世纪阿拉伯地理学家伊宾·哈兀迦勒说，城中有三十个清真寺[2]。鲁勃鲁克于 13 世纪中叶经过伏尔加河流域到蒙古时，谈到了不里阿耳："令我惊异的是，是什么把穆罕默德法典传到了这里。"[3]可叹的是，鲁勃鲁克不了解伏尔加河流域的历史，否则他就不会提出这样的问题了。伏尔加河各城市的伊斯兰化，尤其是像不里阿耳与亦的勒（以及后来的撒哈辛）这样大的中心的伊斯兰教化，是由大量进入并移居于伏尔加河流域的商人与手工业者推动起来的，而不单是哈里发木克塔迪儿的官方使节团于 921—922 年觐见不里阿耳王的结果。[4]

伏尔加河流域和波罗维赤草原几乎不断地和位于第聂伯河及其支流以及奥卡河流域上的罗斯诸公国进行着贸易。从不里阿耳，从梁赞（Рязан）和第聂伯河地区将粮食以及中亚、高加索、伊朗

---

① 《伊宾·毕必所讲的 13 世纪初小亚细亚突厥部远征速答黑及波罗维赤、罗斯人的故事》，第 57、70 页。

② 说得更确切些，则在该城中称作"哈扎兰"的商业区。

③ 普兰·迦儿宾与鲁勃鲁克，前引书，第 96 页。

④ 《伊宾·法答兰的伏尔加河游记》，И. Ю. 克拉奇科夫斯基院士编，1939 年。

所大量需要的亚麻运到草原及伏尔加河下游。根据阿拉伯与波斯地理文献记载,打耳班市场在 10 世纪,即早在可萨人时代,是出卖东欧奴隶的中心[1],并以罗斯亚麻市场而闻名于世。

28 古罗斯编年史(《拉夫连季编年史》与《伊帕齐耶夫编年史》)中满是波罗维赤游牧民频频入侵罗斯国土的记载。《拉夫连季抄本编年史》1093 年项下的这段记载可认为是较典型的:"波罗维赤人征服了许多地方后回到托尔茨斯克,城中居民因饥馑不堪而出降,波罗维赤人便进占该城,大肆焚烧,人们都逃散了……"[2]在另一处,在 1094 年项下,写道:"农民惨遭杀戮,有的被掳走,有的流落四方。"[3]我们未必有根据来怀疑编年史中所载波罗维赤人的多次入侵。在封建制度之下,[4]农业地区与游牧草原的相互关系,在所有各处基本上是同样的形式。罗斯诸公国也不例外。游牧民的经常入侵是一种普通现象。游牧民通过侵袭获得财产(战利品),战利品在他们的"经济"体系中成为很可观的一项。编年史上满是关于各种财产,包括牲畜、人在内,作为战利品大量被劫走的记载。但若仅把罗斯封建公国与波罗维赤游牧草原的关系归结为固定不变的敌对关系:波罗维赤诸汗侵入"罗斯各国"与王公出征钦察草原互相更迭,那就大错特错了。在这一方面,东南欧绝不例外。在封建时代,凡是农业社会与游牧社会毗邻而处的地方,为掠取战利

① 亦思塔儿希的著作,载《阿拉伯地理丛刊》,第 1 卷,第 184 页;伊宾·哈兀迦勒的著作,载《阿拉伯地理丛刊》,第 2 卷,第 242 页。

② 《拉夫连季抄本编年史》,古文献研究委员会出版社,1910 年,第 217 页。

③ 同上书,第 219 页。

④ 当然系指封建关系形成的最初阶段而言。

品的军事侵袭总是与和平贸易关系相交替。中亚、蒙古和中国的历史上充满了这类事实。不仅如此，罗斯王公与波罗维赤诸汗间的敌对关系往往无碍于贸易的正常进行。商人带着货物从一方自 29
由地进入另一方，丝毫不必担心敌对双方中任何一方的袭击。《伊帕齐耶夫编年史》在前面引用过的1184年项下，记载了一件这一方面的有趣的事实："他们遇到从波罗维赤人那边迎面而来的商人，商人告诉他们，波罗维赤人如何屯驻在霍罗尔。"[①]上述事实不是偶然现象。商队自由通过敌营在封建制度的东方是屡见不鲜的。让我再举一件同时代（12世纪末）十字军东征时的事实。伊宾·术别亦儿指出，在穆斯林同十字军作战时商队贸易没有中断。商人带着货物从穆斯林占领下的大马士革平安地到达了十字军管辖下的阿卡。同时，伊宾·术别亦儿本人也曾通过这一条路，他指出敌对双方之间在这一点上有着默契。

从伏尔加河流域与罗斯诸公国出发通过克里木与特拉布宗的道路在当时的贸易关系体系中占有重要地位。运到特拉布宗来的不仅有毛皮、亚麻、奴隶，还有这个设防的港口大城所需要的罗斯的粮食。跟以前一样，即跟11世纪时一样，通过特拉布宗对哈马丹、帖必力思[②]及其他各地进行着贸易。让我列举出有关这种贸易的两段记载，其一是13世纪前半世纪阿拉伯史学家的记载，另一段是1253年经克里木到蒙古的有名的方济各会教士鲁勃鲁克的记载。前一段记载是波罗维赤时代的，第二段记载距蒙古以前

① 《伊帕齐耶夫编年史》，第429页。

② 今大不里士。——译者

时代不远,完全可用来描写波罗维赤人的制度。关于哲别与速不台的远征(1223年),伊宾·阿昔儿写道:“他们到了速答黑城,这是钦察人(波罗维赤——作者注)的城市,他们从该城购得货物,因
30 为该城位于可萨海岸上,有船只运来衣服出售,然后买走少女、奴隶、不儿塔思毛皮、海獭皮、灰鼠皮及他们那里所需的其他物品。”[①]三十年后,鲁勃鲁克从速答黑路过。“锁勒答牙(速答黑)斜对着西那卜勒,所有的商人,无论是从突厥到北方国家去的或从罗斯和北方国家想渡海回到突厥去的,都来到西那卜勒。有些人运来了貂皮、灰鼠皮及别种贵重毛皮;另一些人则运来了棉织物、绒布、丝织物与香料。”[②]这些贸易主要为小亚细亚的突厥、阿拉伯、波斯商人所操纵。正如我们已经看到的,阿兰商人在这些贸易上也起着不小的作用。我们所谈到的贸易对波罗维赤汗及其行政机构的经济利益以及担任高官的波罗维赤别们不会没有好处可言。这一贸易不是波罗维赤人首倡的。波罗维赤人从前一时代继承了克里木、不里阿耳、亦的勒及后来撒哈辛城的繁荣商业生活。无可怀疑,波罗维赤人手中的克里木及其商业城市与伏尔加河下游的政权,给他们带来了不少利益。波罗维赤汗生活在游牧社会中,没有达到13世纪,尤其是14世纪在金帐汗国及旭烈兀汗国中蒙古人所达到的水平,蒙古人拥有接近于中央集权的政府机构。

虽然伊宾·阿昔儿谈到13世纪初的速答黑时说,“这是钦察人的城市”,但我们不能将他的话理解为这里的大部分居民是波罗

① 齐曾戈曾,前引书,第1卷,第26页。

② 普兰·迦儿宾与鲁勃鲁克,前引书,第66页。

维赤人。他的话只是想说明，速答黑的官员是波罗维赤人，他们监督贡税无差错地缴入波罗维赤汗的国库。如果假定在蒙古时代称 31
作“达鲁花赤”的官员们(其主要职能是监督被征服地区的贡税及国内的赋税无差错地上缴并总揽一方大权)在波罗维赤人时代已经存在，并可能拥有“八思哈”这一突厥名称，那未必是错误的。后一名词还研究得很不够。突厥语“八思哈”在蒙古国家可用于一定的行政意义，那只是由于这个词从现实生活中采取了此种意义或与此相近的意义。贡税在波罗维赤国家占有重要地位，因为克里木的许多城市向它纳贡，富庶的不里阿耳及伏尔加河下游地区也向它纳贡。如果我们甚至没有把握说“八思哈”这个名词在波罗维赤时代是否使用过，那么说实在的，关于波罗维赤“国家”的行政机构制度，我们又能谈些什么呢？就说“国家”这个词吧——能否将13、14世纪的蒙古人所理解的国家一词应用于波罗维赤人与波罗维赤部落联盟呢？

我们对波罗维赤人与其较文明的邻邦——罗斯各封建公国、克里木各城市及不里阿耳的相互关系的看法，就是如此。但是，B. A. 戈尔德列夫斯基院士的近著《什么是“赤足狼”?》[1](这一著作实际材料丰富，在个别问题上也有引人入胜的思想)所作的一般历史性质的判断，据我们看来，却对罗斯人与波罗维赤人之间的关系作了不正确的叙述。作者不顾俄罗斯史学在这一方面的正确的传
统观点，描绘了一幅和平相处、友好往来与互助互惠的图画。戈尔 32

① B. A. 戈尔德列夫斯基:《什么是“赤足狼”?》，载《苏联科学院通报(文学语言编)》，第6卷，第4分册，1947年，从第317页起。

德列夫斯基认为俄罗斯史学家关于波罗维赤游牧民给罗斯各国造成灾难与祸害的观点，是“官方的、教会宣扬的观点”。[1] 他写道：“波罗维赤人常与教会为敌，他们‘毁灭了罗斯大地，使基督教徒的血横流’——这种词句只不过是陈词滥调。当王公们与他们更接近时，波罗维赤人就变成了亲家。”[2]

苏联史学家，尤其是研究革命前俄国史的史学家，未必能同意这种观点。作者所谓“在连续三代人的观念中，对游牧民的向往日渐增长”，[3]是令人无法同意的。编年史中所载波罗维赤人入侵造成的灾难并非罗斯教会官方观点的反映，它正反映了罗斯农民与城市居民的真正苦难，当波罗维赤人入侵时他们失去了亲人、乳牛和靠劳动积累起来的财产。史学家们都知道得很清楚，中世纪时，游牧民对农业地区进行掠夺性战争比进行有利的贸易要频繁得多。

可惜，史料中的记载太少了，因此我们甚至不能对钦察草原社会政治制度的一般特征加以描述。根据现阶段我们所具备的知识，我们只能说，波罗维赤人正如10世纪的可萨人与乌古思人（11世纪的黑“克罗布克人”与“别彻涅格人”就更不用说了），已经在向早期封建社会过渡。乌古思别中间出现了拥有牛、羊十万头的富户这一事实，[4]表明存在着大规模的牲畜私人所有制。在游牧民（直接生产者）经营私有经济，而支配牧场的别对游牧民进行超经
33 济强制的条件下，这种大规模的牲畜私人所有制就在草原上在残

[1] 戈尔德列夫斯基，同上书，第323页。

[2] 同上书，第323—324页。

[3] 同上。

[4] 《俄罗斯科学院通报》，第1—2期，1924年，第246页；这个数字显然有所夸大。

存着氏族部落关系的家长制生活的环境下，造成了原始形态的封建剥削。

可惜，由于我们现阶段的知识所限，具体材料缺乏，我们无法对波罗维赤社会内部原始形态的封建剥削进行描述。幸而史料为我们提供的有关 12 世纪末与 13 世纪初蒙古社会制度的记载，在一定程度上可弥补这一缺陷。因为当时的蒙古社会就其文化发展状况而言，和钦察人或波罗维赤人几乎处于同一水平，所以这个弥补特别重要。

关于 11—13 世纪波罗维赤人的宗教生活，尤其是关于葬仪方面，有较多的资料可供我们进行判断。以卓越的观察才能见称的鲁勃鲁克对波罗维赤人的墓有一段非常精彩的描写，他写道："库蛮人（即波罗维赤人——作者注）在死人埋葬处筑一颇大的土岗，为他树一个面朝东手执一碗于肚脐前的像。他们还为富人建金字塔形建筑，即有尖顶的屋宇，我在某地曾见大砖塔，又曾见石屋，虽然当地是不产石头的。我看见一个新死的人，人们在他身旁用长竿挂起十六张马皮，东南西北每个方向各四张，并在他面前摆上马奶和肉供其食用，虽然有人说他是一个受过洗礼的人。我看到另一些面朝东的墓，是石头铺的圆形或方形的大平台，[1]平台外东南 34
西北四面各立一长石。当有人病倒在床上时，屋前做一标记，意示有病人，任何人不得进入。除服侍病人者外，任何人都不能去看望病人。宫廷中有人生病时，离宫廷周围很远的地方设置警卫，任何

① 参阅巴托尔德：《关于突厥人与蒙古人的葬仪问题》，载《俄罗斯考古学会东方部集刊》，第 25 卷，从第 60 页起。

人不许进入警卫区。他们怕进来的人会将恶煞或风带进来。他们将占卜者称作自己的祭司。”[①]后面几行文字，直接表明在波罗维赤人那里占统治地位的宗教是萨满教。鲁勃鲁克一开头就提到石像。考古学家现在所知道的这类石像，不仅有 11—13 世纪波罗维赤草原富裕游牧民墓上的附属物，而且还有中亚细亚尤其是哈萨克斯坦的石像，其中许多石像还是较早期的。这些石像又称作“石俑”（当时使用“балбал”[②]这一术语），是被他们杀死的敌人的像，而不是死了埋葬在墓里的人。

① 普兰·迦儿宾与鲁勃鲁克，前引书，第 80 页。

② 古俄语中作“木偶”讲的“болван”一词即源于该词。

第二章　13世纪初的蒙古人及其征服事业

13世纪初，亚洲腹地上出现了一个在大部分人类的历史上具有巨大影响的事件，这个事件在历史文献上称作蒙古人或鞑靼人的入侵。东南欧也被卷入了这一事件；早在13世纪30年代，鞑靼人就已在东南欧成为钦察草原的全权主宰者，为一个疆域广阔的强大国家奠定了基础。这个国家在东方文献中称作术赤兀鲁思，或称青帐汗国，而在俄罗斯文献中则称为金帐汗国。 35

在一百五十多年里，鞑靼蒙古人在罗斯历史上对罗斯封建社会的形成与发展起着巨大的作用。恐怕如今很难找到一个俄罗斯史学家在编写13—15世纪封建社会的罗斯历史时，不为鞑靼人专辟一章。虽说大家公认必须尽可能地大量利用有关13—15世纪
鞑靼人的生活和他们对封建的罗斯历史进程所发生的影响的史 36
实，俄罗斯史学（A. H. 纳索诺夫的《蒙古人与罗斯》一书除外）[①]却很少利用俄国及西欧东方学文献中蒙古史研究方面的成果。19世纪时，有关蒙古史的论文、著作已经相当多了。东方学者有关蒙古史的著作虽有很大优点，但对于蒙古社会本身（指其内部结

① A. H. 纳索诺夫：《蒙古人与罗斯（鞑靼人对罗斯的政策史）》，苏联科学院出版社，1940年。该书充分利用了东方学文献及东方史料的俄译文。

构)——无论在蒙古或在新建的蒙古诸汗国:中亚的察合台汗国,伊朗的旭烈兀汗国及东南欧的金帐汗国——却直到最近仍研究得很少。

已故院士 Б. Я. 弗拉基米尔佐夫于 1934 年出版的著作弥补了这个巨大的缺陷,该书为一切关心蒙古人内部历史问题的人们提供了叙述精妙的极为丰富的实际材料。此书名为《蒙古社会制度史》,副标题是《蒙古游牧封建社会》。由于弗拉基米尔佐夫独到的学识(但我们还不能全部同意他的理论,作者的某些论点不能认为是马克思主义的),东方学的与俄罗斯的历史编纂学终于有可能填满不只一处重要的空白点。无论如何,研究 13—15 世纪罗斯封建社会史因而关心金帐汗国史的学者必能从弗拉基米尔佐夫院士的著作中有所获益,从中汲取重要史实及引人入胜的思想;虽然已故的作者没有为金帐汗国或蒙古本土外任何蒙古汗国写出专章。蒙古社会的贵族上层分子曾在成吉思汗领导下征服和统治了当时大部分文明人类,弗拉基米尔佐夫此书最重要之点就在于对当时蒙古社会究竟是怎样的这一问题作出了可靠的合乎科学的回答。

弗拉基米尔佐夫的基本论点是:在成吉思汗帝国建立的前夕,
37 蒙古人已完成了从“氏族社会”向早期封建社会过渡的过程。

弗拉基米尔佐夫写道:“可以假定,草原贵族的形成,受他们推戴、拥护的领袖——大汗的产生以及部落联盟的建立,都是以由古列延游牧方式向阿寅勒游牧方式的过渡以及与此有联系的围猎组织方法的改变为其基础的。确实,拉施特描写蒙古古列延时指出,这是‘古时候’的游牧方式。可以引出好几段原文来说明,在成吉思汗的青年与中年时代，人们已经用阿寅勒方式游牧了。”[①]从这段话就可明白，“古列延”与“阿寅勒”在蒙古人的社会制度体系中占有何等重要的地位。前者是原始游牧公社经济的基础，而后者是游牧封建社会家庭个体经济的基础。到 12 世纪末时古列延在何种程度上成为仅存于军事组织中的残余形式，可从 13 世纪末与 14 世纪初的波斯大史学家拉施特哀丁的话中看出，拉施特的珍贵的资料乃是弗拉基米尔佐夫著作的基本史料之一。拉施特这样说：“古列延是圈子的意思。古时候，某个部落结成环形驻营于某地，其首领居于圈子的中心，这就称作古列延。现在，当敌军逼近时，就按这种形式布阵，不让异己分子与敌人冲进中心来。”[②]

可见，古列延在远古时代是原始游牧公社的结构形式。但到了 12 世纪，蒙古畜牧社会已达到了野蛮期高级阶段，这时蒙古人采取阿寅勒的方式，即单个家庭的方式从事游牧。富有的家庭在 38
游牧时还带上一些依附于它的人。自然，从古列延向阿寅勒，向个体经济过渡，也即向形成有阶级的封建社会过渡，是通过富裕游牧民首先从古列延中分离出来而发生的。到 13 世纪时，已经看不到古列延游牧方式了。氏族在征服时代蒙古人的生活中起着巨大作用。绝大多数论及蒙古人的学者都认为，在帝国建立前后，蒙古人过着氏族制度生活。这里有明显的误解。氏族机构只不过是旧的外壳，新的封建的阶级关系已在旧的外壳下起着作用。弗拉基米

① 弗拉基米尔佐夫：《蒙古人的社会制度(蒙古游牧封建社会)》，苏联科学院出版社，1934 年，第 86 页。

② 弗拉基米尔佐夫，前引书，第 37 页。还可参阅拉施特：《史集》，贝勒津本，《俄罗斯考古学会东方部丛刊》，第 13 卷，第 94—95 页。

尔佐夫对游牧封建社会产生时代的蒙古氏族所下的定义是这样的:“蒙古氏族——斡孛黑——是相当典型的以父系制[1]及族外婚姻制为基础的血缘亲族集团;是只带着一些以前母权制残余的父权制集团;是经营个体经济,但有共同牧地的集团;是在承认长子一定权利的条件下赋予幼子特权,靠复仇制与特殊祭祀结合在一起的集团。”[2]

上面这段话,突出地强调了在共有牧地的条件下经营的个体经济。在13世纪(蒙古帝国形成时期),氏族进一步解体,不仅其社会本质发生变化,连外壳也发生变化。氏族分裂为在地域上互相分开的几部分;甚至一个牧场上出现了某个那颜统辖下的不同氏族所组成的“集团”。

旧氏族的瓦解不仅通过富裕阿寅勒从古列延中分离出来的

方式,即通过内部过程而发生,也通过直接吞并的方式发生。拉施特写道:“当成吉思汗完全征服了泰赤乌部和兀鲁部,而忙兀
39 部遭到损失、力量削弱后也被征服时,他下令将他们大部杀死,其余全给者台那颜做奴隶……虽然他们是他的亲族,但按照他的命令却做了奴隶,直到如今,兀鲁与忙兀部的军队仍是者台那颜氏族的奴隶。”[3]

弗拉基米尔佐夫在其著作中引用了不少与此相类似的事实,这些事实令人信服地说明,在原始公社制度完全崩溃的过程中,一

① 氏族全体成员从一共同的父系祖先所出,称作父系氏族。

② 弗拉基米尔佐夫,前引书,第58页。

③ 同上书,第63页。

方面游牧贵族(那颜)怎样分化出来,另一方面,在蒙古语中称作兀纳罕·孛斡勒的人,又怎样在数量上日渐增长。弗拉基米尔佐夫正确地反对把“兀纳罕·孛斡勒”这个名词译作“奴隶”。按照弗拉基米尔佐夫的见解,兀纳罕·孛斡勒乃是不同于合剌出(xaraču,平民)的一种特殊的依附关系。11、12 世纪时,蒙古一些氏族部落领袖(拔都儿、篾儿干、薛禅等)反对另一些氏族、部落领袖的斗争几乎不断地发生着。斗争的目的是掠夺战利品、俘虏,同时也为了加强战胜者的权力。在这一斗争的基础上,出现了被征服氏族整个隶属于战胜者氏族的情形。

一氏族对另一氏族的这种特殊隶属关系,实际情形又是怎样的呢?须知,被征服氏族本身内部原是分为不同阶层的。难道他们被征服以后,就落到了同一地位上了吗?弗拉基米尔佐夫指出并证明了,实际情形到底是怎样的。兀纳罕·孛斡勒并非同等地位的一群人。一部分兀纳罕·孛斡勒,由氏族上层分子组成;另一部分,由该氏族的合剌出组成。对于前一种人来说是履行所谓“高尚”差使的从属关系,对于后者,则是履行直接生产者的一般赋役。
与此相应,产生了两种人不同的“命运”。在氏族外壳下遭受剥削 40
从事游牧经济的基本劳动群众,称作合剌出。弗拉基米尔佐夫提出了一个问题:合剌出,即平民,是否占有作为游牧经济的基础的牲畜呢?据拉施特说:“平民若贪图喝酒,就会丧失马、畜群及自己的全部财产,沦为乞丐。”合剌出占有牲畜、劳动工具,以阿寅勒方式生活、经营经济;但因为使用牧场而完全听命于氏族范围内的生产资料的所有者(拔都儿、薛禅、篾儿干以及一般而言——那颜)。合剌出必须对他们纳贡,在游牧社会,按弗拉基米尔佐夫的说法,

他们所应缴的贡品如下："提供小牲口拿去屠宰，在一定的时期把一定数量的乳畜，主要是母马送到封建主的帐幕里去，让他们享用乳类。"弗拉基米尔佐夫倾向于认为在成吉思汗统治的国家建立之前，蒙古社会中封建关系已完全形成。但是，这种封建关系当时还仅只开始形成，只是到了13世纪蒙古帝国时期，当具有发达的封建社会关系的被征服国并入帝国版图内时，这种封建关系才得到充分发展。

从蒙古本土或从蒙古境外在战争中俘获来的奴隶，在蒙古社会中占据着不小的地位。弗拉基米尔佐夫写道："可以这样说，后者(奴隶——雅库博夫斯基注)在大多数情况下，如果不是马上，那么就在若干年代后，譬如说在第二代，转变为家臣、孛斡勒、兀纳罕·孛斡勒，而与平民、合剌出没有区别了，有时他们的地位还会升得更高。"[①]不可将兀纳罕·孛斡勒与蒙古语中所谓的那可惕
41 (nököd；单数作那可儿，nökör)混为一谈；那可惕或那可儿可译作朋友、伴当。那可儿、那可惕完全相当于亲兵，与古日耳曼或古罗斯的亲兵相类。

那可儿们出自哪个阶级？他们怎样为自己的主人效劳？他们的地位怎样？最后，他们在蒙古封建社会中起了什么样的作用？对所有这些问题，我们在弗拉基米尔佐夫的著作中找到了十分透彻的回答。基本骨干那可儿首先是从统治阶级出身的，但那可儿中也有平民出身的人。那可儿大部分自己选择那颜，经口头约定后为他们效劳。约定之时必须起誓，与臣属宣誓礼相似。有时父

① 弗拉基米尔佐夫，前引书，第118页。

母在孩子幼年就决定让他当某个游牧那颜的那可儿。《蒙古秘史》是 13 世纪一部光辉的古典作品，它以“叙事诗”的体裁与笔调记载了成吉思汗国家形成的主要事件。《秘史》饶有兴味地描写了父母把自己的儿子送去做那可儿的实际情形：“铁木真从那里回到不儿吉河岸时，兀良合惕部的札儿赤兀歹老人，从不儿罕山背着打铁的风匣，带着名叫者勒篾的儿子来了，他说：‘你当初降生在斡难河畔迭里温孛勒答合山时，我给过一个裹小孩的貂鼠襁褓，我当时也曾想把我的儿子者勒篾留下给你们，由于他还幼小，我带回去了。如今我将者勒篾留下给你备鞍子、开门使唤。’”[①]

那可儿、那可惕——蒙古那颜的亲兵——为主人履行着光荣的职责。那可儿同主人一起去狩猎，狩猎在蒙古经济中占有重要地位；他们帮主人在蒙古本土及与定居国家交界处经常发生的袭击中厮杀；充当主人的警卫；参加筵宴；参加作出重要决定的会议等等。我们从下文可以看出，对成吉思汗来说，那可儿、那可惕就是他建立帝国时从中提拔全部军事与民政机构长官的那批骨干。 42
《蒙古秘史》描绘了那可儿、那可惕的鲜明形象。有人问札木合（成吉思汗的主要对头）：“那些如狼赶逐群羊，一直赶到家门口般地追赶来的，是些什么人？”札木合答道：“是我铁木真安答用人肉喂养、用铁索拴着的四条狗。那些狗有铜的额头，凿子般的嘴，锥子般的舌，铁一般的心，用环刀做马鞭，饮食朝露，乘着疾风，厮杀时，吃人肉，每天以人肉当食粮。如今摆脱铁索，无所拘束，还会不高兴地

① 弗拉基米尔佐夫，前引书，第 88 页。（译文据《元朝秘史》四部丛刊本第 97 节蒙文重新译出。——译者）

垂涎着吗？这四条狗是什么人呢？这二个是者别(哲别)、忽必来，那二个是者勒篾、速别额台(速不台)，共为四人。”[1]

四人中第一个与最末一个是伊朗、高加索与东南欧的居民所熟悉的。哲别与速不台就是 1223 年于阿里吉河战役中击溃罗斯人与波罗维赤人的军队的统率者。

据弗拉基米尔佐夫说：“那可儿作为经常的战友与自己的领袖同处，是军队与护卫军的雏形，每一个那可儿都是未来的官员与军官。因此，古蒙古领袖们的亲兵就是特种形式的军事学校。”[2]领袖的力量与威望就由那可儿的数量与质量决定；领袖们一般称作那颜(noyan)，但他们也可拥有其他称号：拔都儿——勇士，篾儿干——神箭手，别勒格——智者等。在草原上，各领袖相互间不断为夺取好牧场、牲畜，夺取对相邻部落的支配权，

43 夺取大量兀纳罕·孛斡勒而进行着斗争。总之，组成亲兵的那可儿成为在蒙古驻牧地的特殊条件下造成封建剥削的超经济强制的源泉与工具。

在铁木真(成吉思汗)所统治的大国形成的“时刻”，蒙古地区爆发了残酷的斗争；这个国家本身就是在这残酷斗争中产生的。关于这一国家之形成及与此相伴的斗争，在俄罗斯东方学文献中存在着两种观点。一种观点的代表是 B. B. 巴托尔德。据他说：“在关于成吉思汗帝国形成的蒙古传说中确凿不移地谈到了草原

---

① 弗拉基米尔佐夫，前引书，第 91 页。(译文据《元朝秘史》四部丛刊本第 195 节蒙文重新译出。)——译者

② 弗拉基米尔佐夫，前引书，第 91 页。

贵族与人民群众的斗争……没有阶级斗争尖锐化这一因素，即使在游牧生活条件下也没有形成强大政权的基础。”[①]

这个观点贯穿在巴托尔德有关蒙古帝国形成问题的一系列著作中。在他看来，成吉思汗是草原畜牧贵族的领袖，而他的对手札木合是游牧草原上民主集团的代表者。

弗拉基米尔佐夫曾长期同意巴托尔德的观点，但在最后的著作中他作了另一种论断。他写道：“现在，我必须大大地改变我的观点。分析在11—12世纪的蒙古人那里可以观察到的社会现象，使我不得不认为，正如上面所指出的，在氏族制度下[②]草原贵族阶级的形成及下层阶级从属于它的过程是在12世纪末，复杂的氏族细胞形成的时候完成的。那时，草原贵族阶级是一个强大的、人数
众多的阶级……至于说某种具有鲜明民主性质的运动，我们的史 44
料一点也没有直接谈到过。”[③]可想而知，弗拉基米尔佐夫并没有驳倒巴托尔德的论点。13世纪初蒙古境内的规模宏大的斗争，无论如何不能只看成是草原畜牧贵族(那颜)阶级内部的斗争。弗拉基米尔佐夫提出的全部丰富的资料表明：为封建关系的胜利而进行的主要斗争正是在12世纪末与13世纪初展开的。巴托尔德在其早期著作《成吉思汗帝国的建立》(写成于1896年)中，从蒙古内部斗争的角度出发，巧妙地解释了《蒙古秘史》中饶有兴味的一处。

---

① 巴托尔德：《突厥人与蒙古人的社会生活与经济结构的关系》，载《以列宁命名的国立喀山大学考古、历史、民族学会通报》，第34卷，第3—4期，第3页。

② 这里所谓“氏族制度”不能理解为氏族社会，而必须理解为保留有若干氏族制度形式的那种外壳。

③ 弗拉基米尔佐夫，前引书，第83—84页。

据《秘史》说,札木合还在青年时有一次对成吉思汗说了这么几句仿佛有预见性的话:"如果咱们靠着山麓住下,牧马的人将得到帐篷住。如果咱们在涧边住,牧羊和放牧羊羔儿的人将得到食物。"[①]巴托尔德认为《秘史》的编写者在这几句话中表达了十分确定的社会意义。即"牧马人就是草原贵族;牧羊和放牧羊羔儿的只想到食物,就是平民;札木合与铁木真相对立,就站到了平民一边。"[②]弗拉基米尔佐夫认为,足以证明札木合具有民主[③]"纲领"的事实不多。关于这点,只能这样来回答:需要寻找事实;况且几乎也没有什么反面的事实。像蒙古这样的大国,在封建社会早期,在游牧草原的条件下,仅能形成于阶级斗争的环境中。从这个观点
45 看来,不得不认为弗拉基米尔佐夫关于蒙古内部斗争的阶级内容的新观点是倒退了一步(虽然弗拉基米尔佐夫这部关于蒙古封建社会史的著作具有很多优点)。

蒙古国家从阶级斗争中成长起来,在不小的程度上应归功于它的创建人与领导者铁木真——成吉思汗个人。铁木真诞生于1155 年[④],他的父亲是也速该拔都儿。他十岁时成了孤儿,这时,他与他的兄弟们从有钱有势的家庭环境几乎落到了困苦不堪的境地,因为他的母亲自从一家之主去世后,不仅失掉了生活资料,也失掉了离弃她的那可儿们的必需的帮助。不管"命运"中有多少困

① 巴托尔德:《成吉思汗帝国的建立》,载《俄罗斯考古学会东方部集刊》,第 10 卷,第 111 页。(所引《秘史》内容,据《秘史》118 节蒙文重新译出。——译者)

② 同上。

③ "民主"一词必须加引号,因为成吉思汗的反对者所领导的运动似乎带有退到旧的氏族社会去的倾向。

④ 这个年份不很可靠,另一种见解是,他还要出生得晚一些。

难与灾祸，铁木真凭着个人的才干和有利于他的情况，很快地不仅恢复了失掉的财产（畜群），并且召回了构成游牧那颜主要力量的那可儿们。通过一系列的袭击，每当成功幸运地与灵活的政治手腕相结合的时候，铁木真就在自己周围团结了能在全蒙古为他们自己和主人挣得荣誉的亲兵。铁木真击溃了许多与自己地位相仿的领袖之后，先对克烈部的汪罕，继而对自己主要的最强大的敌人乃蛮人与札木合进行了胜利的斗争。

1206 年，蒙古游牧贵族最有声望的代表在斡难河上召集了忽里勒台（大聚会），宣布铁木真为全蒙古的汗，并上尊号为成吉思汗。从这时起，可以认为蒙古国家正式成立了。按照蒙古游牧社会的体系，这个国家的结构形式如下。全体“住在毛毡覆盖的帐幕里的儿孙们”也即蒙古民族，以成吉思汗的氏族为首。所有的蒙古部落与氏族是这个氏族的兀鲁思[①]，而他们所居住的全部领土是 46
这个氏族的禹儿惕（юрт）。

国家的各部分分封给这个氏族的成员。在每块分地上的那颜及其那可儿们以及处于封建依附地位的阿寅勒与奴隶都隶属于他们。整个社会同时又是军事组织，它被划分为土绵（万户）、千户、百户及十户。当然，这些数字不一定与部队的实际人数相符，而主要表示蒙古军队的军事区划。这样的区划以阿寅勒为基础。阿寅勒不仅要向自己的主人（那颜）履行经济性质的封建义务，其中包括参加围猎，而且还须服军役。阿寅勒必须为“十户”“百户”“千

① 弗拉基米尔佐夫（见前引书第 97 页）说：“古代蒙古人的氏族、家族、部落的各种联合体，从其依附于领袖、汗、那颜、拔都儿等的角度来看，称作兀鲁思。”

户”等提供人员。大的区划单位(千户、万户)的首领是游牧贵族的代表,当诸王(成吉思汗氏族的成员)或成吉思汗本人一发出征召令,他们就率领民兵到来。位于庞大的蒙古民兵部队之上的是成吉思汗有名的护卫军,怯薛(keshig,“番直亲卫军”)。弗拉基米尔佐夫从《蒙古秘史》上引用过很突出的一段话,我在这里重复引用一下。“成吉思汗降圣旨说:‘以前我只有八十人做宿卫,七十人做护卫、散班。如今在长生天佑护下,天地增添我的力量,所有的百姓都属我管辖,如今我的护卫、散班,可于各万户、千户、百户内挑选出一万人充当。为我服务的人,可从各万户、千户、百户长官和百丁的儿子中,挑选有技能、身材好的人充当,在我身边出力。若是千户的儿子,每人带弟弟一人,带伴当十人;百户的儿子,每人
47 带弟弟一人,伴当五人……’”①

如果说成吉思汗的军队是掠夺与征服性远征的工具,那么怯薛便是维持国内秩序的工具。怯薛只是在成吉思汗亲征时才出动。这种护卫军的地位是特别优异的。护卫军的普通军士按其地位来说,据《秘史》称,高于军队的指挥官。成吉思汗下令:“我的护卫、散班,高于外边的千户长之上……”②

成吉思汗的蒙古国家是靠着那颜及其那可儿的力量建立的,它代表统治阶级——那颜的利益。12 世纪末与 13 世纪初那颜阶级是正在形成中的封建主阶级,因为蒙古封建社会的形成过程还处在发展的早期。值得注意的是,蒙古游牧民基本群众在 13 世纪

① 据《元朝秘史》四部丛刊本第 224 节蒙文重新译出。——译者

② 据《秘史》第 228 节蒙文重新译出。——译者

初还没有被奴役；他们之受奴役是在蒙古帝国的兴盛时期，成吉思汗的继承者在位时期(1227—1259)。当然，上述蒙古国家的全部组织系统并不是一下子建立起来的，也不是在大规模的征服性远征之前一切都已定型，但国家的基本结构早在出征中原时，即1211 年以前已经初具规模了。

凭着这样的军队和铁的护卫军，成吉思汗得以实现大规模的军事掠夺，这些掠夺常常不是预先经过考虑，而是在当时所进行的斗争的具体环境中产生的。游牧贵族及成吉思汗本人想从文明国家获得战利品与贡物，是这种军事行动的主要动机之一。从蒙古 48
征服者身上，我们看到了一个与中原王朝及中亚各国的某些文化成就(主要在军事技术装备方面)相似的社会。

还在成吉思汗之前，中国商人与穆斯林商人就已来蒙古贸易。与商队同来蒙古的还有各种行业的工匠，他们居住在大的蒙古部落领袖(汗、那颜、拔都儿等)的营地附近，把与一定手工业生产(主要是军事手工业生产)紧密联系的知识、技能与需求传给游牧社会上层分子。在成吉思汗崛起的年代里，中亚商人的影响特别加强。他从穆斯林商人那里通过间谍情报得到不少有关中亚及近东国家与地区的消息，他在同蒙古本土外的敌人进行斗争时也从他们那儿得到不少帮助。

按照本书的编写计划，我们甚至不能大略地叙述一下成吉思汗征服中原及中亚细亚这一过程的本身。毫无疑问，这种史无前例的成功，不能仅以蒙古军队的质量及成吉思汗个人的才干来解释。

下列特别重要的事实也无助于解释这种成功，即蒙古人靠着从东方文明国家源源不绝地前来的工匠，拥有攻取大城所必需的攻城器械。中亚的征服(这是关键性的一步)在很大程度上是由于花剌子模沙的国家[1]虽然军队众多、国库充实、宫廷辉煌、城市文
49 明、手工业生产与商业规模巨大，但甚至在统治阶级内部也充满着矛盾，因而难以组织强有力的抵抗。花剌子模沙马哈麻(1200—1220)由于害怕自己的统将，不敢把大量兵力集中在一处；他有充分理由想到，统将们可能会倒戈反对他。因此他在任何地方也没有投入大量军队与成吉思汗主力部队进行总决战。这样，成吉思汗就能在各个时期在他认为最有利的地点集中兵力对敌人实行各个击破。实际上，中亚的征服全都是这样进行的。双方未曾决战。不花剌、撒麻耳干、马鲁、玉龙杰赤以及其他中亚较小的城市，都在保卫战组织得很坏的情况下逐一被攻占。几乎到处都一样，只有人民群众情绪激昂地起来保卫自己的村庄、城市，至于统治阶级上层(官员、商人、伊斯兰教上层分子)，则力求很快地归顺征服者政权，以保全自己的生命、财产。

征服中亚所用的时间不到三年(1219—1221)。巴托尔德的巨著《蒙古入侵时代的突厥斯坦》详尽地叙述了征服中亚的事件。

我们从下文可以看到，蒙古人的征略像飓风一样袭击了中亚细亚，它在卷走物质财富的同时，还卷走了数十万人的生命。中亚被征服后的最初几年中，城市、村庄是一片废墟、瓦砾；新政权建立

① 当时，在封建的伊斯兰教东方，花剌子模沙的国家是最大的一个国家，这个国家的京城为玉龙杰赤。它的疆域除中亚(直到锡尔河)外，还包括伊朗及阿富汗西北部的大部分。

后过了好几年才开始重行建设。在某些地区，例如马鲁城与马鲁绿洲，花剌子模以及咱剌扶伤河流域的某些地方，几乎在整个蒙古统治时期都没有恢复文明生活。

1220 年，成吉思汗派遣哲别与速不台率领一支蒙古部队去追 50
击从中亚逃出的花剌子模沙马哈麻[1]，这支部队用火和剑扫荡了伊朗北部的几乎全部地区，从这里向高加索进军，占领了许多大城，摧毁了格鲁吉亚的军事力量，带着大量战利品通过设里汪峡谷进入北高加索，进入阿兰人与钦察人的领土。鞑靼人用各种诺言，使钦察人放弃了同阿兰人订立的军事联盟，先击破了阿兰人，然后又背信弃义地向钦察人进攻。被击溃的钦察人离开了自己的驻牧地向东南欧移动，来到游牧于伏尔加、第聂伯二河之间的钦察人那里，希望得到他们的援助。鞑靼人接踵追至克里木，占领了速答黑城。

伊宾·阿昔儿写到了占领速答黑城后的结果，作为当时的人他对这方面是很熟悉的："鞑靼人到了速答黑城，占领了它，城中居民四散奔逃，有些人带着全家与财产躲入山中，有些人渡海逃到乞里只阿儿思兰族的穆斯林掌权的鲁迷国（Рум）。[2]"[3]鞑靼人占领速答黑城后，除掠得一些财产外，什么也没得到；他们还必须与波罗维赤人及罗斯人的联合军事力量作战，但罗斯人甚至在共同的

① 有关此事的详细叙述见 13 世纪前半叶蒙古入侵时代的阿拉伯史学家伊宾·阿昔儿的著作，此书有关哲别与速不台远征的片断，齐曾戈曾有俄语译文（《金帐汗国史资料汇编》，第 1 卷，第 25—28 页）。

（中文书籍可参阅冯承钧译《多桑蒙古史》，第 1 卷，第 8 章及附录 7。第 1 卷附录 7 所载即为伊宾·阿昔儿记述的节译。——译者）

② 塞勒术克朝政权下的阔尼牙算端国。

③ 齐曾戈曾：前引书，第 1 卷，第 26 页；《伊宾·阿昔儿文集》，第 12 卷，第 253 页。

敌人面前仍不能把封建内讧忘掉。

C. 索洛维耶夫的《俄罗斯全史》一书以其外交史料之丰富可靠享有应得的盛名,但恰恰就在鞑靼人第一次入侵和阿里吉河
51 (Калка)战役问题上犯了大的错误。索洛维耶夫这么说:“1224 年成吉思汗的二位统将哲别和速不台从通常作为游牧民门户的里海与乌拉尔山脉之间通过,俘虏了阿速人与斡别思人(Обезы),进入了波罗维赤人的国土。波罗维赤人在强大的汗玉里吉(犹里·康恰科维奇)统率下迎击他们,但被击败,被迫向罗斯境内即第聂伯河逃去。”[①]但从前面所述我们知道,鞑靼人完全不是经由索洛维耶夫所指出的路线——“从里海与乌拉尔山脉之间”——通过,却是从相反的一面,从伊朗北部经整个高加索过来的。进军的年代也错了一年:鞑靼人进入钦察草原不是在 1224 年,而是 1223 年。所有的东方史料,首先是伊宾·阿昔儿的著作[②],都说是在回历 620 年,即公历 1223 年 2 月 4 日到 1224 年 1 月 23 日。

伊宾·阿昔儿对这一点的熟悉,是无须争论的,他的记载同与他无关的其他东方史料完全一致。大家都知道,就在那一年,哲别与速不台的远征引起了有名的阿里吉河之战,把罗斯人及波罗维赤人完全击溃。但阿里吉河之战并未造成鞑靼人对东南欧的统治;因为鞑靼人在进一步向伏尔加河中游、卡马河口的不里阿耳城进军时,他们即便不是全军覆没,也是大败而归的。被不里阿耳部在不里阿耳城击溃后,他们沿伏尔加河下溯到撒哈辛城及里海北

---

① C. 索洛维耶夫:《俄罗斯全史》,第 1 卷,第 642 页。

② 齐曾戈曾:前引书,第 1 卷,第 26 页;《伊宾·阿昔儿文集》,第 12 卷,第 253 页。

岸的草原。鞑靼人虽未成为整个钦察草原的主宰者，却暂时地不仅严重打击了波罗维赤人的驻牧地，也使东南欧畅行无阻的贸易受到严重的打击。

伊宾·阿昔儿关于哲别、速不台进军的后果写道："自从鞑靼人入侵后，通往那里（钦察草原——作者注）的（交通）道路被切断 52
了，不能从他们（钦察人）那里得到不儿塔思毛皮、灰鼠皮、海獭皮和从这个国家运来的其他（一切）了；他们（鞑靼人）一退出那里，回到本国去时，道路恢复了，货物又（像过去那样地）运来了。"[①]

1219—1221 年蒙古人征服中亚，以及哲别、速不台远征伊朗北部、高加索和东南欧（1222—1224），在当时人的心目中产生了如此强烈的印象，以致 13 世纪 20—30 年代在中亚、北非与欧洲的所有国家中，人们谈到蒙古鞑靼人的入侵时，都把它看作是当时世界上遭受的最大的灾难。在这方面，与成吉思汗及其远征同时代的 13 世纪初的阿拉伯大史学家伊宾·阿昔儿（他生于 1160 年，卒于 1233 年）的下面这段话，最能说明问题。他写道，蒙古人的入侵是"从来没有发生过的巨大灾难，它降临到每一个造物的头上，特别是穆斯林头上；若有人说自从万能的至高无上的安拉创造了人类后，直到现在世界上还没有遭遇过（任何）类似的灾难，那他是正确的，因为的确史册中没有什么（或多或少）与此类似或相仿的事件。在他们所描写的事件中，最可怖的是纳胡黼朵那锁儿屠杀以色列人并毁灭了耶路撒冷。但耶路撒冷与被这些万恶之徒所蹂躏的那些国家相比又算得了什么？那里的每个城市都比耶路撒冷

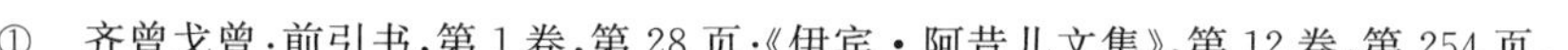

① 齐曾戈曾：前引书，第 1 卷，第 28 页；《伊宾·阿昔儿文集》，第 12 卷，第 254 页。

大一倍。以色列人与那里被杀害的人相比又算得了什么？需知(每)一个城市里被屠杀的居民，就比(全部)以色列人还要多……(鞑靼人)对谁也不怜悯，他们屠杀男子、妇女、幼儿，剖孕妇之腹，
戕杀胎儿。”接着，伊宾·阿昔儿话题一转，叙述了成吉思汗对中亚
53 的征服，他写道：“这个事变的火花四溅，祸及一切人；它像乌云被狂风吹卷，布满四处。”①

被征服之后的最初几年中，中亚细亚的整个生活景象是令人感到可怖的。由于无数次掠夺和大火焚烧的结果，许多城市化为一片废墟，冒着白烟。有工作能力的城市居民一部分被杀死，一部分(尤其是工匠)被胜利者带走，送到七河流域、畏吾儿与蒙古去了。大批男性农村居民被驱入蒙古现役部队充当辅助军。起初，蒙古人对具有复杂的经济与社会政治生活的大国，如从前的花剌子模王国和哈剌汗国，不能进行管理。不能管理的原因首先就在于他们没有相当的经验。

察合台兀鲁思，咱剌扶伤河与可失哈儿河流域的文明地区形式上也包括在内，起初却只是伊犁河河谷中的一些驻牧地。察合台及其家族最初实际上没有管辖河中(突厥斯坦)。河中直接由大汗管辖，大汗将赋税收入的一部分分给察合台汗室。大汗窝阔台(1229—1241 年在位)(成吉思汗死于 1227 年)委任大商人与高利贷者马合木·牙剌瓦赤为河中长官，他以忽毡城为首府，从那里管理交给他的国土。马合木·牙剌瓦赤掌握着蒙古军队，统军的是达鲁花赤与八思哈；他们一身兼任军事长官与向城乡农民、商人、

① 齐曾戈曾：前引书，第 1 卷，第 2 页。

手工业者征收全部赋税的监税人。军队驻扎在城市及近郊地区；八思哈被派到归他检查的地方官员处，监督他们，以使全部赋税毫 54
无拖延与隐瞒地送入大汗的国库。

中亚各个城市的生活渐渐地恢复正常了，工商业重新活跃起来。在被破坏的城市的旧址上或其附近又出现了新建的城市。撒麻耳干、不花剌复兴了，虽然没有完全恢复原貌，甚至玉龙杰赤也复兴了，唯有马鲁城是例外，它仍是废墟一片，直到 1409 年沙哈鲁时代（1404—1447）才尝试加以恢复。毁坏的道路修复了；建造或修复了桥梁。追迹成吉思汗，即恰好在一年后行经整个中亚的中国旅行家长春真人[①]叙述道，他过垂河时走木桥，行经答剌速河时过石桥。[②] 总之，渐渐地，河中与花剌子模部分地恢复了蒙古征服以前那种活跃的经济生活。

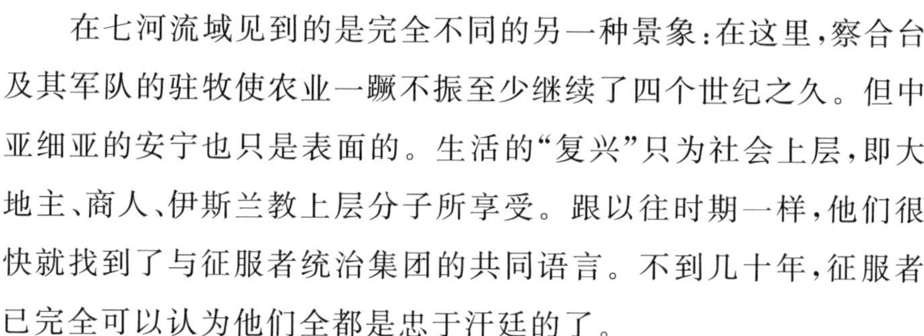

在七河流域见到的是完全不同的另一种景象：在这里，察合台及其军队的驻牧使农业一蹶不振至少继续了四个世纪之久。但中亚细亚的安宁也只是表面的。生活的“复兴”只为社会上层，即大地主、商人、伊斯兰教上层分子所享受。跟以往时期一样，他们很快就找到了与征服者统治集团的共同语言。不到几十年，征服者已完全可以认为他们全都是忠于汗廷的了。

据拉施特（他的记载特别可信）说，在成吉思汗、窝阔台汗 55
（1229—1241）及贵由汗（1246—1248）时代，蒙古诸王与王妃把特种文书（诏敕、牌子）分发给左右的土地所有者、官员与商人，

① 见李志常：《长春真人西游记》，海宁王静安先生遗书本。——译者

② 同上。——译者

使他们有权命居民执行各项杂役、官差,这些杂役、官差成了农民与手工业者的沉重负担。农民与手工业者的境况一年年恶化。除了从耕地上征收一般的税,即哈剌只[蒙语称作 калан(合兰)]外,农民必须负担多种多样的杂役、官差。过路的官员、额勒赤(使者)、富商、伊斯兰教上层、汗室后裔(甚至非直系的汗室后裔)等,取出诏敕或牌子就可索取住所、粮食、饲料、下一段路程所需的马匹等等。在城市也是如此。那时到处驻扎有军队。军队需要吃、喝、穿。与供养官员和宫廷一样,供养大量军队需要大批物资。除粮食外,还需要许多手工业产品。大汗的官员几乎对每种手工业都进行登记,限期向国库及宫廷缴纳一定数量的手工产品作为赋税。那时,像武器、制革、纺织等行业的手工业者境况特别困难。除此而外,再加还有贪赃舞弊。史料中满是关于贪赃舞弊的叙述。有时,非法的勒索甚至比法定税额还多。许多地区甚至出现了逃亡事件,因为缴纳了政府所索取的全部赋税后,生产者就一无所有,无法生活下去了。

在这种情况下,1238 年爆发了不花剌及其所辖地区的农民与手工业者的起义,历史上称为塔剌必起义。

56 这是真正的人民起义。这次起义同时反对蒙古政权、包税人与地方封建主(其中包括不花剌伊斯兰教上层)。以制筛匠马合木·塔剌必为首的运动,最初有所进展,但后来被蒙古人残酷地镇压下去了。①

① 雅库博夫斯基:《1238 年的塔剌必起义》,原为苏联科学院 1935 年 3 月 20 日召开的会议上东方学家小组的报告,载《东方学研究所集刊》,第 17 卷,第 101—135 页。

第三章　金帐汗国（术赤兀鲁思）的建立

> 每一次由比较野蛮的民族所进行的征服，不言而喻地都 57
> 阻碍了经济的发展，摧毁了大批的生产力。但是在长时期的征服中，比较野蛮的征服者，在绝大多数情况下，都不得不适应征服后存在的比较高的“经济情况”……①
>
> ——恩格斯

哲别与速不台的进军，于1223年在伏尔加河流域同不里阿耳人冲突后以大败告终；但这只不过使蒙古人对东南欧的征服推迟一些而已。

成吉思汗的正后所出之子有四：术赤、察合台、窝阔台、拖雷。离蒙古本土极西之地授予长子术赤作为他的兀鲁思②与禹儿惕③，这片土地中最主要的中心地区是钦察草原。但术赤在世时，整个钦察草原只在名义上是他的领地，因为草原的大部分地区尚未征服。远征东南欧问题，曾两次在忽里勒台（1229年与1235年）上

① 译文出自恩格斯：《反杜林论》，《马克思恩格斯全集》，第20卷，中文版，第199页。——译者

② 兀鲁思（улус），古时蒙古人的分民、分地、封地。——译者

③ 禹儿惕（юрта），原意为帐篷，这里指驻牧营地。——译者

提出过,但直到1236年才举行出征。远征由术赤的儿子拔都统率,在阿里吉河之战中已为我们所熟悉的速不台作为熟悉东南欧的人做了他的副将。几年过后,原定的计划实现了;钦察草原、不
58 里阿耳城及其所辖地区、克里木、高加索(直到打耳班为止),全都落入蒙古人或鞑靼人之手。除此,1238年又征服了罗斯诸公国——梁赞公国、弗拉基米尔公国等地。还宣布了向诺夫哥罗德进军,但由于春天来临,道路泞泥、沼泽遍地,疲惫的鞑靼军队不得不放弃对诺夫哥罗德的征略。1240年侵占了基辅,拔都占领基辅后就打开了通向西方的道路。1240—1242年,拔都的军队蹂躏了波兰、匈牙利与达尔马齐亚。但拔都并未长期占有这些国家,1242—1243年间,拔都经由瓦拉希亚与摩尔达维亚回到了钦察草原。据巴托尔德的见解,拔都西征之中断,一方面是由于他与当时在军中的宗王贵由(窝阔台之子)和不里(察合台之孙)发生了争执,另一方面则是由于大汗窝阔台讣告传至。[①]

这些事实的意义是无可否认的,但鞑靼人折回东方的主要原因在于:与罗斯诸公国作战之后,他们力量大为削弱,已无力与捷克国王的军队及奥地利公爵的部队进行决战。

罗斯人民对鞑靼人的英勇斗争,格列科夫在以后,即在《金帐汗国与罗斯》这一篇中将要谈到。

伏尔加河被侵占后,不里阿耳人与波罗维赤人共同进行的英勇反抗,却很少为人所知。这是拔都西征时名副其实的在鞑靼军队后方的起义。

① 巴托尔德:《伊斯兰百科辞典》,“拔都汗”条,第699页。

在志费尼[①]与拉施特两人所写的[②]两部波斯史料中,记载了这次起义。

领导这次起义的是不里阿耳部领袖伯颜、只忽,波罗维赤阿里 59
儿里克部(不儿里部)首领八赤蛮[③],以及阿速(阿兰)人的首领哈赤儿·兀忽烈。看来,这里最刚强的是八赤蛮。为了镇压起义,派来了当时在拔都军中的速不台与蒙哥。鞑靼人长期不能消灭这个爱国主义运动,他们甚至追不着八赤蛮的帐营及其主力部队。八赤蛮隐蔽在森林里,善于及时甩开鞑靼军队。拖雷的儿子蒙哥经长期努力后,才在进到亦的勒河(伏尔加河)左岸时,找到了八赤蛮营列的踪迹;他隐藏在这条河的一个岛上。如果相信志费尼和拉施特的说法,那时暴风雨大作,河水溢出左岸,鞑靼人从干涸的河床上出乎八赤蛮意料地出现在岛上,杀死了大部分起义者。八赤蛮也被他们擒获后杀害。

根据鞑靼人与八赤蛮进行斗争时所耗费的力量,我们可以断言,八赤蛮及其同盟者不里阿耳人与阿兰人,给鞑靼征服者造成了许多麻烦与困难。

蒙古人远征的结果,是在钦察草原及其邻近地区的广大领域上形成了一个大国,这个国家在东方史料中称为术赤兀鲁思或青帐汗国,在各种俄罗斯编年史中,称为金帐汗国。但迄今没有搞清楚的是,"金帐"这个名称是怎样产生的,为什么产生了这个名称?

---

① 志费尼的著作,载《吉布纪念丛刊》,第16卷,第3册,第9页;齐曾戈曾,前引书,第2卷,第24页。

② 拉施特:《史集》,布洛舍本,第44—46页;齐曾戈曾,前引书,第2卷,第35—36页。

③ 齐曾戈曾,前引书,第2卷,第44页。

俄罗斯历史文献上只是简单地采用了屡见于编年史和其他俄罗斯史料中的"金帐汗国"这个名词。这个名词在对东欧鞑靼强国有丰富记载的阿拉伯史料中没有见到。

在波斯史料中,"金帐"这个名词也见得很少。П. 萨维里耶夫从拉施特书与瓦撒夫书中引用了"Орда-и зарин"(金帐)一词,但却没有说明出于原书何处。在拉施特书中,萨维里耶夫曾找到"昔
60 刺斡耳朵(黄帐)被称为金帐"这么一句;在瓦撒夫书中,他曾找到"金帐又名昔刺斡耳朵"这么一句。[1] 但我们没能从这两本书中找到这两处。在拉施特书中另一处,还在金帐汗国形成前时期,即成吉思汗本人在世时,却提到了"金帐"这个名词。拉施特谈到成吉思汗从大食人地区[2]回到本国时说,当他到达不合思·只忽地方,便降旨搭起大金帐。[3] 大概这是波斯史料上最早提到"金帐"这个名词之处。这使我们不由得想到,"金帐"这个名词最初是用于成吉思汗自己的汗帐,只在他死后才转而成为事实上由术赤之子拔都创建的术赤兀鲁思的一个名称。也有可能,成吉思汗的"大金帐"这个名词是在金帝国(中国北部)的影响下产生的,拉施特把金帝国的皇帝称作阿勒坛汗,即金汗。

已故天才汉学家 В. Н. 卡津曾利用汉、蒙文史料研究过这个名词,并就这个问题写了专门著作。但遗憾的是,我们不知道他的这一著作是否已经完成,我们甚至不知道,他在这个问题上的见解

---

① П. 萨维里耶夫:《叶喀德林诺斯拉夫的埋藏物》,载《俄罗斯考古学会东方部丛刊》,1857 年第 3 卷,第 2 册,第 354 页。

② таджики(大食人),在俄语中今塔吉克人也使用这个词,但含义不同。——译者

③ 承编纂拉施特著作第 1 卷波斯原文汇校本的 О. И. 斯米尔诺娃让我注意到这一处,特此致谢。原文汇校本打字稿,第 272 页。(苏联科学院东方学研究所正打算出版这个汇校本)。

是怎样的。这样,这个问题迄今在学术界还是个空白点。

在伊斯兰教史料(阿拉伯文、突厥文、波斯文史料)中有三个名词,即“术赤兀鲁思”“阔克斡耳朵”“阿黑斡耳朵”,或与金帐汗国相当,或是它的一部分,或其所指范围大于金帐汗国。术赤兀鲁思的
准确的疆界,尤其是构成术赤系禹儿惕(封地)主要部分的广阔草 61
原的边界,很难确定。金帐汗国的东北包括不里阿耳城及其所辖州,北与罗斯诸公国接壤;金帐汗国的南部一方面辖有克里木及其沿海城市,另一面辖有高加索(直到打耳班,有时直到巴库)、北花剌子模及玉龙杰赤城;西部领有西起德涅斯特河或更远之处的草原地带;东部直到西西伯利亚及锡尔河下游。14 世纪前半期的阿拉伯史学家斡马里所确定的汗国的疆界如下(他是用从前在这里的商人别达剌丁・哈散・鲁迷的话写出来的):“……这个国家的疆界,从质浑河[①]那边算起,有花剌子模城、昔格纳黑[②]、赛兰[③]、押儿牵[④]、氈的[⑤]、萨莱、马札儿[⑥]、阿咱黑[⑦]、阿合察起儿漫、卡法、速答黑、撒哈辛、兀怯克[⑧]、不里阿耳等城,有失必儿、亦必儿、巴失乞儿惕、出里漫等州……他说巴库城是设里汪地区的城市之一,离此城不远就是突厥人称作 Демиркапу 的‘铁门’。”[⑨]甚至东方史料

① 即阿姆河。

② 这个城位于锡尔河流域(在河的右岸),在今秋明渠火车站附近。参阅雅库博夫斯基:《昔格纳黑废墟》,载《国立物质文化史学院通报》,1929 年。

③ 在今奇姆肯特十二公里外的赛兰——伊思非扎卜。

④ 这个城系误列于此。

⑤ 城的废址在锡尔河上。

⑥ 在高加索。

⑦ 阿咱黑,即亚速。

⑧ 在伏尔加河上,距今萨拉托夫不远。

⑨ 齐曾戈曾,前引书,第 1 卷,第 215 页(阿拉伯原文),第 236 页(俄译)。

(波斯、阿拉伯文史料)也没有把罗斯算作术赤兀鲁思的领地。罗斯诸公国被看作是尽管要纳贡的附庸国,但却有自己的王公、自己的政权的国家。

但是金帐诸汗,从这个新的蒙古汗国的实际创建人拔都起,都
62 清楚地意识到,他们以征服者与新国家的组织者的姿态占领的东南欧在经济上所具有的意义。对于侵占了钦察草原与邻近文明农业地区(克里木、北高加索、北花剌子模、不里阿耳)的蒙古人,恩格斯在《反杜林论》中所说的下面这段话是完全适用的:"每一次由比较野蛮的民族所进行的征服,不言而喻地都阻碍了经济的发展,摧毁了大批的生产力。但是在长时期的征服中,比较野蛮的征服者,在绝大多数情况下,都不得不适应征服后存在的比较高的'经济情况';他们为被征服者所同化,而且大部分甚至还不得不采用被征服者的语言。"[①]这段话完全适用于鞑靼人征服东南欧。鞑靼人是游牧民,文化发展水平低于花剌子模、克里木等地的城市居民,其封建统治阶级上层分子清楚地知道所有这些地方对当时世界贸易的重要性,以及自己作为统治者可以从中获得的利益。但甚至这些地方也仍然不能避免鞑靼人入侵后的沉重灾难。斡马里是这样谈到伏尔加河地区的:"这个国家是最大的国家之一,富有牧场与水,如果在这里播种(谷物)可获丰收,但他们(居民们)是漂泊无定、赶着牲畜游牧的民族,不关心播种与栽培。在它(这个国家)被鞑靼人征服前,到处是耕种的土地,而现在耕作在这里已成为一种遗风了。"[②]

① 译文出自恩格斯:《反杜林论》,《马克思恩格斯全集》,中文版,第20卷,第199页。——译者

② 齐曾戈曾,前引书,第1卷,第212页(阿拉伯原文),第233页(俄译)。

拔都及其后继者们使伏尔加河地区成为术赤兀鲁思的中心之后,大力振兴伏尔加河左右两岸的经济生活。但拔都特别关心的是复兴城市生活及与此相联系的商业,他看到国库可从商业中得 63
到大笔收入。

也许,伊斯兰教商人在蒙古帝国的任何地方也不像在金帐汗国拔都及其继承者别儿哥汗时代受到这样的重视,得到这样多的收入。让我引证两种关于这方面的令人特别感兴趣的见解。其一是 13 世纪术思札尼的见解,他用波斯文写了名为《塔巴合惕·纳昔儿》,即《纳昔儿世系》的著作;作者可说是蒙古入侵东南欧时代的人,因为他是 13 世纪 60 年代死的。他写道:“他(拔都)为人十分正直,是伊斯兰教徒的朋友;[①]在他的保护下,他们自由自在地过着生活。在拔都的营列和部落那里,建起了清真寺,寺内有信徒的团体、有主持公共祈祷的人和司祈祷时间者。在他统治与在世的时期,伊斯兰教国家没有由于他(个人)的意志、他的部属、军队而发生灾祸。突厥斯坦[②]的伊斯兰教徒在他的保护下安居乐业。蒙古人统治下的伊朗各州中,每州都有一部分归他所有,他在其采邑内设置了自己的经理人。”[③]

不要忘记,术思札尼是不受蒙古政权控制而进行写作的东方作者。他对这些征服者与其说有好感,不如说有反感。

另一个是波斯史学家志费尼(1283 年逝世)的见解,他的《世

---

① 此处“伊斯兰教徒”系指穆斯林商人。

② 这里系指北半部在金帐汗国领域内的花剌子模地区。

③ 齐曾戈曾,前引书,第 2 卷,第 15 页。

64 界征服者史》一书浸透了对蒙古政权明显的好感，有时简直是颂扬，但他所谈的关于拔都及其政策的话却是不可不听的。不可忘记，志费尼是在蒙古汗宫廷中度过大半生的，他在几乎所有的蒙古国家都逗留过，从蒙古本部以迄波斯旭烈兀汗国西陲的报达城。据他说，“拔都住在亦的勒河上的帐营里，选定了地段建设城市，并把新建的城市称为萨莱。他的政权遍及所有的国家。他不信奉任何宗教与教派，同样也不信真主……

“……商人们将货物从四面八方运来给他（拔都）；不管是什么他全都收下，并对每种货物偿付比原价高出好几倍的代价。他将特惠文书、诏敕赐给鲁迷、叙利亚等国的算端；到他那里朝觐的人，无不受赐而归。”[①]史学家读到以上这几行时，即使认为志费尼偏袒蒙古人，也不能不承认他的话有很大的真实性，因为金帐诸汗，从拔都、别儿哥以迄月即别汗此后的全部政策都为的是最大限度地振兴城市生活、城市手工业与商业，关于这一点我在下面将要谈到。

13 世纪蒙古征服时代的亚美尼亚著名史学家基拉科斯·干札克也指出奖励商业和给予商人种种特权这个特点，这是很能说明问题的。谈到某一个剌班·阿塔时，他指出，这个人从蒙古汗处取得了享有特权的文书。“他的随从、商人们，带有玺书，可到处随意游览，当他们说出他们是剌班·阿塔的随从时，谁也不敢触犯他
65 们。鞑靼统将们还把掠夺来的战利品送给他做礼物。”[②]这件事发

① 志费尼书的著作，载《吉布纪念丛刊》，第 16 卷，第 1 册，第 222—223 页。雅库博夫斯基：《萨莱·别儿哥手工业史》，载《国立物质文化史学院通报》，第 8 卷，第 2、3 册，第 5 页。

② К. П. 帕特卡诺夫：《根据亚美尼亚史料编写的蒙古史》，第 2 册，第 50 页。

生在 13 世纪 40 年代的亚美尼亚,也即术思札尼与志费尼所谈到的年代。

稍后,基拉科斯·干札克又说:“后来,国王、王子、公侯和商人以及一切丧权辱国的人都到拔都那里去了。他按照公正的判断,将世袭领地与公国发还给每个人,并颁发给他们文书(诏敕),谁也不敢违抗他的意志。”①

对东南欧、特别是钦察草原的民族成分,迄今还存在着不正确的观念;钦察草原这个名称在蒙古时代不仅保留了下来,而且还在当时从中国直到安达卢西亚的整个文明世界中广泛流传。许多人认为,大批蒙古人(鞑靼人)随着拔都进入了钦察草原,因此蒙古成分在游牧人口中显然占着优势。不少的蒙古人携带全家老小与全部财产、首先是牲畜,进入了术赤兀鲁思,这一点是毫无疑问的。但是这种迁移是与蒙古人的征服活动紧密联系着的,无论如何不能看成为移民运动。蒙古基本群众仍留在自己的故土蒙古。显然,在这种情况下,谈不上被征服国,即钦察草原的蒙古化。原来的突厥成分在东南欧大到何等程度,钦察人在何等程度上仍是钦察草原游牧民的基本群众,可从斡马里下面这段话看出:“这个国家(金帐汗国——作者注)在古代原是钦察人的国家,当它被鞑靼人侵占后,钦察人成了他们的臣民。后来,他们(鞑靼人)与他们(钦察人)杂居、互通婚姻。土地战胜了他们(鞑靼人)种族与天性的禀赋,他们都成了钦察人,仿佛他们(与钦察人)原来就是一个氏 66
族似的,因为蒙古人(鞑靼人)住在钦察人土地上后,与他们通婚,

① К. П. 帕特卡诺夫:《根据阿美尼亚史料编写的蒙古史》,第 2 册,第 74 页。

在他们(钦察人)的土地上住下来了。”①

斡马里这段话表明,当时的文人清楚地看出了鞑靼征服者的突厥化。鞑靼人在数量上比起钦察草原游牧民基本群众来要少得多,因此不可能有别的结果。这个突厥化过程是如此迅速、浩大,关于这一点可从下列事实看出,即 14 世纪时在术赤兀鲁思(金帐汗国)中开始形成的文学语言不是蒙古语而是突厥文,这种语言带有锡尔河下游及花剌子模所具有的钦察语与乌古思语成分的标志;然而在金帐汗国各城中,甚至在伏尔加河下游各城中,操突厥语的民族却根本没有占据多数,这一点我们从下文就可看出。至于草原本身,钦察人显然占据多数,鞑靼人在那里只是享有特权的少数,只是以成吉思汗长子术赤系的汗室为首的几千名蒙古军队及随军家属。

东南欧此后的全部历史告诉我们,蒙古人(更正确些说,鞑靼人)只保留了名称,却丧失了他们的语言。似乎,15 世纪在钦察草原已很少有人说蒙古语了。不仅如此,甚至诸汗的公文,著名的金帐汗敕令,也都用 14 世纪中亚突厥文学语言写成(1382 年脱脱迷失汗敕令)或用“当地钦察语”(1393 年脱脱迷失汗敕令)②写成。诚然,13 世纪的外交书信是用蒙古语写的。在一系列阿拉伯史料
67 (迦剌温传、鲁克纳丁·贝儿巴思书、讷外里书、伊宾·福剌惕书等)中指出,1283 年一批使者(钦察法乞黑)带着金帐汗脱脱蒙哥的信件到埃及来觐见算端,这封信先用蒙古文写成,再用阿拉伯语

① 齐曾戈曾,前引书,第 1 卷,第 213—214 页(阿拉伯原文),第 235 页(俄译)。

② 这几份敕令不仅就文字史观点而言极值得重视,而且我们在下面将会看到,它对于研究金帐汗国的社会结构提供了特别有价值的材料。

译出。[①] 但这道手续逐渐省略掉了,后来就完全取消了。如果在草原上钦察人(波罗维赤人)是主要居民,那其他地方还有什么可说的呢,鞑靼政权在各地完全承受了过去的遗产、即众多的民族,克里木和伏尔加河流域都有这个特点。值得指出的是,在伏尔加河流域及克里木,主要是在城市居民中留下了过去的阿兰人、可萨人及犹太人。

鞑靼诸汗在苏联欧洲部分的东南建立横暴的剥削者政权(关于这种政权的结构后面还要谈到)之后,便把注意力集中于提高商业、手工业及与此相联系的城市生活,这是金帐汗国历史最光辉的一面。由于文字和实物资料中关于这方面的材料很丰富,我们对金帐汗国过去的这一个方面比其他方面要了解得多。从拔都开始,金帐诸汗在商业与手工业上花费了不少精力。其中尤需提出的是别儿哥汗(1256—1266)与月即别汗(1312—1342)。前面所引术思札尼与志费尼关于拔都的话,在更大的程度上适用于别儿哥汗与月即别汗。当然,金帐汗国的统治者们不会一般地考虑到发展城市的文化意义,而只是单纯地盘算着从商业与手工业上征收各种赋税将巨额收入纳入汗的金库。他们很快就了解到从
通过这个地区的旧商道上可以获利。经由不里阿耳、罗斯诸公国、 68
克里木与伏尔加河下游到花剌子模去的(从花剌子模又可以通往中亚、蒙古、中国)旧商道引起了金帐汗极大注意。下面我们会看到,在以往的任何时期,亚洲对东南欧的贸易以及通过东南欧对西

① 齐曾戈曾,前引书,第1卷,第66,82—83,143—144,355页(阿拉伯原文);第68,106,165,362页(俄译)。

欧所进行的贸易,从未达到金帐汗国时代那么大的规模。

前几位汗——拔都与别儿哥——了解到伏尔加河下游地区的特殊重要性,把这一带作为汗帐的驻地。伏尔加河流域有许多优点,因此被选作新国家的中心。一方面,这里有上述商队贸易干线通过,另一方面从这里可与其他蒙古国家,其中也包括蒙古本土、整个蒙古帝国的中心相接近。下列情况也起了不小作用,即在伏尔加河下游的文明地带,农业地区与城市连成了一片,并且这个地区离草原不远,因此这里不难把定居经济与游牧经济结合在一起,伏尔加河流域也十分有利于游牧,因为这里有许多处富饶的河湾牧场。在月即别汗即位前一直是术赤兀鲁思京城的那座大城,它的建立,与金帐汗国的创始人拔都的名字是分不开的,这个城市后来便得名为拔都萨莱,以区别于拔都之弟别儿哥建立的另一个萨莱城,别儿哥萨莱城(月即别汗时迁都于此)。在历史文献中,这两个城名为旧萨莱城与新萨莱城。不久前,主要利用了波斯史料,这两个城在历史上的真正名称才弄清楚。[1] 两个城现在都只剩下一片废墟。拔
69 都萨莱(旧萨莱)城的废墟在今离阿斯特拉罕不远的谢利特连诺耶;别儿哥萨莱(新萨莱)城的废墟在伏尔加河支流阿赫图巴河上,离斯大林格勒不远,即今列宁斯克城、过去的察列甫小城所在地。

最早的作家志费尼与鲁勃鲁克[2]就已提到了萨莱城,由这一

---

① 雅库博夫斯基:《论别儿哥萨莱手工业的起源问题》,载《国立物质文化史学院通报》,第 8 卷,第 2—3 分册,1931 年,第 6—7 页。

② 志费尼的著作,载《吉布纪念丛刊》,第 16 卷,第 1 册,第 222 页;普兰・迦儿安与鲁勃鲁克,前引书,第 166—168 页。鲁勃鲁克写道:“这是拔都在亦的勒河上新建的城市”,他在下面又写道:“萨莱及拔都的宫殿位于东岸。”

事实也可看出早在拔都时代这座新建的城市已有多么重大的意义。拔都萨莱城很可能是在过去这里的原有居民点或其附近扩展起来的。要知道很少有城市是在空旷无人之处建立起来的,此外,也很少有可能完全撇开鞑靼人从前一时期继承来的各种居民点而形成伏尔加河下游各个新兴的城市。我们在下文将要讲到,两个萨莱城怎样在从别儿哥汗到月即别汗的时代,在有利的政治条件下,尤其是由于月即别汗所推行的政策,逐渐发展成了巨大的工商业中心与文化中心。这两个城市,特别是别儿哥萨莱城,在金帐汗国史上起着巨大作用,所以还必须详细地谈到它们。

第四章　金帐汗国政治史

70 由于文字资料上记载的缺乏，我们不可能将金帐汗国国内史的全部大事按照年代顺序系统地加以叙述。这样，我们无可奈何地只得将有关政治史的事件与社会经济生活的基本事实割裂开来。纵然令人不快，也必须直言不讳，在我们现阶段知识水平上，无法叙述 13—14 世纪中每十年间国内生活发生的变化。

我们已谈过不止一次了，虽然金帐汗国又名术赤兀鲁思，但术赤对金帐汗国的命运实际上不起任何作用。实际上，第一位汗是东欧的征服者，同时也是金帐汗国的创建者——拔都。拔都在位年代为 1237—1256 年，然而，从 1236 年，即从拔都征服整个钦察草原的那一年算起，会更正确一些。有关拔都的记载不多。我们知道，拔都不仅是征服性远征中的刚强领袖，而且无疑地也是新建立的国家的大组织家。当时，新设置的各兀鲁思与统一的成吉思汗帝国还牢固地联系在一起，并构成为帝国的一个基本部分。拔都曾在成吉思汗死后（1227 年以后）的最重要的年代里起过作用。他是大汗窝阔台（1229—1241）时代帝国生活中的活跃人物，并曾
71 参与 1251 年政变；在 1251 年那年，拖雷系抬头，拖雷的儿子蒙哥（1251—1259）登上了宝座。当时术赤与拖雷二系联合起来反对窝阔台与察合台二系。我们知道，在政变时期窝阔台系与察合台系都受到了创伤。拔都利用这一时机，在大汗蒙哥同意下，实际上成了河中的统治者，如今术赤兀鲁思的边界已不像从前那样在阿姆

河,而是在七河流域,在离垂河不远的地方了。拔都十分重视伏尔加河流域在新建的国家中的意义。因此,他在伏尔加河上设立牙帐,在伏尔加河下游建立了兀鲁思的京城萨莱。鲁勃鲁克说:“萨莱与拔都的宫殿位于东岸上”[①],所指的就是伏尔加河上。

拔都参加蒙古人(鞑靼人)一切重大的军事行动,派遣自己的部队支援主力部队;当然,他是想分享一份战利品。因此,术思札尼写道:“蒙古人统治下的伊朗各州中,每州都有一部分归他(拔都)所有,他在其采邑内设置了自己的经理人。”[②]下面我们就会看到,术赤的后裔们就拿这一点作为侵吞阿塞拜疆的借口。

拔都作为信仰萨满教的游牧封建主,在穆斯林市民眼里是一个不文明的人,但他却能一丝不紊地应付蒙古征服东南欧而建立起来的新国家的复杂环境。依靠许多谋士的帮助(其中也包括许多穆斯林商人),拔都立即采取了旨在用最严酷的封建剥削方式取得最大限度税收的残酷方针。他派遣了专门官吏——达鲁花赤,统率着在人们心中留下恐怖印象的蒙古军队向被征服的罗斯诸公
国索取贡赋,还设置了税收机构,向农民、游牧民及克里木、不里阿 72
耳、伏尔加河下游、花剌子模与北高加索各城市的手工业者、商人征收各种封建赋税。最后,还做了许多工作,力图把侵占的所有各地区过去的贸易活动恢复过来;由于蒙古征服蹂躏的结果,这些地区的贸易活动曾一落千丈。在这些方面,拔都大大显示了自己残酷的本领和真知灼见。但遗憾的是,史料中关于这些方面谈得极

① 普兰・迦儿宾与鲁勃鲁克,前引书,第168页。

② 齐曾戈曾,前引书,第2卷,第15页。

少,只提供了一些大略情况,因而没有一项具体管理措施能确切地和拔都的名字联系起来,但未必能够怀疑,许多后来所推行的措施拔都早已实行了。穆斯林史料、亚美尼亚史料及其他史料一致地谈到了拔都在蒙古帝国生活中所起的突出作用。鲁勃鲁克说:“这位拔都,与鞑靼所有宗王比起来,是除了他所必须服从的皇帝(即大汗——作者注)外,最强大的一个”,①这样说是不无根据的。

拔都死于1256年,享年48岁。术思札尼说:“拔都按照蒙古仪式入葬。按这里的人们的做法,有人死去后,需按这位进地狱的恶棍的地位在地下盖一所像屋子或壁龛的处所。在这块地方布置了卧床、地毯、器皿和许多什物;将他与他的武器及全部财产一起葬在那里。他的妻妾、仆役及最宠爱的人也与他一起入葬。到了晚上,把这里掩上土,赶着马匹在墓上面踏过,直到这块地方(埋葬地)不显丝毫痕迹为止。”②

73 在拔都时代,金帐汗国与蒙古帝国中央的交通往来已是通畅无阻。从窝阔台时代(1229—1241)起,全蒙古帝国的驿站已经在整个帝国境内正常发挥作用。《蒙古秘史》、志费尼及拉施特等都谈到了驿站。在各处的驿站中,最好的是哈剌和林至北京段的驿站。拉施特说,③这段路上共有三十七站(驿站),站与站间相距凡

---

① 普兰·迦儿宾与鲁勃鲁克,前引书,第47页。

② 齐曾戈曾,前引书,第2卷,第116页。——术思札尼是蒙古入侵时代的人,住在蒙古帝国之外,他可以自由地表达自己对蒙古人的态度。此外,他是极虔诚的穆斯林,对别种宗教不能容忍。

③ 拉施特:《史集》,布洛舍本,第49页。——马可波罗有对于蒙古帝国驿役的有趣的描写。见米纳耶夫译:《马可波罗行记》,巴托尔德编订,圣彼得堡1902年,第147—150页。

(参阅冯承钧译《马可波罗行记》,第2卷,第97章。——译者)

五程（二十五至三十公里）。每站有一千人，保护驿站本身及过往使者、他们的随员与急使们路途平安。这条路上每天来往的大车有五百辆，每辆车套六条犍牛。大车将粮食（谷物、稻米等）运到哈剌和林去。每个站上都设有储存粮食的粮仓。史料中没有留下有关察合台兀鲁思及术赤兀鲁思的驿道上驿站组织的详细记载。但我们仍掌握着颇有趣的资料。《蒙古秘史》说："使臣往来，从沿途百姓处经过，行程迟延了，百姓也受打扰。如今我们规定制度，由各处千户派出站户、马夫，设置驿站，不是紧急事务，不许沿途骚扰百姓，应沿着驿站驰行。"[①]

稍后一些，《蒙古秘史》说，每站设置兀剌阿臣（马夫）二十人，此外还有一定数量的驿马和羊，"及车辆牛只"。[②] 下述细节颇有趣：窝阔台曾降旨给拔都，让他从自己那里设置驿站通到察合台兀 74
鲁思，而察合台兀鲁思沿路设置驿站，通到哈剌和林来。

这样，从拔都时代起，金帐汗国与帝国的联系就通过察合台兀鲁思有组织地、经常地建立起来了。

拔都死后，金帐汗国政权转入其子撒里答手中。撒里答的继位，为大汗蒙哥亲自认可，拔都死时他正在蒙哥汗帐中。但事实上他未能统治金帐汗国，因为他在回金帐汗国的途中死去了。这件事发生在 1257 年。他的继位者是兀剌赤（拔都之子?），他也死于同年。

1257 年，别儿哥汗（1257—1266）成为金帐汗。《纳索诺夫根据

① 据《元朝秘史》，四部丛刊本第 279 节蒙文重新译出。——译者

② 据《元朝秘史》，四部丛刊本第 280 节蒙文重新译出。——译者

罗斯编年史》的资料提出别儿哥即位之年为1258年。我们已经谈过,别儿哥汗的名字是与被称为别儿哥萨莱或新萨莱的第二个萨莱城联系在一起的。我们所掌握的有关别儿哥汗的资料比拔都的多。

关于这一点指出如下事实也就足够了。阿拉伯作者木法答勒曾描写了埃及算端贝巴儿思的使节团到金帐汗国觐见别儿哥汗的情况,由此我们获得了几行描写汗的相貌的特别宝贵的文字。他写道:"那时别儿哥汗56岁,稀疏的胡须,黄脸,脸庞甚大,头发分披于二耳后,(一)耳坠(八角形?)宝石的金耳环;他(别儿哥)身穿丝绸长袍,头戴尖帽和在绿色的不里阿耳革上镶有宝石的金带;足穿粗纹红皮靴。他的腰间没有佩剑,但在他的腰带上有弯曲的镶金黑角。"[①]

75 在别儿哥汗时代,金帐汗国已是一个堂堂大国了。在他统治的年代里,蒙古帝国发生了巨大变化。1260年,大汗蒙哥(1251—1259)死后不久,帝国的首都从哈剌和林迁到北京,这样北京的首脑就与帝国的其余地区疏远起来,全蒙古的大汗也就变成了中国的皇帝。虽然在拔都及别儿哥汗时代,事实上金帐汗国已具有了独立性,但只在1260年的事件后才可以正式认为金帐汗国变成了独立国。伏尔加河流域城市生活的建设,东南欧贸易活动的扩大与深入,对旭烈兀系(蒙古政权在伊朗的代表)的艰苦战争以及与战争问题相联系的对马木鲁克王朝埃及的外交关系,这些事都与别儿哥的名字联系在一起。正好就在拔都军队征服东欧之后二十年,由蒙哥汗之弟旭烈兀汗统率的蒙古大军向伊朗进发。从1256

① 齐曾戈曾,前引书,第1卷,第193页。

年起，经过二年半的时间，终于占领了伊朗全境；1258 年占领了报达，废除了已经失势的阿拉伯哈里发。13 世纪 50 年代末伊朗领土上建立了在旭烈兀系的蒙古政权统治下的新国家。这个国家的疆域还包括整个外高加索即今阿塞拜疆、亚美尼亚、格鲁吉亚的领土。这个国家拥有富庶与文明昌盛的地区，这些地区在 13 世纪 50—90 年代、即合赞汗（1295—1304）及其改革之前，由于官吏、包税人及各种掠夺者的勒索，经济整个地陷于崩溃。如前所述，术赤兀鲁思的蒙古部队积极地参加了征服伊朗的战争。这支部队是旭烈兀大军的独立部分。

伊朗战争结束后，两个蒙古汗系——术赤系及旭烈兀系——发生了内讧。阿塞拜疆问题是内讧的焦点。[①] 旭烈兀（1256— 76
1265）对这一地区特别重视。旭烈兀的后裔们将京城设在帖必力思城，该城在旭烈兀朝时代有了很大发展。只须指出下列情况也就够了：过去的帖必力思城全城四围共为六千步，而到了合赞汗时代扩展到二万五千步。旭烈兀所重视的是阿塞拜疆出色的牧场。在这方面蒙古人特别喜爱库腊河下游驻冬的木甘草原，及适于夏天放牧的覆盖着丰美青草的哈剌塔黑的山坡。最后，旭烈兀及其后裔对阿塞拜疆各城镇中享有盛名的富庶的手工业，尤其是纺织工业，非常重视。别儿哥汗千方百计地要将阿塞拜疆并归金帐汗国，并以自己的部队曾参加过征服伊朗与占领报达作为侵吞阿塞拜疆的理由。他要求将阿塞拜疆作为报酬，作为他的那份战利品。关于这个问题的谈判没有得到任何结果，于是这两个蒙古国

① 当时的阿塞拜疆还包括现在伊朗境内的阿塞拜疆人聚居地。

家(两国的实际分界线是打耳班附近的高加索山脉)发生了军事冲突,战争断断续续地进行了将近整整一个世纪。[①] 有时,军事冲突引起了两败俱伤的流血斗争。关于这些战争,在阿拉伯作者(主要是埃及作者)及波斯作者的笔下有详细描述,亚美尼亚史料中更是经常提到这些战争。1263—1264 年首次大的冲突发生于距库腊河左岸不远的地方,这次战争以旭烈兀大败告终。伊宾·瓦昔勒说:"别儿哥汗来到战场上,看到那可怕的残杀情景时说:'让安拉
77 谴责这个用蒙古人的剑残杀蒙古人的旭烈兀吧!如果我们齐心协力,定能征服全世界。'"[②]

库腊河之战具有严重的后果,这一点首先反映在术赤朝与旭烈兀朝的贸易关系上。据波斯史学家瓦撒夫(1257—1327)说,旭烈兀降旨"将在帖必力思经商及进行交易、广有财产的别儿哥斡兀勒(宗王)的商人全部处死,并将他们的全部财产没收,送入国库……这些商人中许多人把存款和珍品放在帖必力思有名望的市民家里。他们被杀戮后,(上述)财富便落入持有者手中。别儿哥斡兀勒为报复起见,也反过来杀戮(旭烈兀)汗国的商人,并用同样手段对付他们。进出的道路、商人的往来以及有熟练技能者的作品——一下子都受到了限制,这时那仇恨的恶魔从瓶子里跳出来了。"[③]

不久,旭烈兀去世。1265 年阿八哈(1265—1282)即位。最初

① 参阅《阿塞拜疆共和国科学院通报》,1946 年,第 5、7 期上所载阿利·咱德的专文《金帐汗国与伊利汗国争夺阿塞拜疆的斗争》。

② 齐曾戈曾,前引书,第 1 卷,第 75 页。

③ 哈姆尔·浦尔格斯塔尔:《瓦撒夫史》,第 98 页(波斯原文)。

一段时期，敌对的双方仿佛偃旗息鼓了。术赤王朝甚至从帖必力思与蔑剌合获得某种收入。但别儿哥汗不满足于此。博闻广见的14世纪阿拉伯作者斡马里对此后的事件描述如下："后来旭烈兀去世，其子阿八哈即位，他们（术赤系——作者注）诓骗他说，他们的算端别儿哥要在帖必力思建设大清真寺。他（阿八哈）答允了，于是他们建造了大清真寺，在寺上刻了算端别儿哥的名字。接着他们又要求（准许）开设工场（更确切些说，是作坊——作者注）为自己制造织物。他（阿八哈）也答允了。他们就在那里为别儿哥汗织布。这种情况一直保持到他们的关系破裂。他们冲突了起来，78
别儿哥击败了阿八哈。阿八哈一怒之下将工场捣毁了。"[1]在这段记载中，有一段是值得注意的，即建设以别儿哥汗命名的清真寺。别儿哥汗想笼络帖必力思居民，想让居民感觉到：他，别儿哥汗，是他们的合法的汗。

由于别儿哥汗对旭烈兀与阿八哈进行着长期不懈的斗争，金帐汗国与13世纪后半叶至14世纪遥远的埃及马木鲁克王朝，发展了活跃的外交关系。在别儿哥汗本人，特别是在马木鲁克算端灭里・咱喜儿・鲁克纳丁・贝巴儿思（1260—1277年在位）的积极参加下，开始了两国的外交关系。埃及所迫切关心的是离它较远的金帐汗国在与伊朗旭烈兀朝敌对关系继续甚或加剧时仍能壮大、顺利发展。马木鲁克算端的打算很简单：旭烈兀朝伊朗是辖有叙利亚的埃及的邻国，两国的国界线在美索不达米亚，强大的伊朗对马木鲁克算端是个威胁。还有什么手段比两大蒙古汗国互相敌

① 齐曾戈曾，前引书，第1卷，第239页。

对更为有效呢？因此，马木鲁克朝埃及外交政策的全部基本任务就在于：千方百计地维持这种敌对状态，并尽可能加强它。在这个基础上，贝巴儿思与别儿哥汗频繁地互遣使者，贝巴儿思从开罗(埃及首都)送来十分丰厚的礼物，最后还坚持提出金帐汗国应在短时期内实现伊斯兰化。埃及阿拉伯编年史中，有很多有关这方面的记载。让我们来了解一下贝巴儿思与别儿哥汗外交文书的特点吧，这是相当有趣的事。

79 阿拉伯编年史家、贝巴儿思算端的秘书伊宾·阿不都咱喜儿谈到贝巴儿思给别儿哥汗的信时写道："660 年(1262 年)他(灭里·咱喜儿)给鞑靼大汗别儿哥写了一封信，信件由我笔录，他口述，(在这封信中)他唆使他反对旭烈兀，在他们之间煽起仇恨与敌意，由于接二连三地获得了他(别儿哥汗——作者注)皈依伊斯兰教的消息，他就从道理上指出，他必须发动对鞑靼人(指伊朗的蒙古人——作者注)的'圣战'，他有责任对异教徒作战，即便他们是他的亲人。要知道先知——安拉的祝福与和平属于他——就曾与自己同部落的亲人作战，反对古列亦失惕人，他受安拉的圣意与人们作战，直到他们说出安拉是唯一的神为止；伊斯兰教不光是一些教义章句，'圣战'是它的(主要的)后盾之一。"①

算端从埃及送去给金帐汗国别儿哥汗的礼品清单也是特别有趣的。就在那一年，灭里·咱喜儿接见了别儿哥汗的使者，亲切地对待他们，在交谈和各种仪节之后，打发他们带着礼物回到别儿哥汗处去。据 14 世纪埃及编年史家鲁克纳丁·贝巴儿思说，算端

① 齐曾戈曾，前引书，第 1 卷，第 55 页。

"为别儿哥准备了各种各样美妙的东西作为礼物,如:据说是阿番的儿子(哈里发)斡思蛮手写的圣书,(行)祈祷礼所用的各种彩色的垫子与地毯,威尼斯布与东方衣裙,带毛皮帘幕的革毡,有雕刻的迦勒术儿剑,镀金的圆锤,富浪钢盔及镀金甲胄,灯笼,烛台,装在匣子里的机械(风琴?),镀金台架的成对灯台,花剌子模鞍,行祈祷礼的小地毯,镶以金银的马勒,带环的弓,弹弓,喷射石油的弩机,莞制长矛及标枪,装在匣中的箭,蛇纹石做成的锅子,镀金长明 80
灯带镀金银链,黑奴及女厨师,阿拉伯千里马及努比亚骆驼;快走的驮用牲畜,猴子、鹦鹉及其他各种物品"[①]。阿拉伯史学家木法答勒在这份单子上还添加了:长颈鹿、埃及驴、中国器皿、亚历山大服装、绣金的手工制品等。[②]

可想而知,这么多礼物送到金帐汗国宫廷中对别儿哥产生了多么强烈的印象;别儿哥与其宫廷虽对伊斯兰教文明极其倾心,但在埃及统治者眼里始终是些半开化的人。与别儿哥的名字相联系着,开始了金帐汗国社会的伊斯兰教化。关于这个问题,我将在本书最后一章《金帐汗国的文化生活》中用专门篇幅谈到,因此我在这里只作一些必要说明,并指出别儿哥汗作为统治者的二、三特点。

别儿哥汗皈依伊斯兰教看来有其政治上的考虑。一方面,由于金帐汗国与不里阿耳有联系,与中亚的工商业及文明城市玉龙杰赤、不花剌等有联系,手工业者、商人、画家、学者及当时封建伊

① 齐曾戈曾,前引书,第 1 卷,第 100 页。

② 同上书,第 189 页。

斯兰教知识界的代表人物都从那里来到两个萨莱——拔都萨莱与别儿哥萨莱城;另一方面由于马木鲁克埃及坚持伊斯兰化的建议,而且与埃及建立友谊对金帐汗国又是这样的有利——这两方面的原因显然使金帐汗对国家伊斯兰化采取了保护政策。但不管别儿哥汗如何努力推行伊斯兰化政策,伊斯兰化却仅限于统治阶级上层分子的范围内,且仅限于接近宫廷的那些人们。

81 在穆斯林作者所叙述的有关别儿哥皈依伊斯兰教的若干细节中,把他描写为一个慎重的政治家。伊斯兰教僧侣不仅把宗教大权掌握在自己手中,也掌握了大量财富,庄园收入和城市不动产的收入,他们企图掌握更多的政权,因此多方强调,在某些情况下他们是高于世俗政权的。这一点特别表现在对待新入教的教徒的态度上。据伊宾·哈勒敦[①]、爱尼[②]等阿拉伯史家说,接受别儿哥汗入教的不花剌著名司教巴赫儿昔在接见专程来谒见他的别儿哥之前,让他在哈纳合门前等了三天。别儿哥这个强大的统治者(当时还是有势力的宗王),能够克制自己汗的被贬抑的尊严感,并以此向整个伊斯兰教世界表示自己对伊斯兰教教权的虔敬与尊崇。如果这段故事是真实的(我们没有理由不相信它),那么它着重表明了,别儿哥是多么英明与有远见,他能够从政治考虑出发,克制个人的汗的自尊心,要知道当时金帐汗国事实上是阿姆河与锡尔河之间各州、甚至是更远地区的全部政治生活的主宰者。根据各种罗斯编年史来判断,别儿哥汗是一个要求唯命是从地服从自己的

① 齐曾戈曾,前引书,第 1 卷,第 379 页。

② 同上书,第 507 页。

严厉的统治者。

在别儿哥汗时代，1257 年对罗斯诸封建公国进行了人口登记，其任务是查明与统计应缴税赋的全部人口。人口登记本身与由八思哈及其所属部队征收赋税的做法多次引起被征服人民的愤怒。我们知道，1259 年诺夫哥罗德人用起义回答了别儿哥汗的人
口登记。过了三年，罗斯托夫、苏兹达尔、雅罗斯拉夫等城于 1262 82
年爆发了起义。我们有充分理由来设想，这个解放运动是在亚历山大·涅甫斯基亲自参加下发动起来的。关于这次运动的详情，见 A. H. 纳索诺夫所著《蒙古人与罗斯》一书。[①]

别儿哥汗在位时代，在蒙古帝国生活中发生了对帝国本身也对金帐汗国具有重大影响的事件。1259 年，蒙哥汗死后，发生了蒙古帝国前所未有的内乱。蒙哥的弟弟忽必烈与阿里不哥为争夺汗位发生了斗争。兄弟俩都称大汗：忽必烈在中国北部称大汗，阿里不哥在蒙古称大汗。这一斗争削弱了整个帝国。在蒙哥时代居于次要地位的察合台与窝阔台二系利用内乱恢复了自己旧日的兀鲁思，术赤朝的后裔因而丧失了在河中的全部势力，只得撤出自己的军队与官员。忽必烈兄弟俩之间的斗争以忽必烈获胜告终，忽必烈离开了蒙古，将京城从哈剌和林迁到了华北地区的北京城，该城的蒙古名为汗八里（汗城）。这些事就发生在别儿哥汗在位的年代里。这些事件几乎使蒙古帝国完全崩溃。

大汗忽必烈远在北京，因此几乎无法从那里统辖辽阔的帝国。至于说到金帐汗国和其他各兀鲁思，它们则过着自己的生活，各有

① A. H. 纳索诺夫：《蒙古人与罗斯》，第 52 页。

自己的利益,各兀鲁思的汗力求获得最大限度的独立性。事实上,在别儿哥汗在位的晚年,仅在名义上承认忽必烈为大汗。

金帐汗国在事实上成了独立的国家。

1266 年,别儿哥汗在出征高加索攻打旭烈兀系汗时,死于离
83 开梯比里斯的途中,他的灵柩运送到了拔都萨莱,在那里落葬。现在,忙哥帖木儿成了金帐汗,他的在位年代为 1266—1280 年[①]。忙哥帖木儿在金帐汗国政治文化生活上没有任何光辉的业绩,还跟别儿哥汗一样,他继续对旭烈兀朝阿八哈汗(1265—1282)作战。这里边我们所熟悉的马木鲁克算端灭里・咱喜儿・贝巴儿思是起有积极影响的。

1271 年忙哥帖木儿发动了金帐汗国鞑靼人对君士坦丁堡的远征。[②] 发动这次远征的借口是下列事件:拜占庭皇帝劳斯卡利斯不甘心于金帐汗国及马木鲁克埃及的强大,竭力支持旭烈兀朝。劳斯卡利斯千方百计地想阻挠术赤朝与马木鲁克算端建立联盟,并阻挠二国互遣使节,例如在别儿哥汗在位的晚年就发生过这样的事。[③]

据伊宾・哈勒敦说,忙哥帖木儿的远征以胜利告终,因为劳斯卡利斯没有应战就请求媾和。为了继续推行别儿哥汗对罗斯诸公国的政策,忙哥帖木儿在那里进行了第二次人口登记。几乎所有的埃及阿拉伯编年史家都指出,忙哥帖木儿死于喉疸。忙哥帖木儿时代,金帐汗国社会史上有几件大事:一方面,热那亚人在卡法(今菲

① 据某种资料说,他的统治一直继续到 1282 年。

② 齐曾戈曾,前引书,第 1 卷,第 362 页(阿拉伯原文),第 380 页(俄译)。

③ 同上书,第 353 页(阿拉伯原文),第 359 页(俄译)。

奥多西亚)建立了商业殖民地,这件事对此后克里木的命运具有重大影响;另一方面,像那海这样的杰出人物登上了政治舞台。

那海这个人在别儿哥汗时代初露头角,那时他因与汗室有近 84
亲关系,并在与旭烈兀朝军队作战时身为万户长成功地指挥了蒙古部队,擢居国家首要地位。他具有巨大的组织能力,性格坚强,手段毒辣、阴险,这些个性特点使他那贪权好财的本性获得了充分发展的机会。在四十年内,那海在金帐汗国政治生活中起着巨大作用,以致国外将他当成汗,向他派遣使节,将送给国王的礼物送给他,并国宾似地接待他的使者。但在名义上,那海只是一个万户长,他是自顿河以迄第聂伯河的西部各地区的长官,在脱脱(1290—1312)时代,他又获得了统辖克里木及其富庶的商业城市之权。在忙哥帖木儿时代,以及特别是脱脱蒙哥(1280—1287)时代和脱脱在位的早年,他居于独揽大权的权臣地位,确曾废黜了一个汗。实际上,由于那海经常干预金帐汗国的政治生活,制造了许多纠纷,肇始了封建内乱,这样的封建内乱在 14 世纪前半叶脱脱与月即别(1312—1342)时代停歇了半个世纪,而到了 14 世纪后半叶重又掀起来,加上别的原因,直闹得金帐汗国完全衰落下去、陷于政治崩溃。脱脱蒙哥(1280—1287)与秃剌不花(1287—1290)的在位在一定程度上只不过是政治上的假象而已。无论如何,不考虑到那海的作用,就根本无法来理解他们。

有关脱脱蒙哥个人的材料以阿拉伯作家鲁克纳丁·贝巴儿思记载得最多。[①] 据他说,在脱脱蒙哥时代与以前各代完全一样,继

① 齐曾戈曾,前引书,第 1 卷,第 104 页。

续与马木鲁克埃及不断来往;还跟以前一样,许多贵重的礼物送到
85 汗国来,不仅送给汗和汗室,还送给显赫的大臣们。有时,礼物中还包括建造清真寺及其他建筑物的材料。例如,据伊宾·福剌惕说,1287 年埃及算端灭里·满速儿派人送去"在克里木城(速勒哈惕)建造清真寺所用的大批各种材料,价值二千底纳儿。在寺内先题了灭里·满速儿的尊号,后又派去了……石刻匠在寺内刻了算端的尊号。还让他们(使者)带去了油漆。"[1]

从鲁克纳丁的叙述中我们知道,脱脱蒙哥在即位前是多神教徒,即位后才信奉了伊斯兰教;由此可见,如果把两个萨莱城除外,则金帐汗国的伊斯兰化尚处于初始阶段。鲁克纳丁又说,1287 年脱脱蒙哥"显出有些癫狂,他厌弃国事,与司教、托钵僧缠在一起,舍弃尊荣。有人对他说,国家必须有治国之君。他说,他已将它(国家)让给自己的侄子秃剌不花了,他内心高兴这样做。他的妻、弟、伯叔、亲族与近臣只好同意他。"[2]

拉施特用比较明确的话谈到脱脱蒙哥退位一事。据他说,忙哥帖木儿的儿子们以他癫狂为借口,推翻了他,并在五年内共同掌权治国。[3]

秃剌不花(1287—1290)在位的短暂时期是封建内讧时期,这一时期中金帐汗国的汗政权的威信遭受到严重威胁。万户长那海
86 是这些内讧的积极参加者,也是所有阴谋的煽动者。他能激起秃

---

① 齐曾戈曾,前引书,第 1 卷,第 363、435 页。伊宾·巴都塔也曾提到灭里·满速儿在速勒哈惕(旧克里木)建造清真寺之事(上引书,第 281 页)。

② 同上书,第 105—106 页。

③ 同上书,第 2 卷,第 69 页。

剌不花亲族的强烈的热情，让他们彼此仇恨，唤起他们的希望，因此在任何时刻都可能发生宫廷政变。忙哥帖木儿有十个儿子，其中不儿鲁克、萨莱不花与秃丹组成了脱脱党，而阿勒灰、脱黑鲁勒札（月即别的父亲）、马剌罕、合丹与忽秃罕是秃剌不花的拥护者。那海善于利用脱脱及其有势力的集团来反对秃剌不花，一场冲突过后，秃剌不花被杀，脱脱夺得了汗位。那海就这样成了金帐汗国政治生活的全权主宰者。据鲁克纳丁·贝巴儿思说，“那海在长时期内是国家的统治者，是别儿哥汗室的拥有无限权力的主宰者，他随意更换对他不称心的汗，拥立自己挑选的汗。”[①]看来，汗成了他手中的傀儡。

也许有人会产生这样的问题：那海的权力既然这样大，那么他为什么不公开地把政权夺到自己手中，不宣布自己为汗呢。用蒙古人的政治观念，不难理解这一点。当时，成吉思汗及其氏族威信极高，因此没有一个人敢于出来反对那个根深蒂固的观念，即只有成吉思汗氏族出身的人才能成为汗。这个观念是如此牢固地保持在13—14世纪的政治意识中，这一点即便从如下事实也可看出：举世闻名的帖木儿（跛者帖木儿——塔密儿兰）（1370—1405）没有接受“汗”的尊号，只是自称为异密，并以“古列干”[②]自称而引以为荣，因为这样就与成吉思汗后裔拉上了亲戚关系。在脱脱
在位的早年，那海实际上独揽着大权，脱脱完全唯命是从地执行 87

① 齐曾戈曾，上引书，第1卷，第110—111页。

② “古列干”意为“女婿”。帖木儿曾娶忽辛异密的寡妇、被杀的哈赞汗之女为妃，而哈赞汗出自成吉思汗氏族。

他的指示。

特别突出的是,那海要求脱脱处死金帐汗国中许多与那海为敌的别(那颜)。[①] 脱脱执行了这些要求,因而严重地动摇了自己的地位。但不久后,脱脱有了足够的力量和勇气来反对他的权臣。反对那海的借口是不难找到的。那海接纳了从脱脱处逃亡出来的谋叛的异密(别、那颜),拒绝将他们交出。那海与脱脱之间展开了军事行动,经过顽强的长期斗争,那海的军队被击溃了,那海本人也于 1300 年被杀死。那海操纵金帐汗国的政治生活达四十年之久。《那海和他的时代》一书的作者 H. И. 维谢洛夫斯基用如下的话评价了那海在金帐汗国史上的作用:"一方面,由于他军事经验丰富,扩展了汗国的领土;另一方面,他也造成了它的分裂,这样就在无意中使汗国的强大遭受到第一次打击。"[②]那海死后,脱脱终于成了独立的汗。在那海晚年,还发生了蒙古人与热那亚人之间的克里木卡法城(菲奥多西亚)事件。

鲁克纳丁・贝巴儿思说,1298 年,那海于击败脱脱后,派遣自己的一个孙儿到克里木去"向当地居民征税。那海的孙儿到了热那亚富浪人(辖有)的卡法城……向居民索取金钱。他们设宴款待他,拿来一些食物和酒请他吃喝。他吃喝了一通,喝得酩酊大醉。这时他们(居民)袭击了他,将他杀死了。他遇害的消息传到他祖父那海那里,那海向克里木兴师问罪。那海大军劫掠并烧
88 毁了它(卡法城),杀死了很多克里木人,把卡法的伊斯兰教商人、

① 齐曾戈曾,前引书,第 1 卷,第 109 页。

② H. 维谢洛夫斯基:《那海和他的时代》,50 页。

阿兰商人与富浪商人都掳走了，夺取了他们的财产，还抢劫了撒鲁起儿漫、乞儿克·也儿(丘弗特卡列)、客儿赤等地。”[①]1299年不仅在卡法城上演了悲剧，而且富庶的商业城市速答黑也遭受了浩劫。木法答勒说[②]，那海命令速答黑所有拥护他的居民，带着财产出城来，其余的留下。然后，他围住了城市，进占后加以劫掠、焚毁。该城大部分居民遇难。克里木，尤其是它的富庶的海港城市，开始了灾难时期。史籍强调指出，蒙古人与热那亚人政权之间的关系十分紧张，双方长期处于敌对状态，不断地进行斗争，双方互相从对方掳走许多人，卖做奴隶。我们在下文中将要看到，双方敌对关系一直延续到脱脱汗时代(1290—1312)。1300年，脱脱战胜那海后，才成为金帐汗国全权的君主。脱脱在十分困难与复杂的政治形势下开始执政。与那海的斗争消耗了许多人力、物力，他经过了顽强的长期斗争才取得了胜利。就在1300年，金帐汗国开始了长达三年的旱灾。马克利纪说，旱灾过后“又发生了马瘟、羊瘟，结果造成了这样的情况：他们(居民)没有东西可吃，只得将自己的儿女、亲人卖给商人，被商人送到埃及与其他各处去。”[③]

尽管困难重重，14世纪初却正是金帐汗国生产力上升的时期。此时，军事封建体系的国家与社会制度形成了，关于这种军事封建体系的基本特征将在下面各章中谈到。此时，两个萨莱城都

① 齐曾戈曾，前引书，第1卷，第111—112页。

② 齐曾戈曾，前引书，第195页。

③ 同上书，第436，513页。

89 成了规模宏大、富庶的工商业城市。根据大多数史料的记载,脱脱不是伊斯兰教徒,他始终信奉多神教①,似乎是佛教徒,但这一点并不妨碍他推行保护伊斯兰教徒的政策。

与他的先辈一样,脱脱也面临着对待旭烈兀朝伊朗的关系问题。脱脱在位时期正是旭烈兀朝下列各汗:乞合都(1291—1295),伯都(1295—1295),合赞汗(1295—1304)与完者都(1304—1316)统治时期。在某一段时期内,两国关系好转,长时期来商人及货物不能通行的高加索商道重又开放了。波斯史学家瓦撒夫写道:“当脱脱(1290—1312)成为忙哥帖木儿的继承人时,由于使节和外交信件的交换,道路对商人和经商资财拥有者重新开放,保护过客安然无恙地通过的设施又建立了起来。阿儿兰州②苦于大车、天幕、马、羊拥挤,那些国家的货物和珍奇物品在中断了一个时期后,如今又能畅销各处了。”③脱脱时代继续与马木鲁克埃及交换使节,但使者已不像过去那样频繁,礼物也不如以前丰厚。这一时期埃及与旭烈兀朝缔结了和约。因此 1306 年发生了一件出乎意外的事,当脱脱的使者奉命觐见灭里·纳昔儿·马哈麻(1299—1309)建议联合出兵攻打旭烈兀朝(当时两个蒙古汗国重新失和)时,埃及算端竟婉言谢绝了这个建议。脱脱时代蒙古人与热那亚人在卡法及克里木其他各处殖民地的关系仍是敌对的。热那亚人及其他
90 富浪人(这是当时蒙古人对拜占庭人以外的所有欧洲人的称呼)常常袭击蒙古人,将他们掳走,卖做奴隶。④ 脱脱企图到卡法去掳掠

---

① 齐曾戈曾,前引书,第 174,206,277,434 页。

② 该州在今阿塞拜疆境内。

③ 哈姆尔·浦尔格斯塔尔:《瓦撒夫史》,第 99 页(波斯原文)。

④ 齐曾戈曾,前引书,第 1 卷,第 436 页。

热那亚人，但据埃及编年史家说，热那亚人“得知他们就要到来，便准备好船只，驶入海中，逃回自己国土去了，结果鞑靼人连一个人也没抓到。脱脱遂夺取了住在萨莱和邻近地区的那些热那亚人的财产。”[①]

上文已指出，从 14 世纪初起，金帐汗国的生产力开始上升，就这方面来说，脱脱在位的晚年为月即别汗（1312—1342）时代金帐汗国军事威力的鼎盛做好了准备。据必儿咱里说，月即别汗即位时年三十岁，“他信奉伊斯兰教，睿智非凡，仪表出众”。[②]

月即别是脱黑鲁察之子，忙哥帖木儿之孙，没有继承汗位的权利。据《兀外思传》的作者说，月即别在一位当权的异密（那颜）忽都鲁·帖木儿的帮助下杀死了脱脱之子亦勒巴思迷失，篡夺了金帐汗的宝座。[③]

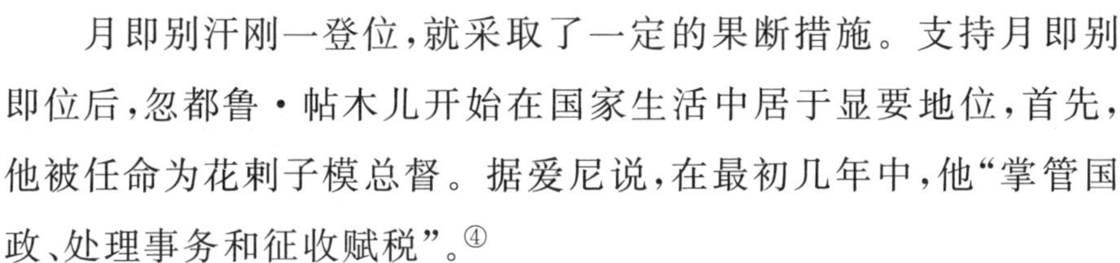

月即别汗刚一登位，就采取了一定的果断措施。支持月即别即位后，忽都鲁·帖木儿开始在国家生活中居于显要地位，首先，他被任命为花剌子模总督。据爱尼说，在最初几年中，他“掌管国政、处理事务和征收赋税”。[④]

靠忽都鲁·帖木儿出谋划策，月即别很快地甩掉了许多敌人 91
与对手，用最狡猾的手段杀死了他们之中最危险的那些人。月即别像别儿哥汗那样刚强而果断地推行了伊斯兰教化政策，竭力要在最短期内实现这一政策。月即别汗即位二年后告诉埃及算端灭

① 齐曾戈曾，前引书，第 1 卷，第 120，162 页。

② 同上书，第 175 页。

③ 齐曾戈曾，前引书，第 2 卷，第 100 页。

④ 齐曾戈曾，前引书，第 1 卷，第 515 页。

里·纳昔儿·马哈麻[1]说,在他的国家中异教徒已经为数不多了。[2] 当然,这一点是不符合实际情况的。月即别所指的不是人民群众(尤其不是游牧民劳动群众),而是统治阶级。

月即别对城市生活特别重视。新建筑物的建造,别儿哥萨莱城的扩建与美化,都与他有关;他正式将金帐汗国京城从拔都萨莱迁到了别儿哥萨莱。这一措施显然对别儿哥萨莱城经济与文化生活的发展特别有利。我们下文将要谈到的1333年到过别儿哥萨莱城的阿拉伯旅行家伊宾·巴都塔对萨莱城所作的极好的描写,正是在月即别时代。伊宾·巴都塔生动地描绘出来的印象,确凿不移地强调了金帐汗国首都的富庶情况。月即别汗大兴土木,按他的命令在别儿哥萨莱建造了清真寺、伊斯兰教学堂、陵墓、宫殿,但可惜的是,今天留下来的只有埋在地下的一些地基,主要是装饰构件的残留物——镶嵌的与彩绘的光亮瓷砖。月即别不仅在伏尔加河流域,还在克里木进行了建设。在旧克里木城(速勒哈惕)有一座清真寺一直保留到了今天,寺前有一座壮丽的雕刻的石造正门,寺上面题有建造的日期及月即别汗本人的名字。[3] 月即别汗时代,他的亲族全权的花剌子模总督忽都鲁·帖木儿也在玉龙杰
92 赤大兴土木。[4] 月即别在外交政策上继续保持旧有的传统,跟以前各汗一样,金帐汗国继续与马木鲁克埃及保持经常的贸易、文化

① 他于1309年即位,曾一度失掉王位。

② 齐曾戈曾,前引书,第1卷,第163页。

③ 斯米尔诺夫:《1886年夏克里木考古》,载《俄罗斯考古学会东方部集刊》,第1卷,第279页起。

④ 雅库博夫斯基:《玉龙杰赤废墟》,从36页起。

与外交关系。与以前比较起来，在这些关系上没有什么新的东西可言，其中较有兴味的是埃及算端灭里·纳昔儿聘娶一位金帐汗国成吉思汗系的公主，故事说来话长。

在聘娶问题上，两个王室开始交换使者与礼物。月即别为蒙古公主索取巨额聘金。在这个问题上进行了多年谈判，埃及算端曾一度准备不娶蒙古公主，因为蒙古当局对嫁出秃纳只的女儿秃伦拜——这是新娘的名字——索取的聘礼太多了。有关婚事的谈判，1314 年就已开始。有一次，埃及例常的使节团来到金帐汗国，月即别汗对使者说，他已将一切都准备好，现在只等着聘礼和婚前的筵席了。使者窘住了，连忙道歉，说此刻他没有带来礼物与聘金。月即别汗当即建议使者向金帐汗国商人借贷，据一种记载说借贷二万底纳儿，[①]另一种记载说借贷三万底纳儿。[②] 使者同意了，此外还拿了七千底纳儿筹备筵席。1320 年，一个庞大的婚礼使节团被派到埃及。途中，使节团曾在君士坦丁堡停留，劳斯卡利斯皇帝举行了多次盛大的宴会款待他们。1320 年 5 月 10 日蒙古公主到达亚历山大。爱尼写道："可敦从舰中走出来后，坐进车上的镀金帐幕里，被马木鲁克人送入亚历山大算端宫内。算端派了许多哈的卜 93
与十八名宫娥去侍候她……后来缔结了（婚）约，议定（支付）三万米思合勒（其中扣除前已支付的二万底纳儿）……"[③]送去做埃及

① 齐曾戈曾，前引书，第 1 卷，第 519 页。

② 同上书，第 438 页。

当时金帐汗国的底纳儿是银质的，相当于六个底儿赫木，值五十金戈比，河中自怯别汗（1318—1326 年）实行改革后也是如此。

③ 同上书，第 520 页。

算端妻子的蒙古公主秃仑拜的命运是艰难的,不到五年,“月即别从来人得知:算端与她婚居后,不上几天就将她赶了出去,嫁与了一个马木鲁克部人。”[①]月即别对此大为震怒,命使者将自己的不满转告算端,因为“不应当让你这样的人毁了汗王之女”。[②] 灭里·纳昔儿对此完全否认。他说,这完全是捏造的,可敦没有受屈,也没有被赶走,如果安拉夺取了她的生命,那是谁也怪不得的。

与旭烈兀朝的冲突曾不止一次成为月即别汗与埃及算端灭里·纳昔儿进行外交谈判的主题。月即别的军队用各种配合方式不仅在国境线上,而且在旭烈兀朝国境内活动。但不论术赤朝如何努力,却始终未能取得阿塞拜疆。在将近一百年内,阿塞拜疆未出 13 世纪后半叶与 14 世纪前半叶蒙古统治下的伊朗之手。

到脱脱时代,特别是月即别汗时代,我在下文中将要谈到的那些社会关系的一切形态都已成熟了。可惜史籍中没有把任何一项社会措施与月即别汗的名字联系起来,正像没有把任何一项社会措施与其他诸汗的名字联系起来一样,其实他和他以前的诸汗一
94 定不止一次地颁布过具有重大社会意义的诏敕。

月即别汗在位时代,第一次提到了月即别人这个名词。14 世纪波斯史家与地理学家哈木答剌黑·可疾云尼曾用这个名词称呼 1335—1336 年出征阿塞拜疆时期月即别汗军队的军士。同时,他还把金帐汗国称作马木鲁牙合惕·月即别,即称作月即别国。[③]

① 齐曾戈曾,前引书,第 1 卷,第 527 页。

② 同上。

③ 齐曾戈曾,前引书,第 2 卷,第 93 页。

第五章　13—14世纪金帐汗国的社会经济生活

1246年穿过钦察草原的普兰·迦儿宾用下面这段话描写了 95
钦察草原游牧民的财富："他们富有牲畜，有骆驼、牛、绵羊、山羊与马。他们有大批驮用牲畜，据我看来，举世无有其匹。"[①]他所谈到的住在钦察草原环境中的鞑靼人的这些情况，对钦察人也是完全适用的；鞑靼人在那里只占游牧人口的一小部分，并且我们知道，在那里他们已渐渐地同化于钦察人。毫无疑问，蒙古人也把自己的游牧方式，即游牧经济方式，带到了东南欧；但这种游牧方式未必与文明程度略高于鞑靼蒙古人的钦察人所采用的游牧方式有多大出入。

我们已经谈过"兀鲁思"和"禹儿惕"这两个蒙语概念，弗拉基米尔佐夫曾对这两个概念作出精确的表述。[②] 金帐汗国被视作术赤家族的兀鲁思（分封的臣民），因此全体居民——游牧民、农民与城市居民——被认为属于以汗为首的术赤家族。兀鲁思的领土，即禹儿惕，总是于各时期在拥护汗室的诸王与大那颜——钦察鞑
靼封建主中间进行分配。诸王与那颜们同时又是民政的，特别是 96

① 普兰·迦儿宾与鲁勃鲁克，前引书，第7页。

② 弗拉基米尔佐夫：《蒙古社会制度史》，第97页。

军队的各级长官（万户、千户、百户）。与蒙古帝国所有各处一样，金帐汗国的游牧经济在封建关系条件下进行，牧场在各封建主中间严格地进行分配。关于这一点，普兰·迦儿宾写道："不经皇帝指定，无论谁也不能驻留在任何地方。皇帝亲自指定首领们的驻留地，首领们则指定万户的驻留地，千户指定百户的驻留地，百户指定十户的驻留地。"[①]弗拉基米尔佐夫正确地把迦儿宾所说的"首领"理解为蒙古诸王。[②] 在这里，从当时目睹者的笔下，我们看到驻牧地在封建主中间按封建等级制进行分配。另一位旅行家鲁勃鲁克，就像是对迦儿宾的记载作补充似地说道："他们没有固定的住所，也不知道将来又住在哪里。他们在自己中间分配了从多瑙河到日出之地的斯基菲雅，每一个长官根据自己统辖的臣民的多少，都知道自己牧场的界限和春夏秋冬四季放牧畜群的场所。"[③]鲁勃鲁克的这一段话十分有价值，因为它直接告诉了我们，游牧封建主拥有一定数量处于封建依附关系中的人。在阐明蒙古的游牧封建社会制度时，我已根据弗拉基米尔佐夫的著作谈到过蒙古游牧经济的基本依附单位——阿寅勒。

阿寅勒是经营个体经济的游牧户，它是整个草原封建制度的
97 基础。阿寅勒在领主（汗、诸王、那颜、别、拔都儿、万户、千户、百户等）分配给他们的牧场上游牧，他们在自然经济的条件下（当然，也不能排除城市市场上物物交换这一事实）为领主服各种劳役。旅

① 普兰·迦儿宾与鲁勃鲁克，前引书，第23页。

② 弗拉基米尔佐夫，前引书，第112页。

③ 普兰·迦儿宾与鲁勃鲁克，前引书，第69页。

行家们对于13世纪这种游牧家庭所生产的物品提供了很有兴趣的清单。据鲁勃鲁克说:“他们(鞑靼人)还制造毛毡并用以覆盖房屋。男的制弓、箭、马镫、马勒及鞍子,盖房、造车,看管马,挤马奶,搅酸奶子(马奶),制储存酸奶子的袋,看管骆驼,为骆驼装驮。他们共同看管山羊、绵羊,有时由男人,有时由女人挤羊奶。他们用酸牛奶鞣革。”[①]在这段话稍前一些,他谈到了妇女在鞑靼人经济中所起的作用:“妇女的责任在于驾车,将帐篷装上车或从车上搬下,挤牛奶,制乳脂及干酪,剥制兽皮并用筋线缝制。正是她们将筋剖成细丝,然后搓成长线。她们还制作凉鞋、皮靴及别种衣服。”[②]游牧民,尤其是靠近森林地带的游牧民,常进行带有围猎性质的狩猎。狩猎在金帐汗国鞑靼人的经济生活中是一个重要部门,在狩猎上处于封建依附地位的生产者对其领主担负的劳役十分沉重。鲁勃鲁克说:“他们(鞑靼人)要猎取野兽时,就集合许多人围住知道有野兽的地区,逐渐地互相靠拢,直到野兽全被围困在一个小圈子里,便引弓齐射。”[③]

志费尼完全证实了鲁勃鲁克的话,他在其著作《世界征服者史》中转述了为当时一切蒙古统治者所遵循的成吉思汗札撒,也即蒙古习惯法。 98

在志费尼所引述的一段札撒中详细地谈到了围猎。围猎既具有经济意义,又具有军事意义,是提高战士素养的军事演习。札撒

① 普兰·迦儿宾与鲁勃鲁克,前引书,第23页。

② 弗拉基米尔佐夫,前引书,第112页。

③ 普兰·迦儿宾与鲁勃鲁克,前引书,第76页。

中所描述的围猎的组织与过程如下:围猎主要在冬天举行。汗把准备举行狩猎的指令发到各帐幕,吩咐每十户应拨多少人狩猎。与十进位制的军队结构体系相一致,拨出来围猎的队伍也按"十户""百户""千户"组织起来。按照习惯,在一个月甚至更久的时间内,马队在汗的指挥下将一个广大的地区包围起来,循序渐进地把圈子缩小。汗与他的助手严格地监视着围猎的程序,诸十户、百户、千户若有人离开正在收拢的圈子,就要受到重罚。有时鞑靼人追逐野兽达二三月之久,直到圈子收拢得非常小,可以大批猎取野兽时为止。通常,由汗及其近臣先动手猎兽,然后军事长官按军衔先后猎取,最后才是普通战士猎取。

汗感到厌倦或劳累不再亲自参加猎兽时,就坐在高处观看狩猎。狩猎完毕后,统计虏获物,进行分配。不用多说,这么多的兽肉与兽皮在游牧民生活中具有巨大经济意义。[①]

普兰·迦儿宾与鲁勃鲁克对游牧的毡屋有详细的描述;可惜他们只详细描述了富家的毡屋。让我从迦儿宾书中简短地摘引一
99 段。迦儿宾说:"他们那里的圆形帐房像天幕那样,用树枝和细木条搭成。在帐房中央有圆形天窗,可让阳光射入,或作烟的出口,因为在帐房中央经常有火堆。四壁与屋顶用毛毡盖住,门也用毛毡制成。因居住人的富贵贫贱之不同,有的帐房很大,有的则不大。有的可以很快地拆卸和修理,用牲畜驮走,有的不能拆卸,需用车辆搬运。小的用车辆搬运时,只用一头牛就够了,大的按车辆之大小需用三四头牛以上,无论到哪里去,上战场去或迁到别处

① 参阅志费尼的著作,载《吉布纪念丛刊》,第 16 集,第 1 卷,第 19—20 页。

去，他们都随身带着帐幕。”[1]

鲁勃鲁克还有更详细与精彩的描写。[2] 他不仅记录了这种毡屋的大小，而且描写了屋内的艺术装饰。看来，装饰住所的艺术在当时具有很高的水平。鲁勃鲁克说：“他们缝制各色毛毡，组成葡萄藤、树木与禽兽等图案。”[3]

游牧民、游牧经济、游牧生活在金帐汗国生活中起着重大作用。鞑靼人占领东南欧在他们的生活中具有重大意义。关于这一点，马克思有很深刻的见解：“……蒙古人把俄罗斯弄成一片荒凉，这样做是适合于他们的生产、畜牧的，大片无人居住的地带是畜牧的主要条件。”[4]鞑靼人在伏尔加河与第聂伯河，乃至多瑙河之间找到了这种没有居民、水草丰茂的土地。鞑靼人在这里，在不大的农业区外，沿河岸经营着游牧经济。上面已经谈过，鞑靼人只占金帐汗国 100
游牧人口的一小部分。游牧民的基本群众仍是波罗维赤人。

鞑靼人在波罗维赤人圈子里只是一个享有特权的统治阶层。对旭烈兀汗国与金帐汗国情况十分熟悉的 13、14 世纪之交的波斯史学家拉施特说，[5]由成吉思汗拨给术赤的四千人的后裔构成了金帐汗国蒙古军队的骨干。他们由三个部落组成：散只兀、勤乞惕与许兀慎部。值得注意的是，脱脱汗（1290—1312）在位时代，军队的主要部分都来自这些部落。除这些部落外，在脱脱军队中还有

① 普兰·迦儿宾与鲁勃鲁克，前引书，第 6—7 页。

② 同上书，第 69、70 页。

③ 同上书，第 69 页。

④ 译文出自马克思：《导言》，《马克思恩格斯全集》中文版，第 12 卷，第 758 页。——译者

⑤ 拉施特的著作，引自《金帐汗国史资料汇编》波斯原文；齐曾戈曾，前引书，第 2 卷，第 33 页。

一部分讫牙惕部人。

脱脱的一个万户，全部是讫牙惕部的人。[①] 在那海军队中则有大量忙兀人。

除上述部落外，金帐汗国中还有其他鞑靼部落。例如，在编年史中有过弘吉剌部与按赤塔塔儿部的名称。脱脱的妻子就是弘吉剌部人。

游牧民(波罗维赤人与鞑靼人)是否在金帐汗国的人口中占大多数呢？如果注意到金帐汗国境内驻牧地人口稀少，而城市及农业地区人口稠密，那么在这个问题上得不出肯定回答。要知道，金帐汗国包括不里阿耳城及其所辖地区、克里木及该地沿海城市、北高加索、具有高度发展的农业技术及城市生活的花剌子模以及定居生活区占很大范围的伏尔加河下游地区。如果说克里木由于是通向
101 小亚细亚及君士坦丁堡，并由此通向叙利亚及埃及的必经之路而特别重要，那么不里阿耳城及其所辖地区则是金帐汗国最重要的农业地区。通常把不里阿耳城看作供售最珍贵的毛皮及大量皮革之地，这是无可否认的。在鞑靼人时代，无论是 13 世纪或 14 世纪，不里阿耳市场上的毛皮贸易没有衰减。而不里阿耳地区作为粮食供应地在金帐汗国生活中具有的意义即使不比前一方面更大，也绝不会更小。我们知道，这里的农业水平早就高于其他地区。占领不里阿耳这个粮食中心十分有利，因为粮食易于从这里廉价地通过水路运

① 拉施特记载了脱脱时代金帐汗国军队划分为万户、千户、百户这种为我们所熟悉的制度。同时，拉施特还补充说，脱脱军队中除了蒙古人以外，还有罗斯、撒耳柯思、钦察、马札儿部队。

到伏尔加河下游全部地区，尤其是拔都萨莱与别儿哥萨莱二城。在这一方面，罗斯南部诸公国（例如梁赞公国）与北高加索地区所产的粮食都不能与不里阿耳地区竞争，虽然这两个地区所产粮食之丰富在伊斯兰教东方众所周知。斡马里说："此国算端辖有撒耳柯思、罗斯、阿速（阿兰——作者注）等部。他们住在建设完美、人烟稠密的城市中及森林密布、丰产果实的山地里。在他们那里，播种的谷物蔓生，乳房鼓胀（意即牲畜繁殖），河流奔泻，果实丰收。"①

在国立喀山博物馆及艾尔米塔什博物馆东方陈列馆内保存了必里牙儿（在不里阿耳境内）的铁镰与犁铧。这些物品经专家据一系列特征鉴定，属于 14—15 世纪，即金帐汗国时代。遗憾的是，直
到如今还没有关于这些物品的科学研究著作，也没有人探讨过不 102
里阿耳农业中是否已采用了三圃制这样一个重要问题。莫尔多瓦人所住的旧日的萨拉托夫省、平札省北部及尼热戈罗德省南部的土地在金帐汗国中具有重大意义。A. A. 克罗特科夫在其《论金帐汗国北部诸兀鲁思的问题》一文中特别强调指出了莫克沙河流域及苏拉河中游地区的土地的重要性。他写道："莫尔多瓦人所占有的这些地区，自古以来就为大面积的森林所覆盖，对于金帐汗国的游牧民并不适宜，那里只有狭窄的草原与森林草原地带更适于农业，而不适于畜牧业。金帐汗们对莫尔多瓦土地上的物产：粮食，蜜，蜡及猎获物——毛皮，绝不是不关心的。"②

伏尔加河、卡马河口、押亦河（乌拉尔河）、阿姆河下游以及里

① 齐曾戈曾，前引书，第 1 卷，第 210 页（阿拉伯原文），第 231 页（俄译）。

② A. A. 克罗特科夫：《关于金帐汗国北部诸兀鲁思的问题》，载《阿塞拜疆调查研究协会通报》，1928 年，第 5 期，单行本，第 77 页。

海、黑海沿海的捕鱼业在金帐汗国经济中起着不小作用。国立艾尔米塔什博物馆(东方馆)中保存了早在 19 世纪 30 年代由捷列申科在别儿哥萨莱发掘得的捕鱼用的铁钩与骨叉。有关金帐汗国商业及手工业的材料留下得最多。我们从文字资料中,尤其是东方文字资料中获得了有关商业的丰富资料。对于手工业的认识,我们以捷列申科在别儿哥萨莱发掘的丰富考古材料作为基础。关于这一点,我将在金帐汗国城市一章中谈到。

欧洲和东方史料中的资料,都不足供判断金帐汗国的社会政治制度。幸亏我们现在获得了若干所谓汗的敕令,俄国专门文献中有许多著作论及这些敕令,这些敕令是:1382 年脱脱迷失的答
103 剌军敕令及回历 800 年(即 1398 年)帖木儿·忽都鲁的答敕罕敕令,以及 1393 年脱脱迷失致立陶宛大公雅盖洛的敕令。[①] 较晚期的撒阿迭惕·吉列亦的敕令也可归入这一类。金帐诸汗给罗斯大

① 有关这些敕令的最重要著作有:贝勒津:《诸汗敕令汇编》,第 2 卷;收有脱脱迷失、帖木儿·忽都鲁与撒阿迭惕·吉列亦的敕令,喀山,1851 年版。拉德洛夫:《脱脱迷失与帖木儿·忽都鲁的敕令》,载《俄罗斯考古学会东方部集刊》,第 3 卷,第 1 分册,第 1—40 页。《脱脱迷失汗与撒阿迭惕·吉列亦的敕令》,Я. 雅尔采夫译,B. B. 格里戈里耶夫注,敖得萨,1844 年版。还可参阅:《对帖木儿·忽都鲁敕令的若干校正》,载《俄罗斯科学院通报》,1918 年,第 1119—1124 页。——《对脱脱迷失汗敕令古原文及译文的若干校正》,载《道利达历史、考古、民族学会通报》,第 1 卷,1927 年。——这些问题的提出,当然是由《多桑蒙古史》、卡忒美尔《蒙古史》等卓越著作的出版发端的;社会史的题材在这些著作中所占篇幅不少。1940 年阿克迭斯·尼密特·库拉特在伊斯坦布尔公布了金帐汗与克里木汗的许多书札与敕令,其中有一部分是学术界前所未见的。对我们说来,最有价值的为:金帐汗兀鲁黑·马哈麻 1428 年 3 月 14 日给土耳其算端木剌第二的书简及回历 857 年(即 1453 年)明里·吉列亦颁发给哈乞木(地方长官)牙黑牙的答剌罕敕令。承 A. H. 康诺诺夫将他的上列资料的绝妙的译文借与,作者不胜感谢。阿克迭斯·尼密特·库拉特此书题作《关于王牌军、战争和历代土耳其斯坦君主的功过》(托普卡博宫博物馆档案室藏),伊斯坦布尔,1940 年版。

主教的敕令占有特殊地位。但现在留下来的只有由衙门专门译员译出的俄译文。这些译文不完全正确，因此使用时就有了困难。上述敕令中，对我们阐明问题意义最大的是帖木儿·忽都鲁的答剌罕敕令，下文中我们谈得最多的就是这一个敕令。

虽说有关金帐汗国的资料仿佛数量很大，但金帐汗国社会史的
问题，除极少例外，却很少引起研究者的注意。[①] 在贝勒津的著作 104
《术赤兀鲁思内部结构概述》中能找到某些东西，但这部著作主要阐述了政治结构，并且在很大程度上是罗列一些职官名称，缺乏完整的论述。这种情况并不是偶然的。原因在于：在贵族资产阶级的俄罗斯，俄国东方学家很少对这些问题发生兴趣。因此，直到如今，还没有确实可信的、经过批判研究的关于金帐汗国社会的专门术语。

金帐汗国不仅是一个游牧社会，它还是一个定居的社会，具有多种多样民族成分，正如我们所看到的，蒙古人在这里只占微不足道的少数，以致逐渐丧失了自己的语言。在13世纪、甚至14世纪，与成吉思汗进行征服活动前夜的蒙古相比，钦察草原上的情况未必有很大改变。在金帐诸汗看来，术赤兀鲁思是按照蒙古封建法权归术赤汗室统治的氏族、部落、民族的集合体。拔都的亲属们获得了金帐汗国整整几个地区作为封土。那海统治着黑海沿岸西部诸兀鲁思，而昔班统辖钦察草原东部。毫无疑问，汗室成员是最大的封建主，他们不仅占有大批大小牲畜、广阔的牧场，而且占有

① P.萨勃鲁科夫的著作《钦察汗国内部状况概述》没有引起重视，因为在他写此书的年代，具体材料极少。尽管这样，萨勃鲁科夫的著作在当时（19世纪40年代）仍因回答了金帐汗国内部史的问题，而令人感兴趣，当时很少有史学家提出这些问题。

定居地区的土地。我们知道,那海辖有克里木,那个地区不知是他从脱脱汗处强取来的,还是脱脱汗赐给的。[①]

105 汗室的成员在各自的领地上是最大的所有主与统治者,几乎是一个独立的君主。在这一点上,那海是最突出的人物,正如我们所看到的,那海在将近半个世纪内给金帐诸汗找了许多麻烦,某些学者甚至准备把他看作一个完全独立的汗。月即别汗时代的著名统治者忽都鲁·帖木儿也是一个突出的人物,他虽然是汗的亲族,但不是宗王。在他当权的年代里建筑于玉龙杰赤的清真寺高塔上的题词中,他自称为:"强大的国君(蔑力),阿拉伯与非阿拉伯国君的保护者,人世间与宗教的光辉,伊斯兰教与穆斯林的尊严,伟大的纳只马·答兀剌丁的儿子忽都鲁·帖木儿……"[②]虽然我们都知道,他只不过是一个总督;同时题词也证实了这一建筑是他于月即别汗算端时代建造的。

汗室成员在宫廷中起着多么重大的作用是毋庸多言的,他们决定全部内外政策。在汗室成员之下为大别(突厥称号)与那颜(蒙古称号),他们是半游牧大封建主的基本骨干。他们中有许多人,尤其是定居地区的地主,都获得了答剌罕敕令。贝勒津在其《术赤兀鲁思内部结构概述》中为我们开列了相当完全的他们的称号,这些称号有:斡黑兰[③],别,兀鲁思别(улусные беги),[④]那颜与

① 齐曾戈曾,前引书,第 1 卷,第 111 页(还可参阅书中的注释)。

② 雅库博夫斯基:《玉龙杰赤废墟》,载《国立物质文化史学院通报》,第 6 卷,第 2 分册,第 36 页。

③ "斡黑兰"意为"王子",即汗室成员。身为斡黑兰——王子者,有权领有兀鲁思,因此他也就成为最大军事单位(军翼或万户)的长官。

④ 贝勒津:《术赤兀鲁思内部结构概述》,《俄罗斯考古学会东方部丛刊》第 8 卷,从第 433 页起。

答剌罕。答剌罕不一定是大封建主。答剌罕之中也有中等资产的人。获得答剌罕的称号有许多好处，因为这一称号规定了许多优 106
惠权——免除赋税、九次犯罪不究。事实上，在我们所谈的时代中，答剌罕的称号可免除赋税。

汗的军队的将官都是在金帐汗国社会最高阶级的这些人中间产生。"军队"的结构以及军队中的职位仍与成吉思汗时代的蒙古相同。15世纪波斯史学家阿不都·列思咱黑·撒马儿罕迪，[①]饶有兴味地描写了帖木儿(1370—1405)于回历793年(即1391年)出兵钦察草原征讨脱脱迷失汗时的军队装备。根据这一记载，"按照新、旧条例，骑兵、步兵、突厥兵、大食兵"应从各地区及地方民兵(阿黑沙木)中征调，并各自备粮一年。

应征的每一战士必须带有弓及木制的箭三十支、箭筒与盾。每两个人必须有一匹马，每十个人需有——帐幕一，铁锹二，十字镐、镰刀、锯、斧、钺各一，钉一百枚以及绳、锅等物。战士们必须带齐这些东西接受检阅。

阿不都·列思咱克的记载十分宝贵，因为它向我们揭示了蒙古时期军队的装备问题。这里所谈的军队组织法是从成吉思汗那里传下来的，完全可以断言，帖木儿的敌军，即脱脱迷失汗的金帐汗国部队，也是这样地组成与装备起来的。一系列事实使我们确信，帖木儿的军事制度虽有若干革新，但仍继承了适合于蒙古部队 107
军事组织的久经考验的传统，金帐诸汗也继承了这一传统，不曾越雷池一步。

① M. 沙尔穆编译，《跋帖木儿(塔密儿兰)远征脱脱迷失记》，载《圣彼得堡帝国科学院丛刊》，第6集，第3卷，245—246页(波斯原文)；第422页(法译)。

志费尼的著作对成吉思汗时代的蒙古部队有特别可贵的描写。从该书转述的札撒中可知,在平时须担负一系列劳役的蒙古居民,战时入伍,划分为十户、百户、千户与万户。每个战士需准备好一切他所必需的武器与军事装备(旗、钉、绳、驮用与骑用的牲畜等)。战士准备的一切东西,须经专门检阅,由上级长官接收。应征参加这种民兵后,留在后方的家属并不免除应向汗的国库缴纳的赋税。男子应征入伍后,妇女代替他在家庭与经济中的位置。按照札撒规定,征兵的命令一到,应征入伍者应于当日到达指定地点,不得有误。军队以严格的纪律为其特征,违者严惩。若某一战士,甚至高级军官(千户与万户)犯了重罪,他的长官就立时加以惩治。札撒特别强调了按十位制组织起来的蒙古军队的一个特点。任何人不许从某一十户、百户、千户转入另一同级的队。若有违犯,转入他队者及准许转队者都要受到重罚。例如,若前者处死刑,后者则带上镣铐并受罚。成吉思汗有意识地培养战士在战斗中的残忍性。按照札撒规定,战士出征时只让吃个半饱,这里所根据的是"狗儿喂饱,出猎不利"的原则,意即让战士吃饱了于作战不利。[①]

108 成吉思汗军队按照一定规矩分配战利品。据成吉思汗的同时代人孟珙[②]说:"凡破城守,有所得则以分数均之,自上及下。虽多寡每留一分为成吉思皇帝献,余物则敷俵。"孟珙还说,每一战士出

---

① 志费尼的著作,载《吉布纪念丛刊》,第16卷,第1册,第21—24页。——关于札撒在理解蒙古统治时代农奴制关系上的意义,可参阅彼特鲁舍夫斯基:《论蒙古统治时代伊朗农民被束缚于土地上》,载《历史问题》,1947年,第4期。

② 译文出自孟珙:《蒙鞑备录》,海宁王静安先生遗书本,第12页。据王国维在《蒙鞑备录》中所言,本书撰者实系赵珙,后人误以为孟珙。——译者

征时都带有几匹马，轮流骑乘，因此“马不困弊”。[①]

金帐汗国的军队组织与成吉思汗时代相同，也设有万户、千户、百户、十户等。帖木儿·忽都鲁的著名敕令是这样开头的：“左右翼斡黑兰，仁惠的各路长官：千户，百户，十户们。”[②]几乎可以毫无错误地认为，绝大多数钦察蒙古封建贵族们不是在行政机关中据有高位，即在军队中担任将官。但不能把上面这句话的后半句理解为军职仿佛与金帐汗国社会的整套封建关系是割裂开的，在蒙古帝国，其中包括金帐汗国，至少是在建国之初，采邑（兀鲁思）同与之相适应的军队单位几乎是合而为一的。采邑与军队的首脑是同一个人，但这一点并不排除下列事实，即汗可于不满意时撤换长官（万户、千户），用别人代替他。

除了钦察蒙古贵族阶级（他们之中许多人在农业区拥有土地）外，在克里木、北高加索、不里阿耳、伏尔加河下游及花剌子模还有典型的过定居生活的封建主。例如，哈只·伯剌木的一个儿子，
名叫马哈麻的，就是这样的封建主，[③]他是克里木速答黑郊区的大 109
地主，帖木儿·忽都鲁曾颁给他一份确认的答剌罕敕令。这一类型的封建主占有土地与水源，葡萄园与花园，浴室与磨坊，村庄及其他各种不动产。[④] 他们的主要力量当然在于：在超经济强制的

① 译文出自孟珙：《蒙鞑备录》，海宁王静安先生遗书本，第12—13页。——译者

② 拉德洛夫：《脱脱迷失和帖木儿·忽都鲁的敕令》，载《俄罗斯考古学会东方部集刊》，第3卷，第20页；也可参阅回历857年（即1453年）明里·吉列亦的敕令。

③ 同上书，第1123、1124页；拉德洛夫（见原书第21页）将他称作马哈谋，实系同一人。

④ 拉德洛夫，前引书，第21页。

基础上,使用大批封建依附者的劳动。

让我们先来谈一下金帐汗国社会的游牧民。普兰·迦儿宾(对于他所作的观察我们应予很高评价)在下面这段话中谈到了劳动人民对汗、汗室成员及首领们也即封建主的依附关系:“不论他(汗——雅库博夫斯基注)往哪里派多少什么样的使者,都必须毫不怠慢地供给大车、粮草;也不问谒见大汗的贡使或使者来自何方,都必须一律给予车马和粮草。”[①]普兰·迦儿宾继续写道:“首领在各方面对依附者有同样的权力,分配给首领们的就是人,鞑靼人及其他各族的人。首领们不论往哪里派遣使者,皇帝的属民及所有的人同样必须供给大车和粮食,并且提供侍候使者和看马的人,不得违抗。首领等必须向皇帝献纳母马,让他从马身上取得马奶,为期一、二年以至三年,听其意愿而定:首领的属民则对其领主尽同样义务,因为他们之中没有自由人。简而言之,皇帝与首领可随意取用他们的全部财产,愿取什么取什么,愿取多少取多少。他
110 们的人身也完全受皇帝和首领们的意愿支配。”[②]这一段话可以认为是经典的,在这里直接生产者(经营着个体经济、按照领主的吩咐从一地转移到另一地的游牧民)的封建依附关系表现得多么清楚啊。[③] 可惜史料中很少谈到,什么东西归游牧生产者所有。弗拉基米尔佐夫引述了拉施特下面这段话:“平民若贪图喝酒,就会丧失马、畜群及自己的全部财产,沦为乞丐。”[④]

① 普兰·迦儿宾与鲁勃鲁克,前引书,第24页。

② 同上书,第23页。

③ 同上书,第23页。

④ 弗拉基米尔佐夫,前引书,第113页,注6。

在鲁勃鲁克的记载中，有一处有趣的地方，谈到草原上的富人——王公们拥有多少依附者。在钦察草原上，鲁勃鲁克遇见了一个名叫撒合台的拔都汗的亲族。[①]“于是，我们在早上遇见了撒合台的载着帐幕的车辆，仿佛是一座大城市迎面而来。牛、羊、马群多得使我惊奇。我平时看到他所管辖的人，为数不多。因此我问道，属撒合台统辖的人有多少，有人告诉我说：不到五百人，其中已有一半我们以前在别处遇见过了。”[②]在定居地区，我们也可看到劳动人民的这种封建依附关系。

敕令，尤其是帖木儿·忽都鲁给前述速答黑郊区大地主哈只·伯剌木之子马哈麻的敕令，量虽少却是最可靠与最有价值的有关金帐汗国农民问题的史料。这种敕令是答剌罕敕令，确切地
说，是批准了的答剌罕敕令，帖木儿·忽都鲁在此敕令中重新批准 111
了该执有人的土地免除向汗及当局缴纳赋税。这份敕令中提到了撒班赤与斡脱赤这两种种地人。贝勒津正确地指出，撒班赤是依附于一定领主的农民。[③] 的确，从帖木儿·忽都鲁敕令中就可看到农民所担负的全部或大部分封建义务表现在哪些方面。拉德洛夫所译敕令的原文如下：“免除葡萄园赋税……谷仓税、打谷场税、向臣民摊派的灌溉沟渠的实物税及称为合兰的税赋……不征派牲口套马车，不指定宿营地，不向他们索取饮料、饲料，又，免去一应租税及特种税，保护他们免受任何危害。”[④]这里提到了合兰一词。

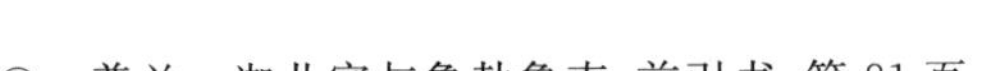

① 普兰·迦儿宾与鲁勃鲁克，前引书，第 81 页。

② 同上书，第 82 页。

③ 贝勒津，前引书，载《俄罗斯考古学会东方部丛刊》，第 8 卷，第 437 页。

④ 拉德洛夫：《脱脱迷失和帖木儿·忽都鲁的敕令》，第 21 页。

巴托尔德在其《马讷彻安尼清真寺壁上的波斯文题铭》[1]中对此作了极好的注释。根据他的见解,“合兰”是“从耕种的田地上,一般而言则是从定居居民那里征收的租税。与此相对,据卡忒美尔说,牧场与从放牧的畜群所征收的1%的租税,称作“忽卜出儿”。[2] 上面这份清单中列举了农民应向国家及官吏们所负担的赋税,而根据批准了的答剌罕敕令,哈只·伯剌木之子马哈麻免掉了这些赋税。持有这份敕令后,马哈麻现在可以从农民处征收许多原归国家的赋税了,当然,其中有若干种赋税改换了形式。

112 在金帐汗国,农民是否已被束缚于私有土地呢?在流传至今的有关金帐汗国的史料中不能找到直接回答。但据拉施特说,13世纪末在蒙古旭烈兀朝统治下的伊朗北部,农民被束缚在土地上是十分普遍的现象。如下事实是这一点的最好说明:1303 年旭烈兀朝合赞汗(1295—1304)颁发了关于军事采邑的敕令,根据这个敕令,地主可于三十年的期限内将逃亡的农民追回。[3]

И. П. 彼特鲁舍夫斯基在其引人入胜的论文《论蒙古统治时代伊朗农民被束缚于土地上》中写道:“把依附农民看成领主的私有财产那种蒙古观念之盛表现为:蒙古时代的伊朗有时(不是官方规定的、而是在日常生活中)把剌牙惕(农民,当然是伊朗人,而非蒙古人)看成跟奴隶一样。早先在伊斯兰教国家中则不可能有这

---

① 《安尼丛刊》,第 5 卷,第 32 页。

② 参阅 A. A. 阿利·咱德的值得注意的文章:《阿塞拜疆封建关系史。‘忽卜出儿’释》(载《阿塞拜疆共和国科学院通报》,1945 年,第 5 期,第 87—102 页)。

③ 参阅科学院东方学研究所抄本,案卷 66,第 424 页 б;拉施特:《史集》,第 3 卷,自 283 页起;参阅彼特鲁舍夫斯基的《外高加索东部社会经济史资料:哈木答剌黑·可疾云尼的著作》,载《苏联科学院通报(社会科学编)》,1937 年,第 4 期,自第 887 页起。

种改变。”[①]上述事实使我们有权假设：类似现象也存在于金帐汗国中；迦儿宾的记载证实：在金帐汗国中以汗及那颜为代表的蒙古政权不仅支配了属民的财产而且也支配了属民的人身。

在帖木儿·忽都鲁的那份敕令中指出：“如果他们到克里木
城[②]或卡法（菲奥多西亚），或到后又离开了，如果他们在那里做买
卖，无论买卖什么货物，均不向他们征收（商）税与过磅税，不征收 113
应由答剌罕及其仆从们缴纳的过境税及护送费。”[③]帖木儿·忽都
鲁的敕令所称授予答剌罕权利的人，是定居封建主。无论如何，其
中所列生产者负担的一切赋税都带有农业的痕迹。

在 1382 年脱脱迷失汗给别亦火者的敕令中，[④]我们所看到的是另一种情况。得到答剌罕权利的人，即便不完全是游牧封建主，也有很多人是游牧封建主。在敕令中所列举的与授予答剌罕权利有关的赋税名目中，都是一些游牧生产者应缴的赋税，更确切地说都是半游牧民、半农民应缴的赋税：“不向[illegible]剌阔勒部征收户赋，不征调他们赶大车，使用谷物机器不收费用。他们是不属长官管辖的人，不论在克里木境内或境外游牧，任何官员不管是谁到来时，什么事也轮不到他们，若他们在共同驻牧地上时，应予保护，使不

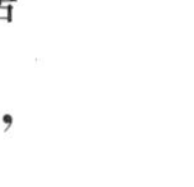

① 彼特鲁舍夫斯基：《论蒙古统治时代伊朗农民被束缚于土地上》，载《历史问题》，1947 年第 4 期，第 63 页，第 64 页以后，及第 69 页。

② 系指今称旧克里木城，或作速勒哈惕的克里木的城市。

③ 拉德洛夫：《脱脱迷失和帖木儿·忽都鲁的敕令》，第 21 页。——拉德洛夫的译文当然有值得商榷之处，但译文基本上是正确的，再考虑到《对帖木儿·忽都鲁敕令的若干校正》一文，（载《俄罗斯科学院通报》，1918 年，第 1009—1024 页。）拉德洛夫的译文当可作最可靠的史料加以利用。

④ 《脱脱迷失汗和撒阿迭惕·吉列亦的敕令》，Я. О. 雅尔采夫译，В. В. 格里戈里耶夫作序，敖得萨，1884 年。

受征税之扰……"①

诚然,上列赋税名目不及帖木儿·忽都鲁敕令中记载得详尽,但从中我们可以看到,游牧民对国家所纳赋税在许多情况下与农民相同,例如为使者及官员提供交通工具等。金帐汗国的直接生产者到底受多少公职人员管辖,从敕令本身,从其中所开列的公职人员名单中,可以看得最清楚;诏令上让这些公职人员知道当地享
114 有答剌罕权利。除前列主要公职人员外,帖木儿·忽都鲁敕令中提到了"内地村庄中的达鲁花赤""合昔亦(казии,军法官)""木甫的亦(муфтии,伊斯兰教长老)""速非亦(суфии,布教人)""官衙书吏""关税员""税务员""来往步骑大使与使者""驿站车夫""牲畜饲养员""猎鹰者""猎豹者""船夫""筑桥者""市场人员"等。

前已屡次提及的回历 857 年(即 1453 年)明里·吉列亦颁发给某个哈乞木(州长官)牙黑牙的答剌罕敕令中有上述各种公职人员的最完备的名单。

这里提到了:"万户""千户""百户""达鲁花赤一别""木答里思(伊斯兰教学堂教师)""哈的(法官)""木黑塔昔卜(管理城市市场的官吏)""洒黑(司教)""掌玺印的书记官(必阇赤)""征商税税吏""过秤人""谷仓管理员""牙甫塔只(通知税款的人)""札撒黑赤(法官)""合兰赤(征合兰之税吏)""不合兀勒""边防军(秃塔合兀勒,)""城门守卫队""卫兵(合剌兀勒)""猎鹰者""猎豹者"等。②

所有这些公职人员,他们的职务我们还没有全部弄清楚。但

① 《脱脱迷失汗和撒阿迭惕·吉列亦的敕令》,Я. О. 雅尔采夫译,В. В. 格里戈里耶夫作序,敖得萨,1884 年,第 2 页。

② 前引阿克迭斯·尼密特·库拉特的著作,第 64 页。

据敕令的原义，他们有权向领地上的农业劳动者征派赋税。

对 13 世纪末蒙古国家行政制度十分熟悉的波斯史学家拉施特，特别强调指出了当局的大量舞弊行为。

“他（蒙哥汗）又降旨道，额勒赤（使者——作者注）无事不得到任何城市或村庄中去，不得（向居民）索取超过规定的饲料、粮食。因为苛政暴敛已达极端，特别由于多种多样劳役、追加税和特别税的重担，农民已陷绝境，致使他们所获之利不能抵偿追加税（赋役）之半数，于是他（蒙哥汗）降旨道，平民与贵族出身的商 115
人与公职人员应以宽容、同情之心对待依附于他们的人。任何人都应按自己的产业与力量缴纳应缴的赋税，不得借故推托（即不得拖延），但按照成吉思汗及汗（窝阔台）敕令的规定免除差税的人可为例外……”[①]

金帐汗国直接生产者——游牧民与农民（撒班赤）的境况就是这样的。撒班赤显然是农村公社的普通成员，是农业劳动的主要从事者，是在克里木、不里阿耳、伏尔加河下游与伏尔加河两岸有城市及定居居民点的狭窄文明地带种田的农民。看来，上列一切赋税也落在帖木儿 · 忽都鲁敕令中称为斡脱赤的那种种地者头上。拉德洛夫把斡脱赤译作“分成农”，[②]意指佃农。“斡脱赤”这个名词肯定无疑地表明这类农民就是封建的东方国家中特别盛行的对分制佃农（说得更正确些，则是分成制佃农）。他们在奴役的

① 拉施特的著作，布洛舍本，载《吉布纪念丛刊》，第 18 卷，第 2 册，自 312 页起；雅库博夫斯基：《1238 年的塔剌必起义》，载《东方学研究所集刊》，第 17 卷，1936 年，第 115 页。

② 拉德洛夫，前引书，第 21 页。

条件下耕种，从全部收获中分得一半、三分之一、四分之一甚或更少的一份，分成的多寡取决于他们除土地外还向封建地主领取些什么（例如：种子、牛、犁等）。可惜，关于这一问题在有关金帐汗国的史料中除了这个名词以外什么也没留下来。

116 在忽惕巴的长诗《霍思罗夫与希邻》（这是 14 世纪的作品，其中反映了金帐汗国的宫廷生活）中，我们遇到了若干上述敕令中所没有的名词。例如，在长诗中用“亦勤赤”[1]这个名词表示农民。目前还难说哪一种定义更确切：“亦勤赤”就是“撒班赤”呢，还是“斡脱赤”？“合巴剌”这个名词也很值得注意。看来不是所有的俄罗斯史学家都知道这个名词源自阿拉伯语。“合巴剌”这个名词曾在中世纪广泛地流行于封建的伊斯兰教东方，有好几个意义，其中之一表示按对分制或分成制租赁田地的租契。这种对分制或分成制契约的内容则用“乞巴剌”[2]一词表示，含义相同。我们可以设想，在金帐汗国及其统治正在形成的封建罗斯的时期，“合巴剌”这个名词成了俄语，在法律上表示剥削农民的相似形式。

有关奴隶及其在金帐汗国社会经济生活中的地位问题占有特殊位置。金帐汗国的奴隶数量无疑是很大的，但奴隶无论如何并没有构成生产的基础。奴隶的来源主要是战俘，与东方各处相同，奴隶被用来担任各种工作，在游牧、半游牧封建主与定居封建主的

---

① 承塔吉尔札诺夫提醒作者注意用突厥语写成的忽惕巴的长诗《霍思罗夫与希邻》中的“亦勤赤”一语，特此致谢。

② 参阅：别剌速里：《〈武功记〉（〈乞塔卜·甫秃黑·不勒丹〉）注解》，德戈则出版社，1863—1868 年版，第 84 页；雅库博夫斯基：《论十三世纪伊拉克的对分租田制》，载《苏联东方学》，第 4 卷，自 174 页起。

家庭经济中占有不小的地位。这种奴隶很少世代相传，就大部分奴隶来看，如果父亲是奴隶，儿子就种田，分得生产资料，成了撒班赤或斡脱赤。大量出身于战俘的奴隶是在征服战争中从一地转徙到另一地的手工业者。作为战俘奴隶，在新的地区、新的城市定居 117
下来后，他们逐渐地又成了自由人。奴隶在金帐汗国本国中当作劳动力虽不起多大作用，但他们作为商品却占有重要地位。

让我在这方面引用若干事实。鲁克纳丁·贝巴儿思在叙述那海于1299年被脱脱军队击溃时，用下面这段话谈到了被击溃的叛乱者们及其家属的命运："他们的妻子、儿女大多数成群地当了俘虏。他们被卖到各处，运到(外)国。在埃及各州中，算端与异密买进了许多由商人运来的人。"[①]下面是另一个例子。讷外里写道："707年(即1307/1308年)有消息传至埃及，脱脱为了人们告知他的(种种)事情，对克里木、卡法及北部领地的热那亚富浪人进行报复，原因之一是因为他们将鞑靼幼儿掠走，卖到伊斯兰教国家。"[②]可见，欧洲人也将人们掠走，卖为奴隶。14世纪初热那亚人在克里木沿岸进行的奴隶贸易是十分有利可图的买卖。将人们掠走、卖为奴隶，是很平常的事。斡马里说："虽然他们(钦察人)战胜了撤耳柯思人、俄罗斯人、马札儿人与阿速人的部队，但这些人把他们的孩子掳去卖给商人。"[③]反之，鞑靼人也报以同样手段。斡马里说："他(月即别汗——作者注)多少次屠杀他们的男子，将他们的妻子、儿女掳走，送到各国去做奴隶。"[④]有时居民自己被迫将孩子卖作奴隶。斡马

① 齐曾戈曾，前引书，第1卷，第91页(阿拉伯原文)，第114,122页(俄译)。

② 同上书，第140页(阿拉伯文)，第162页(俄译)。

③ 同上书，第213页(阿拉伯原文)，第234页(俄译)。

④ 同上书，第210页(阿拉伯文)，第231页(俄译)。

118 里用 1338 年在金帐汗国曾到过不里阿耳的某商人舍里甫·舍木撒丁·马哈麻·忽辛尼·客儿别来的话写道:“他告诉我说,他在这次旅行中买进了一群奴隶,是从他们的父母处买来的,因为正当国君命令他们向伊朗国土出发时,他们手头无(钱),只得将自己的孩子出卖。他选走了一些值钱的最好的奴隶。”[①]关于钦察草原的突厥人(即波罗维赤人)斡马里写道:“在干旱的饥荒年头里,他们将自己的儿子出卖。孩子较多时,他们宁肯将女儿出卖,而不肯卖出儿子,非到迫不得已的情况下,他们不出卖男孩子。”[②]

这些奴隶运送到哪里去,供何种需要呢?身强力壮的青年们被卖到东方国家的军队里,埃及对钦察草原的突厥青年特别赏识。斡马里写道:“埃及军队大部分由他们所组成,因为从(灭里·)合迷勒之子灭里·撒里黑·纳只蔑丁·艾育伯热衷于收买钦察奴隶时起,他们之中就(产生了)它(埃及)的算端和异密。”[③]在我们屡屡提及的拉施特的书中,也谈到蒙古人大批把俘虏卖为奴隶。他甚至谈到,对加深伊朗封建关系做出许多贡献的合赞汗想取缔这种可耻的买卖。当然,合赞汗甚至只在蒙古人方面也没有实现自
119 己的计划。[④] 敕令中提到了男女奴隶。关于这一点,应提出回历 857 年(公历 1453 年)明里·吉列亦的敕令。[⑤]

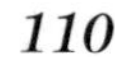

与其他东方国家相比,蒙古妇女占有十分特殊的地位。13—

① 齐曾戈曾,前引书,第 1 卷,第 213 页(阿拉伯原文),第 235 页(俄译)。

② 同上书,第 219 页(阿拉伯文),第 241 页(俄译)。

③ 同上书,第 211 页(阿拉伯文),第 232 页(俄译)。

④ 《多桑蒙古史》,第 4 卷,第 430—431 页(参阅冯承钧中译本,第 6 卷,第 9 章——译者)。

⑤ 阿克迭斯·尼密特·库拉特,前引书,第 64 页。

14 世纪的东方作家们以及欧洲旅行家们留下了不少有关这一方面的有趣的记载。生于坛只的著名阿拉伯旅行家伊宾·巴都塔，14 世纪 30 年代时到过钦察草原，他在自己的札记中写道："在这个地方，我看到了妇女在他们（鞑靼——作者注）那里受到很高的尊重这样的奇事。她们比男子更受尊敬。"[①]实际上，由于伊宾·巴都塔看惯另一种秩序，自然有使他感到惊奇的事物。在游牧经济体系中，妇女当然不能够完全脱离社会生产过程。让我们回忆一下，鲁勃鲁克所谈到的妇女在经济上所起的作用："妇女的责任在于驾车，将帐篷装上车或从车上搬下，挤牛奶，制乳脂及干酪，剥制兽皮并用筋线缝制。正是她们将筋剖成细丝，然后搓成长线。她们还制作凉鞋、皮靴及别种衣服。"[②]

在 15 世纪阿拉伯史学家马克利纪留传给我们的札撒（不成文习惯法）的断片中，也谈到了妇女。[③] "他（成吉思汗——作者注）降旨道，随军队出征的妇女，当男子投入战斗时，应担负起男子的劳动与义务。"[④]蒙古妇女在上层社会中也占有几乎与男子相等的地位。斡马里写道："这个国家的居民不像（伊拉克及阿只迷）的居 120
民那样，他们不遵奉哈里发的规定，他们的妻子与他们（男子）一起参与政事：敕令由他们（俩共同）颁发，就像伊拉克及阿只迷人所做的那样，甚至更甚……说实在的，我们在现代看不到妇女能掌握她

① 齐曾戈曾，前引书，第 1 卷，第 288 页。

② 普兰·迦儿宾与鲁勃鲁克，前引书，第 78 页。

③ 志费尼于描写军队组织方法时指出：按照札撒，战时留在辎重队里或家里的妇女须担负男子的全部职务。参阅：志费尼的著作，载《吉布纪念丛刊》，第 16 卷，第 1 册，第 22 页。

④ 贝勒津：《术赤兀鲁思内部结构概述》，第 412 页。

们所有的那么多权力，在近代我们也没有听到过类似的例子。我看到过这些国家的君主在别儿哥及其后继者时代所颁发的许多文书。文书中(说)：“可敦与异密都同意了这一点，以及与此类似的词句。”[①]斡马里的话是十分可靠的，因为留传下来的七份给俄罗斯大主教的敕令(译文)中，三份与泰都剌的名字有关：“这是泰都剌皇后于 6670 年夏天给约翰大主教的另一份敕令。”[②]“这是札尼别的皇后泰都剌氏于 6851 年夏天致菲奥格诺斯特大主教的第四份玺书。”下面几行是特别典型的：“据札尼别敕令，泰都剌告鞑靼兀鲁思(及军队)诸王与各州、各城、各村达鲁花赤、关税员、护河吏、过路使节及一应有关人员，希各周知……”[③]

泰都剌给阿列克塞大主教的第六份敕令也有同样的措辞。[④]这里我们看到，完全证实了斡马里的话“敕令由他们(俩共同)颁发”也即由汗及汗妃共同颁发。13 世纪的亚美尼亚史料也指出了蒙古妇女所处的这种平等地位。我们不止一次提到过的基拉科斯·干札克斯写道：“当鞑靼人在亚美尼亚与阿尔巴尼亚的冬营中
121 休息时，叙利亚人剌班……向额勒的纳可敦(绰儿马罕之妻，绰儿马罕哑了之后由她治国)宣称……”

接着谈到，最高主教“来到宫廷中，觐见了额勒的纳可敦，她殷勤地、隆重地接待了他，让他坐在一切官员之上”，“她将礼物及保护他避免受害的玺书赐给他……”[⑤]

---

① 齐曾戈曾，前引书，第 1 卷，第 208—209 页(阿拉伯原文)，第 229(俄译)。

② M. Д. 普里塞尔科夫：《诸汗给俄罗斯大主教的敕令》，第 57 页。

③ 同上书，第 59 页。

④ 同上书，第 61 页。

⑤ K. П. 帕特卡诺夫：《根据阿美尼亚史料编写的蒙古史》，第 2 册，61—63 页。

普兰·迦儿宾也谈到了汗室妇女参与国家政治生活的情况。当他在大汗贵由处时，看到有人来觐见太后，贵由的母亲；她甚至用自己的名义向俄罗斯大公亚历山大·雅罗斯拉维奇派遣急使。[①] 据普兰·迦儿宾说："皇帝（贵由汗——作者注）的母亲没通知那里的他的人，就急忙派遣急使到俄罗斯（雅罗斯拉夫——作者注）他的儿子亚历山大处去，让亚历山大来见她，因为她想将他父亲的土地赐给他。亚历山大不愿前来，停留在那里；这时她又送去了文书，让他来领受他父亲的土地。但大家都相信，如果他去了，她就会处死他或让他永远当俘虏。"下面我们会看到，成吉思汗系的妇女积极参与忽里勒台的情况。

① 普兰·迦儿宾与鲁勃鲁克，前引书，第 57 页。

第六章　金帐汗国的国家机构

122 对金帐汗国的国家机构比对术赤兀鲁思的其他方面研究得多。在我们屡屡提及的贝勒津上一世纪写的著作《术赤兀鲁思内部结构概述》中，阐述得最全。此书虽有其许多优点，却不可忘掉，它是在19世纪60年代的实际知识水平上写成的。要想从此书中寻找这个大国政治管理的严整的叙述是徒然的。

我们知道，实际上完全独立的诸蒙古汗国，法律上却算作成吉思汗封建帝国的一部分。弗拉基米尔佐夫说："成吉思汗氏族对其兀鲁思、即国家——人民的权力表现于：黄金氏族[①]的某一成员在全体宗亲的会议上被推选为支配整个帝国的皇帝，汗（xan，xagan）；其余的氏族成员，主要是男性的后裔被称为宗王……有权获得世袭的采邑——兀鲁思。"[②]

1251年的忽里勒台是十分典型的，在这次忽里勒台上，成吉思汗系的宗王在军事贵族的积极参加下，在汗位悬置三年后推举
123 拖雷之子蒙哥为大汗。这次选举的背景；成吉思汗家族争夺汗位的内部斗争；宗王们从一个兀鲁思到另一兀鲁思的奔波；专任急使的派遣；玩弄的种种阴谋——所有这些都在这里表现得这样原形

---

① "'黄金氏族'（altan urug），为成吉思汗氏族的称谓"（弗拉基米尔佐夫注——作者）。

② 弗拉基米尔佐夫：《蒙古人的社会制度》，第99页。

毕露，这样典型，因此可以把这次忽里勒台看成是蒙古帝国及其各个部分（兀鲁思）的大小忽里勒台的典型例子。

拉施特详尽地叙述了推选蒙哥汗的过程。术赤与拖雷二系联合起来反对窝阔台与察合台二系。拔都居于最活跃的主角地位，他想让拖雷之子蒙哥登上全蒙古的宝座。在这件事情上，他的兄弟别儿哥是他的助手，别儿哥亲自来到蒙古，给了蒙哥很大的帮助。拔都起初想在钦察草原，也即术赤系的领地上召集忽里勒台，但未能实现。窝阔台与察合台系的诸王坚持在传统的地方，即早年成吉思汗帐营所在地怯绿连河上召开忽里勒台。经过宗王及统率军队的有实力的万户、千户们长期争论后，决定在京城哈剌和林召集忽里勒台，蒙哥就即位于哈剌和林。关于这次事件的政治影响前面已经谈过了。与全蒙古范围的忽里勒台相类似，在各兀鲁思中也召开由宗王及贵族参加的忽里勒台。最初，统辖各大兀鲁思的宗王是臣服于大汗的。但自 1259 年蒙哥死后，对各兀鲁思来说必须参加的全蒙古的忽里勒台，就再也没有举行过。

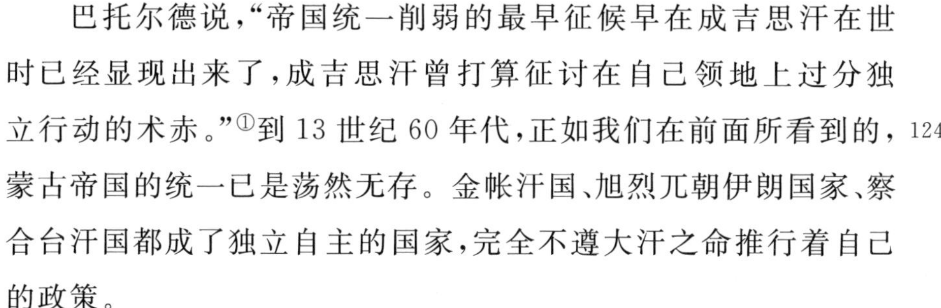

巴托尔德说，“帝国统一削弱的最早征候早在成吉思汗在世
时已经显现出来了，成吉思汗曾打算征讨在自己领地上过分独
立行动的术赤。”[①]到 13 世纪 60 年代，正如我们在前面所看到的， 124
蒙古帝国的统一已是荡然无存。金帐汗国、旭烈兀朝伊朗国家、察
合台汗国都成了独立自主的国家，完全不遵大汗之命推行着自己
的政策。

可以把金帐汗国看成这样一个封建君主国家，它的汗政权在

① 巴托尔德:《突厥斯坦文化生活史》，第 87 页。

1227 年(术赤卒年)到 1359 年间属于拔都系,[①]完全是钦察草原、伏尔加河下游、不里阿耳、克里木与花剌子模的游牧、半游牧封建主与定居封建主的政权。由前所述,我们看到,这个封建贵族阶级的居于统治地位的上层分子是在国家中占据全部军政要职的王朝成员。在右翼斡黑兰、万户[②]、全国各地区长官或总督(例如,花剌子模的忽都鲁格·帖木儿)都是从他们中间产生的。最后,他们还在推选新汗及决定军事行动的忽里勒台中起着头等作用。普兰·迦儿宾写道:"皇帝(大汗——作者注)死后,首领们集会,推举了前述成吉思汗之子窝阔台为皇帝。他召集了诸王,分配了军队。"[③]

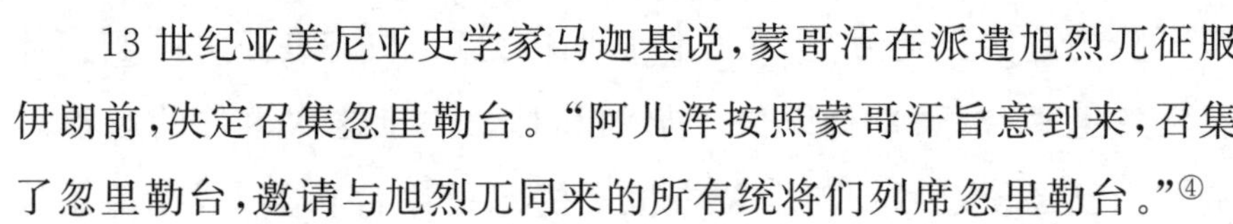

13 世纪亚美尼亚史学家马迦基说,蒙哥汗在派遣旭烈兀征服伊朗前,决定召集忽里勒台。"阿儿浑按照蒙哥汗旨意到来,召集了忽里勒台,邀请与旭烈兀同来的所有统将们列席忽里勒台。"[④]

125 亚美尼亚史学家瓦儿丹也饶有兴味地谈到了忽里勒台。瓦儿丹写道:"这些节庆的日子在他们那里称作忽里勒台,也即会议举行期的节庆日,历时整整一月之久。在这个期间,其余诸汗,成吉思汗的亲属们,穿了新衣服来见他们的统治者,商议一切应行之事。他们每天换一种颜色的衣服。到这天,他们所征服的国王、算端们带了大量礼物与贡品到这里来。"[⑤]

马迦基还说:"旭烈兀死去一年后,召集了大忽里勒台,推举旭

---

① 斯呑里·赖布尔:《伊斯兰王朝》,巴托尔德译注,第 191 页。

② 著名的那海即是金帐汗国的一个万户。

③ 普兰·迦儿宾与鲁勃鲁克,前引书,第 24 页。

④ 《十三世纪僧人马迦基的蒙古史》,И. П. 帕特卡诺夫译,1871 年,第 31 页。——也可参阅第 10 页上另一饶有兴味之处。

⑤ 帕特卡诺夫:《根据亚美尼亚史料编写的蒙古史》,第 1 册,第 16 页。

烈兀的长子阿八哈(1265—1282)登临汗位。”[①]在忽里勒台上还决定将被征服国家的各地区分配给蒙古诸统将。如,当外高加索及伊朗的蒙古政权首领绰儿马罕那颜回到木甘草原后,就召集了大忽里勒台。据马迦基说,“在绰马儿罕下令召集的大忽里勒台上,将全部土地分配给了一百零十名统将……”[②]妇女也出席了忽里勒台并积极参加了工作。拉施特哀丁在谈到推举旭烈兀朝各汗时,强调指出,选举是在除宗王及统将外还有可敦参加的忽里勒台上完成的。至少阿鲁浑(1284—1291),乞合都(1291—1295)及合赞汗(1295—1304),都是这样推举出来的。

拉施特哀丁说,阿鲁浑汗是在溯儿河上玉咱合赤地区的忽里勒台上选举出的,参加者除诸王、异密外,还有可敦。[③] 他还说,乞 126
合都汗是 1291 年 7 月 23 日在阿黑剌惕附近的忽里勒台上推举出来的,参加者除诸王和异密外,还有可敦。[④] 最后,著名的合赞汗也是在诸王、异密及可敦参加下,于 1295 年 11 月 3 日在阿儿兰州的哈剌巴黑被推举为汗的。[⑤]

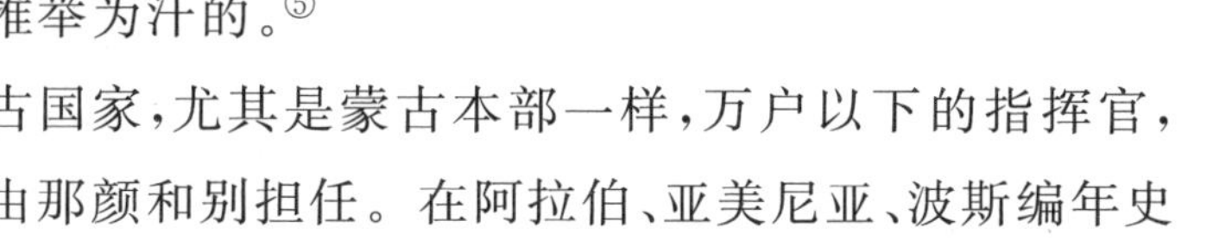

跟其他蒙古国家,尤其是蒙古本部一样,万户以下的指挥官,即千户、百户,由那颜和别担任。在阿拉伯、亚美尼亚、波斯编年史中,我们常可见到某某那颜或别是千户的说法;记得前面已经谈

① 《十三世纪僧人马加基的蒙古史》,第 40 页。

② 同上书,第 11 页。

③ 拉施特:《史集》,第 3 卷,第 113 页;《多桑蒙古史》,第 4 卷,第 2 页。(冯承钧中译本,第 6 卷,第 1 章。——译者)

④ 同上书,第 131 页;《多桑蒙古史》,第 4 卷,第 32 页。(冯承钧中译本,第 6 卷,第 2 章。——译者)

⑤ 同上书,第 166 页;《多桑蒙古史》,第 4 卷,第 152 页。(冯承钧中译本,第 6 卷,第 5 章。——译者)

过,在蒙古钦察游牧封建社会的条件下,“千户”与“百户”的军衔与“那颜”(“别”)的称号是彼此不能分开的。

仿照成吉思汗的军队组织,金帐诸汗似乎也有主要由封建贵族上层(多半是青年)组成的称作怯薛的护卫军。不用说,术赤兀鲁思的封建主们在由钦察草原的封建依附游牧民及半游牧民所组成的军队中掌握了将官地位,便感到自己实际上是国家的主宰者,当他们在政治上与汗有分歧时,便强硬地和他对抗。由于他们拥有重兵,就使整个金帐汗国具有了军事封建性质。由于金帐汗国不断进行着对邻国或某几个那颜与异密的军事行动,如 13 世纪后半叶金帐诸汗对有名的万户那海的长期斗争,这种情况就更是确定不移了。

战争、侵袭、劫掠、征收贡税构成了金帐汗国国家生活的一个重要方面。这是上层社会发财致富的捷径。只须指出金帐汗的军
127 队在侵袭中获得的战利品在当时是很大一笔数额就够了。战利品中不仅有织物、银具、钱、毛皮、谷物、武器,还有可当作奴隶卖到市场上或作为劳动力使用的人。与封建时代其他东方国家一样,蒙古人夺得战利品时,实行严格的分配制度。

在蒙古诸汗国中,尤其是金帐汗国中,有特殊的不合兀勒军职。在马哈麻・伊宾・忻都沙・纳希徹万尼为札剌亦儿朝(1336—1411)兀外思算端(1356—1374)编纂的令人感兴趣的公文典范《答思秃儿・哈的卜》[①]中,有下述有关不合兀勒的职务的资料。不合兀勒的职务是分配与调遣军队,分配由大底万(диван)发给的军队给

① 即公文范本的汇集,这是一种有价值的史料。

养，按照蒙古习惯正确地分配战利品，禁止军队中的欺凌行为与不公道之事。异密（万户、千户）必须服从该州的不合兀勒。规定给不合兀勒的给养很大。各土绵（万户）均设有不合兀勒。

哈姆尔与贝勒津都指出旭烈兀朝设有不合兀勒之职，但没有确切地阐明它的职责。金帐汗国中无疑也有这一职位。无论如何，回历 857 年（即 1453 年）明里·吉列亦的诏令中，曾提到克里木有这一职位。[①]

民政职位按其重要性而言，次于各级军衔（万户、千户），民政
机构以向居民征收各种赋税为主要职能。如果说在金帐汗国，军 128
权和民政权是分开的，那么行政机关就不是这样。同一个人可能既负责该地区的治理，又从居民征集税收。贝勒津也谈到了兼揽两权和兼掌两个官署的情况。他举例说，派到伊朗去的绰儿马罕那颜“一身兼为军队统将、国家统治者与法官；在他患病时，按照大汗旨意他的职务由其妻子、儿女代理”。[②] 贝勒津认为金帐汗国中也是如此，这是不无根据的。

金帐汗国跟其他蒙古兀鲁思一样，中央与各州的政权建立在蒙古习惯与被征服国的行政实践相结合的基础之上。在有关金帐汗国史的史料中，可遇到一个主持政府民政的职官名词：“维西儿”（宰相）。这个名词与其他行政名词比较起来，提到的次数不很多。“维西儿”这个名词见于阿拉伯及波斯史料中。伊宾·阿不都·咱

① 阿克迭斯·尼密特·库拉特，前引书，第 64 页。维谢洛夫斯基的《成吉思汗帝国的一个虚构的职官：不合兀勒掌印官》一文（载《俄罗斯考古学会东方部集刊》，第 24 卷，自 21 页起）也间接而非直接地谈到了这一职位。

② 贝勒津，前引书，第 451 页。

喜儿描写了别儿哥在亦的勒河(伏尔加河)上的帐营中接见贝巴儿思算端派来觐见他的使节的情况。别儿哥坐在覆盖着白毛毡及丝织物的大天幕中。天幕中有不下一百人。沿着天幕的壁,放着一排长凳,坐有五六十名异密。汗与他的妻子并坐在宝座上。别儿哥汗命其维西儿宣读算端来函。[①] 木法答勒也提起过金帐汗国别儿哥汗的"维西儿"(宰相),他还提了他的名字:薛列法丁·可疾云尼,并指出:他阿拉伯话与突厥话都说得很好。[②] 波斯作者也提到
129 了名为撒莱帖木儿的金帐汗札尼别的维西儿等。[③] 但是有关维西儿的活动、职责及权限的一般概念却只能从前述马哈麻·伊宾·忻都沙·纳希彻瓦尼的《答思秃儿·哈的卜》一书中获得。据一份有关委任札剌儿国的维西儿的诏令的范本看来,维西儿监督所有各底万,尤其是管理国库的底万。与国家中央机构跟宫廷官职不分的封建概念完全相适应,维西儿除管辖各底万外,还需监督哈儿罕纳(汗室的作坊)、马房与厨房。代表维西儿权力的有下列几件东西:金墨水瓶、红印章与镶满宝石的腰带。

据曾担任过秘书官对各种官职极为了解的阿拉伯作家哈勒合珊底说:"这个国家(金帐汗国——作者注)的行政,与伊朗国一样,掌握在各兀鲁思的异密和维西儿手中……但是这个国家(金帐汗国)的兀鲁思异密与维西儿的执行权不及那里大,也就是说……他们的职位比伊朗的兀鲁思异密与维西儿要低。"[④]

---

① 齐曾戈曾,前引书,第 1 卷,第 55 页(阿拉伯文),第 64 页(俄译)。

② 同上书,第 181 页(阿拉伯文),第 192 页(俄译)。

③ 齐曾戈曾,前引书,第 2 卷,第 103 页。

④ 齐曾戈曾,前引书,第 1 卷,第 411—412 页。

除“维西儿”外，我们还见到过意为总督的官职“纳亦卜”。例如，有名的花剌子模总督忽都鲁·帖木儿即有花剌子模纳亦卜的称号。[1] 伊宾·哈勒敦在谈到忽都鲁·帖木儿于脱脱汗死后推戴脱黑鲁察之子月即别登上汗位时，就曾在这种含义上把“纳亦卜”一词用在忽都鲁·帖木儿身上。[2] 似乎，“纳亦卜”这个名词又可表示维西儿的副职。

各蒙古汗国，其中包括金帐汗国，有两个最高行政官衔“达鲁 130
花”和“八思哈”是众所周知的。据贝勒津说，这两个名词意义完全相同。二者都可译作押印者”(давитель)。[3] “八思哈”的动词形式“八思”(бас)——“押”，是和蒙语“达鲁花”(даруга)相当的突厥语。**A. A.** 谢苗诺夫不同意贝勒津的见解。他认为，“八思哈”根本不是“押印者”的意思，而是“镇守官”的意思。[4] “八思哈”与“达鲁花”这两个名词的意义，现在还没有完全搞清楚。贝勒津认为在金帐汗国本国中没有用“八思哈”这个词，而用蒙古语“达鲁花”来称呼这种职能的官员，这一点好像站得住脚。至于纳贡的被征服国家则两个名词都使用。例如，在给俄罗斯大主教的敕令中，我们所见到的既有“八思哈”(忙哥帖木儿敕令)又有“达鲁花”(秃里牙克、泰都剌等人的敕令)。[5] “八思哈”这个名词也用于高加索，尤其是亚美尼亚和格鲁吉亚。斯捷潘·奥儿别里安尼的著作中有一处说：

---

① 齐曾戈曾，前引书，第 1 卷，第 318 页(阿拉伯文)，第 385 页(俄译)。

② 同上书，第 371 页(阿拉伯文)，第 385 页(俄译)。

③ 贝勒津，前引书，第 453 页。давитель 在此作押印者解。

④ 谢苗诺夫：《论金帐汗国“八思哈”一语》，载《苏联科学院通报(语言文学编)》，1947 年，第 2 期，第 137—147 页。

⑤ 普里塞尔科夫：《诸汗给俄罗斯大主教的敕令》，第 56—62 页。

“她(康察——作者注)和同谋者在梯弗里斯的八思哈和维西儿阿鲁浑[大汗委派在我国的最高统治者及掌管国库赋税与大底万的长官,也就是 703 年(1254 年)在(鞑靼人)全部领地上进行人口登记的那个长官]处聚齐之后,赠予他大量礼物,要他将思木巴惕杀死,夺取其全部领地。”[①]在斯捷潘·奥儿别里安尼这段话中有价值的不仅是提到了“八思哈”这个名词,还在于指出了八思哈即是维西儿,他身兼各种最主要的行政管理职务。这样,“达鲁花”这个名词当作掌管国库税收最高长官的意义,主要使用于金帐汗国中。但是在史料中没有明确地告诉我们,达鲁花与各地区(克里木、高
131 加索、不里阿耳、花剌子模)长官保持怎么样的关系,可以设想,他们需听命于他,虽然可能不是在一切方面都听命于他。这一问题,跟金帐汗国社会政治史方面的其他许多问题一样,还是不清楚的,有待于在今后深入细致的研究中解决。似乎在某些情况下(当然,这种情况较为少见)达鲁花的职务转交给了地区的长官本人,但这时,地区中仍设有达鲁花衔的官员。“达鲁花”这个名词不仅用来表示为国库征收赋税的最高长官,而且也可表示他的助手,即他在各地区、城市、村庄中的代理人。回历 857 年(1453 年)明里·吉列亦敕令就是在这个意义上提到“达鲁花赤”的。敕令中提到了克里木乞儿克·也儿地区的“达鲁花”。[②]

A. H. 纳索诺夫对 13—14 世纪俄罗斯的八思哈与达鲁花二职的观察,是值得注意的。根据俄罗斯史料,八思哈应作“控制被征服居民”的军事长官。[③]

---

① 帕特卡诺夫:《根据亚美尼亚史料编写的蒙古史》,第 2 册,第 41 页。

② 阿克迭斯·尼密特·库拉特,前引书,第 64 页,第 8 行。

③ A. H. 纳索诺夫:《蒙古人与俄罗斯》,第 12、17、18、23 等页。

至于说达鲁花，其职务是“登记人口，征收贡税，并将贡税送交宫廷”。[①] 似乎只有在俄罗斯，八思哈仅系军事长官，而不管征收贡税、赋税等。

各官署在行政管理系统中占重要地位。在国家中央，在汗下面设有各底万。但我们不能确切地说出共分几个底万，我们也不知道各底万设置的日期。各底万中设有书记官，或称必阇赤（书记）。《答思秃儿・哈的卜》中引用了几份委任必阇赤的敕令范本。
我们从这些范本中看到，在蒙古时代的伊朗（旭烈兀王朝及札剌亦 132
儿王朝）这一官职是很受尊崇的，收入很多。在委任必阇赤的敕令中指出，各兀鲁思异密、万户、千户及其他高级军政职官必须尊敬他，将他应得的款项缴给他。这里所谈到的当然是大底万中的大必阇赤。[②] 除大必阇赤外，一般底万中也设有必阇赤。他们常掌握实际领导。掌管各项收支的底万最为重要。

在这一个底万中有一份特种表册——各州及各城市的税收册，称作迭卜帖儿。各州的总督与达鲁花赤也设置有官署，也制有迭卜帖儿。被征服国家中也有迭卜帖儿。13 世纪末亚美尼亚史学家斯捷潘・奥儿别里安尼写道：“他（亚美尼亚阿答毕塔儿撒亦赤——作者注）到梯弗里斯去，吩咐将汗室大底万中的迭卜帖儿取来给他，并从头到尾读了一遍；因为上面录有亚美尼亚应纳税的寺院名，他预先将一百五十多所寺院名划掉后，召见了大底万的书记

① A. H. 纳索诺夫：《蒙古人与俄罗斯》，第 14、104、105 等页。

② 回历 857 年（即 1453 年）明里・吉列亦的敕令也提到了御前底万的书记官（底万必阇赤）。阿克迭斯・尼密特・库拉特，前引书，第 64 页，第 11—12 行。

官，让他将迭卜帖儿重录一份。然后，他焚掉了旧的迭卜帖儿，就这样免了我们这里所有寺院的税。”[①]虽然这种制度属于亚美尼亚及格鲁吉亚——当时旭烈兀朝统治之下的国家，但我们完全有根据认为，在建立蒙古政权的地方，到处都是这样。迭卜帖儿——有
133 实效的居民税收册——在设有蒙古汗的地方官及负责征税的达鲁花赤的每一州中都有。

不同一般的是，向各州及藩国征收的税赋，常交给个别商人包办(好像有时也交给一伙商人包办)。商人或合伙经营的商人大部分是穆斯林，其中也遇到过花剌子模人的名字。伊斯兰教商人，其中包括花剌子模人，常被任为国内的达鲁花及被征服国的八思哈与达鲁花。不用多说，由于包税制度，发生了许多勒索、贿赂及种种陷害行为。13 世纪的亚美尼亚史学家基拉科斯是自己祖国上述制度的见证人，他说：“王公、州长帮助他们(包税人)折磨和勒索人们，自己却发了财”，[②]这段话也适用于金帐汗国。

在我们屡屡提及的拉施特书中，可找到很多有关包税制度坑害农民的详情。拉施特书在关于合赞汗的章节中，生动地描绘了 13 世纪末在蒙古政权下伊拉克阿只迷和阿塞拜疆包税人与国家官吏勾结在一起营私舞弊的令人发指的情形。旭烈兀朝诸汗在这些州中征收忽卜出儿税和商税，都交给包税人办理。州长官——哈乞木自己担任包税人。他自己带有征税人、书吏，与所有官府串通一气，有时甚至与纳亦卜或维西儿勾结在一起。征税人在一年

① 帕特卡诺夫：《根据亚美尼亚史料编写的蒙古史》，第 50—51 页。

② 同上书，第 79 页。

内强行征十次忽卜出儿，有时甚至达十几次，因此居民完全破产 134
了。所征收的租税或者只有极小一部分上缴国库，或者根本不上缴；它们全都落入了包税人与官吏的腰包中，或者用于行贿，编造假账目，说是某项钱款用在供应急使的粮草上了，[①]某项款又用在供应各种公务人员及军队的饲料、粮食上了。

拉施特哀丁是合赞汗的维西儿，对于全部制度了解得很透彻，他把这些事情都写了出来。他写道："各州长官与维西儿勾结在一起，倚仗其势作为后盾，厚颜无耻，从事各种欺凌、压迫人的事。"[②]

这类制度使蒙古统治下的伊朗的大多数州在几十年内成为赤贫。剌亦阿惕（农民）大批离开久居之地，流落外乡寻求较好的生活。城乡萧条已极，曾经在那儿住过的人们几乎认不得熟识的地方了。合赞汗为了挽救这种情况，首先是挽救伊朗的蒙古政权，必须急遽地改变制度，实行一系列改革，也确乎在一定程度上做到了这点。我们上面所举的事实是伊朗旭烈兀王朝在包税制度条件下一般行政情况的例子。史料中没有留下有关金帐汗国包税制度及舞弊行为的记载。但是不能得出金帐汗国没有这种情况的结论。金帐汗国在这一方面未必会是例外。

任何专著中也没有谈到过金帐汗国的法院组织问题。史料中关于这方面的记载也很支离破碎。最初，在上层社会信奉伊斯兰教及蒙古政权伊斯兰教化之前，有关蒙古人本身的案件的诉讼程序完全以札撒（蒙古非成文法）为依据。在伊斯兰教化时期，当一

---

① 拉施特：《史集》，第 3 卷，第 250 页。

② 同上书，第 251 页。

135 部分案件归伊斯兰教法典执掌者处理时，札撒在某些场合下仍在民事方面起作用。伊宾·巴都塔于14世纪30年代游历金帐汗国文化最发达的花剌子模州首府玉龙杰赤时，拜会了该州总督，也即前已提及的忽都鲁·帖木儿。

伊宾·巴都塔详尽描写了总督接见他的情形及总督家中的陈设后，谈到了法院问题。他写道："这位异密(忽都鲁·帖木儿——作者注)有一件惯常的事，即每天有一个哈的来到他的会客室中，坐在他所指定的座位上；与他同来的还有一些法学家及书记。他的对面坐着一位大异密，他下面有八个(另外的)大异密及称作札鲁忽赤的突厥司教，人们都到他这里来打官司。涉及宗教的案件由哈的判决，其他(案件)由这些异密判决。"[①]从这段话中，我们清楚地看到，在14世纪月即别汗时代，当伊斯兰教已成为金帐汗国封建上层社会中占统治地位的思想体系时，一部分案件却仍由札鲁忽赤，即根据成吉思汗札撒(蒙古习惯法)判案的法官所掌握。但尽管札鲁忽赤仍存在着，伊斯兰教法典及其代表——哈的——的势力却很大。

马哈麻·伊宾·忻都沙·纳希御瓦尼的《答思秃儿·哈的卜》中引了三份委任某人为札鲁忽赤长(即法官长根据札撒或一般而言根据习惯法判案)的敕令。这一职位通常委任有势力的蒙古贵族担任。在敕令中指出，这个人足以担当根据札撒判案的札鲁忽赤(法官)，他对双方争执的判决应公正，不得有陷害、欺凌、使用暴力等行为。判决必须写在旭烈兀汗国称为札鲁忽纳蔑的特种文书上。旭烈兀汗国设有专门的札鲁忽底万。我们有充分理由认为，

① 齐曾戈曾，前引书，第1卷，第311—312页。

金帐汗国也有与此类似的底万。 136

上面这几份敕令也阐明了札鲁忽赤的收入的主要来源。打官司的人必须向札鲁忽赤及他的书记员（必阇赤）缴纳一定款项。金帐汗国的整个法院系统，与任何其他封建社会一样，为封建主及与他们勾结的官吏所把持，这一点是不用多说的。哈的与札鲁忽赤，也即以伊斯兰教法典为根据的法官及遵奉成吉思汗札撒的法官，若不是大土地所有者（占有土地、畜群或城市中的地产等），就是指靠法院的进款吃饭的人，法院的进款不仅有合法收入，而且还包括各种非法的索取（贿赂、勒索等）。哈的与法乞黑（法学家）及各种司教有联系，关于这种人我们在后面还要讲到。在金帐汗国中，法院与行政当局（地方长官、达鲁花）紧密地结合在一起，没有任何独立性。哈的与札鲁忽赤总是完全按照最高行政当局的意图，根据城乡、草原统治阶级的利益行事。

在定居地区拥有大量土地，在草原上又有大群牲畜的半游牧封建主的境况，最充分地反映在速玉合勒（采邑领地）制度上，这一制度在 14 世纪末的中亚细亚已经成为大封建土地所有制的主要形态。速玉合勒一词在 14 世纪末与 15 世纪时意为“采邑”。获得某一地区或某州作为速玉合勒的人，有权征收原来缴入汗或算端国库的全部赋税。速玉合勒的特点是：领有的土地是世袭领地。分封上述意义的速玉合勒之风，在 14 世纪后叶的中亚细亚极为盛行。无论如何尼咱马丁·沙迷在回历 780 年（即 1378/1379 年）项下就指出了白帐汗国兀鲁思汗授封速玉合勒之事。[①] 帖木儿从 14 世纪 80 年

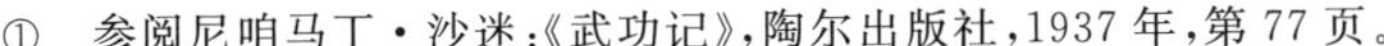

① 参阅尼咱马丁·沙迷：《武功记》，陶尔出版社，1937 年，第 77 页。

137 代起,就广泛地分封速玉合勒。[1]

在蒙古时代,尤其在金帐汗国中,汗室将大量土地连同土地上的农民一起分封出去,在许多场合下,授地敕令与答勒罕敕令同时颁发,答剌罕敕令就是免除某块土地上的居民向国家缴纳的全部或大部赋税的文书,这样,就把直接生产者的大部分剩余产品给了封建领主。从金帐汗国留传下来的,现在只有第二种敕令。[2]

金帐汗国在行政与政治生活方面,曾颁发过许多政府法令——全国性的及地方性的法令。蒙古时期所有蒙古国家境内的这些法令,称作敕令。旭烈兀朝合赞汗时代,敕令的装潢与注册最为讲究。敕令有许多种,有的"有关领地事授予显贵的算端、异密、蔑力"收执,这种敕令盖有碧玉大印。"有关中等事务"的敕令盖有金质大印,这种印较碧玉印为小。有关军务的敕令也盖有金质大印,所不同的只是,在这种敕令上,在印玺的边缘绘有"弓、圆锤与军刀"。[3]

138 可惜的是,金帐汗国的印玺究竟是怎样的,它与旭烈兀朝的印玺有何不同,却难以说出。我们只知道,金帐汗国也有这种印玺。

除敕令外,史料中还谈到了金符。这种金符不仅是极大的尊荣的标志,而且还赋有许多实际的特权。这类符是一种小牌子,有金质、银质、铁质、铜质,甚至还有木质的,上面有一定的文字,作为特

---

① 参阅尼咱马丁·沙迷:《武功记》,第95、97、107等页。

② "速玉合勒"一词用于上述意义,在金帐汗国首次见于回历857年(即1453年)明里·吉列亦的答剌罕敕令中。其上载道:"对于执有这份敕令领有安卡拉作为速玉合勒的马合木之子哈乞木·牙黑牙,我们说:'他将是答剌罕'"(阿克迭斯·尼密特·库拉特,前引书,第64页,第34—36行。康诺诺夫译)。

③ 拉施特:《史集》,第3卷,第276页。

种通行证或委任状颁发，对持有这种符的人，应供给旅行途中的一切必需物——车马、住所及饮食等。视持符人的地位不同，颁发金牌、银牌、铁牌，甚或木牌。马可波罗在其著名的回忆录中谈到授予他父亲、叔父及他本人的金牌时说："其上有文曰：使臣三人所过之地，必须供给其所需之物，如马匹及护卫之类。"[①]在另一处，他仿佛补充关于符的叙述而提供了下述有趣的资料："阿合都（伊利汗乞合者）[②]将写有敕令的金牌四面赐给大汗的使臣尼古拉、马特菲与马可。两面是海青牌，一面是狮牌，另一面是净面牌，上有文云：此三使者沿途所过之地，应尊如我亲临，应供给马匹、粮食及护卫。于是沿途所过之地完全照办，供应他们以马匹、粮食及一切必需之物。有时由一地至另一地的护送队，说真的，足足有二百人；这也是需要的。"[③]可惜，我们不知道哪里有金牌保留下来。在国立冬宫博物馆中有三面极好的银牌及一面镶字的铁牌。一面银牌上有用畏兀儿字写的蒙文。这面银牌是1845年在德聂伯罗彼特罗夫斯克附近的格鲁舍夫卡村找到的。上有文云："托上天的威力，托强权的庇护，谁不从奥都剌汗之命，必遭损害和毁灭。"[④]在另外二面银牌上有用方体字母（八思巴字）写的类似题文，铁牌上也如此。

马可波罗在行记中有趣地指出，符是怎样按照官职与社会地

① И. П. 米纳耶夫译《马可波罗行纪》，巴托尔德编订，第114—115页。（参阅冯承钧译《马可波罗行纪》，第1卷，第8章——译者）。

② 伊利汗乞合都（1291—1295年）是伊朗旭烈兀朝的一位汗。

③ 米纳耶夫译《马可波罗行纪》，第20页。（参阅冯承钧译《马可波罗行纪》，第1卷，第18章——译者）

④ 此牌收藏于艾尔米塔什博物馆。斯米尔诺夫的著作《东方的银》中曾加以发表。奥都剌汗是14世纪60年代金帐汗国中争夺汗位的诸汗之一。

位的不同来分发的。马可波罗说:“出类拔萃的百户,他(大汗海都[1])提升为千户,授予银器,发给牌子。百户发给银牌,千户发给金牌或镀金银牌,万户发给狮头金牌,牌子的重量如下:百户及千户之牌各重一百二十散基,[2]万户之狮头牌重二百二十散基,各种牌子皆刻有敕令:按伟大上帝的旨意,按上帝对国王的恩惠,应尊崇汗的令名,违命者死。”[3]

孟珙有关于牌子的有趣记载。他谈到虎斗金牌及普通的金银
140 牌。各种牌子上都有文字,用受天赐的人的名义命令人们执行持牌人的吩咐。[4] 拉施特在《合赞汗传》中也有关于牌子的详细记载。[5]

马可波罗凭记忆准确地转述了牌子上典型文句的内容。在各种敕令中,例如金帐汗脱脱迷失的敕令及帖木儿·忽都鲁的敕令中[6],也谈到了牌子。此处“牌子”一词与“敕令”一词同时使用。在俄罗斯史料中,牌子以 байса 一词为大家所知。某些人认为,有时牌子也译作“басма”。K. A. 伊诺斯特兰采夫[7]及 A. A. 斯卑秦[8]

① 原文如此,应是忽必烈。——译者

② 散基(Saygio)是威尼斯重量单位,合 1/6 盎司(巴托尔德为《马可波罗行纪》115 页所作的注)。

③ 米纳耶夫译《马可波罗行纪》,第 114—115 页。(参阅冯承钧译《马可波罗行纪》,第 2 卷,第 80 章。——译者)

④ 孟珙:《蒙鞑备录》,海宁王静安先生遗书本,第 14—15 页。(蒙鞑备录官制条云:“所佩金牌,第一等贵臣带。两虎相向,曰虎斗金牌,用汉字曰‘天赐成吉思皇帝圣旨当便宜行事’。其次素金牌,曰‘天赐成吉思皇帝圣旨疾’。又其次乃银金牌,文与前同。”——译者)

⑤ 拉施特:《史集》,第 3 卷,自 277 页起。

⑥ 参阅拉德洛夫前述敕令的译文。

⑦ K. A. 伊诺斯特兰采夫:《巴斯马(басма)考》,载《俄罗斯考古学会东方部集刊》,第 18 卷,第 172 页。

⑧ A. A. 斯卑秦:《鞑靼牌子》。载《考古委员会通报》,第 29 册,1909 年。

的观点就是如此，他们想证明“басма”与“байса”是同一个词。他们所提到的是莫斯科大公伊万三世抛弃与践踏的金帐汗阿黑麻使臣的басма，这一行动表示俄罗斯对鞑靼宣告独立。有关牌子和盖印玺敕令，拉施特在伊朗旭烈兀王朝合赞汗(1295—1304)传中谈得很多。[①]

① 《多桑蒙古史》，第4卷，第409—416页。(参阅冯承钧中译本第6卷，第9章。——译者)

第七章　金帐汗国的城市生活

141 金帐汗国的城市生活十分发达。单是想一下克里木、高加索、不里阿耳、伏尔加河下游及花剌子模的工商业城市的名单，就会使你留下深刻的印象。当然，绝大多数城市在金帐汗国建立前早就有了。克里木的卡法（菲奥多西亚）、速答黑、客儿赤，亚速海的阿咱黑（亚速），花剌子模的玉龙杰赤，不里阿耳、必里牙儿，这些城市在蒙古时代有了很大发展。另一些城市，如克里木城（今旧克里木城），伏尔加河上的拔都萨莱与别儿哥萨莱，北高加索的马札儿等城则是新建起来的。在东方史料中，即13—15世纪阿拉伯、波斯、亚美尼亚作者的著作中，有关金帐汗国城市及商业的记载很多。我在前面曾强调指出过，由于地理特点及与邻国的旧有贸易关系，金帐汗国各城市的商业在特别有利的条件下发展了起来。金帐汗国各城中我们研究得最多的是别儿哥萨莱城，这个萨莱城是别儿哥时代（1255—1266）建立的，月即别汗时代（1312—1341）从拔都萨莱城迁都于此。关于这个城市，我们不仅有当时旅行家们的游记及地理学家与史学家从当地商人、主要是伊斯兰教商人处
142 听来的话，而且还有捷列申科于19世纪40年代在这个大城（其一部分即为今天的列宁斯克镇）废墟上发掘得的丰富考古资料。今天，依靠在这里发现的城市本身及各种物质文化遗物，我们终于弄清了这个工商业城市在蒙古时代（13—15世纪）的原来面貌。艾

尔米塔什博物馆东方馆中所藏别儿哥萨莱城的丰富实物资料，使我们有可能对以阿拉伯著作为主的文字资料中的简略的一般性的记载，进行具体的解释。

这些记载在东方学文献中最多，在有关金帐汗国的各种著作中也屡见其译文。斡马里写道："译员，勇敢的擲札哀丁·阿卜迭剌黑蛮·花剌子迷，对我讲道，别儿哥汗将萨莱城建于秃兰河(亦的勒河)上。这个城(位于)盐沼地上，没有城墙。那里有一所大的宫殿可供居留，宫顶有一金的新月，(重)二埃及干的儿[①]。宫殿四周有围墙、塔及异密们的房屋。这座宫是他们驻冬的处所。他说，这条河(亦的勒河)比尼罗河大二倍甚至还要多；河里有许多大船，驶向俄罗斯人或斯拉夫人那里去。这条河发源于斯拉夫人的土地上。它，即萨莱城，是一个大城，其中有市场、浴室、庙宇(?)，是货物汇集之地。城中央有一水池，其中的水(来源)于这条河。池中的水仅供工作使用，饮用的水则从河里汲上来装在土坛里给他们(居民)喝，一排排土坛装在大车上运进城出售。"[②]

斡马里是根据目睹者告诉他的话写出的，他本人却没有到过萨莱。伊宾·巴都塔，如我们所知道的曾于1333年在萨莱住过一 143
段时期，由于他亲眼看见一些情况，他的记载具有特殊价值。"萨莱城是最美丽的城市(之一)，这个城规模特别大，建在平坦的土地上，城里人众拥挤，到处有漂亮的市场、宽阔的街道。一次我们同一位官员一起骑马，想绕城一周，了解一下城的大小。我们住在城

---

① 干的儿(кантырь)，埃及重量名称。——译者

② 齐曾戈曾，前引书，第1卷，第219、220页(阿拉伯原文)，第241页(俄译)。

的一角,早上从那里出发,到达城的另一角时已过了正午……全城房屋栉比,没有一块空地,也没有一处花园。城中有十三座举行礼拜的清真寺;其中有一座是沙菲派清真寺。此外还有许许多多(别种)清真寺。城中(居住着)不同的民族:蒙古人(他们是国家真正的居民与统治者,其中一些是伊斯兰教徒);信奉伊斯兰教的阿速人;钦察人、撒耳柯思(契尔克斯)人、俄罗斯人与拜占庭人(他们都是基督教徒)。每个民族分占一定地区,有自己的市场。从两个伊拉克、埃及、叙利亚等地来的商人与外方人住在(特别的)地区,商人的产业用墙围了起来。"①

不管斡马里与伊宾·巴都塔的描写多么简短,他们毕竟给我们造成了一个热闹的工商业大城市的印象。一百年前捷列申科的发掘,不仅证实了这些作家们的记载,而且也在许多方面,尤其是城市规模、地形、手工业、商业及其与别国的相互文化影响等方面,增添了许多新的材料。把现在史学家们所掌握的全部资料结合起来看,在 14 世纪前半叶月即别汗时代该城市最繁荣的时期,萨莱城是一个拥有十万以上居民的城市。金帐汗国京城的迅速发展不是其本身生产力的正常发展所致。宫殿、清真寺和伊斯兰教学堂等的兴建,汗室大型作坊(哈儿罕纳)的建立以及城市生活的其他项目所用的资金,主要是向俄罗斯诸封建公国的农民强征来的贡赋。金帐汗国各城市,尤其是两个萨莱城的财富完全是建筑在经
144 常掠夺被征服民族,首先是 13、14 世纪及 15 世纪初的封建俄罗斯之上的。我们不谈萨莱的地区结构的特点②(当然在这一点上也

① 齐曾戈曾,前引书,第 1 卷,第 306 页。

② Ф. В. 巴洛德:《新萨莱与旧萨莱》;雅库博夫斯基:《金帐汗国的京城——别儿哥萨莱》,国立艾尔米塔什博物馆《国立物质文化史学院通报》,1932 年。

反映出了城市的一些社会本质），我们所要谈的主要是它的最有趣的方面，即城市手工业的发展及那里进行的贸易。对于这方面的兴趣一部分也由如下事实所决定，即在前述捷列申科发掘的原始具体资料中，我们掌握得最多的正是有关萨莱手工业的材料。让我从捷列申科的报告中摘引出一小段来："在四周共为二百一十俄丈、[①]有十五俄丈半用小砖砌的四角形场地上，杂陈着许许多多破碎的彩色器皿与玻璃器皿、杯子、墨水瓶、皮革、为制靴子裁剪的皮块、麻布、丝织物、衣服，这些东西都已被烧坏了。还有刀、大曲尖刀、剑身、斧、锹、炒锅、行洗礼用的盆子、拨火棍、火绒、火石、小刀子、铁锅、铜杯、铜块、铜蜡烛台、编织用的骨针、剪刀的碎片、颈饰、焚过的纸、小刀、白桦皮、"库加"草编成的席子、钉、钩子、门的合页、插锁与挂锁、烧焦的烤面包块、黑麦、小麦、胡桃与普通的榛子、

五倍子、橡实、扁桃、葡萄干、西洋李、李、干无花果、鲜角果、桃、黄 145

连木、丁香、胡椒、大豆、萨拉秦小米与一部分咖啡（?）。在这块场地的三个石地窖里堆放着几块水晶，蓝、黄、浅蓝、绿、红、白各色颜料，马颈轭上的环、马勒、马衔、铁链、马蹄铁，车轮上的铁栓，树脂、铜片、砺石、磨刀石、石板，研磨颜料的石头，泥柱（?）及球、铜丝、锄、硫黄、明矾、石英、粟。根据这里所找到的各种东西，可推测出这里原是一个市场，市场内有一处几乎在亚洲所有城市中都有的石头仓库。"[②]

在古城的废墟中发现了这么多的物品，说明这里必定发生过一

① 这里谈到的是捷列申科在城中心区以南进行的发掘。

② B. B. 格里戈里耶夫：《萨莱废墟的四年考古》。载《内务部杂志》，1847 年，第 9 本。

次灾难,在灾难中居民抛弃了自己的住所、财产,离开了这个城市。

我们知道,别儿哥萨莱城确曾遭遇到这样的灾难。1395 年帖木儿(塔密儿阑)击溃了金帐汗国部队后几乎彻底毁灭了它的美丽的京城。对捷列申科发掘的资料(他的报告加遗物本身)进行研究后,有根据断言,别儿哥萨莱的手工业有着广泛发展。别儿哥萨莱虽位于欧洲,却基本上是一个典型的东方封建城市,它的工商业区是些布满窄巷的街坊,每一个街坊从事一定的手工业生产。在集市的日子里,手工业巨变成了热闹的市场,紧张地买卖着当地出产的物品。在别儿哥萨莱有下列金属手工业区:1. 铁匠铺;2. 制造刀
146 及简单武器的作坊;3. 制农具(镰刀、犁铧等)的作坊;4. 制青铜器、铜器的作坊。[1] 我们从捷列申科报告下面这段话中可以看到,金属生产在金帐汗国京城的生产活动中占有多么重要的地位:“发掘时,在某处发现了八座熔矿炉,其中一座有七十个通风孔,中央有一座倒塌的灶,炉的四周有水管,沿着有通风孔的墙沿分开为好几根;在灶旁发现了几个小灯、坛、锅及许多铁锭、铜锭、熔金属的器皿与模子。

“在其他各熔矿炉内也发现有金属铸锭、模型的碎块与熔金属的器皿。”[2]摆在我们面前的金属“工厂”,显然是蒙古时代典型的哈儿罕纳,也即属于宫廷或某些富商及封建主所有的具有劳动分工的大型作坊。可惜,文字资料中没有留下关于金帐汗国哈儿罕纳的描写。制革业在别儿哥萨莱具有巨大意义,这是可以理解的,

[1] 雅库博夫斯基:《金帐汗国的京城——别儿哥萨莱》,第 20 页。

[2] 格里戈里耶夫,同上书,第 24 页。

因为别儿哥萨莱城具有发展这一手工业部门的特别有利的条件。它的四周是草原、大批游牧民与牧畜者，大批皮革可从那里或从别儿哥萨莱收购。可惜金帐汗国时代的皮革制品保留下来的不多。关于纺织工业，毛织物与从中亚运入的棉花制成的棉织物的生产，也在萨莱占有显著地位。当然，萨莱所从事的主要还是毛织物生产，它能从邻近游牧民处获得大批羊毛。

至于棉织物与丝织物，虽然当地也有所生产，但大部分却是从中亚、高加索、伊朗与中国输入的。 147

让我们将捷列申科在别儿哥萨莱城原址上发掘的大批考古遗物概略地审视一番。这些考古遗物种类繁多，反映了金帐汗国首都及其他城市手工业的繁荣景象。有许多发掘出的物品不是当地出产的，而是从外地输入的，这是金帐汗国与其他国家间有贸易关系的证明。

在萨莱的遗物中，以陶器为最多，尤其是陶制器皿，有无釉的和有釉的，有装饰图案的和无装饰图案的。

大部分陶器是各种家用的无釉器皿：盛水、油、其他液体及粉状物的器皿，坛、杯、赤剌格（油灯）等。无釉器皿除少数例外都是当地出产的，在鞑靼出现于伏尔加河下游及北高加索之前很久就具备了当地特有的形式与技术。金帐汗国的这类陶器是变化最少的。在多种釉陶中，较突出的是一整批灰绿色的杯子，在白底（在器皿的主要部分上涂了一层薄薄的白土）上里里外外涂有釉绘。杯子的里面有凸出的植物图案，中央有阿拉伯文字，杯底有凸出的飞禽或繁星，外面有许多小拱形，缀着很大的蓝点子，所有杯子的里面和外面都是这样。应当单独指出一种涂有很厚的优质碧釉的

148 器皿、杯、坛等。还有一批艺术性很高的器皿(杯、坛、墨水瓶等)很引人注目:这些器皿在深蓝色的底子上绘有植物、飞禽、走兽组成的图案,并保存着描金的痕迹。

还有一批经艺术加工过的有压出的或雕刻出的凸花的无釉黏土器皿,也颇堪注目。这种器皿上的图案大部分是植物,有时还配以飞禽、走兽。其中有一部分器皿用模压图案配以一部分碧釉绘画。上述艺术陶器大部分是在玉龙杰赤的影响下产于金帐汗国伏尔加河流域各城市,尤其是两个萨莱城中的。金帐汗国当局曾从玉龙杰赤将大批工匠、主要是陶匠迁徙到伏尔加河来。

前面已经指出过,鞑靼人没有带来任何手工业的传统;一切手工业产品,都是被征服人民及其手工业者的双手做出的成绩,他们大部分是被强行迁徙到伏尔加河流域城市,尤其是拔都萨莱与别儿哥萨莱城来的。

捷列申科在别儿哥萨莱城发掘出的物品中,玻璃制品引起了特别的注意。13—14 世纪制造玻璃是很贵的,在当时并非所有国家都生产玻璃制品,因此玻璃是一种奢侈品。金帐汗国,尤其是两个萨莱城的玻璃,大部分从埃及与叙利亚输入。我在一篇著作中曾谈到过这种玻璃[①]:“这是盛大节庆时使用的油灯与长颈水瓶式的器皿的残片,这些器物为富人所用,甚至很可能是汗的宫廷或宫廷贵族的府邸中所用的。这种玻璃相当厚,近于无色,在令人愉悦的底色上绘有很艺术的彩画(用红、白、黄、蓝、浊绿、金诸色绘成),
149 有植物图案及阿拉伯文字,文字常说明该器物由某某人(多半为埃

① 雅库博夫斯基:《金帐汗国的京城——别儿哥萨莱》,列宁格勒,1932 年,第 43 页。

及算端）定做。这些玻璃制品作为礼物由使臣送入金帐汗国，正如我们在前面所看到的，使臣们经常从埃及来到萨莱。”

为了证实这一判断的正确性，只需将这些玻璃制品同埃及、叙利亚的同类制品比较一下即可。此外，载有埃及马木鲁克算端赠予金帐诸汗及汗室成员礼物的文字史料也可证明这一点。在金帐汗国各城市，尤其是两个萨莱城的手工业者中间，制造武器及战士（骑兵、步兵）所需一切用具，如马镫、马具、马衔、马鞍等的手工业者起着很大作用。

从金帐汗国留传至今的有铁剑、弯马刀（其中有一把月即别汗本人的马刀、柄上有金字）、短剑的生锈的剑身和骨柄、铁矛头、箭头、弓上的骨环、俄罗斯编年史上常提到的响箭的骨制箭头、很方便的鞍头、很高的木制马鞍、装饰马鞍用的饰有雕空的龙形图案的青铜片，铁马衔，用铁环做的锁子甲残片。

在捷列申科发掘出的物品中，有大批物品具有萨莱富家生活的鲜明特征。这里可看到一种经艺术加工的青铜门环，这种环是代替我们今天的门铃的（用环敲响青铜片），迄今东方还有；这里还可看到铁挂锁，箱子的金属零件，如包箱角的金属片及青铜箱柄，青铜油灯，冬天没有取暖设备的屋子里暖手足用的、装热炭的青铜脚炉（完整无缺）。

还有带狮头的青铜管（这是花园喷泉的构件的一部分），有镶 150
饰的青铜杯，作烛台用的刻有阿拉伯文的壮丽的大理石台都极佳。在出类拔萃的发掘成果中，最引人注目的是金器，首先是一个有鱼身龙头怪兽形双柄的深杯形式的金器。

这个金器是捷列申科 1847 年在别儿哥萨莱废墟内发掘时得

到的。在别儿哥萨莱和拔都萨莱等金帐汗国伏尔加河流域城市中，有制造上釉瓷砖的专业手工业者。大部分瓷砖能够留传至今也应归功于捷列申科的发掘工作。从瓷砖的制造技术与质量看来，可说完全模仿与继承了从玉龙杰赤来的花剌子模工匠的传统制法。在两个萨莱的镶嵌(主要资料来自别儿哥萨莱)工艺中，主要用碧绿、蓝、白三色，黄色及金色也常用。但是别儿哥萨莱、拔都萨莱的镶嵌工艺之区别于撒马尔罕、沙赫里夏卜兹，反之却与玉龙杰赤相似的特征，乃是大量应用红色。

在别儿哥萨莱发现的瓷砖有这么多，因此不能不得出结论：这些瓷砖是广泛地用来作清真寺、伊斯兰教学堂、陵墓及宫宇的外壁面砖，甚至用来作内壁的面砖的。

在历数别儿哥萨莱城手工业生产的主要部门时，必须强调指
151 出，使金帐汗国京城因之特别驰名的市场，不仅为从东西方各国来此的所有商人的商队贸易服务，而且也服务于地方需要。伏尔加河下游及其邻近游牧草原上的居民运来大量谷物、肉类、乳制品、羊毛、皮革等，以换取他们所需要的一切；农民需要的是：织物、金属制品、粘土器皿等；游牧民所需要的则为粮食、粗棉织物……斡马里与伊宾·巴都塔指出，萨莱城中居住着大批来自各国的商人。市场的“国际性”确实是这个城市的一个特征。从匈牙利、甚至从意大利来的商人用不着到中国去买中国丝织物，他们可以在这里买到它。在萨莱市场上吸引欧洲和东方商人注意的主要是从不里阿耳及其以北地区来的毛皮。但若认为金帐汗国中的商队贸易仅限于奢侈品，那就大错而特错了。大家都知道得很清楚，从伏尔加河下游地区运来了大量皮革与鞣革用的树皮，这种树皮专门供应

花剌子模皮革生产的需要。

在别儿哥萨莱，手工业者即使不占全城人口的大部分，也必定是人数最多的阶层。与埃及、伊朗、塞勒术克突厥、中亚细亚、格鲁吉亚、亚美尼亚、克里木一样，萨莱的手工业者似乎也联合成特殊的手工业者组织，从一系列特征看来，这种组织与西欧中世纪的行会很相近。可惜，对于金帐汗国我们在这一问题上所掌握的事实很少，因此这个判断仅具有假设性质。

有人会产生这样的问题：在极其短暂的时期内，在这些新建的城市中，从哪里出现如此多的手工业者，这些手工业者从数量上看来是数一数二的。我们知道，在封建时代的东方，征服者常将手工业者从被占领的城市迁到新的地方去。蒙古人在这一方面没有什么新创，他们只是应用了以前的办法。迦儿宾指出，"在撒拉森人[1]
的国家及其他受他们支配的地方，他们抢走了全部最优秀的手工 152
业者，让他们做各种事。另外的手工业者向他们缴纳贡税。"[2]鲁勃鲁克更为有趣地谈到了迁徙到东方在蒙哥汗那里开采金子与制造武器的手工业者。[3] 这些手工业者都是德意志人。卡法罗夫在《长春真人西游记》第 241 条注解中也谈到了一件很典型的事实。"成吉思汗率领大军到了阿鲁浑河(鄂尔浑河?)，河上建有一个镇海城，是以成吉思汗委派的管辖这个地方的镇海命名的。在镇海统辖之下有三百多家西域金织匠与三百多家中国毛织匠。""西域"手工业者是成吉思汗于 1220—1221 年从河中各城迁来的。[4] 当

① 指伊斯兰教徒。——译者

② 普兰·迦儿宾与鲁勃鲁克，前引书，第 36 页。

③ 同上书，第 104 页。

④ 卡法罗夫：《北京俄罗斯传教会同人集刊》，第 4 卷，第 404 页。

153 然，手工业者几乎像奴隶一样为汗政权工作，仅是金帐汗国早期的特征。后来我们在拔都萨莱与别儿哥萨莱看到了当地的手工业者或自愿从中亚、高加索、克里木甚至埃及等处的城市来到这里的手工业者，当然，此后仍有陆续从某些被占领的城市掳掠手工业者的情形。在两个萨莱和金帐汗国的其他城市中，在每次新远征中掳来的许多手工业者中间出现了不少俄罗斯手工业者，名声远播蒙古本部。我们只提出一位俄罗斯金匠柯兹姆，他曾在蒙古帝国京城哈剌和林贵由汗宫中制作了一个象牙饰金的宝座。[①] 在捷列申科从别儿哥萨莱发掘的物品中，有几件经艺术加工过的十字架形的金属圣像，是俄罗斯工匠的作品。在兀维克(城址在今萨拉托夫附近)发现了一具显然是俄罗斯的铸银首饰的石模，Б. А. 雷巴科夫在其著作中提到了这一点。[②] 鞑靼人没有大规模的木工及细木工手工业。在钦察草原四周的各民族中，就做木工活而言，俄罗斯工匠是首屈一指的。如果我们假定，伏尔加河上的船只都是由俄罗斯人建造的，这一点恐怕不会有错。我们下面将看到，在 14 世纪末和 15 世纪，伏尔加河造船业是由俄罗斯人包办的。在史料中我们完全看不到有关大批鞑靼蒙古手工业者的记载。金帐汗国的手工业者从民族成分看来十分复杂。当然，他不完全是俘虏。在 13—14 世纪时，金帐汗国各城市中形成了世袭的手工业者的整个街区，他们在封建社会的条件下不可能没有自己的组织。

154 无论如何，在 1382 年脱脱迷失给别亦·火者的敕令中，载有

① 普兰·迦儿宾与鲁勃鲁克，前引书，第 57 页。

② Б. А. 雷巴科夫：《罗斯的手工业》，第 530 页。

“工匠头儿”一语，说明上述手工业组织是可能存在的。

商人在城市生活中，尤其在别儿哥萨莱城的生活中占有重要地位。在13—14世纪蒙古时代，所有蒙古国家中的商人，尤其是商铺与商业组合的商人们，享有荣誉地位。1393年脱脱迷失给雅盖洛的敕令中有“巴札儿干・斡脱剌林”(базарган ортокларын)一语，据拉德洛夫翻译，意即“你的商业组合”。[①] 这一个词虽然指雅盖洛的商人，但我们见到在东方史料中用斡脱这个词泛指金帐汗国的商人与蒙古旭烈兀朝政权下的波斯商人。在瓦撒夫所著的、有名的史书《塔里黑・瓦撒夫》中常可见到对商人使用“斡脱”这个词，尤常用于别儿哥汗的商人身上。[②] 巴托尔德早就指出，“斡脱”这个词用在商人身上表示“同事”“伙伴”，[③]商行股东。

就是这位瓦撒夫说，金帐汗国商人(斡脱)在帖必力思城的望族处有巨额存款。[④] 在13—14世纪各蒙古国家中，“斡脱”这个名词获得了专门意义，专指汗的商业代理人，这种商人大部分与朝廷合股经商。

“巴札儿干・斡脱”一词，即“斡脱商”，屡见于金帐汗兀鲁格・马哈麻于回历831年1月27日(即1428年3月14日)致土耳其算端木剌二世的书信中。

在这封信中，兀鲁格・马哈麻指出，过去金帐汗国曾与土耳其

① 拉德洛夫：《脱脱迷失和帖木儿・忽都鲁的敕令》，载《俄罗斯考古学会东方部集刊》，第3卷，第6、15页。

② 哈姆尔・浦尔格斯塔尔：《瓦撒夫史》，第98页(波斯原文)。

③ 巴托尔德：《里海沿岸地区在伊斯兰教世界的历史地位》，第54页。

④ 哈姆尔・浦尔格斯塔尔：《瓦撒夫史》，第98页(波斯原文)。

交换使节,斡脱商"随意互相来往"。但是后来由于内乱,关系中断了。如今据兀鲁格·马哈麻的意见,又开始了重新交换使节与斡脱商的时期,以便斡脱商可到土耳其去,"由水陆两路"回来。很难说"斡脱商"一词在这里用作什么意思。据我们看来,它既有"合股商人"之意,又有汗的商业代理人之意。[1]

拉施特谈到窝阔台汗时,引用了不少这样的例子。

155 拉施特甚至引用了商人的集合名词"斡脱乞"一词。[2] 这一名词在这个意义上屡见于拉施特书中。仅在谈到窝阔台汗时,我们就见到好几次。[3]

同样意义的"斡脱"一词也见于志费尼书中。[4] 商业集团不仅投资于各种商业与手工业企业,而且还如我们在上面所看到的,包办整州、整个城市的税赋。许多商人及整个商业集团与朝廷接近。商人擢任最重要的官员(达鲁花赤、八思哈),并常担任使臣。在需要金钱之时,朝廷多次向商人借贷。当埃及使节需要金钱作为为马木鲁克埃及算端聘娶秃仑拜公主的聘礼时,月即别对算端使节说,"'朕已命商人贷与(应)缴付之数,已命他们遵行。'他(使节)借得二万底纳儿纯金,行了聘。"[5]

上面已经谈到了金帐汗国商队贸易所具有的性质,谈到了在两个萨莱、玉龙杰赤、不里阿耳、克里木所进行的贸易项目,还谈到

① 阿克迭斯·尼密特·库拉特,前引书,第 8 页,第 4、15—16 行。

② 拉施特的著作,布洛舍本,第 65 页。

③ 同上书,从 65 页起。

④ 志费尼的著作,载《吉布纪念丛刊》,第 16 集,第 3 卷,第 87 页。

⑤ 齐曾戈曾,前引书,第 1 卷,第 147 页(阿拉伯原文),第 169 页(俄译)。

了哪些货物从中国、中亚运来，哪些货物从欧洲运来以及金帐汗国本国售出什么货物。最后，我想谈一下马的贸易。关于马的贸易，我们屡次提到的14世纪30年代阿拉伯旅行家伊宾·巴都塔有详细记载。他说，钦察草原以产马驰名。好马在当地值五六十底儿赫木。[①] 这些马运往各国，尤其是印度。商队贩马多至六千头。156
这些马是几个商业集团赶运的，每个商人摊一、二百匹。每五十匹马由一名牧人照看。在北印度，在木勒坛纳，每匹马所缴税为七底纳儿银币。虽然路费多，税收高，金帐汗国的商人仍能赚得大笔金钱，因为成批出卖的马，每匹都可卖得一百底纳儿银子以上。[②] 据威尼斯人约瑟法托·巴尔巴罗说，15世纪前半叶钦察草原的一个商队向伊朗赶运了四千匹马。

上面我们已屡次指出过，13世纪后半叶，尤其是14世纪，金帐汗国在欧洲(其中也包括西欧)与中国之间的商队过境贸易方面起着巨大作用。克里木各城市在这条商道上占据着重要地位。这一点只要回忆一下速答黑在11、12及13世纪初蒙古以前时期的商业意义即可知道。14世纪时，丹纳(即阿咱黑或亚速城)擢居速答黑城的同等地位，14世纪20年代时热那亚商人操纵了那里的贸易，到了30年代时(从1332年起)那里的贸易又为威尼斯商人所操纵。

克里木及其商港与中间码头就像是联结东西方的一个环，更

---

① 前面我们已经说过，河中与金帐汗国的银底纳儿值50金戈比，而底儿赫木等于1/6底纳儿。

② 《伊宾·巴都塔行纪》，第2卷，第371—374页。

不用说既是市场又是各种货物供应地的东南欧了。有东方与欧洲作者为证,从丹纳到中国去的商道,虽然跋涉艰难,但却可担保人与货物一路平安。我们不想在这里将有关行程描述的全部记载引出来,这可作为专门著作的题目,而只谈其中最可靠与最清楚的资料。

最有价值的是伊宾·巴都塔提供的资料,他曾从克里木出发经过去中国的一部分道路;还有佛罗伦萨商人弗兰契斯科·巴尔杜奇·彼加洛梯的记载也极有价值,他是14世纪前叶经营大规模
157 贸易的佛罗伦萨巴尔第商号的代理人。

伊宾·巴都塔说,从萨莱到花剌子模(玉龙杰赤)有四十天途程。[①] 途中需乘坐大车(四轮大车)。据伊宾·巴都塔说,当时由于饲料缺乏不套马而套骆驼。但在"萨莱——小萨莱"这段路上有时可骑马——伊宾·巴都塔本人就是骑马到达这里的。此外,他注意到了一个很有趣的事实:在兀鲁速河(浩水)——即押亦河或乌拉尔河——上用船只搭成了一座跟报达桥相类的大桥。这无疑与这里路上来往频繁的情况有关。顺便说一下一件很有趣的细节:伊宾·巴都塔将自己的马每匹卖了四底纳儿银币[②](约合两个金卢布)。在萨莱——小萨莱这段路上他费去了十天时间。

伊宾·巴都塔的四轮大车套着骆驼从小萨莱继续走,到达玉龙杰赤(伊宾·巴都塔称作花剌子模)共走了三十天,中途只休息过两小时——一次在早晨,另一次在日落之时。由于太阳晒,没有

① 齐曾戈曾,前引书,第1卷,第317页。

② 同上书,第307—308页。

水，缺乏良好饲料，路途很艰难，把骆驼累到了极点。据伊宾·巴都塔说，这些骆驼大部分经过这段行程后都倒毙了，活下来的不多几匹必须休息、饲养整整一年，才能再用于专途跋涉。[1]

伊宾·巴都塔从花剌子模转向河中的方向，向不花剌与撒麻耳干进发。至于当时去中国的路，则从玉龙杰赤起通过草原向讹答剌与阿力麻里走。

上述弗兰契斯科、巴尔杜奇、彼加洛梯对贸易路线很熟悉，也很熟悉从西欧国家通过金帐汗国到中国去的路线，他对于从丹纳到中国的路线作了注解。据彼加洛梯说，在 14 世纪前半叶，即脱 158
脱汗与月即别汗时代，从丹纳到阿斯塔剌罕（斤塔干即在其近旁）坐牛车需二十五天，坐马车则需十至十二天。从阿斯塔剌罕到萨莱城走的是水路，当然这里所指的是拔都萨莱，也即旧萨莱，就是今天的谢里特连诺耶镇。这段路共需走一天。商道从拔都萨莱通向小萨莱。据这位佛罗伦萨作家说，这里有水陆两条路。水路共需走八天，这条路很方便，路费也低。从小萨莱坐骆驼车到玉龙杰赤需走二十天。此处不能不指出他与伊宾·巴都塔所说的有些出入，伊宾·巴都塔是 1333 年经过这条路的。伊宾·巴都塔赶着骆驼急行，费去了三十天。只能认为彼加洛梯在这里可能是弄错了。此外，彼加洛梯特别强调指出，玉龙杰赤是热闹的商业城市。从玉龙杰赤到讹答剌途上，也坐骆驼车。这段路程为三十五至四十天。谁若不为了做买卖到玉龙杰赤去，可以采取较北的一条捷径直接通往中国，据彼加洛梯说，像这样，到达讹答剌只需五十天。从讹答剌

[1] 齐曾戈曾，前引书，第 1 卷，第 308 页。

有道路通往阿力麻里,然后再经迦密速、甘州到中国汗八里①。

整个行程共需二百七十天或二百七十五天,即九个月或九个月零五天。②

159 稍后,彼加洛梯建议随身携带亚麻布,到玉龙杰赤时变卖成那些地方商业上通用的银锭。

回过来再说伊宾·巴都塔。上面我们谈到了玉龙杰赤。他从那里从商道上向不花剌与撒麻耳干进发。伊宾·巴都塔在这段商道上获得的印象和他的意见不可略去不提。他也是乘坐骆驼车,从玉龙杰赤到不花剌走了十八天。过了四天,他到了花剌子模最古老的城市乞牙忒。值得注意的是,这个地区的四周没有任何居民点,而蒙古以前时期这里却是繁荣的文明地区。从这里起到瓦卜干为止,大部分路途上没有水喝。③ 这全是蒙古人蹂躏所造成的后果。

伊宾·巴都塔在不花剌与撒麻耳干获得的印象是值得注意的。作者指出,这两个城市都没有消除破坏的痕迹。

史料中保存着关于当时金帐汗国草原上所用车辆的情况的记载。在这方面,巴托尔德去世后刊登出来的论文《论中亚细亚的车马交通》是值得注意的。④ 我们在上面看到,从速答黑、客儿赤和丹纳出发的有犍牛、马、骆驼拉的四轮有棚大车(四轮车)。

---

① 汗八里即今北京。——译者

② 弗兰契斯科·巴尔杜奇·彼加洛梯:《经商要诀》,爱尔兰·埃温版,剑桥,1936年,第21,22—23页。

③ 《伊宾·巴都塔行纪》,第3卷,第21页。

④ 《东方学研究所集刊》,第6卷,1937年,自第5页起。

史料中还指出了另一种棚车。据舍列法丁·阿里·也思迪说："在这无边无际的沙漠里，草原民的住屋是'古塔蔑'天幕，这种天幕做得不能拆卸，只能整个地安上或取下，在迁居与移牧时可将它搬上大车运走。"[①]这段话也适用于钦察草原。

① 齐曾戈曾，前引书，第2卷，第172—173页。

第八章　金帐汗国文化生活的特征

160 能不能像我们通常所理解的那样来谈金帐汗国的文化呢？谈到文化时，我们就想到文化的代表者，即创造文化的人民。

金帐汗国不是一个民族。有被征服的民族，又有外来游牧民——鞑靼人，他们的征服者与压迫者。因此，金帐汗国不可能有统一的文化。花剌子模、不里阿耳及克里木各城市具有无可比拟地高于征服者文化的古老与复杂的文化生活。

但正如我们前面所看到的，征服者本身逐渐与当地游牧民——波罗维赤人融合了。各式各样泛突厥主义者总是企图百般夸大金帐汗国突厥化蒙古人的文化成就，却忘掉了直到金帐汗国衰亡，绝大多数鞑靼人还没有摆脱游牧状态，因此也不能产生游牧生活方式所没有的东西。至于鞑靼政权下伏尔加河流域所建立的城市（萨莱等城）中城市生活的成就，却不是鞑靼人自己的双手创造的；下面就会看到，这是被他们征服的各民族所创造的。

我们不止一次地指出过，把蒙古人（鞑靼人）当作文明程度极低的野蛮人的流行观念，是不符合实际情况的。成吉思汗以其组
161 织者的天才所建立的军事封建国家这一事实本身，就有力地驳斥了认为 13 世纪初的蒙古人十分野蛮的观念。

但也不能陷入另一个极端，将他们与他们周围的农业居民——汉人、大食人以及定居的突厥人——放到同一水平之上，在

精神文明方面，尤其不能如此。

大家都知道，蒙古人是多神教徒，在他们中间广泛流行的是萨满教。普兰·迦儿宾、威廉·鲁勃鲁克、马可波罗以及 13 世纪的亚美尼亚作家们对他们的宗教观点为我们提供了许多有价值的观察。迦儿宾说：“他们有一种模仿人的模样用毛毡制成的偶像，他们将偶像分列在帐营门的两边，并用毛毡做成乳头形物插在偶像上，他们将这种偶像当作畜群的保护神，能让他们乳类丰产、牲畜兴旺。另有一些用丝织物做成的偶像，他们尊崇备至，有些人将这种偶像放在帐营门前漂亮的有棚大车上，倘若有人从大车里偷走了些什么，他们将毫不怜悯地杀死他。

“……供奉上述偶像最常用的是各种牲畜（普通的或驮用的牲畜）的乳。每次他们饮食之前，都用一部分食物与饮料供奉偶像。每次屠宰野兽后，他们就将心盛在碟子里供奉大车上的偶像，到次日早晨，才从他面前将心取走煮吃。

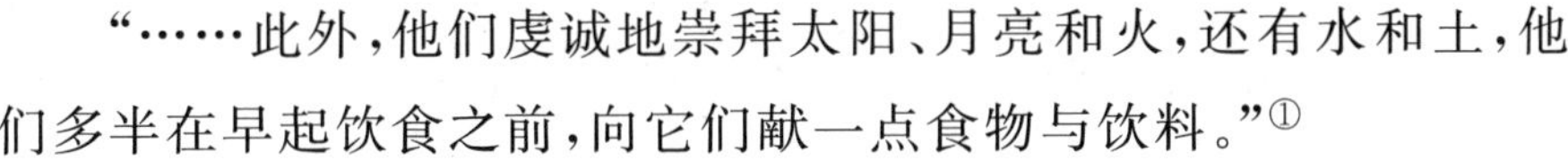

“……此外，他们虔诚地崇拜太阳、月亮和火，还有水和土，他们多半在早起饮食之前，向它们献一点食物与饮料。”[①]

鲁勃鲁克的记载与普兰·迦儿宾所述完全一致。鲁勃鲁克还 162
记载了为迦儿宾所缺少的若干有趣的细节。鲁勃鲁克写道：“在主人头上面，常挂有一个起名为主人的兄弟的像，这像与傀儡或毛毡制成的偶像相仿。另一个类似的像挂在主妇的床的上面，起名为主妇的兄弟，这些像都挂在墙上……”[②]关于这一点，马可波罗[③]及

① 普兰·迦儿宾与鲁勃鲁克：《蒙古人史》及《东方国家行记》的俄译合刊本，第 7—8 页。

② 同上书，第 71 页。

③ 同上书，第 88 页。

亚美尼亚的作者们也谈到过。[①]

对萨满教特有的火净礼,在蒙古人的宗教观点中也占有特别重要的地位。关于这一点,普兰·迦儿宾的记载极为可贵。他写道:“安置了两堆火,火旁立两杆矛,矛尖有绳,绳上系一些布条;人与牲畜皆从绳与所系布片下,从两堆火之间通过……有两个妇女。一个从这头走来,另一个从那头走来,念着咒,泼着水;倘若那里恰有大车折裂或有什么东西掉下来,这些东西就归巫师所有;倘若有谁为雷击毙,那么停留在那个帐营里的人都必须以上述方式从火堆间通过。”[②]普兰·迦儿宾描绘了这幅生动的图画后,又在札记的另一处解释了蒙古人火净的意义。他写道:“当领我们到他(拔都——作者注)的宫里去时,人们告诉我们说,我们皆需从两堆火中间通过,由于若干理由这是我们所不愿做的。但有人对我们说:
163 ‘只管放心走过去吧,我们非要你们从两堆火中间通过不可,并没有什么别的原因,只是因为倘若你们对我们的主上怀有恶意或者恰好带有毒物,火就会将一切恶物带走。’我们答道:‘为了不蒙受嫌疑,我们愿从火堆间通过。’”[③]

大家知道,在拔都帐中,也曾要米哈伊尔·弗谢沃洛多维奇·契尔尼戈夫斯基大公与贵族费多尔从两堆火中间通过。但是他们与普兰·迦儿宾相反,没有遵行,为此他们断送了性命。[④]

---

① 帕特卡诺夫:《根据亚美尼亚史料编写的蒙古史》,第 23 页。

② 普兰·迦儿宾与鲁勃鲁克,前引书,第 12 页。

③ 同上书,第 48 页。

④ 维谢洛夫斯基:《根据俄罗斯编年史论鞑靼人的宗教》(载《国民教育部杂志》,1916 年 7 月号,自第 84 页起)一文,对编年史中所述米海尔·弗谢沃洛多维奇的死因作了值得注意的解释。

关于阴间和葬礼的观念在 13 世纪蒙古人的宗教生活中具有重大意义。

巴托尔德在《关于突厥人与蒙古人的葬仪问题》[1]一文中写道："一般而言，蒙古人对死人的崇拜以及与此有关的萨满教观念，比起我们所知道的突厥部族来，具有较原始的，因而也较野蛮的性质。H. И. 维谢洛夫斯基令人信服地证明，突厥人与蒙古人的埋葬习惯建立于同一个萨满教观念的基础之上：被汗所杀或因汗之故被杀者将在彼世为汗服役。鄂尔浑突厥人为死者生前杀死的敌人塑像以纪念死者，这一风俗就是上述观念的反映。蒙古人表现这一观念的习惯为，将从汗死地到葬地送葬行列一路上遇见的人全部杀死，据马可波罗说，他们还对被杀的人喝道：'到彼世去服侍我们的国君吧！'"马可波罗告诉人说：蒙哥汗死后这样被杀死的人有两万多名。

这一时期的蒙古人还用人来祭祀。在这一方面，波斯史学家 164
瓦撒夫（他的著作完成于 1328 年）关于有名的伊朗蒙古政权的建立者旭烈兀汗（1256—1265）葬礼的叙述，是很典型的。据瓦撒夫说，在旭烈兀汗墓中，有若干名美女穿着节日服装与各种物品及珍宝一同入葬。[2] 13 世纪亚美尼亚作者基拉科斯也谈到了人殉，基拉科斯的著作是有关蒙古时代的最有价值的第一手资料。他谈到，旭烈兀有一次用人祭献底格里斯河。[3] 在描写 1258 年攻陷哈

---

① 《俄罗斯考古学会东方部集刊》，第 25 卷，第 64 页。

② 《多桑蒙古史》，第 3 卷，第 407 页。（参阅冯承钧中译本，第 4 卷，第 7 章。——译者）

③ 基拉科斯的著作，帕特卡诺夫译，第 94 页。

里发京城报达，以及旭烈兀汗杀害阿拉伯最后的哈里发木思塔昔木(1242—1258 年)的一幕时，基拉科斯补充说："他命自己的儿子杀死哈里发的一个儿子，又命将另一个儿子祭献底格里斯河。他说：这条河没有作孽同我们捣乱，却帮助我们惩罚了不信神的人。"随着蒙古人与更文明的邻国相接触，另一些宗教就在蒙古人中间传播开来。

这样，在合赞汗时代(1295—1304)，当蒙古社会上层分子开始信奉伊斯兰教时，除萨满教外，我们还可看到佛教。拉施特与其他伊斯兰教作家都谈到了这一点。[①]

许多蒙古贵族对偶像崇拜及佛教迷信得如此强烈，因此据拉施特说，合赞汗只得在旭烈兀朝伊朗采取破坏庙宇及其他偶像祠宇的措施。拉施特说，有一次可敦与异密们请求合赞汗将汗的父亲所建的偶像祠宇重建成宫宇形式保留下来。他们提出请求的理
165 由如下：在奉合赞汗之命折毁的偶像祠宇的墙上，有他父亲的像，如今由于雨打雪飘将要损毁了，因此最好将偶像祠宇改建成宫宇，以纪念他的父亲。合赞汗不同意这一点，因为这样一来作为一个正统的伊斯兰教徒就破坏了教规与伊斯兰教教诫。在金帐汗国蒙古人中间也可看到同样的宗教情绪。我们知道，月即别汗被认为是在金帐汗国封建社会上层分子中推行伊斯兰教的主要人物，他不仅下令杀死在蒙古社会生活中起着巨大作用的萨满，而且也下令杀死佛教喇嘛。[②] 当然，不应夸大 13 世纪后半叶与 14 世纪初

① 《多桑蒙古史》，第 4 卷，第 354 页(冯承钧中译本，第 6 卷，第 8 章。——译者)；卡忒美尔：《蒙古史》，自 184 页起；拉施特：《史集》，第 3 卷，第 218 页。

② 卡忒美尔：《蒙古史》，第 186 页。

佛教在蒙古人那里所起的作用，它在蒙古人民生活中未必占有很显著的地位。从一切情况看来，它对于伊斯兰教没有进行过抵抗。萨满教则不同，月即别时代金帐汗国上层社会正式皈依伊斯兰教后，萨满教长期仍控制着金帐汗国的人民群众。

谈到伊斯兰教在金帐汗国的传播情况时，必须记住，这种宣传的成败主要取决于进行宣传的场合。在钦察草原上，在蒙古与钦察游牧民劳动群众中（到 14 世纪时，蒙古人的突厥化程度已经很深了），伊斯兰教没有推行成功。我们在这里不妨回忆一下仿佛 13 世纪的一位突厥汗对斡蔑牙惕哈里发希沙木（724—743）的使节所说的话："突厥人中间没有理发匠、鞋匠，也没有裁缝，如果他们皈依了伊斯兰教，履行伊斯兰教教诫，那么还让他们吃什么呢？"[①]无论如何，到 15 世纪时，钦察草原仍有许多偶像教徒，[②]即许多人仍信奉萨满教。在城市中，在金帐汗国统治阶级中间，则可 166
看到截然不同的另一种情况。客马勒·哈儿失 13 世纪末与 14 世纪初人）谈到了在可失哈儿的突厥人中间伊斯兰教是怎样随着商队贸易传播开来的。[③] 在金帐汗国也可看到同样现象。我们知道，伊斯兰教随着商人，随着伊斯兰教城市的手工业者源源不绝地进入金帐汗国（主要是两个萨莱城）而传播开来。此外，中亚细亚的文化中心（尤其是不花剌、玉龙杰赤）及不里阿耳当然对金帐汗国的伊斯兰教化具有一定影响。

① 雅库特：《地理辞典》，第 1 卷，第 839 页；巴托尔德：《突厥斯坦文化生活史》，第 72 页。

② 齐曾戈曾，前引书，第 1 卷（《阿剌卜沙》）第 457 页。

③ 巴托尔德：《突厥斯坦》，第 1 卷（原文），第 131 页。

在金帐诸汗中,别儿哥汗第一个为促使最有势力的封建上层分子信奉伊斯兰教奠定了巩固基础。14 世纪著名的阿拉伯史学家伊宾·哈勒敦描写别儿哥汗皈依伊斯兰教的经过说:“……他(别儿哥)由涅只蔑丁·忽不剌的门徒之一舍木薛丁·巴哈儿昔接纳入教……巴哈儿昔住在不花剌,派人劝别儿哥入教。他(别儿哥)成了伊斯兰教徒,就派人颁发给他一张文书,准许他在他的其余领地内随意处置一切。但他(巴哈儿昔)辞绝了。别儿哥动身去会见他,他(巴哈儿昔)却不许他进去见他,直到他的亲近请求他接见别儿哥时为止。他们为别儿哥求得了他的允诺(准他进去见他),他便进去了,又重复了一遍入教的誓约,司教责成他公开传(伊斯兰)教。他(别儿哥)在自己的全体人民中间传播它,在自己的全部领地内建起了清真寺与学校,亲近学者与法学家,与他们为友。”[①]

167 据斡马里[②]与哈勒合珊底[③]说,别儿哥汗于 13 世纪 40 年代,即即位之前,就已皈依伊斯兰教。在伊宾·哈勒敦的记载中,关于别儿哥汗时代伊斯兰教化的规模无疑地有所夸大。无论如何,过了很长时期后,我们仍然看到若干信奉多神教的汗登上金帐汗的宝座。脱脱蒙哥(1280—1287)[④]与脱脱(1290—1312)[⑤]就是这样。金帐汗国信奉伊斯兰教是具有重大政治意义的事实。埃及马木鲁克算端

① 齐曾戈曾:《金帐汗国史资料汇编》,第 1 卷(《伊宾·哈勒敦》),第 379 页。
② 同上书,第 245 页。
③ 同上书,第 406 页。
④ 同上书,第 105、362 页。
⑤ 同上书,第 174、277 页。

尤其想促成这件事，因为在共同的危险敌人——旭烈兀朝伊朗面前，算端需要与金帐汗国建立友谊。月即别汗即位(1312—1342)后，在传播伊斯兰教上又跨进了一大步。哈勒合珊底说，“这个国家中他(别儿哥)以后的(鞑靼人的)国君都不信奉伊斯兰教，直到他们之中出现了月即别汗。月即别汗虔诚地信奉伊斯兰教，他公开表示对(新)宗教的忠诚与对(伊斯兰教)法律的崇奉……”①

我们在下面将看到，埃及马木鲁克算端在对金帐汗国的外交关系上就金帐汗国尽快地实现伊斯兰教化问题对金帐诸汗施加了压力。1314 年，月即别汗终于有可能通过使臣把伊斯兰教化的成就告诉了埃及算端灭里·纳昔儿。据讷外里的记载，月即别汗派人带了礼物向算端祝贺“伊斯兰教传播到了从中国起直到西方各国尽头的地方。他说，在他(月即别)国内还有一帮人没有皈依伊 168
斯兰教，但他即位后，就让他们在皈依伊斯兰教与战争之间进行选择。他们拒绝(入教)，于是投入了战争。他攻击他们，将他们击溃后，屠戮、俘虏，歼灭了他们”。②

谈到金帐汗国的伊斯兰教化时，我们指的当然是突厥蒙古人，主要是突厥蒙古游牧民的伊斯兰教化。大家都知道，金帐汗国有好几个地区在蒙古人未来到前早已信奉伊斯兰教了；花剌子模、不里阿耳及不儿塔思地区的一部分就是这样。此外，前面两个州，尤其是花剌子模，在金帐汗国游牧民，首先是它的居于统治地位的上

① 齐曾戈曾：《金帐汗国史资料汇编》，第 1 卷(《伊宾·哈勒敦》)，第 406 页(《哈勒合珊底》)。

② 同上书，第 163 页。

层分子的伊斯兰教化上起着很大作用。在歪曲事实的基础上作结论的泛突厥主义的历史文献,始终弹着老调贯彻一个思想,即波罗维赤人在蒙古以前时期几乎已完全伊斯兰教化,这一点是很突出的。泛突厥主义者坚持这个论点是为了证明,波罗维赤社会(顺便说一下,13 世纪初它甚至还没有建立起统一的国家来)处于很高的水平,已可能把最初的伊斯兰教文化传给蒙古游牧民。从史料中却找不出能得出这类论断的事实,恐怕这样的事实在任何地方也未必能找到。

不管月即别汗时代伊斯兰教的成就有多么大,这些成就却始终未能越出城市生活与草原封建上层分子的范围。草原劳动群众在长时期内仍处于萨满教旧观念的统治之下,官方的伊斯兰教化敌不过这种萨满教观念的影响。

金帐汗国的文化生活是通过复杂的多种途径形成的。一方面是游牧草原上游牧生产者(钦察蒙古人)在造型艺术与民间传说上的丰富民间创作,另一方面是各农业地区在艺术上的古老传统。可惜,如果把当时旅行家的很少一点札记、首先是我们所熟悉的鲁勃鲁克的札记撇开不算的话,关于这方面的东西几乎一点也没有留传下来。鲁勃鲁克等人的记载我们有必要来谈一下。

鲁勃鲁克描写鞑靼人的毡屋时说:“他们将睡觉的房子安装上
169 用树枝编成的车轮,筑房的原木是树枝,树枝向上集拢成小轮状,从小轮中突起像烟筒一样的尖顶;他们用白毛毡覆盖屋尖顶,常常还用石灰浆、白土与骨粉将毛毡浸透,使白毡闪烁发亮,但有时他们用黑毛毡。靠近尖顶的毡子,他们饰以各种各样美丽的绘画。在门前他们也挂上用五颜六色的线织成的各种毡子。他们制作各色毡子或别的东西,织上葡萄藤、树木、飞禽与走兽等图案。”①

最后几句话特别有价值,因为它强调指出了“野兽形象”在13世纪突厥蒙古人的艺术中占有的重要地位。留传下来的不少文物也证明了这一点。鞑靼人,尤其是鞑靼妇女,还喜欢装饰自己的服装。鲁勃鲁克写道:“此外,她们(鞑靼妇女——作者注)头戴名为孛黑塔的装饰物(用树皮或他们所能找到的质地较轻的其他材料做成)。这种装饰物作圆形,很大,两只手才能拿住;长一肘多,上部作四角形,像柱头一样。他们用贵重的丝织物绷在这种孛黑塔上。孛黑塔内部是空的,在柱头或上述四角形上方,中央插一束羽毛杆或细芦管,也长一肘多。杆子上端她们饰以孔雀羽毛,四周则饰以鸭尾羽及宝石。富妇们将这种饰物戴在头上,紧紧地系在皮 170 帽上。”②普兰·迦儿宾说,所插杆子常用金银制成,“不戴这种装饰物,她们任何时候也不到人前去,其他妇女也可根据饰物,辨认出来”③;这段话可以作为鲁勃鲁克记载的补充。可惜,这一类对当时蒙古人的观察与记载在史料中保留得很少。但是根据上述种种,已足以了解突厥蒙古人(13—14世纪钦察草原上的游牧民)的艺术是他们精神生活的一种丰富表现。

城市文化生活的发展却全然不同。想要找出金帐汗国各城市文化发展的统一性显然是不可能的,在像克里木与花剌子模那样金帐汗国富庶的各地区中,文化传统有着很大差异。如果说克里木

① 普兰·迦儿宾与鲁勃鲁克,前引书,第69页。(引文下面的重点是我加的。——作者)

② 同上书,第77页。

③ 同上书,第6页。

与拜占庭、小亚细亚、叙利亚、埃及有着长期的文化关系,那么花剌子模即使不考虑其古老的固有文化,它与伊朗、河中、中国保持文化关系的时期也不会短些。但无论是克里木也好,花剌子模也好,不管这些富庶的地区是多么重要,都不能使我们了解金帐汗国的文化面貌。关于金帐汗国的文化面貌,我们首先必须到拔都萨莱、别儿哥萨莱及其他居民点所在的伏尔加河下游城市中去寻找。这些中心城市的文化艺术形成于13世纪紧张的政治生活条件下,同时上述花剌子模地区,尤其是它的首邑玉龙杰赤起了巨大作用。

对捷列申科在别儿哥萨莱城发掘出的物质文化与艺术遗物及玉龙杰赤的考古资料连同文字资料中的记载详加研究后,可得出
171 下述结论:金帐汗国各城市的艺术,尤其是其京城的艺术是在玉龙杰赤文化力量的直接影响下发展起来的。诚然,别儿哥萨莱有来自高加索(某些碑铭表明,其中有亚美尼亚人)、埃及、拜占庭及封建俄罗斯的工匠,但早期城市生活的文化面貌却决定于玉龙杰赤的学者、艺匠、建筑师与手工业者。

关于这个题目,我已经写过两篇文章,其一是《论别儿哥萨莱手工业的起源》,其二是《金帐汗国的京城——别儿哥萨莱》。在这些著作中,我特别强调指出史料中经常提到的许多花剌子模的文化工作者,积极参与了金帐汗国文化生活的建立与形成。

在阿拉伯文埃及史料(讷外里书、木法答勒·撒法底书、伊宾·都克马克书、马克利纪书)中,常提到花剌子模人阿剌丁·艾朵格[①],

① 齐曾戈曾,《金帐汗国史资料汇编》,第1卷,第146、186、271、317、319、425页(阿拉伯原文);168、198、271、324、326、437页(俄译)。雅库博夫斯基:《别儿哥萨莱手工业的起源问题》,第24页。

他虽是埃及算端派到月即别汗宫中来的使臣，但似乎与别儿哥萨莱城的花剌子模侨民区有密切联系。他千方百计地促使埃及与金帐汗国建立外交关系，而且还通过灭里·纳昔儿娶了金帐汗国的一位最著名的公主，促使月即别汗与他建立亲戚关系。

在月即别汗时代，花剌子模司教那蛮丁的哈纳合在别儿哥萨莱极受尊崇。据伊宾·巴都塔说[①]，月即别汗是这位哈纳合的座上常客，每逢星期五就到他那里去谈上一阵。那蛮丁原是花剌子模 172
（玉龙杰赤）病院的一位老大夫，在脱脱汗时代转到萨莱。[②] 关于这位大夫，有一位同时代人巴儿札里说他“研究逻辑学、辩证术、医学”，是极有学问的人，他到过许多国家，见过了不起的人物。下述事实也是值得注意的：14 世纪 30 年代月即别汗时代花剌子模人马哈麻·火者曾任亚速（阿咱黑、丹纳）异密。[③] 金帐汗国京城文化领域的所有方面都有花剌子模人，但其中最多的是手工业者。

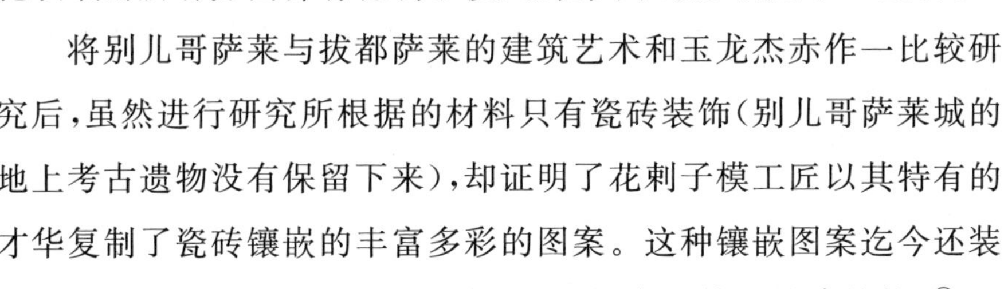

将别儿哥萨莱与拔都萨莱的建筑艺术和玉龙杰赤作一比较研究后，虽然进行研究所根据的材料只有瓷砖装饰（别儿哥萨莱城的地上考古遗物没有保留下来），却证明了花剌子模工匠以其特有的才华复制了瓷砖镶嵌的丰富多彩的图案。这种镶嵌图案迄今还装饰着忽尼牙-玉龙杰赤的秃剌别汗陵那样令人赞叹的建筑物。[④]

同时，花剌子模工匠不只是复制，而且还在新的地方创造了新

---

① 伊宾·巴都塔的著作，德弗历密利版，第 2 卷，第 499 页。

② 齐曾戈曾，前引书，第 1 卷，第 173、493 页（阿拉伯原文），第 175、523—524 页（俄译）。

③ 伊宾·巴都塔的著作，德弗历密利版，第 2 卷，第 368 页。

④ 雅库博夫斯基：《玉龙杰赤废墟》，自 48 页起。

的流派。根据大批收藏的 13—14 世纪别儿哥萨莱的各种建筑物上的瓷砖,可证明那里有着典型的封建时代的伊斯兰教艺术的表
173 现。综合的植物图案与几何花纹及装饰体阿拉伯文字相配合,五光十色的釉彩(蓝、碧绿、白、绿、黄)与玉龙杰赤特有的红色(底色)相配合——所有这些,与中亚及伊朗各城居民所习惯的那些建筑型式一起传入了伏尔加河流域。

我们还可看到其他各种所谓实用艺术,尤其是釉陶,也有同样情形。走马观花地浏览一下国立艾尔米塔什博物馆中这方面的丰富收藏品,就足以相信金帐汗国,尤其是伏尔加河下游各城的实用艺术真是种类繁多。我在前述《论别儿哥萨莱手工业的起源问题》一文(第 24—28 页)中,研究了萨莱釉陶的种类并解决了花刺子模工匠在制造这些釉陶中的作用问题。

实际上,这种釉陶完全是模仿玉龙杰赤制陶作坊的产品。这里可以看到与玉龙杰赤器皿同样的彩色,同样的主要是植物的图案(间或也有禽兽与人物的绘画),同样字体的阿拉伯文、同样的配合方式、同样的技术。但在金帐汗国的艺术遗物中,我们还看到有许多遗物与马木鲁克埃及艺匠的卓越作品相似。

我们已经知道,埃及算端曾将大量礼物送给金帐诸汗,礼品单中还有手工业者。他们在新的地方传授自己的技术,随着手工工艺的传入,也传来了若干艺术思想。在城市的环境中传播这些思想并不是特别困难的。在艾尔米塔什博物馆的上述收藏品中,从埃及输入的物品有精致的大理石烛台(烛台上的字表明此物出自埃及)、有题词的华丽的彩色玻璃灯的碎片等物。从中国输入的物品也很令人感兴趣。在艾尔米塔什博物馆的收藏品中有一件发现

于兀维克(萨拉托夫对面)的中国花缎长衫,还有大量经装饰加工 174
的青铜镜。

我们知道,除货物外,商队还带来了手工业者,他们在当地住了下来,继续进行他们所熟悉的生产。青铜镜生产也就是在这种情况下产生的。对这些青铜镜仔细研究一番后就可发现,早期的青铜镜是从中国输入的,但在商业与文化生活的繁荣时期,两个萨莱及其他城市中也能生产这种青铜镜了。

从历史的长河来看,金帐汗国起政治作用的时期并不长;金帐汗国作为一个独立国家总共不过二百二十五年,但这二百多年已足可使在伏尔加河下游各城文化生活形成过程中起作用的全部影响,变为伏尔加河流域独树一帜的金帐汗国艺术的主要组成部分。这种艺术在其繁荣时期拥有自己的工匠、艺师,有自己特有的流派。这种艺术的所有作品都带有伊斯兰教封建意识的烙印。此外,从实质上来看,这种艺术完全是为金帐汗国城市的上层社会,即只为封建主、与城市有某些联系的商人、城市封建知识分子与手工业者上层分子服务的。

这种艺术与农村及游牧草原上的人民群众没有多大关系。至于城市手工业者,他们作为这种艺术的生产者,比作为这种艺术的消费者的成分更大些。最好从别儿哥萨莱的陶器上来考察伏尔加河农业居民与游牧民对这种艺术的关系。在别儿哥萨莱废墟中留下来的大量无釉陶器无论在技术上和形态上,与釉陶都没有任何共同点。这种陶器不但与釉陶没有共同点,而且与玉龙杰赤及中亚其他城市的无釉陶器也根本不同。可是,它与顿河下游及北高加索各居民点的无釉陶器却特别相似。在蒙古人来到这里建立金帐汗国之前很久,这种陶器就已存在。在金帐汗国时期,它没有消灭,却继续存在着,主要是在农民与城市贫民中广泛使用。

金帐汗国最早的文字遗物,是14世纪初写在桦树皮上的著名
175 写本。现在它被保存在艾尔米塔什博物馆东方馆“别儿哥萨莱——
金帐汗国京城”室中。写在桦树皮上的写本是无意中发现的:1930年在伏尔加河右岸兀维克对面的波德戈尔诺耶村附近挖掘青贮饲料用的坑时,碰到了金帐汗国的墓葬,其中除别的东西外就有这份写本。这份写本是用畏兀儿字蒙文写成的,它以诗的体裁写出了母子俩的谈话。母亲送别儿子去为主人服役。母亲安慰儿子,劝他莫要悲伤。儿子说,他不愿去服沉重的劳役,他想念故乡草原上的家庭与朋友。

在创造金帐汗国的文学语言与文献方面,花剌子模也起了巨大作用。金帐汗国的一系列文艺作品,在语言上显得与花剌子模及锡尔河下游城市,即阿黑斡耳朵境内的语言成分有直接联系。

在花剌子模,除了这时语言几乎完全突厥化的花剌子模居民外,还有突厥蛮与钦察人。至于白帐汗国的城市,在那里除了外来语言成分外,只说突厥语,其中钦察语成分占优势。上述二地区(花剌子模及锡尔河下游诸城)不仅经常影响金帐汗国的口头语,而且
176 也影响到它正在形成中的文字,尤其是它的文学。在伏尔加河流域
各城市,尤其是两个萨莱城中,在这些方面展开了巨大工作;更不用说这里还成了伊斯兰教神学思想的最大中心。在13—15世纪的史料(主要是阿拉伯史料)中列举了不少致力于好几个领域的卓越人物。但这些问题已超出我们的专题,就不在本书内进行探讨了。

第二篇

金帐汗国与罗斯

鞑靼人不像摩尔人（мавры），他们征服罗斯后，既没有给予它代数，也没有给予它亚里士多德。

——A. C. 普希金

第一章　鞑靼入侵前夕罗斯的形势

12 世纪末，基辅国家已彻底瓦解。在它的广大领土上形成了 179
一些独立的封建公国，其中每一公国又分成相互间没有巩固联系的、各有其政治中心的更小部分。

封建战争使得这些零散单位的政治生活极不稳固；不可避免的封建战争连年不断，它使人们，特别是农民与市民家破人亡。

不久以前还在基辅国版图内的地区，在邻国侵略之下都不能保持自己的独立，而成了较强的封建国家的牺牲品。

西面的匈牙利、波兰，西北的里沃尼亚骑士团、条顿骑士团、立陶宛以及东南的波罗维赤人在不同时期内把 10—11 世纪为基辅所领有的广大领土划入了自己的政治势力范围内，使得基辅国不久以前的国界发生了显著改变。

我们所指的是加里奇公国、沃伦公国、斯摩棱斯克公国在不同时期内成了匈牙利、波兰、立陶宛侵略下的牺牲品，波洛茨克公国成了德意志骑士侵略下的牺牲品，特穆塔拉坎公国则成了波罗维赤人（钦察人）的占领地。

当年基辅曾与黑海沿岸地区和亚速海沿岸地区进行斗争，并为了这些地区顽强地斗争过，而今天这两个地区的生活具有了新
的政治特征，进入了新的政治轨道。黑海沿岸地区的基辅领地，尤 180
其是克里木的基辅领地，现在全成了波罗维赤（钦察）领地（钦察草

原）的一部分。

《伊戈尔远征记》的作者只能回忆不久以前的情况，他肯定了下述事实：黑海及亚速海沿岸一带对罗斯诸大公说来已经成为“不明”之地。

“野鸟在枝头高叫，吩咐那不明之地：伏尔加北方沿海地区、苏拉河流域、苏罗什、科尔松，还有你，特穆塔拉坎的神像都来倾听。”[①]

位于过去基辅国中部、北部和东北部的一些公国继续过着独立的政治生活，但这些公国也处在同样的封建割据、不断进行战争的环境中。

这时的基辅已经不是过去的基辅，君士坦丁堡的竞争者了。弗拉基米尔·莫诺马赫（1113—1125）在较短的时期内阻住了已经开始的国家的崩溃过程。我们不要忘记弗拉基米尔·莫诺马赫虽然是在因1113年起义而惊慌失措的基辅上层社会的推戴下在基辅取得政权的，但是他的嗣位无疑也为基辅群众所接受，特别是当莫诺马赫在起义群众的压力下被迫采取了某些措施以后。

弗拉基米尔·莫诺马赫的儿子姆斯齐斯拉夫（1125—1132），仍牢固地掌握着政权，但他的政权仅能及于过去基辅国的部分领土。

181 姆斯齐斯拉夫领有基辅、诺夫哥罗德和斯摩棱斯克，在这些城市中安置了自己的几个儿子，而其他城市则安置了顺从他的兄弟们。姆斯齐斯拉夫甚至把波洛茨克收回基辅国版图内，他在那里

---

① П. 戈鲁博夫斯基对《伊戈尔远征记》中的这一处，解释如下：“在这段话里包含着当游牧民纷纷涌向南方草原时对斯拉夫人所丧失的一切的呼吁。”（戈鲁博夫斯基：《北方史》，基辅，1881年，第6页。）

也安置了自己的一个儿子。

但是，过去基辅国的很大一部分领土，已经不承认姆斯齐斯拉夫的政权了。

姆斯齐斯拉夫死后（1132 年），他的领土便开始瓦解了。与此同时，过去基辅国的其他部分也进行着同样的过程。

契尔尼戈夫的斯维亚托斯拉夫的子孙们，为了自己的世袭公爵领地的政治独立，相互展开了激烈的斗争，结果，契尔尼戈夫公爵领地与穆罗姆-梁赞公爵领地都独立出来。穆罗姆-梁赞公爵领地于 12 世纪 60 年代又分裂为穆罗姆公国及梁赞公国。

加里奇公国的独立显著而彻底地巩固了。

基辅虽然已不完全是不久以前的基辅了，但它依然是罗斯王公们猎取的对象。

争夺基辅着力最甚的是与匈牙利人、波兰人联盟的，姆斯齐斯拉夫的儿子伊集亚斯拉夫，和与加里奇公弗拉基米尔·沃洛达列维奇及波罗维赤人联合的尤里·弗拉基米罗维奇·多尔戈鲁基。尤里·多尔戈鲁基经过长时期的顽强斗争，最后占领了基辅，但为时并不长久，占领基辅三年后，他在基辅死去（1157）。

公国间的斗争（“内讧”）继续着。很多新手参加到这些斗争中来，但是总的情况很少变化。王公们的相互关系混乱到无可救药的地步。

钦察人（波罗维赤人）就在这种形势下面，靠着侵略自己的西北邻国强盛了起来。

基辅公姆斯齐斯拉夫·伊集亚斯拉维奇曾企图提高衰落的基 182
辅的地位：1168 年他把自己的兄弟们“请来，诉说了罗斯国家的困境”，请他们去攻打“每年用缰绳牵走基督教徒”（也就是说从罗斯掠走大批俘虏）、“切断索利亚和札洛兹的通往希腊的道路”[①]的波罗维赤人。这次远征对罗斯王公们说来是成功的，但远征的成功并不能改变明摆着的事态进程，并不能防止罗斯诸公国分裂过程的继续发展以及东南面的波罗维赤国的进一步强大。[②]

9—11 世纪的基辅国，正如任何一个正在实现封建化过程的国家一样，是不巩固的，加之这个国家包括文化和民族成分极不相同的各个部分，所以随着这一国家的瓦解，各自为政的每个部分继续过着更加独立的生活，它们各有各的目的，并通过各自的方法来实现其目的。

必须再补充几句，这个国家的瓦解是由于其各个部分愈来愈明显地显示出了新生活的萌芽，新生活的萌芽要求新的政治条件，以利于本身的进一步发展。

例如，诺夫哥罗德拥有强大的贵族阶级，它在 12 世纪前半叶将全部政权夺取在自己手里，诺夫哥罗德于是变成了贵族共和国。这不是因为它脱离了基辅，而是因为它有了力量来捍卫不倚靠基辅的独立生活。

因此 12—13 世纪可以在基辅国的领土上看到很多具有独特经济基础、特殊阶级关系的新的政治中心是无足为怪的。在这篇简短的概要中，我们不可能描述出每一个哪怕是较大的政治单位

---

① 《伊帕齐耶夫编年史》，第 368 页。《伊帕齐耶夫编年史》上所记年代（1170 年）不确。

② 同上书，第 11 页以下。

在历史上的全部特点。

然而，为了了解此后由于鞑靼政权向欧洲扩张所发生的事件，183
我们却完全有必要考虑到罗斯诸公国生活中的所有这些特征。

为了用实例来说明上述形势，我只谈三个最强大的、社会关系与政治制度的特征表现得最显著的国家：弗拉基米尔-苏兹达尔公国、诺夫哥罗德共和国与加里奇-沃伦国。

弗拉基米尔-苏兹达尔公国

基辅公莫诺马霍维奇·安德烈·尤里耶维奇·博戈留勃斯基不顾自己父亲的意愿，不想留在基辅，而向东北面罗斯托夫-苏兹达尔地区迁移，迁到了克略兹马河上的新城弗拉基米尔，这完全不是一件偶然的事。

就在这里，在东北面，尤其是一些新城市里，反对永无止境的封建战争、反对旧贵族、向强固的王公政权靠拢的因素显著地成长了起来。我们可以肯定，从安德烈·博戈留勃斯基时代起，弗拉基米尔-苏兹达尔公国中就有这种联盟。

罗斯托夫-苏兹达尔地区位于便利的河道之上，西北面与当时通向欧洲的门户诺夫哥罗德有直接联系，东面与不里阿耳汗国接界，同时它又完全有可能靠河道系统同南方、东南方取得联系（伏尔加河与顿河河道），可说是具备了许多有利于今后发展的条件。这一地方，靠着 12—13 世纪西欧及南欧经济地位上发生的变化（这种变化致命地影响到第聂伯河沿岸地区的命运），生气勃勃地发展了起来。我们所指的是：由于十字军远征，从基辅附近经过的

一些商道转移了，因此，旧的商业中心就走进了“商业上的死胡同”。同时，这些新的商道及新的商业周转使得意大利、法国、德意
184 志各城市大大地繁荣起来。这一繁荣又推动了诺夫哥罗德的进一步发展，提高了克里木的地位，使它变为热那亚同东欧，特别是同罗斯托夫-苏兹达尔之间的商业的根据地。

边区的经济繁荣表现在新城市的发展上，这些新城市从社会结构上看来与老城市大不相同。在新城市里，手工业与商业有着蓬勃的发展。罗斯托夫的旧贵族阶级对待新城弗拉基米尔的态度，是很值得注意的。贵族不能眼看着新城市的发展无动于衷，因为他们在这里看到了与他们敌对的力量。他们对弗拉基米尔发表的言论，显露出他们对新城市手工业者的彻头彻尾的轻蔑：“弗拉基米尔城不是我们的公爵领地，城郊才是我们的，那里住的尽是穷苦人，如奴隶、石匠、木匠、农民之流。”①

但是，罗斯托夫的贵族不会看不出新城市成长起来的事实，他们的担心有多么强烈，他们对于这点的不安就有多么深。我国的史学家们，其中如索洛维约夫，②早就指出了这一地区“新”“老”城市的斗争。在现代，我们甚至注意到“新”“老”城市建筑体系的不同，例如，老城苏兹达尔城区范围较小，内城有墙，四周是无城墙的居住区，而新城弗拉基米尔，不但内城，连全部工商业区都围有城墙。③

① 《尼康诺夫编年史》，1177年下的记载。

② C. M. 索洛维耶夫：《俄罗斯史》，社会利益出版社，第1卷，第498页等处。

③ H. H. 沃罗宁：《封建时代居民点的考古研究问题》，载《前资本主义社会历史问题》，第5期，1934年，第102页。

城市结构的不同当然是由于这些城市社会关系的不同。

当安德烈彻底从南方迁居到北方时，他尽其所能，以使他的弗 185
拉基米尔城，这座石匠和木匠的城市，能赶上贵族的罗斯托夫城。与旧贵族的斗争的结局对安德烈个人说来是悲惨的：他被一伙贵族杀害了，这伙贵族的头子是姓库契科维奇的贵族们，安德烈的父亲尤里曾从他们手上夺得莫斯科。

但安德烈之死并不等于刚开始的斗争的结束。斗争仍继续了下去。贵族竭力让梁赞公姆斯齐斯拉夫及雅罗波尔克·罗斯齐斯拉维奇来继承安德烈的公位。他们确信：这两位王公以后将会像以前梁赞对他们进行支援那样积极地来为他们的利益行动。

弗拉基米尔城企图迎立安德烈的兄弟——米哈伊尔及弗谢沃洛德之举失败，他们二人不得不以亡命者身份离开弗拉基米尔。

贵族的傀儡姆斯齐斯拉夫与雅罗波尔克·罗斯齐斯拉维奇不久完全暴露了本来面目。弗拉基米尔城在他们的肆无忌惮的统治手段下遭到最大的苦难。他们在这里无所顾惜。他们首先把大礼拜堂劫掠一空，安德烈曾在装饰这座大礼拜堂上花费过巨额款项。他们把珍品送到了自己的故乡梁赞。

事情以弗拉基米尔市民起义和敦请米哈伊尔与弗谢沃洛德告终。于是他们两人便打回弗拉基米尔来了。不久，米哈伊尔死去，政权落到了弗谢沃洛德手里。

罗斯托夫及苏兹达尔的贵族企图再次迎立姆斯齐斯拉夫·罗斯齐斯拉维奇，但这位“英雄”在弗拉基米尔市民的打击下遭到了最惨重的失败。他逃回自己的梁赞，企图从梁赞、从南面攻打弗拉基米尔，但没有成功。

弗谢沃洛德取得了彻底胜利。他下令没收贵族庄园，从而给自己的敌人以新的打击；这次惩治之后，弗谢沃洛德向罗斯托夫与苏兹达尔贵族的同盟者梁赞城胜利进军。

186 梁赞公格列勃及其亲族——在弗拉基米尔当王公时以掠夺出名的姆斯齐斯拉夫公，被弗谢沃洛德俘虏。但是姆斯齐斯拉夫获得了自由，在大诺夫哥罗德受到殷勤的接待——这根本不是一件偶然的事。因为诺夫哥罗德贵族留心地注视着苏兹达尔地方的事件，他们并不隐藏自己同罗斯托夫及苏兹达尔贵族一个鼻孔出气。

非常明显，是哪些政治原因推动弗谢沃洛德向诺夫哥罗德举行了远征：这次远征之后，他就有可能管辖诺夫哥罗德，不亚于管辖自己的本土。

这便是《伊戈尔远征记》的作者大书特书的“大窝”弗谢沃洛德。

“弗谢沃洛德大公啊！难道你心里就不想从那遥远的地方飞来捍卫父亲的黄金宝座？要知道，你用你的那些木桨就能荡尽伏尔加，而用你的那些头盔就能舀光顿河！如果你在这里，那么一个女俘[①]可能卖一个诺加达，而一个男奴[②]也许就值一个列札纳。要知道，你能由陆路，用弩弓[③]，由戈列勃的骁勇的儿子们投射。”[④]

《伊戈尔远征记》的作者因南方没有一个弗谢沃洛德而惋惜，

---

① 原文为 чага，意为女俘虏。

② 原文为 кошей，意为男俘虏。

③ 原文为 шерешир，弩弓之意。

④ 《伊戈尔远征记》，魏荒弩译，人民文学出版社，1957 年，第 18 页。——译者

弗谢沃洛德一定能轻而易举地战胜波罗维赤人，对付整个罗斯的封建割据及王公“内讧”。①

弗谢沃洛德在位时期(1176—1212)是弗拉基米尔公国历史上 187
的光辉时期。在这段时期内，公国的疆土大为扩展，主要是向东扩展：两次对不里阿耳汗国的远征与四次对莫尔多瓦的远征使他有可能把国界推进到伏尔加河，同时也使他的儿子尤里在伏尔加河上站稳了脚跟。1221年，尤里在破毁的莫尔多瓦堡寨原址上建立起了尼日尼城，也就是现在的高尔基城。

蒙古鞑靼人的入侵伏尔加河，阻止了更进一步向伏尔加河方面推进。被罗斯人破坏得半荒芜的莫尔多瓦地区，于1239年落到蒙古人的政权底下，纳入了金帐汗国的版图。不里阿耳汗国也遭到了同样的命运。关于弗拉基米尔公国的命运将在下面讲到。

从基辅国分裂出来的最强大的公国弗拉基米尔-苏兹达尔公国发展过程的基本特征，就是这样。我们在这里可以看到大大促使大公政权加强的社会力量状况。同旧贵族敌对的因素与王公政权联合起来为弗拉基米尔公国提供了新的广泛的可能性，它的实

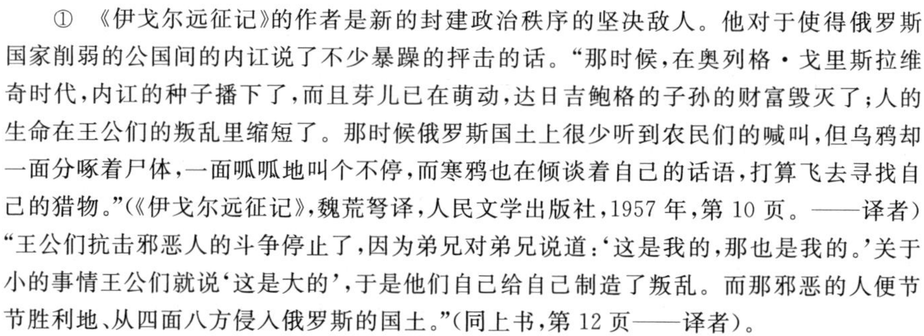

① 《伊戈尔远征记》的作者是新的封建政治秩序的坚决敌人。他对于使得俄罗斯国家削弱的公国间的内讧说了不少暴躁的抨击的话。“那时候，在奥列格·戈里斯拉维奇时代，内讧的种子播下了，而且芽儿已在萌动，达日吉鲍格的子孙的财富毁灭了；人的生命在王公们的叛乱里缩短了。那时候俄罗斯国土上很少听到农民们的喊叫，但乌鸦却一面分啄着尸体，一面呱呱地叫个不停，而寒鸦也在倾谈着自己的话语，打算飞去寻找自己的猎物。”(《伊戈尔远征记》，魏荒弩译，人民文学出版社，1957年，第10页。——译者)“王公们抗击邪恶人的斗争停止了，因为弟兄对弟兄说道：‘这是我的，那也是我的。’关于小的事情王公们就说‘这是大的’，于是他们自己给自己制造了叛乱。而那邪恶的人便节节胜利地、从四面八方侵入俄罗斯的国土。”(同上书，第12页——译者)。

现就使弗拉基米尔公国在其他罗斯公国中间崭露头角。

但是在鞑靼出现在弗拉基米尔境内前夕，弗拉基米尔公国分裂成了若干部分。

大诺夫哥罗德

我们在诺夫哥罗德国看到了截然不同的社会发展情况。

虽然这里的大自然并不宠爱庄稼汉，但是跟罗斯其他各国一样，诺夫哥罗德农民主要从事耕作。那里的农民早就学会了开发埋藏在地里的资源。我们所指的是使得有进取心的诺夫哥罗德人获得不少收入的盐水。许多江河、湖泊及环绕诺夫哥罗德国家的

188 两个海（波罗的海、白海）供给诺夫哥罗德人丰富的鲜鱼、海豹脂肪、海象牙、海豹皮。在辽阔的森林中，可从各种各样野兽获得毛皮、肉，可从蜜蜂获得蜜和蜡。但是在本地，特别是在国外受到珍视的毛皮，却没有使捕猎野兽的人致富，而是使骑在猎人头上的人致富了。毛皮充作代役租与贡赋、通过强制手段，落到了土地所有者，即占据诺夫哥罗德广大领土上最好的地方的贵族手里。

诺夫哥罗德的手工业与农业的分离很早。在远古时候，诺夫哥罗德人即以陶工与木匠闻名于世。这个国家最主要的城市——但不是最古老的城市——诺夫哥罗德是与克略兹马河上的弗拉基米尔在几乎同一条件下出现的。它战胜了较老的城市型居民点拉多加，显然，也是用跟弗拉基米尔同样的武器取得胜利的。诺夫哥罗德的两个角落（五个角落中的两个），为我们保留了关于这座城市手工业起源的回忆。陶工与木匠的角落显然是在新兴大城市中

的手工业者居住区。

在这个公国，还产生了不少其他城市。

由于诺夫哥罗德位置特别方便，因此它很早便处于有利的通商贸易条件下。有许多河流流入伊尔门湖：姆斯塔河自东流入、舍朗河自西流入、洛瓦特河自南流入；从西面还有鲁加河在诺夫哥罗德近旁流过，鲁加河把诺夫哥罗德同波罗的海联系了起来，此外，诺夫哥罗德还可通过沃尔霍夫河、拉多日湖、涅瓦河同波罗的海更直接地联系起来。

许多流入伊尔门湖及沃尔霍夫河的小河，过去和现在一直是附近地区居民最好的交通路线。

现在让我们向诺夫哥罗德附近的沃尔霍夫河看上一眼吧。在沃尔霍夫河的混浊的水面上，处处是片片白帆。帆船多极了。这是附近地区的居民进城去。在赶集的日子里，河里的船比市场里 189
的大车还多。

当11世纪“从瓦良格(Варяги)人到希腊人那里去”的大水道兴隆起来时，诺夫哥罗德开始特别蓬勃地发展了起来。将手工制品运到这里来销售的已经不只是附近地区的手工业者。毛皮、蜂蜜、蜡、脂肪、大麻、树脂、钾碱、松焦油及其他产品从广大国土的四面八方向这里运来。在这个繁荣起来的城市里什么样的人都有，这里有来自科尔松和君士坦丁堡的希腊人，有来自遥远的亚洲的阿拉伯人，有来自卡马河沿岸的不里阿耳人，有斯堪的纳维亚人、芬兰人、斯拉夫人，还有从各国来的犹太人。

为采购欧洲及亚洲所需要的诺夫哥罗德的原料，商人从欧亚各处把干颜料、金属制品、酒、糕点、水果运到这里来。

冬天用马载，夏天用船运，货物川流不息地运到诺夫哥罗德来，又从那里分运到罗斯国内外各个角落。诺夫哥罗德市内运输量很大。货物沿着木头铺的路分运到仓库里（德意志人、哥特人等的栈房里）。诺夫哥罗德已成为最富庶的城市是不足为怪的。

但是这里富得这样厉害的人是谁呢？

是商人么？这是毫无疑问的事。但是在这里还有一些人比商人更富。这就是诺夫哥罗德的贵族。

商人只能从居民那里购得市场所需要的产品。农民，诺夫哥罗德的基本居民不是为销售而进行生产，因而不能从他们那里大量购买产品。而一向占有居住着斯拉夫族及非斯拉夫族农民的大片土地的贵族却有可能强迫自己的臣民把毛皮、纱、谷物、麻布、脂肪、肉、蜂蜜、蜡等给他们送去。不管愿意与否，农民不但必须将剩余产品送去，而且还得将自己最需要的东西送去。

如果贵族对此还嫌少，他们就带了自己的亲兵远赴北方和东
190 方，袭击当地的部落。这样，那里的部落才头一次得知诺夫哥罗德及其贪得无厌的主人的存在。

11 世纪末，贵族的亲兵到过乌拉尔山。到过那里的人们用那遥远边区的奇闻谲谈挑逗过诺夫哥罗德人及南方人（基辅人）的野心：在遥远的由格拉，从天空中降下一朵乌云，从乌云里跳出来一群小松鼠和小鹿，它们就在这里长大起来，沿着大地奔跑；在乌拉尔山里住着一些外界所不知道的人，他们拿毛皮交换铁器。

所有这些由诺夫哥罗德传来的故事，述说了诺夫哥罗德人究竟对什么最感兴趣，是什么吸引他们来到东方与北方。这就是毛皮、金属、鱼牙。正是为了这些东西，诺夫哥罗德贵族派出了自己的武装亲兵(船盗,因他们所乘坐的船而得名)。他们侵占了一片又一片丰饶的新土地,使自己的主人得以永无止境地发财。

这样,诺夫哥罗德便形成了两个富人阶层——贵族和商人。同时贵族的力量明显地占着优势。当时,罗斯任何地方的贵族阶级都不如这里的强大。这一事实在诺夫哥罗德的整个历史上都留下了痕迹。贵族还在政治上利用了自己的力量:他们虽然被迫考虑到城市群众,但他们还是把政权夺到了自己手里,并把诺夫哥罗德变成了贵族共和国。12 世纪 30 年代末诺夫哥罗德变成了共和国。

在这个共和国内贵族不让王公有最起码的地位。为什么王公地位那么低,却还栖止在这些贵族的巢内呢?许多史学家对这样的问题感到困惑,是绝非偶然的事。

事实上,王公在各方面都受到压抑:他甚至不能到他想去的地方打猎,不能在未经预先指定的地方牧马,他只许在经过市民会议(вече)批准的地方,采买鱼类加以储藏。关于这点以及类似细节都已由市民会议预先规定在合同书上,而王公必须吻这一合同书 191
上的十字架宣誓遵行。诺夫哥罗德的王公,都是外国(哪怕是邻国)人,诺夫哥罗德没有自己本地的王公,因为他们都是从各地到诺夫哥罗德来的。为什么会是这样呢?

要回答这个问题并不难。

诺夫哥罗德的四周都是以王公或国王为首脑的国家。

诺夫哥罗德由于自己的切身利益,不能不与自己的邻邦保持经常而密切的联系。而这些邻邦,可以毫不夸张地说,就为了诺夫哥罗德互相争吵、殴斗。他们都认为同诺夫哥罗德这个巨大的贸易中心建立某种联系,对自己公国的利益是十分重要的。

各时期较强大的王公为了自己利用诺夫哥罗德，都竭力想把竞争者从诺夫哥罗德排挤出去。

1148年，基辅公伊集亚斯拉夫·姆斯齐斯拉维奇指责苏兹达尔公尤里·多尔戈鲁基道："现在我的兄弟，罗斯托夫的格犹尔基欺凌了我的诺夫哥罗德，从他们那里夺走了贡税，在道路上作恶多端，我将出征，将通过武力或和谈来解决这件事。"[①]

随着基辅的衰落，基辅对诺夫哥罗德发生不了什么太大的影响了，但基辅王公们的野心没有停止。

192 安德烈·博戈留勃斯基在弗拉基米尔当政时，曾坚决地宣布要用"硬的和软的"手段来谋夺诺夫哥罗德。主要就为了诺夫哥罗德，他同基辅发生了冲突。1169年，他装备了一支军队远征基辅以打消其多年来的野心。次年他又远征诺夫哥罗德，想把它征服。1169年3月8日，由安德烈装备起来的军队占领基辅，使基辅遭到了致命的打击。诺夫哥罗德人在1170年2月25日的战役中击退了苏兹达尔的军队，保住了自己的独立。

安德烈的继承者，弗拉基米尔公"大窝"弗谢沃洛德更加坚定和成功地推行着同一政策，他唯恐他国染指，将诺夫哥罗德置于自己的保护之下。依靠一部分与苏兹达尔利害与共的诺夫哥罗德贵族，他将自己的傀儡立为诺夫哥罗德公，当诺夫哥罗德人在弗拉基米尔公的铁掌底下忍无可忍的时候，就更换一个傀儡。

1206年弗谢沃洛德将自己的大儿子康斯坦丁派到诺夫哥罗德去，他强调指出居于领袖地位的大公必须住在全罗斯"首屈一

① 《伊帕齐耶夫编年史》，第258页。

指”的城市里，他认为诺夫哥罗德就是这样的城市。弗谢沃洛德对康斯坦丁说：“到自己的城市去吧，去将自己的臣民从敌人手里救出来”，同时将象征政权的十字架与宝剑授给了他。但是这一仪式，对我们说来，具有另一重要意义。它确立了附属国对宗主国的从属关系。如果我们在这里指出弗谢沃洛德的主要倾向是要使诺夫哥罗德国家处在依附于自己的地位，那我们不会有什么错儿。这一点在弗谢沃洛德和康斯坦丁后来的行动中，是十分清楚的。

在这个时期，诺夫哥罗德的历史上有一个突出人物，即弗谢沃洛德的傀儡，贵族德米特尔·米罗什金尼奇。在弗谢沃洛德的支持下，德米特尔的父亲米罗什卡当了诺夫哥罗德市长。同一个弗谢沃洛德还插手于委任诺夫哥罗德主教米特罗范一事。但是同弗谢沃洛德敌对的力量并没有打瞌睡。

米罗什卡死后，诺夫哥罗德市民会议违背弗谢沃洛德的意愿，没有把米罗什卡的儿子德米特尔选作市长(弗谢沃洛德曾为此事张罗过一番)，却把与弗谢沃洛德敌对的米哈尔卡·斯捷潘诺维奇选作了市长。弗谢沃洛德采取了断然措施：他将自己的儿子康斯坦丁派到诺夫哥罗德去，同时采取了十分激烈的行动，不顾诺夫哥罗德市民会议的意志把贵族奥列克萨·斯梅斯洛维奇处死，坚持废黜米哈尔卡，让德米特尔当选。

诺夫哥罗德就像在虎头钳底下那样地处于弗谢沃洛德的控制之下。弗谢沃洛德越强硬地使自己的意志在诺夫哥罗德付诸实
现，就使诺夫哥罗德市民会议越坚定地确信它的主权的不可侵犯。193
1209年弗谢沃洛德竟然强迫诺夫哥罗德军队参加自己对诺夫哥罗德的友邦梁赞的远征，也就是说强迫诺夫哥罗德市民会议履行

与诺夫哥罗德利益相违背的政纲。这以后，他认为有可能实现诺夫哥罗德旧日的自由了："他将诺夫哥罗德人所希望的全部自由及以前的王公规约给他们，他想取悦于诺夫哥罗德人，便对他们说：爱你们所认为善良的人，将恶人处死吧！"[①]

弗谢沃洛德从远征梁赞途中，随身带了自己的儿子诺夫哥罗德公康斯坦丁及战伤的市长德米特尔，回到了弗拉基米尔。他这样做不是一件偶然的事，因为他显然听到了如下传闻：诺夫哥罗德正在策划着严重的事变，就是要严惩弗谢沃洛德的支持者们，头一个就是康斯坦丁大公与德米特尔市长。诺夫哥罗德军队回到了诺夫哥罗德，但并没有偃旗息鼓平静地各自回家，而是集中在市民会议。这一次，市民会议对于苏兹达尔不是什么好兆，因为在这次市民会议上没有多谈。事情很清楚，依靠苏兹达尔支持的米罗什卡父子所奉行的政策垮台了。苏兹达尔公的敌人加强了力量，他们斥责苏兹达尔的党羽轻视诺夫哥罗德利益、迎合弗谢沃洛德："这伙人（米罗什卡集团）向诺夫哥罗德人索取银子，向各乡索取貂皮［ку́ны，原文误作鸡（куры）］，向商人索取找不着凶手的偿命金，赶走马车，作恶多端。"

人民的怒火首先扑向米罗什卡家的人。德米特尔与米罗什卡的富丽堂皇的住宅被洗劫一空、放火焚毁。他们的庄子、从人与动产全被卖光。卖得的巨额款项由城市运动的参加者瓜分了，有的人暗地里夺取某个贵族的财物，其中有许多人甚至发了财。

从米罗什卡家的人那里搜出的期票，起义群众不能使用，便保

① 《诺夫哥罗德第一编年史》，第191页。

存起来，准备交给大公支配。显然，市民会议打算“完全根据自己 194
的意志”请一个王公，因为诺夫哥罗德公康斯坦丁如今在弗拉基米尔自己的父亲弗谢沃洛德那里，他目前未必敢回诺夫哥罗德来。他果然没有回到诺夫哥罗德来。

受伤而死的市长德米特尔，被运到诺夫哥罗德准备与自己的父亲一同葬在尤里耶夫寺院里；诺夫哥罗德市民曾想对他开庭审判，处死示众。

但诺夫哥罗德市民会议没有力量拒而不纳弗谢沃洛德的另一个儿子斯维亚托斯拉夫，市民会议企图同斯维亚托斯拉夫达成协议。斯维亚托斯拉夫似乎应允不坚持令人反感的市长候补人，在他的默许下，同米罗什卡家族及弗谢沃洛德接近的贵族的财产被没收了。斯维亚托斯拉夫取得了米罗什卡家族的许多期票。

但是诺夫哥罗德社会的反苏兹达尔集团所希望的不是这个。不妨认为，这时已经同另一个绰号“大胆的”托罗彼茨克公姆斯齐斯拉夫·姆斯齐斯拉维奇秘密地进行了谈判。

他神速地进军托尔若克（Торжок），将那里攻了下来，逮捕了斯维亚托斯拉夫·弗谢沃洛多维奇那批贵族和市长，并派人到诺夫哥罗德去说：“向圣索非亚和我父亲的灵柩和全体诺夫哥罗德人致敬；我听说王公横暴，不忍视我乡亲遭此不幸，今已向你们这里开来了。”这时，诺夫哥罗德市民把斯维亚托斯拉夫·弗谢沃洛多维奇抓了起来，把他同他的亲信一起拘留起来，接着，姆斯齐斯拉夫领着诺夫哥罗德军队去打弗谢沃洛德本人。弗谢沃洛德拿不定主意进行公开的战斗，便展开了谈判。诺夫哥罗德又取得了胜利。

在姆斯齐斯拉夫的领导下，诺夫哥罗德市民同斯摩棱斯克人一起，企图支配基辅和契尔尼戈夫命运的尝试成功了。弗谢沃洛德死(1212 年)后，在姆斯齐斯拉夫的领导下，他们入侵罗斯托夫-苏兹达尔国，使苏兹达尔人和罗斯托夫人在里比察河上遭到彻底失败(1216 年)，结果使得罗斯托夫-苏兹达尔国发生了重大的政
195 治变化：弗谢沃洛德的儿子尤里被迫放弃弗拉基米尔城和自己的王公领袖的地位，“大胆的”姆斯齐斯拉夫的同盟者康斯坦丁则代替尤里当了弗拉基米尔公；尤里迁往苏兹达尔。康斯坦丁死后，尤里重新占领了弗拉基米尔。

弗拉基米尔公国的地位就这样衰落了下来。诺夫哥罗德贵族共和国的独立地位得到了巩固。罗斯国家分裂为各自独立的公国的过程又向前跨了一步。

加里奇-沃伦国与基辅

当北方的诺夫哥罗德削弱了大弗拉基米尔公国的力量时，南方兴起了加里奇-沃伦公国。这个公国，由加里奇与沃伦两公国合并而成，在 13 世纪初成为重要的政治力量。它不仅在南罗斯发生影响，而且在罗斯以南和以西的国家——匈牙利和波兰中间也发生影响。

早在 12 世纪末，当《伊戈尔远征记》的作者称为奥斯莫梅斯尔的雅罗斯拉夫公执政时，加里奇公国已经显著地强盛起来。我们的著名诗人只把二位罗斯王公当作最强大的王公。他把弗谢沃洛德称作“大窝”，而谈到雅罗斯拉夫，则说：“加里奇的奥斯莫梅斯尔·雅罗斯拉夫啊！你高高地坐在自己那金制的宝座上，你曾以自己的

铁军顶起了乌戈尔的群山，阻塞了国王的道路，关闭了多瑙河的大门，你的剑穿过云霄，你将法庭远远建立到多瑙河边。你威震四海，你打开了基辅的大门，你从你父亲的黄金宝座上射死了那远在国外的苏丹。射吧，王爷，射死康察黑，那邪恶的奴隶，为了俄罗斯的国土，为了伊戈尔的，那勇猛的斯维雅托斯拉维奇的创伤！”①

同一诗人还提到他所歌颂的这次伊戈尔·斯维亚托斯拉维奇远征的参加者，沃伦大公罗曼。这位罗曼把两个公国合并了起来(1199—1205)。罗曼在位及他死后时期，王公以及靠拢王公的社 196
会集团与强大的贵族之间的斗争特别显著，正像我们在弗拉基米尔-苏兹达尔公国社会关系史上已经见到的情况那样。

罗曼和丹尼尔在这一斗争中首先取得了城市居民——商人和手工业者的同情。编年史家正是这样地谈到丹尼尔，说他“受市民爱戴”。《加里奇编年史》撰者向我们描绘了各阶级相互关系的鲜明图画。

1236年，丹尼尔来到了加里奇贵族据守着的加里奇城，因为罗斯齐斯拉夫公当时出征去了。为了阻止城市群众把城市交给丹尼尔，贵族花费了很大力量。最后，贵族被迫让步，而市民，据编年史撰者说“恰如儿子见到父亲，蜜蜂来到蜂王处，渴者来到泉边般地(向丹尼尔)奔去”。主教和罗斯齐斯拉夫的管家看到他们失败了，只得装作同情丹尼尔的样子：“他们眼泪汪汪，装出副可怜相，把嘴凑过去……大声恳求道：来吧，丹尼尔公，将城市接收下来吧。”

加里奇贵族不管愿意与否也只得随着他们行动。“贵族们走

① 见魏荒弩译《伊戈尔远征记》，第19—20页，个别字句有改动。——译者

来，跪倒在他的脚下请他赏光。”[①]这一时期加里奇-沃伦公国形势的特点，不仅是阶级斗争尖锐，它与强大邻邦的斗争也很尖锐，这些邻邦并不隐匿他们对加里奇-沃伦领土的野心。我们所指的是匈牙利人、波兰人和立陶宛人。波罗维赤人也离得不远，必须认真地对付他们。

加里奇公和沃伦公主动把邻邦拉到自己的事务中来，习惯于利用他们的帮助来反对那些匈牙利人、立陶宛人、波兰人。因而，这些外来的力量不可避免地要干涉加里奇-沃伦的事务，有机会就准备侵占公国，后来终于发生了这样的事情。

197 加里奇的罗曼公依靠在不断的封建战争中特别遭受苦难的社会阶层的力量和同情，企图支配基辅，他在基辅下层分子和商人中间得到了支持。在这方面 1203 年罗曼对基辅的远征是很有代表性的。基辅城市居民公开地站到他的方面，打开大门，放他进入下城。基辅公留里克虽见基辅人起来反对他，却甚至不想抵抗。留里克被逐后，罗曼把自己的堂兄弟英格瓦尔派到基辅。这一次，罗曼是取得“大窝”弗谢沃洛德的同意而行动的。

根据许多理由，罗曼不敢把基辅留在自己手中，因为基辅当时处在“大窝”弗谢沃洛德的权力范围内，罗曼已强大到不愿受弗谢沃洛德的管辖，但也不愿同强大的北方王公发生争吵。在政治威信方面不足为道的英格瓦尔公可保证罗曼对基辅国的某些影响。南方的一位编年史家干脆把英格瓦尔称作罗曼的总督。[②]

---

① 《伊帕齐耶夫编年史》，第 517—518 页。

② 格鲁舍夫斯基：《基辅国简史》，1891 年，第 263 页。

但是留里克不满足于自己的现状。他为自己寻找了同盟者,——同时请来了“整个波罗维赤国”——向基辅发动了进攻。城市被攻占了,胜利者在城市里强暴地主宰一切。

这是基辅第二次遭到浩劫,发生在第一次遭到浩劫之后三十四年,基辅的地位因之遭到了更大的损害。

留里克的命运很复杂。他忽而登上基辅的王位,忽而被迫放弃王位;忽而被强行变为僧侣,忽而脱掉僧袍又登上基辅的王位,找寻同盟者,作战,躲在自己的王公老家奥夫鲁奇城(德列夫良地方),玩弄阴谋,妥协,直到1214年左右被弗谢沃洛德·契尔姆内依从基辅逐出后,结束了他那暴风雨似的一生。本身就是很有趣 198
的留里克的一生,绝妙地描绘出了当时政治关系的复杂性。

他死后,南方和北方的局势更加混乱起来。北方的霸者、“大窝”弗谢沃洛德比留里克早亡二年。

在弗拉基米尔国开始了争夺政权的斗争;同时,在加里奇,展开了争夺加里奇王位的内讧。在南方和北方,这种斗争都在贵族及其敌对力量(主要是城市)之间的阶级矛盾极端尖锐化的形势下进行着。

在这艰难而复杂的时期内,南方出现了我们所熟悉的托罗彼茨克与诺夫哥罗德公姆斯齐斯拉夫·姆斯齐斯拉维奇。

他联合了斯摩棱斯克的姆斯齐斯拉夫·罗曼诺维奇向契尔尼戈夫地方进攻,并从那里向基辅进兵,攻下基辅,再次立曾在这儿当过一次王公的英格瓦尔为王公,然后把基辅交给了自己的同盟者斯摩棱斯克的姆斯齐斯拉夫·罗曼诺维奇。大胆的姆斯齐斯拉夫·姆斯齐斯拉维奇本人,没有断绝与南俄罗斯的联系,他积极地参加了诺夫哥罗德的政治生活。1215 年和 1217 年，当他向苏兹达尔国举行了有名的远征之后以及进行了加里奇战役之后，曾到过这里。

姆斯齐斯拉夫·姆斯齐斯拉维奇利用匈牙利、波兰之间的纠纷，占领了加里奇。尽管波兰、匈牙利言归于好后，出兵前来打他，但他到底还是把加里奇夺取到了自己手里。

蒙古人头一次出现在我国时，分裂了的基辅国的几个最主要部分其大致形势就是如此。我们所谈到的只是我国人民所占据的大平原的若干地区生活中最能说明问题的一些事实。如果我们将全面地揭示当时全部复杂社会关系及政治关系的工作担负起来，
199 我们可以在更广泛的基础上得出下述结论：我们所看到的是经历过封建主义的所有国家都熟悉的、成为常规的那种“混乱状态”。

各封建公国利益的矛盾成为它们相互间不断发生不可避免的冲突的原因。

《伊戈尔远征记》的作者很鲜明地形容了这一时期执政的王公的行动的基本动机：“因为弟兄对弟兄说道：‘这是我的，那也是我的。’对于小的事情王公们就说‘这是大的’，于是他们自己给自己制造了叛乱。”

在这种政治混乱中，我们辨认出了（尽管不是总那么清晰）在当时形势下还缺乏力量的王公这种人物。但王公同反封建割据的社会力量结成联盟，王公的政治地位就有了进一步上升的可能，就有了同所谓“内讧”的连年不断的封建战争进行有效斗争的远景，有了团结人民力量防御外敌的远景。但是这个过程是漫长的，要使它的

效果成为明显的政治事实，需要好几百年。现在我们所谈到的时期却正是内讧闹得热火朝天，"天下大乱"的最高潮时期。[①] 罗斯真是不幸，就在这个紧要关头，蒙古大军在我们的国土上出现了。

当时，蒙古军队数量很大，并且听从统一的指挥，因为蒙古人这时刚结束自己历史上的封建社会以前的时期（他们的封建割据是以后的事），而我们看到，已经进入封建社会的罗斯诸公国的力量却极端分散。为数极多的公国，土地一再重分，战争连绵不断， 200
互相订立协议，但这些协议缔结得快，解除得也快。它们互不为谋，因此没有力量积极地抵抗组织得很好的大敌。

各公国这种各自为政的状况就是蒙古军队如此顺利地侵入东欧的最主要原因。

我们就试着来探究鞑靼人入侵的这条途径，同时我们将以阐明有关我国人民命运的问题作为基本任务。

① 参阅恩格斯：《未发表的手稿》，载《无产阶级革命》，1935 年第 6 期，第 157 页。

第二章　同鞑靼人第一次
201 交锋——阿里吉河之战

1223年在阿里吉河上，罗斯与波罗维赤民兵同汗的军队发生初次交锋。在此以前，罗斯人对于鞑靼人一无所知。关于鞑靼人给予罗斯人的印象，编年史家在其著作中描述得最好。他写道：“这一年，由于我们的罪孽，来了素不相识的多神教徒。没有人知道他们是什么样的人，他们从什么地方来，他们说何种语言，属于哪个部落，信仰什么。我们把他们称作鞑靼人，有的人把他们称作塔兀儿蛮，还有人把他们称作佩彻涅格人，还有人把他们称作……似乎他们是从叶特里耶夫沙漠来的……只有上帝才知道他们是什么人，他们是从哪里来的。只有那些绝顶聪明的大智慧者才知道他们的底细，我们却不知道他们是些什么人。但是由于他们给罗斯诸王公带来了灾难，为了罗斯诸王公，为了他们给他们带来的灾难，我们才记述他们，听说他们侵占了许多国家，屠杀了许多不信神的阿速人、斡别思人、卡索格(касоги)人及波罗维赤人……”[①]

编年史家在此所转述的只不过是些传闻。他不能肯定地说出任何准确的事情，因此他谦虚地认为自己不是绝顶聪明的“大智慧

① 《诺夫哥罗德编年史》，1888年版，第214—215页。对照《拉夫连季编年史》，1897年，第423—424页。

者”，仅以灾难事件的记录者自居。

但是这样的记录也就很值得我们注意，因为它所记录的事件 202
很重大。按照罗斯编年史上的资料，事情经过如下。

1223年，波罗维赤人将蒙古人入侵波罗维赤国的消息告诉了罗斯王公们。波罗维赤汗忽滩向自己的丈人加里奇公大胆的姆斯齐斯拉夫求救。成吉思汗的统将——哲别和速不台统率下的鞑靼军队在东欧南部出现了。

大胆的姆斯齐斯拉夫和南罗斯最强的几位王公，即三位姆斯齐斯拉夫：基辅公姆斯齐斯拉夫·罗曼诺维奇、契尔尼戈夫公姆斯齐斯拉夫·斯维亚托斯拉维奇和彼列索普尼茨克公姆斯齐斯拉夫·涅莫伊，以及另一些王公（其中有二十二岁的青年——沃伦公丹尼尔·罗曼诺维奇）结成了反鞑靼联盟。姆斯齐斯拉夫也曾向弗拉基米尔-苏兹达尔公尤里·弗谢沃洛多维奇求救，但尤里·弗谢沃洛多维奇没有赶来援救自己的旧敌，因为他俩曾为诺夫哥罗德的政权进行过斗争。

鞑靼人得知罗斯王公们准备援助波罗维赤人后，便派遣使者向罗斯王公提出警告：“我们听说你们听信了波罗维赤人的话要来同我们打仗。可是我们不想侵占你们的国土，既不侵占你们的城市，也不侵占你们的村庄，我们不是到你们这里来，而是奉上帝之命来征服那奴隶和马夫，可恶的波罗维赤人的；你们同我们讲和吧，他们若逃到你们处去时，就将他们杀死，财物都归你们所有；听说他们对你们作恶多端，我们就是为了这个来征讨他们的。”①

① 《诺夫哥罗德第一编年史》，第217页；《拉夫连季编年史》。

罗斯王公们杀死了鞑靼使者作为答复，并前去迎击鞑靼人。

在出征的第十七天，罗斯军队在奥列什耶附近停了下来。

鞑靼人再次派来了自己的使者，谴责罗斯王公杀害第一批使
203 者，并责备他们过分信任波罗维赤人："如果你们听信波罗维赤人的话，杀死我们的使者，前来攻打我们，那么你们走开吧！我们没有冒犯你们。上帝明鉴！"

这一次，使者安全地回去了，但他们毕竟没有达到自己的目的。罗斯王公有自己的考虑：如果今天让鞑靼人占领了波罗维赤国，明天就将轮到罗斯。

罗斯军队（包括波罗维赤人），就数量而言相当庞大，但就其组织而言，却纯然是封建式的，"这种军队的兵士同他们的直接的封建领主的联系要比他们同国王军队指挥官的联系更为紧密"。[①]鞑靼人使罗斯和波罗维赤亲兵遭到失败的主要原因就在于此。

"流浪者"（从一切特征看来，这种"流浪者"实系住在亚速海及顿河沿岸的斯拉夫人）与鞑靼人联合了起来。这种好战的居民，后来哥萨克人的原型，同契尔尼戈夫公及基辅公敌对。他们同鞑靼人一起打罗斯王公的亲兵，可能是因为"流浪者"想使邻近的契尔尼戈夫王公和贵族们受到打击。契尔尼戈夫王公和贵族们在自己的领域内成功地开发着土地，有效地使直接生产者——农民服从于自己的领主政权。由于缺乏任何史料，在这个论题上我们不可能较有把握地谈出些什么来。总之，罗斯亲兵面临的是：头一次同

① 译文出自恩格斯，《论封建制度的瓦解和民族国家的产生》，载《马克思恩格斯全集》，人民出版社，第21卷，第455页。——译者

素不相识的鞑靼军队在原野上会战，这支鞑靼军队来自东南，它利用从亚洲到欧洲一路上被征服的人民补充自己的人员，像雪球般地愈滚愈大。

用厉害的武器装备起来，并具有铁的纪律的鞑靼人，无疑是罗斯封建亲兵特别危险的敌人，但是主要的危险却在于：罗斯王公不了解这种危险性。两位最有声望的王公——加里奇公大胆的姆斯齐斯拉夫和基辅公姆斯齐斯拉夫——在理解他们所面临的任务上面产生了分歧，因而就使罗斯军队完全丧失了行动的 204
一致。

在罗斯亲兵初次同敌人交锋中，罗斯人取得了胜利。

大胆的姆斯齐斯拉夫不愿任何人共享胜利的光荣，他同沃伦公丹尼尔一起度过第聂伯河，给予鞑靼前锋以猛烈打击，将鞑靼前锋打跑了。

其他王公们也带着自己的亲兵跟着姆斯齐斯拉夫前进。

鞑靼人刚一露面，年轻的丹尼尔·罗曼诺维奇，正如编年史撰者所描写的，“勇敢、大胆，浑身上下找不出一点毛病的”王公[①]就向鞑靼人迎了上去。丹尼尔得出结论：敌人并不厉害。罗斯人又一次战胜，他们把鞑靼人打跑了，夺取了鞑靼人的牲口。罗斯亲兵沿着草原前进了八天，把自己的本土远远地抛在后面。他们在阿里吉河上再次与鞑靼人遭遇：鞑靼人的前锋被击退，罗斯人用波罗维赤军充当先锋，继续前进。

大胆的姆斯齐斯拉夫又拿定主意单独行动。他预先没有通知

---

① 《伊帕齐耶夫编年史》，1871 年，第 497 页。

任何人，跟丹尼尔·罗曼诺维奇一起同鞑靼人厮杀起来。据《伊帕齐耶夫编年史》说，这是1223年6月16日的事情。丹尼尔跑在最前面向鞑靼人飞快地冲杀过去，他胸部受伤，但没有退出战斗。波罗维赤人却抵挡不住向后溃逃，扰乱了后面步行的罗斯军队。鞑靼人获得了胜利。

当时，基辅公姆斯齐斯拉夫认为大胆的姆斯齐斯拉夫的战术非招至覆灭不可，同时对他怀有敌意，所以当看到自己人失败时却按兵不动。他驻扎在阿里吉河旁山上仓促布防起来的军营里，始
205 终采取袖手旁观的态度，眼看着加里奇亲兵覆灭。但是不久也轮到了他。鞑靼人包围了他的军营。激烈的斗争进行了三天，最后，姆斯齐斯拉夫相信了鞑靼人会将他同他的军队放回家的诺言，被迫投降了。

罗斯士兵全部被歼，王公们全被绞死。

大胆的姆斯齐斯拉夫同自己的残部得以幸免，他们平安地渡过了第聂伯河。为了给蒙古人在渡河时造成困难，他下令将所有的船只毁掉。

蒙古人抵达第聂伯河上、基辅下游的诺夫哥罗德·斯维亚托波尔契斯基城后，从那里折回去了。

苏兹达尔公尤里·弗谢沃洛多维奇派来的、由侄儿瓦西里科·康斯坦丁诺维奇率领的一支不大的军队刚走到契尔尼戈夫，就得知罗斯人失利的阿里吉河之战的情况，便折回本国去了。

鞑靼军队同部分罗斯王公及波罗维赤人联军的头一次会战便以这样的惨败告终。关于这件事编年史撰者写道："死了无数的人，城市和乡村到处充满了哀号、哭泣和悲伤……鞑靼人从第聂伯河上

回去了。既不知道他们是从哪里来的，也不知道他们去向何方。”[①]

似乎，除了一小部分罗斯与波罗维赤领土遭到破坏，罗斯亲兵被歼灭外，鞑靼人对欧洲的这次远征没有引起其他严重的后果——如果把自古就建立起来的贸易关系在短时期内的破坏撇开不提的话。

看来，罗斯王公们应该从这头一次同鞑靼军队发生的冲突中吸取今后的教训，但他们没有这样做，也不可能这样做，因为在当时的条件下他们不能克服封建割据局面以及封建领主的利益矛盾。这种局面及这些矛盾造成了不可避免的永无休止和毫无意义的战争，甚至当外敌临境的时候战争还停不下来。足以结束这种局面的社会力量还太弱。 206

鞑靼人得以部分地了解了他们所打算征服的新国家。在紧接着的下一个时期内，他们继续对这个国家进行研究，他们还在这样的目的之下将自己的探子派遣到这个国家里去。

鞑靼人好几次提出并商讨了远征欧洲的问题。1236 年，他们实现了这个远征。

① 《诺夫哥罗德第一编年史》，第 219—220 页。

207 # 第三章　拔都的远征

（1236—1238 年）

1223 年哲别和速不台举行远征以后，蒙古人于 1229 年再次派遣新的军队到伏尔加河。《拉夫连季编年史》在这一年底下记载道：押亦河上的不里阿耳边防军队，在鞑靼人的打击下，被迫退却；撒哈辛人与波罗维赤人也跑到不里阿耳汗国来请求保护[①]；因为他们知道，鞑靼人在阿里吉河之战后，曾被卡马河地区的不里阿耳人打败过。这次远征是一次事先的侦查性质的远征。蒙古人收集到了他们所必需的关于东欧的情报。

因此，1236—1238 年的拔都远征是一次经过周密考虑的军事和政治行动。

罗斯史料上所提供的有关拔都军事行动的资料不多。

编年史上关于这次远征谈得很简短，只不过肯定了一些事实。

《拉夫连季编年史》在 1236 年底下记载道："八月，在一星期里三次见到日环蚀，一连四天人们都看见月亮。这年秋天，不信神的
208 鞑靼人从东方侵入不里阿耳国，攻陷了著名的大不里阿耳城，屠杀

---

① 《拉夫连季编年史》，在 1229 年底下记载道："……撒哈辛人与波罗维赤人在鞑靼到来前从下游逃到了不里阿耳人处，不里阿耳边防军赶来后，在押亦河畔被鞑靼击溃。"

老人和孩子，他们掠夺了大量财物，火烧了他们的城市，并占领了他们的全部国土。"同一编年史在下一年记载道："这年冬天，不信神的鞑靼人从东方穿过森林进入梁赞国，开始攻打梁赞国，征服了直到普朗斯克的地方。"①

塔齐谢夫掌握了某些材料，他根据这些材料补充说：一群幸免于被屠杀和当俘虏的不里阿耳人，来到弗拉基米尔公国境内，请求尤里给他们一个住处。尤里下令让他们分居到各个城市里。② 阿拉伯史料也可和这位史家的记载印证。13 世纪前半叶的阿拉伯史家伊宾·阿昔儿，这位与我们所研究的事件同时代的人，提供了许多对我们说来具有头等意义的细节。③

成吉思汗死于 1227 年。成吉思汗的第三个儿子窝阔台嗣位。成吉思汗的长子术赤取得钦察草原作为分地，但钦察草原的东南部犹待征服。

1235 年，在哈剌和林举行的忽里勒台上决定了远征东南欧。到了 1236 年，正如我们所看到的，开始举行这一远征。由术赤的儿子拔都统率军队，拔都的副将则是阿里吉河胜仗的参加者，熟悉东南欧情况的速不台，速不台几乎是成吉思汗所有将领中最有才干的一员大将。④

---

① 《拉夫连季编年史》，1897 年，第 437 页。

② 塔齐谢夫：《俄罗斯史（从远古时代开始……）》，第 3 卷，第 465 页；索洛维约夫：《俄罗斯全史》，第 1 卷，第 820 页。

③ 齐曾戈曾：《金帐汗国史资料汇编》。

④ 速不台利用自己的地位，常恣意对待自己的"统帅"。速不台的亲人、他的贵由与不里对拔都的态度很放肆。拔都给其叔窝阔台写过一封很典型的信："靠长生天的

209 拔都向伏尔加河中游前进，伏尔加河中游地区的居民大部分早在1229年时就已经被蒙古军队征服了。部分军队被从这里派去攻打卡马河的不里阿耳人。拔都的主力继续西进，征服了钦察人、不儿塔思人与莫尔多瓦人的国家，征服了直到罗斯东南境（梁赞国）为止的里海及亚速海全部地区。

拔都从南面进抵梁赞国，入境之前，就要求梁赞公缴什一税，“不论大公、平民，缴十分之一的白马、黑马、褐马、火红马和花马。”[①]《尼康诺夫编年史》还补充说：“还得缴十分之一的甲胄。”

人们对阿里吉河之战记忆犹新。必须严肃地对待鞑靼人提出的要求。

梁赞大公尤里·伊戈列维奇召集七王公（梁赞国内诸宗亲）、普朗斯克公弗谢沃洛德·米哈伊洛维奇和穆罗姆诸王公之长来开会。会议的第一个高潮既表明与会者的勇敢，也表明他们对鞑靼兵力不了解。他们派人去答复鞑靼人说：“只有我们死了，一切才归你们。”

护祐，合罕叔父的福荫，我们已攻破篾格惕诸城，征服俄罗斯人使十一国百姓都已归顺。大家说：在拉起金辔跨上马班师分离前，举行一次班师宴会吧。因此搭起大帐，举行宴会。我在诸王之中年长些，先喝了一二盏，却引起不里、古余克（贵由）两人的不满，他们不参加宴会，骑上马走了。不里说：‘巴秃（拔都）和我们一样，怎么可以先喝？他是长胡子的老婆娘，我用脚后跟踹他，用脚面踏他。’古余克说：‘他是带弓箭的老婆娘，咱们可用木棍打他胸脯。’额勒只吉歹的儿子合儿合孙也说：‘给他接上一条木头尾巴。’他们竟说了这些话。我这次奉旨出征这些别有用心的造反的百姓们，事情未必尽合机宜。但却遭到不里、古余克两人这样的话语，他们不同我商量就散走了。如今我奏告合罕叔父，请降旨处理。”（据《蒙古秘史》，蒙文275节重新译出——译者）。格列科夫原书引自拉维斯及拉姆博撰《通史》，第2卷，1897年版，第877页。

① 《俄罗斯编年史全集》，第1卷，第221页。

但是尤里·伊戈列维奇在此表现了对快要临头的危险的较深刻的了解。他派自己的一个侄儿到弗拉基米尔大公尤里·弗谢沃洛多维奇处去，请求联合抗敌，又派另一个侄儿到契尔尼戈夫的米哈伊尔·弗谢沃洛多维奇处去提出同样的请求。同时尤里·伊戈 210
列维奇试图防止灾难：他派自己的儿子费多尔率领使团带着礼物去见拔都。

尤里·伊戈列维奇的这些措施全以失败告终：他的儿子费多尔死在鞑靼营里，据梁赞的传说，是由于拒绝拔都向他提出的“让我一睹你那妻子的美貌”的要求。费多尔大公的妻子美貌出众，是一个梁赞贵族报告拔都的。（“她那体态容貌真是美丽绝伦。”）

同时也不能对弗拉基米尔的援助有特别指望。因为弗拉基米尔与梁赞之间有着极为复杂，绝非友好的关系。

弗拉基米尔大公“大窝”弗谢沃洛德第三在位时曾严酷地镇压过梁赞，使它处于臣服于自己的地位。他死后，他的儿子尤里·弗谢沃洛德将梁赞王公们和他们的亲兵从监禁中放了出来，但强迫他们对自己誓忠。

在弗拉基米尔城被俘获释回“国”的梁赞王公中间，以格列勃·弗拉基米罗维奇居长，他想通过决定性的一击结束梁赞公国的政治分裂局面，便邀请了六个梁赞王公来作客，在筵席上将他们全部杀死了。但享受这一政策的果实的，不是他自己，而是个没有赶上这次血腥筵宴的王公。他在弗拉基米尔公尤里的帮助下赶走了格列勃·弗拉基米罗维奇。

弗拉基米尔公尤里显然不愿让梁赞得到能使这个公国增强力量的任何喘息时机，因此很难指望尤里·弗谢沃洛多维奇来响应

处于困难地位中的梁赞所发出的呼吁。本来当时弗拉基米尔大公不但有可能将弗拉基米尔军队派来援助梁赞，而且还能将诺夫哥
211 罗德军队派来。契尔尼戈夫公及北方的王公们也都在不同的动机下以同样态度对待梁赞的呼吁。由于梁赞人在阿里吉河之战中拒绝援助契尔尼戈夫人，因此他们也拒绝援助梁赞。

梁赞由于当时造成的这种形势（在罗斯封建割据的条件下未必会有别的情形）必须单独承受鞑靼人的打击。

梁赞人不敢同鞑靼人在野外会战（如果把梁赞人的前锋同鞑靼人发生的覆灭性冲突撇开不谈的话），宁愿拒守城里。人数众多的鞑靼大军开进了梁赞国。一些小的城堡（如别尔戈罗德、伊热斯拉维茨、博里索夫-格列博夫）在鞑靼巨浪的冲击下干脆从地面上消失了，它们从此永远毁灭，不再见诸历史。

14 世纪溯顿河而上的旅行家，在冈峦起伏的河岸上，在不久以前城市与村镇所在的地方，看到的只是一片废墟与荒地。[①]

1237 年 12 月 16 日鞑靼人包围了梁赞城（今斯帕斯克城附近的旧城）。守军坚守了六天。第七天城市陷落。居民部分被杀死，部分被烧死。尤里·伊戈列维奇大公也被杀。“梁赞城与梁赞国变了样……它的光荣付诸流水，一切荡然无存，只剩下烟、焦土与灰烬。”[②]

但是，不是整个梁赞公国遭到破坏。鞑靼人主要是沿着奥卡

---

① 伊洛瓦伊斯基：《梁赞公国史》，1858 年，第 131—132 页。

② 《拔都人侵记》，14 世纪的手抄本集子，引自伊洛瓦伊斯基：《梁赞公国史》，第 134 页。

河、普罗尼河和顿河河岸前进的。公国的北部没有遭到侵犯，1239年时才受到鞑靼人的破坏。[①]

梁赞诸王公中只有二人得以幸免：到契尔尼戈夫去的英格瓦尔及当了汗国的俘虏、饱受折磨，在对鞑靼政权完全顺从并协助他 212
们推行政策的条件下于1252年才获释的奥列格。奥列格帮助鞑靼人在梁赞建立了鞑靼政权。在他在位的年代里，1257年汗国的户口调查员对梁赞国进行了“人口登记”。[②]

鞑靼军队从这里向弗拉基米尔公国进发，但不是直接向弗拉基米尔前进，而是经过科洛姆纳和莫斯科绕到了弗拉基米尔。

这一迂回运动具有战略意义。拔都是要把弗拉基米尔公尤里·弗谢沃洛多维奇直接退往莫斯科的道路切断。鞑靼军队在科洛姆纳与尤里·弗谢沃洛多维奇的军队相遇，尤里·弗谢沃洛多维奇的军队被击溃。拔都将莫斯科这个据点摧毁后，向弗拉基米尔进发。

这是冬天的事。鞑靼军队在冬天的道路上势如破竹地前进，1238年2月3日抵达弗拉基米尔。

尤里·弗谢沃洛德不在这里。他到乌格里奇与别热茨克之间召集军队去了。2月7日弗拉基米尔失陷，同时拔都所派出的别部攻占了苏兹达尔。

在短时期内整个弗拉基米尔公国落到了鞑靼手里。

拔都派遣自己的军队去迎战尤里·弗谢沃洛多维奇的军队。

① 伊洛瓦伊斯基：《梁赞公国史》，第135页。

② 普列斯尼亚科夫：《大俄罗斯国的形成》，第226页。

在西齐河上发生了会战。罗斯军队被击溃，尤里战死。这是 3 月 4 日的事，3 月 5 日，几天以前派到托尔若克去切断弗拉基米尔人同诺夫哥罗德的联系的鞑靼别部，攻占了托尔若克。

3 月中旬鞑靼军向诺夫哥罗德方面前进，但是当 3 月末或 4 月初他们来到离该城 200 公里的地方时，由于当地的江河湖泊开冻，春季道路泥泞，他们被迫突然后退。

213 拔都在回来的路上向东南开发，路过科集尔斯克城时被阻了 7 个星期。科集尔斯克英勇地进行了保卫战，直到城墙被摧毁，继续顽强战斗的守卫者给敌人造成重大损失后又遭到屠杀，该城才失陷。

离此不远，罗斯国境到了尽头，钦察人(波罗维赤人)的领地开始了。波罗维赤汗忽滩被击溃后，带着残部向匈牙利逃去。鞑靼人向伏尔加河彼岸远去了。

我们已经看出了鞑靼人作战胜利的一个原因。团结一致、组织严密、人数众多的鞑靼军队使互不为谋的罗斯亲兵遭到了致命的打击。由此可见，我们所指出的罗斯亲兵失败的这个原因是当时罗斯的政治制度所决定的。个别战士及其领袖们的无可争辩的个人勇敢，罗斯诸公国及城市保卫者行动中无疑具有的正确战略思想，以及领袖的军事天才都抵挡不住那些训练有素的敌人。

第四章　拔都第二次远征南罗斯 214

（1239—1240年）

不能不指出下述情况：当鞑靼军队粉碎了弗拉基米尔-苏兹达尔公国，使它不能同诺夫哥罗德联合起来时，拔都才实现了第一次远征计划中的较艰难部分。

当时，罗斯南方在军事方面弱于北方。

1239年（不妨认为仍是在冬天），鞑靼人从伏尔加河重新出现在东北部，侵占了莫尔多瓦人地区，再次来到克略兹马河上；拔都的主力部队则南下，朝第聂伯河左面推进。鞑靼人在这里遇到小股军队的抵抗。编年史家们在彼列亚斯拉夫尔、契尔尼戈夫与基辅遭受围攻之前没有谈到较大的事件。

甚至关于这些具有军事与政治意义的大事，编年史家们也没有提供准确的资料。我们不知道契尔尼戈夫或基辅被围攻及陷落的确切日期。因此我们甚至无法准确地说出，基辅陷落在契尔尼戈夫之前，还是之后。

大家知道，当彼列亚斯拉夫尔被攻陷焚毁后，就轮到这些大城了。

鞑靼人围攻契尔尼戈夫时使用了抛石机，所抛掷的石头甚大，四个人也未必能举起来。

米哈伊尔·契尔尼戈夫斯基的堂兄弟姆斯齐斯拉夫·格列博 215

维奇前来援助契尔尼戈夫，但他被击溃，向匈牙利逃去。契尔尼戈夫未能守住。

蒙哥汗统率着一支鞑靼部队来到基辅。大概，鞑靼人不想毁掉基辅。蒙哥汗从高处久久地观赏这座城市："看到这座城后，对城的美丽与宏伟大为惊奇"。[①] 他决定就该城的降附问题进行谈判，便派遣劝降的使者到基辅人及基辅公米哈伊尔处去。基辅人将使者杀死了。米哈伊尔公逃到了匈牙利。基辅人面临着十分现实和极其严重的危险。看来，在这种情况下总该忘掉封建内讧与打算了。但是事实上不然。

米哈伊尔逃走后，斯摩棱斯克的一位王公罗斯齐斯拉夫·姆斯齐斯拉维奇在基辅执政，可以设想，当时他就在近处。很有可能，他是被基辅人请来执政的，因为在明摆着的危险局势下需要军事专家。但是加里奇的丹尼尔由于自己的政治见解对此不能容忍。他来到基辅，将罗斯齐斯拉夫抓了起来，让德米特尔千户代替大公镇守基辅。[②]

这些事发生后不久，1240 年拔都亲自向基辅进军。围攻开始了。

山城下部的居民离开那里，据守"山"上。

据南方的编年史说，拔都向基辅开来，"他以重兵，以无数大军将城围起来。鞑靼大军云集城下"在"车辚辚、骆驼号叫、战马嘶啸"[③]声里，连人的说话声也无法听到。

---

① 《伊帕齐耶夫编年史》，1871 年，第 521 页。

② 同上书，第 521 页；格鲁舍夫斯基：《基辅国简史》，第 423—424 页。

③ 同上书，第 522 页。

拔都开始从南面的里亚德城门冲进来。攻城机撞击着城墙。216 城墙倒塌后，居民继续顽强地保卫城市。“只见那长枪碰在盾牌上铿锵作响，飞矢蔽日”。千户德米特尔将军受伤。

基辅人退守十一教堂附近。“大战”又开始了。由于到十一教堂来避难的人过多，由于基辅富人们想保全的贵重财物过重，教堂的拱顶和墙都倒塌了。城市也失陷了。

受伤、被俘的德米特尔“由于他的勇敢”[1]获得了赦免。

这一事件是什么时候发生的呢？拉夫连季等编年史记载的基辅被攻占的日期为12月6日。[2] 诺夫哥罗德及普斯科夫编年史记载的日期却是11月19日，星期一。[3] 对这个问题无法做出确切的回答。

带着大量财产逃出来的基辅公米哈伊尔与寻找援军攻打鞑靼人的加里奇公丹尼尔这时都在匈牙利。

米哈伊尔与丹尼尔在匈牙利达成了协议：米哈伊尔被承认为基辅公；但是“由于害怕鞑靼人”他不敢履行自己的权利。得知基辅已被鞑靼攻占后，米哈伊尔对基辅失掉了希望，带着儿子先跑到波兰，后又跑到西里西亚，在那里德意志人将他的财宝全部抢走了。

当鞑靼军队远离基辅，到匈牙利时，米哈伊尔才背弃同丹尼尔的友好关系，冒险回到基辅，但是他没有住在城里，而是住在第聂

① 《伊帕齐耶夫编年史》，第523页。

② “圣诞节之前的尼古拉节”（《拉夫连季编年史》，1897年，第447页）。

③ 《普斯科夫第一编年史》《阿弗拉姆卡编年史》等。

伯河的岛上——我们想一定是住在一座完好的城郊离宫里。

其子罗斯齐斯拉夫住在契尔尼戈夫，没有停止同丹尼尔进行斗争。

217 拔都继续远征。他派遣军队到沃伦与加里奇国，从那里向波兰、匈牙利与捷克进军。

鞑靼人在此同几个中央集权国家（如 1230—1253 年在位的捷克瓦茨拉夫一世）发生了冲突。

被罗斯的艰苦战斗拖得精疲力竭的鞑靼人，已经无力战胜捷克人及其同盟者的抵抗，于是在 1242 年夏天从奥洛蒙涅茨城回军，重新进入了罗斯南方诸地。鞑靼人在回来的路上对于罗斯各国不是非常可怕的。编年史只记载了鞑靼人侵占西布格的事。并没有材料说明基辅再次遭受蹂躏。

在伏尔加河下游形成了“金帐汗国”的中心，金帐汗国将已征服和未征服的（如诺夫哥罗德）罗斯国家都置于自己的统治之下。

从这时起，鞑靼贵族不仅剥削本族的直接生产者群众，而且也剥削被征服者及因被征服而臣服于他们的人。马克思把鞑靼贵族对于人民群众及被征服国家的这种统治形式称作血腥的蒙古枷锁。

马克思说，这种血腥的蒙古枷锁“……从 1237 年持续到 1462 年，长达两个多世纪，这种枷锁不仅压迫了，而且凌辱和摧残了成为其牺牲品的人民的心灵。”①

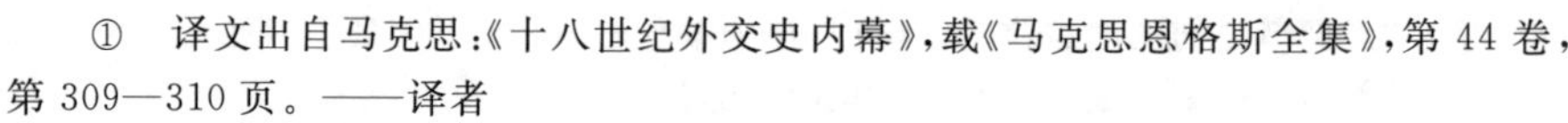

①　译文出自马克思:《十八世纪外交史内幕》，载《马克思恩格斯全集》，第 44 卷，第 309—310 页。——译者

第五章　罗斯与金帐汗国 218

（统治机构）

在《拉夫连季编年史》的一种抄本上，1257 年底下有如下记载[①]："同年冬天对全罗斯国土进行了人口登记，只有为教会服务的人没有登记"。另一种抄本记载得更详细："同年冬天，来了户口调查员，对整个苏兹达尔、梁赞与穆罗姆国进行了登记，并指派了十户、百户、千户与万户，然后回汗国去了，只有修道院长、修道士、神父、唱诗僧等侍奉圣母及天主的人们没有登记。"[②]

这一年对于幸免于鞑靼破坏，但仍然不得不承认鞑靼政权的诺夫哥罗德，也是一个重要的年头。诺夫哥罗德编年史撰者指出，这一年"从罗斯传来了坏消息：鞑靼将向诺夫哥罗德索取商税与什一税，人们惶惶不安地度过了整个夏天……那年冬天鞑靼使臣同亚历山大一起来了，使臣要征收商税与什一税。当时向鞑靼皇帝进献了礼物，并将使臣平安地遣送了回去，诺夫哥罗德始得幸免"，
但是这对于诺夫哥罗德城只不过是一次宽限。两年后，鞑靼钦差 219
大臣别儿该与哈撒赤黑又到诺夫哥罗德来索取贡税。亚历山大·

---

① 关于 1245 年在基辅城举行的更早的人口登记，有一些不明确的记载。这些资料载在《索菲亚年鉴》上（第 1 卷，第 260 页）。大概，普兰·迦儿宾在他的《行纪》中所说的也是这次人口登记。

② 《拉夫连季编年史》，1897 年，第 451，496 页。

涅甫斯基派卫兵去保护他们，因为诺夫哥罗德城乡群众不是那么殷勤好客的："诺夫哥罗德及各乡大乱""百姓不愿认领税额"。贵族准备屈服，并要求平民屈服："贵人命令平民按人纳税，贵族们减轻了自己负担，平民却遭了殃。"①

必须屈服。于是"恶棍们骑着马沿街登记基督教徒的户口……恶棍们登记完了才离去。"鞑靼人两次都由弗拉基米尔大公亚历山大·涅甫斯基护送。

这位曾战胜瑞典人（1240 年）与里沃尼亚骑士（1242 年）、将罗斯从德意志教皇侵略下拯救出来的显赫的胜利者，在这里显示了政治的远见以及对形势的清醒估计。他不得不采取措施，防止诺夫哥罗德人民表示愤怒。亚历山大·雅罗斯拉维奇认为当鞑靼官吏住在诺夫哥罗德时，保证他们的安全是必要的，原因就在这里。

我们可以认为鞑靼人统治罗斯国的政权从 1257 年起已经完全建立起来了。

但是在金帐汗国完整的统治机构建立之前，随着罗斯的被征服，罗斯与金帐汗国之间统治与隶属的关系就逐渐形成了，虽然这还不是最终的形式。

诺夫哥罗德编年史在 1243 年底下记载道："雅罗斯拉夫大公（在西齐河上被杀死的尤里·弗谢沃洛多维奇之弟，他的弗拉基米尔大公位的继承者——格列科夫注）到鞑靼人处去见拔都，他将自己的儿子康斯坦丁派到卡诺夫去。拔都隆重地接待了雅罗斯拉夫和他的亲兵，在送他回去时对他说：'雅罗斯拉夫，你将是俄罗斯民

① 《诺夫哥罗德第一编年史》，1888 年，第 278—280 页。

族全体王公之长'雅罗斯拉夫荣耀地回到了自己国里。"[1]

大汗并不满足于康斯坦丁的朝觐。雅罗斯拉夫必须亲自到 220
斡难河上汗帐里去。1246 年,有名的圣方济派教士普兰·迦儿宾奉罗马教皇之命率领教士团到蒙古汗那里去收集有关鞑靼人的情报,因为当时欧洲人由于拔都入侵欧洲大为恐慌,极其关怀鞑靼人的情况。普兰·迦儿宾在汗帐里遇见了罗斯王公雅罗斯拉夫。他在自己的报告中顺便谈到了鞑靼人对他和雅罗斯拉夫公的优待。[2]

除弗拉基米尔-苏兹达尔国以外,鞑靼人还把基辅授给了雅罗斯拉夫。但是雅罗斯拉夫本人没有到基辅去,他让贵族德米特尔·耶伊科维奇当了那里的总督。

被鞑靼军队征服的罗斯各国没有直接划入金帐汗国疆域之内。

金帐诸汗把罗斯看作政治上自治的,具有自己政权,但依属于诸汗,需向他们纳贡("出巡费")的地区。罗斯诸封建公国对诸汗保持藩属关系。

对诸汗的附庸关系表现在如下事实上:全罗斯的大公须由"君王恩赐",即汗的恩赐才能即位。由罗斯大主教或汗的全权代理人用汗的名义主持此事。用汗的名义立为大公的人同时需处于汗政权的监督下。不论(全罗斯)大公或其他王公都是这样。这种监督由八思哈来执行。

库尔斯克八思哈阿黑麻对库尔斯克公履行八思哈职权,其他

① 《诺夫哥罗德第一编年史》,1888 年,第 447 页。

② "经常让我和雅罗斯拉夫公坐在上位"(引自索洛维约夫的著作,第 1 卷,第 832 页)。

各八思哈对其他各公国履行八思哈职权。《尼康诺夫编年史》谈到这些八思哈时说:“这些大人物们”。

在关于契尔尼戈夫公米哈伊尔受难的纪事中谈到,拔都在所
221 有的罗斯城市里设置了总督与长官。[①]《尼康诺夫编年史》证实了纪事上的材料,该编年史在 1262 年底下谈到,拔都及其子撒里答在所有的城市里建立了政权。《诺夫哥罗德第一编年史》及索非亚年鉴在 1269 年底下记载了弗拉基米尔大公斯维亚托斯拉夫·雅罗斯拉维奇带着弗拉基米尔军队来到诺夫哥罗德这件事,“名叫俺剌罕的弗拉基米尔大八思哈”同他一起来到。[②] 索洛维约夫认为,这是北方最后一次提到的八思哈;南方,库尔斯克最后一次提到的八思哈则为 1284 年。关于这点索洛维约夫注道:“这是北方不再有八思哈的明显标志,否则编年史不可能谈到鞑靼占据重要地位的大事而对于八思哈一字不提。”

从 13 世纪末起,更确切些说,从 14 世纪前半叶起,鞑靼八思哈已不复存在。鞑靼贡税由大公负责,责成罗斯各地王公征收。

汗对于藩属王公们的权柄,形式上还表现于:王公即位由汗敕封。众王公之长,即大公也需取得特殊的大公敕令。

鞑靼的“出巡税”所有的人都得缴纳。为此,鞑靼人进行了人口登记。拔都派遣八思哈去进行第一次人口登记并征收贡税。关于第一次人口登记,我们掌握了一些含含糊糊的记载。在关于米

---

① C. M. 索洛维约夫:《俄罗斯全史》,第 1 卷,第 1157 页。

② 《诺夫哥罗德第一编年史》,1888 年,第 291 页;《索菲亚年鉴》,第 1 卷,第 281 页。

哈伊尔公的纪事中谈到，由于拔都开来了大队人马，居民逃散了，于是对基辅城内剩下的人“点数……并向他们索取贡税”。[①] 我们看到，1257 年别儿哥汗时代进行了新的人口登记，别儿哥汗为此派来了专门的户口调查员。据《拉夫连季编年史》说，这些户口调 222
查员委派了十户、百户、千户与万户。

13 世纪 70 年代忙哥帖木儿时代进行了新的人口登记，史料上关于举行这次登记的年代说得很模糊。[②] 在我们的编年史上没有提到鞑靼人的另外的人口登记，但我们从其他史料上获知，后来还继续举行过人口登记。[③]

执行登记的人，在编年史上称作户口调查员，也叫作“书记”，因此在人口登记册上常使用“书写”一语。（“恶棍们骑着马沿街登记基督教徒的户口……”）[④]

但是不要认为鞑靼人在我国搞了一项前所未有的创举。我们虽然不知道，在鞑靼人之前为了征收贡税是怎样进行人口登记的，但是我们掌握着关于贡税之征收及课税单位的确切事实（“木犁”“轻犁”“重犁”）。鞑靼人也曾使用过这些现成的课税单位。塔齐谢夫说，1275 年瓦西里·雅罗斯拉维奇大公“对每具重犁或两个劳动力征税半个格里弗纳送去给汗，汗对所缴的贡税很不满意，下令在罗斯重新进行人口登记”。[⑤] 我们在此看到，似乎塔齐谢夫对

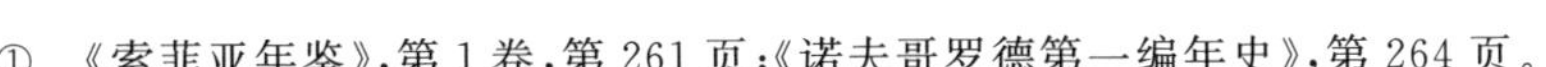

① 《索菲亚年鉴》，第 1 卷，第 261 页；《诺夫哥罗德第一编年史》，第 264 页。

② 涅沃林：《国家测定地界的成就》，第 148 页。

③ 《1315 年谕彼得大主教敕令》《1357 年谕阿列克塞大主教敕令》。

④ 《诺夫哥罗德第一编年史》，1888 年版，第 280 页。

⑤ 塔齐谢夫：《俄罗斯史》，第 4 册，第 41 页。

每具重犁的实质所作的解释是一次不成功的尝试。一具重犁未必代表两个劳力，但是塔齐谢夫此处所说的重犁却不是他虚构出来的，而是从已经失传的编年史上引用来的。

我们从 1270—1276 年忙哥帖木儿给罗斯大主教的敕令上可以看到向被征服的罗斯国家居民征收的赋税名目，但这些赋税僧侣却得以免缴。敕令上写道："……他们（僧侣——格列科夫注）毋需缴纳贡税、商税与犁头税，毋需服驿役，出大车、饲料。"[1]我们在
223 1313 年月即别汗给大主教彼得的敕令上也可看到同样内容，只不过名目更多一些。敕令上二次提到"犁头税"。[2] 1270—1276 年的敕令中还提到了犁头税的征收者，看来，这些征收者不是汗方的，而是罗斯诸王公底下的人："收税人是我们的八思哈和王公的书吏，犁税吏与商税吏……"[3]

只有僧侣可以免报户口及随之而来的纳贡的义务。"成吉思汗颁赐所有的罗斯大主教及教会僧侣以特许状……此后历代君王也将同样地垂恩于教士、修道士及养老院一切人员，让他们无忧无虑地衷心为我们及我们的部落祈神。不向他们征收贡税和商税，……一应赋税，勿论哪朝君王的赋税，概予蠲免……"[4]鞑靼诸汗对待教会的政策就是如此。诸汗十分正确地把教会当作一种政治力量，利用它来为自己的利益服务。诸汗在这一方面没有做错：僧侣为汗举行公众祈祷，在群众中灌输必须服从鞑靼政权的思想。

---

① 《国家公文、条约汇编》，第 2 卷，第 5—6 页。

② 同上书，第 9 页。

③ 同上书，第 5—6 页。

④ 同上。

除了贡赋外，鞑靼还要罗斯居民服种种为实现他们的统治所必需的劳役。

正如我们所看到的，鞑靼诸汗向被征服国家索取的首先是钱与人。

诸汗于蠲免僧侣缴纳赋税时，还蠲免了他们服兵役、提供大车及服驿役。

征兵是为了什么呢？在一份敕令中说得很明白："战争一起，
当下令从我们的兀鲁思征兵服役时，教堂及彼得大主教处的所有 224
的人和僧侣，都不得征。"[①]从被征服的民族征兵，是鞑靼政权的惯用手段。

至于谈到其他直接使用人力的徭役，首先应当指出驿役。当然，驿役不是一下子变为徭役的。在我们所知的头一份敕令中"驿役"表示一种贡税。但鞑靼诸汗还实施一种"驿役"，乃是向鞑靼使者及官吏提供马匹的赋役。"驿役"对于13世纪的罗斯在何种程度上算一种创举，不那么容易搞清楚。基辅大公也需要交通工具，我们具有关于这事的早期记载。例如，编年史家在984年底下谈到拉基米奇人时说："他们向罗斯纳贡，送来车辆，以迄于今。"[②]关于这段原文，有不同的解释。C. M. 索洛维约夫认为，这里所谈到的是，拉基米奇人将贡品送到指定地点去，[③]而不是"挨户收贡税"。弗拉基米尔斯基·布达诺夫[④]与古尔利扬德[⑤]认为，这里指

---

① 《1313年月即别汗谕彼得大主教敕令》，载《国家公文、条约汇编》，第2卷，第9页。

② 《拉夫连季编年史》。——黑点系格列科夫所加。

③ 索洛维约夫：《俄罗斯全史》，第1卷，第216页。

④ 弗拉基米尔斯基·布达诺夫：《评述》，第91页。

⑤ 古尔利扬德：《驿运》，第25页。

供亲兵、王公的纳贡者与急使用的交通工具而言。

《诺夫哥罗德编年史》撰者在1209年底下列举诺夫哥罗德起义群众对弗拉基米尔-苏兹达尔公弗谢沃洛德三世(这位王公十分关心同诺夫哥罗德人的经常联系,因而对交通工具也十分关心)的拥护者市长德米特尔所宣布的罪状时,顺便指出道:“……向商人索取找不着凶手的偿命金,赶走马车,作恶多端。”[①]将这段话与诺夫哥罗德同王公们订立的条约中下面这条一般条文加以对比,就可得到解释:“除输送军人外,你的各村的贵族不得征用商人们的

225 马车”(黑点系格列科夫所加)。十分明显,所说的马车系指提供交通工具的赋役而言。

提供饲料、大车、充当向导在我国古代是居民的通常赋役。“按照税则”即按老规矩,“由各村提供饲料、大车”。[②] 由德维纳世俗政权——行政长官、养畜主、村社社长负责征集这些赋役。当然,这还不是“驿运”,即为过路人,哪怕只是为因公出差的人员的需要事先准备好大车的有组织的交通系统。

鞑靼人需要交通工具,自然对这一方面极为注重。

毫无疑问,鞑靼政权既然关心改进被征服国家内的交通,便会在交通的组织方面实施一些自己的制度。但若以为在鞑靼人以前,罗斯各国没有各国间及各公国内部的交通,那就错了。这一假设与我们所知道的全部事实相抵触。

---

① 《诺夫哥罗德第一编年史》,黑点系格列科夫所加。

② 《古文献考查团文献集》,第1卷,第1期,《安德烈·阿历山德罗维奇大公致德维纳的公文(1294—1304年)》。——此处引用了安德烈的父亲,即亚历山大·涅夫斯基所说的话。

仿佛是由鞑靼人在我国实施的财政赋税制度的意义，也不应该加以夸大。我们已经看到，事情不是这样的。最后，由鞑靼官吏征收贡税的时期也并不长。从 13 世纪末起，征税的职责就委托给罗斯王公们了。他们应按照自己的方式将贡税征集起来，送到汗国里去。

关于罗斯诸王公怎样征集贡税，我们有 13 与 14 世纪时的若干资料，那就是上面我们已经引用过的忙哥帖木儿汗（1270—1276）的敕令。敕令中提到“王公的书吏、犁头税吏、商税吏”[①]；还有 1388 年德米特利·伊万诺维奇·顿斯科伊大公同其堂兄弟弗
拉基米尔·安德列耶维奇所订的协议书。协议书上写道：“当他将 226
其贡税吏派到城市和乡村来时，你就将你的贡税吏同我的贡税吏一起派来……贡税吏将在城市、乡村和畜棚征集的东西缴到我的库里来，由我上缴。”[②]王公们的职责在这里描写得很明白。他们全都必须派出自己的纳贡者，但征集起来的税款交到为汗负责收集“出巡费”的大公的金库里。

“出巡费”多少不定。索洛维约夫以为，罗斯王公交给汗的款项，比税吏实收的款项大，[③]换言之，罗斯王公在对汗有利的条件下包收贡税。

这个设想十分可能，因为汗过去也进行过包收贡税，不过最初包税人是鞑靼人。《拉夫连季编年史》在 1262 年底下指出如下事

---

① 《国家公文、条约汇编》，第 2 卷，第 6 页。

② 同上书，第 1 卷，第 56 页。

③ 索洛维约夫：《俄罗斯全史》，第 1 卷，第 1160 页。

实:“可恶的伊斯兰教徒包收了贡税,给人们带来了灾难,广大的劳动人民和农民度日艰难。”罗斯托夫、苏兹达尔与雅罗斯拉夫尔的人民起义就是反对此事。①

贡税金额随情况不同而异:有时候王公们为了当上大公互相展开竞争,增加税额;有时诸汗根据不同情由提高税额。

我们知道几个数字。大公瓦西里·德米特利耶维奇缴纳七千卢布的“贡税”,尼热哥罗德公国缴一千五百卢布,等等。但是除缴这些税额外,还有别的。有时还须缴纳特种贡税,这是王公从自己的贵族那里征收来的。

227 所纳贡税多少,由各王公协议约定:“贡税或增或减,均按此比例征收。”②

罗斯王公还需不定期地、经常给金帐汗国诸汗、汗妃及其近臣们送去贵重的礼物。这也是一项开支,归根到底还须由各种贡税的缴纳者,即农民与城市劳动群众来担负。

由此可以了解纳税者对“贡税”重压的抱怨,可以了解他们那发展为武装起义的抗议。

我们已经看到了1259年诺夫哥罗德的起义。“大暴乱”升级到诺夫哥罗德人抗议认领税额。鞑靼八思哈担心自己的生命安全,要求亚历山大·涅甫斯基公给予保护:“给我们卫队吧,别让我们遭到杀害”,“百姓不愿认领税额”。不愿认领税额的正是百姓,因为他们从经验上知道,摊派钱款的结果将会是什么。诺夫哥罗

① 《拉夫连季编年史》,第452页。

② 索洛维约夫:《俄罗斯全史》,第1卷,第1162页。

德编年史撰者也知道这点,所以在编年史中记载道:“贵族们减轻自己负担,平民却遭了殃。”

几年后,到了 1262 年,同样的情形又在罗斯托夫、苏兹达尔与雅罗斯拉夫尔重演。

《拉夫连季编年史》撰者十分公开地同情起义者。他断言道:上帝站在抗议“伊斯兰教徒残酷折磨”者的一边;上帝“在农民心里激起了不能忍受恶棍们的暴力的愤怒”;“热爱人们的上帝倾听了母亲们的祈祷,把人们从大难中拯救出来”;当时召开了热烈的市民会议,作出决议把包税人赶出去,把他们“从各城市,从罗斯托夫、苏兹达尔、雅罗斯拉夫尔赶出去”。

当人民群众起来抗议随鞑靼政权降临到他们头上的新的压迫时,贵族与王公们却帮助鞑靼人。他们想通过这样的途径保持与 228
巩固自己的特权地位,是不无道理的。

在 1259 年的诺夫哥罗德事件的记载中,这种情况描述得非常清晰:抗议的人民高呼道:“我们愿为圣索非亚,为天使的住宅光荣地殉难。”编年史撰者写道:“于是人们分为两派:善良的人们为圣索非亚与正教起来反抗。”诺夫哥罗德编年史撰者在这里同情的是群众。他将起义者称作善良的人们,将他们同主张向鞑靼人屈服,强迫“平民如数纳税”的“贵人们”加以对比。

王公们,尤其是较强大的王公(他们比任何别人更加了解罗斯同金帐汗国的力量对比),了解罗斯的暂时困境。

二位最有名的同时代的王公——亚历山大·涅甫斯基与加里奇的丹尼尔的行动在这一方面是极为突出的。

曾战胜瑞典人与里沃尼亚骑士的亚历山大·涅甫斯基亲自护

送鞑靼八思哈到诺夫哥罗德，保障他们的生命安全，强迫诺夫哥罗德人承认汗政权，“认领税额”。

到 1250 年时丹尼尔还想保卫自己国家的独立。这一年，在拔都的要求下，这位强大而且无疑非常勇敢的大公被迫来到了汗帐里。在那里，尽管承认顺从鞑靼汗政权使他痛苦，但他的举止还是有分寸的。《南罗斯编年史》撰者突出地描写了他在汗帐中汗面前的困难处境。汗向这位最强大的罗斯王公提出了臣服、纳贡的要求，如果不服从就以死亡相威胁。[①]

罗斯贵族除个别例外，都顺从了异族政权。

229 罗斯贵族顺从鞑靼人在很大程度上是由于害怕他们。据阿拉伯作家伊宾·阿昔儿说，鞑靼人“殴打与折磨的只是富人”。自然，胜利者在战时从农民和贫苦手工业者身上搜括不出什么来，因而很乐于掠夺贵族的财产。因此，贵族们急忙宣布归顺。

但是我们不可忘记，掠夺财产主要在战时才成为一种通常现象。后来，随着战胜者与被战胜者之间建立起比较稳定的关系，掠夺就采取了新的方式，变成了从罗斯人民身上榨取贡税的制度。我们看到，榨取贡税的制度完全通过罗斯王公们的手来实现，其主要负担落到了城乡劳动群众身上。

由此，我们就能完全明白下层人民反对鞑靼政权压迫的运动了。而罗斯贵族在这一斗争中却积极支持鞑靼人。

我们偶尔也见到关于鞑靼人直接剥削被征服国农民的记载。我们在《伊帕齐耶夫编年史》1241 年底下看到了关于加里奇的丹

① 《伊帕齐耶夫编年史》，1871 年，第 536 页。

尼尔·罗曼诺维奇破坏博尔霍夫国的值得注意的记载。丹尼尔“占领博尔霍夫国后,放火焚烧了这个国家,然后把它留给鞑靼人在上面种小麦、黍类;丹尼尔对他们不很仇视,因为他们把希望寄托在鞑靼人身上”。换句话说,事情是这样的,丹尼尔由于博尔霍夫国同鞑靼建立了密切的关系,归根到底不利于加里奇的丹尼尔的政治目的,才毁灭了这个国家。博尔霍夫国同鞑靼人之间的关系是怎么样的,我们难以准确地说出来。《伊帕齐耶夫编年史》在1231年及以后诸年底下,提到了博尔霍夫王公敌视加里奇公的中央集权倾向。格鲁舍夫斯基发现这些博尔霍夫王公可能是从前本地王公的后裔,但未能证明这一论点。有一点很明显,博尔霍夫王 230
公们与反对加里奇公的加里奇贵族站在一起。还有一点很明显,这个反对派以某种方式依靠鞑靼人。但是在这个有趣与耐人寻味的问题上,我们难以依据事实再说出些什么来了。格鲁舍夫斯基根据博尔霍夫国紧挨着基辅西面,又考虑到13世纪末鞑靼侵入以后,基辅已不复有基辅公这个虽没有完全证实但却十分可能的情况断言道,整个基辅国及博尔霍夫国全都落到了鞑靼的直接统治之下,即划入了金帐汗国疆域以内。不仅如此,格鲁舍夫斯基还断言,鞑靼人改变了这个地方的社会结构:他们消灭了这里的社会上层分子,建立了“公社制度”,[①]也就是某种意义上的无阶级社会。

不能不指出,格鲁舍夫斯基不仅在处理史料上极端粗暴,而且他的假设也不符合我们所熟悉的事实:鞑靼人不论在哪个地方都

① 格鲁舍夫斯基:《从雅罗斯拉夫逝世到十四世纪末的基辅国简史》,1891年,第455—459页。

没有改变被征服国家的社会制度，他们也未必办得到这一点。即便他们能够强迫被战胜者接受他们自己的生产方式，他们自己的生产方式也不能作为无阶级的社会制度的基础，因为这个时期的蒙古社会已经是阶级社会了。

格鲁舍夫斯基竭力用他自己的注释来抹杀与他这种见解显然矛盾的事实。例如，作者断言道，在鞑靼人将当地剥削者消灭后，当地居民“对于自己的地位很满意”。这显然很难与《拉夫连季编年史》上的下面一段记载协调一致：大主教马克西姆“不能忍受鞑靼人的暴行，丢下了大主教区从基辅逃出来，基辅人也全部逃散了”。因此作者只得解释说，《拉夫连季编年史》上的这段
231 记载“相当夸张”。格鲁舍夫斯基自己也同意说，大主教由于“主教座席收入减少”才从基辅跑到弗拉基米尔去，不过据他看来“收入减少这件事并不能证明该国完全衰落，贫困不堪”。总之，作者不管三七二十一地想证明鞑靼侵略没有给乌克兰造成损失，乌克兰部分地区反倒在新政权底下得到了好处，能在一种没有本地统治阶级的特殊社会制度下生活。竭力缩小战争破坏所造成的后果，也是同一作者另一部著作的特点。我们在此所说的是《乌克兰-罗斯史》。他在此书中干脆说，乌克兰居民习惯了这种侵袭，这是“一些习惯于军号声，在盔子下抚育长大”的人，遇到这种情况他们便到森林、沼泽、山谷、山洞里去逃难，鞑靼人的残杀对他们说来不是那么惨重。格鲁舍夫斯基还拿乌克兰在鞑靼侵略以后很快地欣欣向荣作为这一点的证明。但是他也承认，这种繁荣已经不能使过去的基辅复原了。

这样看来，除了编年史上有几句关于博尔霍夫国对鞑靼人

的特殊关系(这种独特关系可能仅存在于短暂的战争时期中)的不很明确的评语外,没有任何资料可以让我们断言说,以往基辅国的部分土地划入了金帐汗国疆域以内,处于它的直接剥削之下。紧接着鞑靼侵略后的那一时期的全部资料说明了另外一个情况:所有罗斯各国都是通过自己地方政权的代表而隶属于鞑靼汗的。

汗政权进到罗斯生活中来的最艰难的最初时期过去了。

王公、贵族、商人、教会较快地同鞑靼政权找到了共同语言。金帐汗国的贡税及其他赋役的主要承担者——人民群众,在侵略者与靠强大的鞑靼军队支持的旧统治者的联合力量的夹击之下,只得屈服了。 232

许多罗斯人从各地来到汗国的京城萨莱。由于东南地区,即亚速海沿岸及北高加索,自古以来就住着许多斯拉夫人,所以萨莱在1261年时很快建立了专门的正教萨莱主教管区,这是毫不足怪的。第一任主教是罗斯大主教基里尔三世任命的米特罗范。这个主教管区除萨莱外,还包括基辅国的彼列亚斯拉夫尔。当时这一主教管区的首脑兼有萨莱及彼列亚斯拉夫尔主教的头衔。[①]

但是,尽管有这些外表上调整得很好的关系,战败国与胜利者之间的敌意并没有消除。鞑靼人不能驯服罗斯国家,因为他们缺乏实现这一目的的组织手段,因为他们人数太少;最末了,还因为他们自己也被突厥(钦察)人同化了。罗斯与金帐汗国此后朝着恰好相反的方向发展着。

① E.戈鲁宾斯基:《俄罗斯教会史》,第2卷,1900年,第41,60等页。

如果说金帐汗国崩溃的因素十分显著地孕育成熟起来，那么同时在罗斯诸公国中间也正进行着有效的建立强大的民族国家的过程。

在罗斯人民中间，从金帐汗的统治下面获得解放的信念随着这一过程的深入发展，一天天巩固起来。

第六章　14 世纪金帐汗国与 233
罗斯的政治关系

我们已经看到，拔都的入侵对弗拉基米尔大公国及其邻国是多么沉重的打击。遭到打击的主要是罗斯东部诸公国。“鞑靼邻国的惶惶不安、人民的骚动遭到残酷镇压、鞑靼军的入侵、汗的八思哈及征收贡税者造成的痛苦，使这些地区在 13 世纪后半叶还不能恢复过来。居民向西部转移，这造成了 13 与 14 世纪之交‘年轻的’特维尔与莫斯科城及其邻近地区显著的繁荣。”①

在拔都侵入东欧之前，弗拉基米尔中央的威信极高，如今却显著地衰落下来了。弗拉基米尔大公亚历山大·涅甫斯基的活动在短时期内提高了这个公国的地位，但是后来我们看到，弗拉基米尔公丧失了外交、与汗国的来往及保卫边疆的领导权。“了解汗国”——成了各个王公的独立权利。

亚历山大·涅甫斯基的儿子们争夺政权的事件，很能说明罗斯与金帐汗国的关系。

亚历山大·涅甫斯基的长子彼列亚斯拉夫尔（札列斯的彼列 234
亚斯拉夫尔）公德米特利·亚历山大罗维奇继承了弗拉基米尔大公之位。

---

① A. E. 普列斯尼亚科夫：《莫斯科公国》，第 9 页。

他的弟弟安德烈起来反对他。他到汗国去贿赂汗王，取得了即大公位的敕令。他“为自己求得其兄的大公之位”，并“带来了鞑靼军队”。编年史上提到“贵族谢苗·唐格利耶维奇等叛臣”协助安德烈公，甚至鼓动他采取行动。由此我们可以推断说，在我们面前进行活动的并非王公的个人动机，而是贵族们的利益。可惜，我们难于对他们的作用进行较完全的彻底研究。[①]

德米特利不想服从汗，因此安德烈带着鞑靼军队强迫他离开了弗拉基米尔公之位。C. M. 索洛维约夫就这件事评述道：“由此可知，在这里同鞑靼的关系与过去同波罗维赤人的关系是完全一致的；一个王公要想攻打另一人时，就到汗国去，就如以前到波罗维赤人那里去会谈一样，并从鞑靼人那里雇来军队。”他所作的比较只有部分的正确性，因为在罗斯和波罗维赤与罗斯和鞑靼的关系之间有着重大的原则区别：波罗维赤人不像金帐汗国那样地在某种意义上占有罗斯国。

另一些罗斯王公也支持安德烈[②]；德米特利·亚历山大罗维奇“带着少数亲兵”逃到了大诺夫哥罗德。诺夫哥罗德没有接纳
235 他，却给他“指出了一条路”，于是，他就跑到普斯科夫去，在那里备

① 关于这点索洛维约夫写道：“这个材料特别重要。它向我们表明，那些过去是王公亲兵的贵族们，如今成了宫廷显贵，和王公在一块领地上安静地住下来取得了身份、地位……贵族由于定居获得了经常的利益……”(《诸王公关系史……》，第276页)。如果将索洛维约夫为了建立他的王公氏族关系理论所必需的贵族之“定居”撇开不管，我们就能获得完全正确的思想。

② “……(安德烈)向斯塔罗多勃斯克公伊万·米哈伊洛维奇及所有的罗斯王公派出使者。他们来了，并出了主意，接着他们就向彼列亚斯拉夫尔城德米特利·亚历山大罗维奇大公进兵。”(《尼康诺夫编年史》)

战。他集结了足够的兵力。安德烈再次赶到汗国，请来了新的鞑靼军队。但是这些新的鞑靼军队只蹂躏了国土，没有使安德烈的大公地位得到巩固。

事情是这样的，德米特利利用了汗国内部的复杂局面，向敌视金帐汗国的有势力的权臣万户那海求援。德米特利从那里获得了援助，在那海交给他的军队的帮助下，战胜了安德烈。安德烈重新跑到金帐汗国，从那里带来了新的军队。他领着汗国某个宗王向德米特利杀来。德米特利袭击他们，宗王逃回汗国去了，安德烈的贵族们被俘。

被击溃的安德烈带着另外六个王公一起到那海那里去控告德米特利。那海听取了他们的控告后，派自己的兄弟都颠带着大军同他们前去。这一次德米特利的命运最后地确定了。他必须退位；不久他就死了。

这一事件包含许多值得注意的情况：这里有罗斯诸公国间的内讧，有汗国庞杂的政治局面，有用来解决各王公私怨的鞑靼力量，有在复杂而混乱的斗争中支持王公们的各社会集团的利益所产生的私怨本身，同时这里也暴露了失去往日威望的弗拉基米尔公国的弱点。

13 世纪末，在罗斯诸公国中间，特维尔公国开始占有显著地位。14 世纪初（1304 年）弗拉基米尔大公去世时，特维尔公米哈伊尔·雅罗斯拉维奇到汗国去谋取大公的位置，他在汗国遇到了自己的竞争者莫斯科公尤里·丹尼洛维奇。莫斯科公也是为了同一目的到汗国来的。特维尔公取得了胜利，当上了“全罗斯的大公”。
显然，弗拉基米尔贵族曾预感到事情的转变，因为弗拉基米尔公一 236

死，他们就“赶到特维尔去”，建立对特维尔公的藩属关系。米哈伊尔·雅罗斯拉维奇力图占有大诺夫哥罗德、下诺夫哥罗德、弗拉基米尔、彼列亚斯拉夫尔、科斯特罗马，但是这些企图遇到了大诺夫哥罗德的大力抵抗及莫斯科的坚决抗议。

尤里·丹尼洛维奇向汗国控告了自己的竞争者特维尔的米哈伊尔；米哈伊尔被召到汗帐内，在那里被处死了，但尤里本人也在那里死在被处死的米哈伊尔·雅罗斯拉维奇的儿子手里。

号称卡利塔(1328—1341)的尤里之弟伊万，嗣立为莫斯科公。

我们知道，最后成为形成中的大俄罗斯国家中心的是莫斯科，而非特维尔。

这一点有它的原因。

年轻的莫斯科市镇的生命力真是惊人。1366 年，奥尔格德到来时它曾被焚毁，1371 年它被奥尔格德自己所焚毁，1382 年脱脱迷失到来时又被焚毁，1389 年“几乎全城遭殃，所剩无几”，1395 年大火又把上千所住宅焚毁，但是莫斯科每一次都从余烬中复兴了过来[①]。

现在我不准备叙述莫斯科城如此迅速成长的原因。为了我们的目的，此处只需强调这一成长的事实，并指出由此产生的后果。

鞑靼汗将任命大公的敕令授给最富强的一些罗斯王公是绝非偶然的，其条件是王公们必须向汗国保证正常地纳“出巡费”。但是如果认为鞑靼诸汗只出于这个打算，那就错了。

---

① И. Е. 札别林：《莫斯科城史》，1905 年 2 月，第 97 页；В. Г. 塞罗耶奇科夫斯基：《苏罗日商人》，第 20 页。

他们对罗斯诸公国的关系要复杂得多，为了保持他们对罗斯
的统治，他们必须仔细地监视着罗斯国发生的事。罗斯王公本身 237
在这点上帮助了他们，正如我们所看到的，他们在相互之间的复杂关系中多次利用了鞑靼政权。

“这个鞑靼人的一贯政策是使俄罗斯王公们互相遏制，助长他们的纠纷，使他们彼此势均力敌，而不让任何一个得以壮大。”[①]另一方面，莫斯科公伊万·卡利塔则把汗变成了“……用以剪除最危险的竞争者和扫除篡权道路上的一切障碍的工具。他并不征服封土，而是暗地里使鞑靼征服者的权利完全为他的利益服务”。[②]

伊万·卡利塔利用鞑靼人不仅粉碎了自己的竞争者特维尔公，而且在全体罗斯王公中间牢固地占据了首位，巩固了莫斯科过去所想夺取的政治地位。

伊万·卡利塔利用了 1327 年特维尔的反鞑靼运动。在这年里，汗的使臣，月即别汗的叔伯兄弟绰勒汗（罗斯史料上作 Шевкал 或 Щелкан）来到了特维尔。现在我们难以确凿地断定，为什么使臣的到来引起了特维尔人的抗议，但是我们知道得很清楚，特维尔用武装起义反对绰勒汗。特维尔人胜利了。战败的绰勒汗逃到王公的宫里避难。特维尔公亚历山大下令将这座宫烧掉。宫殿和鞑

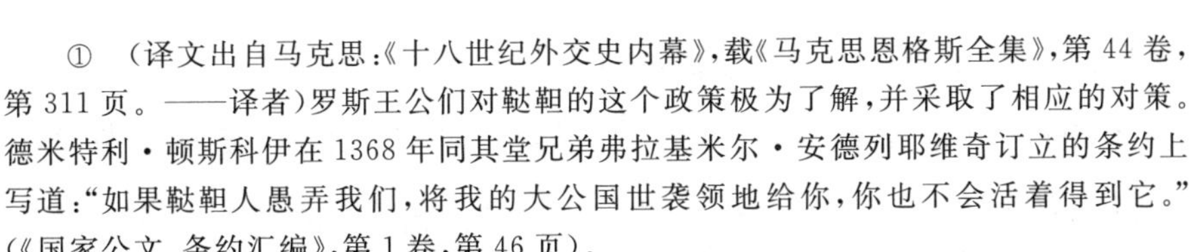

① （译文出自马克思：《十八世纪外交史内幕》，载《马克思恩格斯全集》，第 44 卷，第 311 页。——译者）罗斯王公们对鞑靼的这个政策极为了解，并采取了相应的对策。德米特利·顿斯科伊在 1368 年同其堂兄弟弗拉基米尔·安德列耶维奇订立的条约上写道：“如果鞑靼人愚弄我们，将我的大公国世袭领地给你，你也不会活着得到它。”（《国家公文、条约汇编》，第 1 卷，第 46 页）。

② 译文出处同上书，第 311—312 页。——译者

靼人一起烧掉了。很难确凿地断定，是卡利塔自己赶到汗帐中去，
238 还是被月即别汗召见的；所知道的只是，卡利塔来到了汗帐里，带了五千鞑靼军队加上苏兹达尔军队按照汗的命令向特维尔进军，将特维尔国“夷为平地”。

特维尔公亚历山大·米哈伊洛维奇企图到诺夫哥罗德去避难，但是诺夫哥罗德不敢接纳他，公然站在鞑靼人与卡利塔一边。

准备武装起义反对鞑靼人的普斯科夫接纳了他。但是事情没有发展到发生战争的程度，卡利塔用另一种武器战胜了自己的敌人。莫斯科大主教菲奥格诺斯特将普斯科夫人开除出教会。这个手段见了效，亚历山大跑到立陶宛去了。

1337年他重新获得了月即别汗的恩典，在他的许可下重新登上特维尔宝座，但为时不久。卡利塔设法激起了汗对自己敌人的怒火。亚历山大被召到汗帐里处死了(1339年10月29日)。

伊万·卡利塔的行动是有步骤的。他使用了一切手段为达到自己的政治目的而奋斗。他死时莫斯科公国不仅疆土大为扩展，而且政治地位也与往日不同。莫斯科公的政权性质发生了显著改变。

随着莫斯科公权力的加强，莫斯科的贵族反对派也显著地得到了发展。最显赫而富有的贵族不愿丧失自己的独立地位。在卡利塔的儿子谢苗时代，他们的首领是莫斯科千户阿列克塞·彼得罗维奇·赫沃斯特。但是最后他们的企图彻底失败了。千户逃跑了，他的财产被没收后，分配给了谢苗公的亲人们。接着谢苗公要求自己的兄弟们在他们父亲伊万·卡利塔的墓前宣誓：他们将服从谢苗，决不听从想扶持他们反对他的贵族，决不收留赫沃斯特与

他的子孙。

贵族们将谢苗称为骄傲的谢苗。

这位"骄傲的"王公到汗帐去了五次，每次都从那里得到新的恩赐。汗命他"管辖"所有的罗斯王公。

立陶宛公奥尔格德认为莫斯科公国是立陶宛国家进一步发展的障碍。

立陶宛公奥尔格德企图拉拢鞑靼汗同他一起征讨莫斯科。

谢苗公得知这一情况后，马上去见汗。他向他指出奥尔格德已经侵占了一部分汗的兀鲁思（乌克兰与白俄罗斯），如今又想来侵占忠于汗的莫斯科，侵占了莫斯科后奥尔格德无疑地就会来打汗国。谢苗用立陶宛来吓唬汗，恰如奥尔格德用莫斯科来吓唬汗一样。

汗站到了莫斯科方面。

谢苗公不久患鼠疫病死去了（1353 年）。

他的嗣位者，其弟伊万也活得不长，死于 1359 年。伊万死后遗下了两个年幼的儿子德米特利（后来又名顿斯科伊）和伊万及一个侄儿弗拉基米尔·安德列耶维奇。苏兹达尔公德米特利·康斯坦丁诺维奇想利用时机，连忙赶到汗帐里去，取得了就任大公位的敕令。莫斯科面临着丧失自己政治地位的危险。

在莫斯科困难的日子里，当时最大的政治家莫斯科大主教阿历克塞搭救了它。在汗国内发生相当复杂的事变时，他带着三个孩子同几个贵族来到了汗帐。

将大公位授给苏兹达尔公的那个汗被杀死了，另一个汗代替了他。汗国被两个汗瓜分，一个是木里，另一个是有势力的万夫长马买操纵下的奥都剌。很难猜想这两个汗，哪一个强些。莫斯科人向木里提出请求，木里将敕令颁给了年幼的德米特利·伊万诺维奇大公。奥都剌则支持苏兹达尔的德米特利。

但是这个复杂问题由斗争双方的力量对比所解决。莫斯科较
240 强大，苏兹达尔公尽管有敕令在手，还是只得自认失败。

这件事必须大书特书。在汗国显然削弱的情况下，莫斯科开始掌握了主动。德米特利·伊万诺维奇在位(1362—1389)时莫斯科的主动地位并未削弱。

特维尔公向汗帐取得就任大公位敕令的企图，形式上获得了完全成功，但是当他同莫斯科冲突时就遭到了彻底的失败。

1375 年，莫斯科军队包围了特维尔，使它遭受到重大的军事打击。就在这时德米特利·伊万诺维奇同战败的敌人缔结了有重大意义的协议：(1)特维尔公必须承认自己为莫斯科的德米特利之“弟”，即对他保持藩属地位；(2)作为臣属的公，他必须按照莫斯科的要求向莫斯科公提供军事援助；(3)以前一直包括在特维尔公国版图内的封邑卡申公国从此独立；(4)我们最感兴趣的一点是关于一旦出兵反对鞑靼的问题：“我们将遵守如下条约：不论我们同鞑靼讲和、向他们缴纳税款与否，我们彼此间都要开诚布公。当鞑靼来进攻你或我们时，我们一起去抗击他；**当我们向他们出兵时，你也同我们一起去攻打他们**。”①

这跟弗拉基米尔公无动于衷地坐看梁赞在鞑靼大军的打击下灭亡，已经有了根本的不同！

---

① 《国家公文、条约汇编》，第 1 卷，第 46—47 页。黑点系格列科夫所加。

从那以后，有了很大的变化。封建割据时期正走向结束。甚至强大的邻邦也重视莫斯科的势力，较弱的邻邦就不用说了。241

由于商品经济的发展，产生了在割据的诸邦之间加强联系的要求，明显地产生了建立俄罗斯国家的过程。这个国家因为其物质资源和政治团结而很强大。

不言而喻，莫斯科授意签订的莫斯科的德米特利同特维尔的米哈伊尔的条约的条款，不会不引起汗国的注意。鞑靼汗于是出兵来攻打莫斯科。1378 年鞑靼军队败于沃查河上（该河在距梁赞不远的地方由右岸流入奥卡河）。马克思说："这是俄罗斯人战胜蒙古人的头一次正规战争。"①

马买不可能看不到，他的"藩臣"莫斯科公已经不甘屈服，而鞑靼的贡税来源就可能完全断绝。

他决定亲自出兵征讨莫斯科，为此他在自己所统治的下列各民族中征集了庞大的军队：伏尔加波雅尔人、不儿塔思人、阿速人与鞑靼人。他认为这支武装不可靠，又同立陶宛的雅盖洛公缔结了进攻性同盟，雅盖洛的军队必须到顿河上同鞑靼人会合。俄罗斯梁赞公也同马买会合到了一起。

莫斯科也认真地准备作战。莫斯科公德米特利·伊万诺维奇召集了所属的同盟王公的亲兵。德米特利麾下有弗拉基米尔人、苏兹达尔人、罗斯托夫人、雅罗斯拉夫人、别洛哲尔人、穆罗姆人、勃良人与普斯科夫人。根据不久以前发现的资料，可以认为还有一部分诺夫哥罗德军队参加了库利科沃之战，虽然诺夫哥罗德贵

① 马克思：《马恩文库》，第 8 卷，《编年摘要》，第 4 册，第 150—151 页。

族不同情莫斯科的政策，站在立陶宛方面。梁赞站在鞑靼人方面。据编年史编撰者说，德米特利出动了十五万军队。

8 月，这支军队南进，想预防敌人侵入俄罗斯境内。

9 月 6 日，军队开到顿河上。为了断绝可能后退的一切想法，
242 领袖们下令渡过顿河。

9 月 8 日渡河完毕，军队到达涅普里亚德瓦河口，出现在库利科沃原野上。

阴天。浓雾弥漫在田野上，但九点钟时天已大亮。晌午时，鞑靼人来了。午后一点左右，展开了厮杀。编年史编撰者说，这是前所未有的战斗：在十俄里的原野上，布满了战士，血流成河。鞑靼人开始取得了胜利。俄罗斯军后退。战胜者追了上来。但是三点钟时情况发生了变化。塞尔普霍夫公弗拉基米尔·安德烈耶维奇和从立陶宛来为莫斯科公效劳的沃伦人德米特利·博勃罗克将军的精锐部队从埋伏地点冲了出来。

塞尔普霍夫的弗拉基米尔一看见自己人逃跑，就想冲上去援助，但博勃罗克阻住了他，直到追击逃军的鞑靼人转身背朝着埋伏地点。这时博勃罗克飞也似地向鞑靼人冲过去。局势一下子发生了变化。逃军停住了，重新转入进攻。鞑靼人被彻底击溃。督战的马买带着残余部队逃跑了。他在 1223 年罗斯-波罗维赤联军被鞑靼人战败的那条阿里吉河上，被自己的对手脱脱迷失所击溃。脱脱迷失是来从马买处夺取金帐汗国宝座的。被击溃的马买奔向卡法（菲奥多西亚），在那里被杀。

罗斯在莫斯科的领导下在库利科沃原野所取得的胜利对全罗斯具有重大意义。这一事件在欧洲引起了广泛的反响。马买的同

盟者、当时统治着基辅罗斯大部分土地的立陶宛，对于这一事件的感觉必定特别强烈。关于这点波兰历史学家科兰科夫斯基写道：“莫斯科在库利科沃原野的决定性胜利不仅对于雅盖洛的国内政策是一个沉重的打击，而且也将成为立陶宛政权对罗斯的威信的真正灾难。要晓得信仰正教的俄罗斯公，一下子粉碎了所有的鞑 243
靼军队。摧毁了迄今为止全罗斯的威严的统治者，使立陶宛公在这方面的全部努力落了空……坐在莫斯科宝座上的，是圣弗拉基米尔与莫诺马赫的后裔，现在头一次享有罗斯解放者称号‘全罗斯大公’（黑点系格列科夫所加）的统治者。”①

立陶宛政权为了使它所管辖的那一部分罗斯土地和住在莫斯科的“全”罗斯大主教脱离宗教关系而在基辅设置基普里安大主教的行动，是很典型的。库利科沃之战后，基普里安来到莫斯科当了“全”罗斯大主教。欧洲与亚洲面对这个事件，有必要认真地估计这一具有世界意义的新事实。

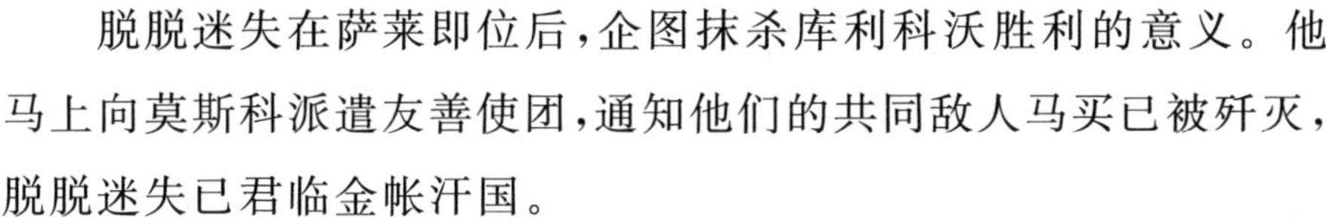

脱脱迷失在萨莱即位后，企图抹杀库利科沃胜利的意义。他马上向莫斯科派遣友善使团，通知他们的共同敌人马买已被歼灭，脱脱迷失已君临金帐汗国。

德米特利十分尊敬地接见了来使们，并用珍贵的礼物将他们打发回去，但没有提出继续对汗国保持附庸关系的问题。下一年汗又对德米特利提出了臣属及纳贡的要求，莫斯科没有给予答复。

脱脱迷失决定向莫斯科进兵。他从经验中学了乖，不再冒险发动公开进攻，而把自己的意图隐蔽起来。他下令将当时住在萨

① 卢·科兰科夫斯基：《立陶宛大公国史》，1935年，第20页。

莱的俄罗斯商人全部逮捕处死，以免商人将他进行准备的消息传到莫斯科去。

梁赞公奥列格得知脱脱迷失出动后，帮助鞑靼军队悄悄地来
244 到莫斯科。尼热戈罗德公也同梁赞公勾结，他将自己的两个儿子，
瓦西里与谢苗派到了脱脱迷失处。

德米特利得知敌军临近，便到北方去召集军队。城里留下了他的妻子与基普里安大主教。莫斯科的统治者失掉了首脑。许多人想逃跑，莫斯科市民起初不让他们走，后来决定让大主教与王妃出走。

市民决定保卫城市，他们所组织的保卫战使脱脱迷失攻不下莫斯科。

脱脱迷失在莫斯科城墙上看到了当时军事技术上的新武器——弩机与炮。在保卫战的著名组织者中间，编年史撰者提到了立陶宛公奥斯帖与泥匠亚当。

脱脱迷失用欺骗手段与诡计攻下了内城。守城者被屠杀。

鞑靼军在莫斯科国土上四散开来，破坏了莫斯科的许多城市。德米特利带着一家子躲到科斯特罗马，大主教躲到了特维尔。

特维尔公来到脱脱迷失处致敬，想取得大公的位置。脱脱迷失虽然取得了成功，却对库利科沃之战的教训记忆犹新。

当弗拉基米尔·安德烈耶维奇展开反击，击溃了相当多的鞑靼军时，脱脱迷失连忙退出莫斯科国境。他沿路蹂躏了梁赞国。

德米特利·顿斯科伊来到莫斯科，埋葬了被杀死的人。据某资料说，死者有二万四千人，而另一种资料则为一万二千人。

在这些事件发生后，莫斯科公被迫在若干时期内重新向鞑靼

纳贡，但是莫斯科公国的地位已经不同了，它对金帐汗国的关系也改变了，正像金帐汗国本身也发生了变化一样。

德米特利·顿斯科伊在遗嘱中将大公国称为自己的世袭领地，亲自指定长子瓦西里继承。顿斯科伊已经不怕特维尔与苏兹达尔的人成为自己儿子的竞争者了，也不考虑汗会颁发勅令给别
人。他在同他的堂兄弟，我们所熟悉的弗拉基米尔·安德烈耶维 245
奇订立的条约中直接写道："如果上帝现在使我们摆脱了汗国的羁绊，我分得三分之二土地，你分得三分之一，"（1388年条约）"如果上帝不再护佑汗国我们就不用向汗国进贡了。"（1389年条约）[①]

金帐汗国日趋衰落。当它遭到帖木儿的打击之后，它已无法恢复过来了。14世纪末在汗国内掌握大权的万户也迪该，决定向莫斯科提醒它所应履行的义务。这份给顿斯科伊之子莫斯科公瓦西里的函件很有意思。兹摘引如下：

"也迪该敬告瓦西里殿下，百拜顿首！……我们听说，在你的城市里发生了一些不合道理的事：君王的使臣与商人从汗国到你们处来时，遭到了你们的嘲笑……贵邦（兀鲁思）从来就属于君王，敬畏君王，缴纳赋税，尊敬君王的使臣，不虐待、不侮辱商人。你顶好去问一下老人，以前的情形是怎么样的；而你现在不这样做，也不去问老人。当帖木儿·忽都鲁王坐上宝座，你成为贵邦之主时，没有人从贵邦到汗国君王处来朝觐，君王没见到它的王公来朝，你们没派来年长或年青的贵族以及任何的人，也没让子弟带来一句话。后来，在沙迪别在位八年期间，贵邦也没有人来朝觐……如今

① 《国家公文、条约汇编》，第1卷，第56、63页。

沙迪别去位，不剌·锁鲁檀即位已经三年，你不但本人不来朝觐，也没将子弟或年长贵族派来。需知你乃是贵邦诸王公之长。”①

也迪该接着提到了必须向汗国纳款：“为使贵邦不受秋毫之犯，可按照向札尼别王纳贡的旧例，让你的一名贵族带着旧的赋税
246 到我处来。”也迪该不相信莫斯科“国力疲弊，没有人缴得出赋税”。他问道：“贵国向全体人民每二把犁就收一卢布，这些银子到哪里去了？”

但是跟脱脱迷失一样，也迪该也不敢公开地向莫斯科进攻，他只想通过阴谋诡计取得成功。1408 年，他通知瓦西里公说，汗带着全部军队正向立陶宛进发，而他本人却以迅雷不及掩耳之势进袭莫斯科，但莫斯科没被攻下。莫斯科已经能够抵御突如其来的袭击，保卫自己。

当莫斯科以有信心的步伐走向繁荣时，金帐汗国却一直崩溃下去。15 世纪初，克里木脱离了金帐汗国，接着如今称为喀山汗国的不里阿耳汗国也脱离了金帐汗国。15 世纪 80 年代初，阿斯塔剌罕汗国也独立了。

① 《国家公文、条约汇编》，第 2 卷，16—17 页。

第七章　有关鞑靼政权在俄罗斯 247
历史上的意义的最主要见解

在历史文献上，有关鞑靼政权在俄罗斯历史上的意义的见解很多。

历史家们的见解在很大程度上是直接在鞑靼政权制度下生活过的当时人们对鞑靼人的见解的回声。

从前引的许多编年史上的原文中，我们看到，编年史家们所强调的主要是落在战败民族头上的灾难以及罗斯王公与贵族们所受的直至痛苦地死去的耻辱。[①] 甚至当罗斯王公觐见鞑靼汗得到圆满的结果时，编年史撰者也仍沉痛地喊道："鞑靼人的恩宠比祸事还坏！""鞑靼人口蜜腹剑！""他们的恶毒和阿谀、奉承没有个完。"[②]

当时传教的时候常常描述鞑靼侵略所造成的灾祸。

弗拉基米尔主教塞拉皮昂在13世纪末的一次传教中说道：
"你们始终没有变样！什么样的惩罚我们没有从上帝那里受到呢！248
难道说我们的土地没有被侵占？我们的城市没有被攻占？难道说

---

① "苏兹达尔大公雅罗斯拉夫被毒杀。契尔尼戈夫公米哈伊尔由于不向灌木林下拜，同贵族费多尔一起被斩……还有许多王公和贵族遭到杀害。"（见《伊帕齐耶夫编年史》1250年下的记载，及其他编年史上的许多记载。）

② 《伊帕齐耶夫编年史》，1871年，第536—537页。

我们的父兄没有横尸遍野？我们的妻子、儿女没有被抓去当俘虏？活下来的人哩——难道他们没有在异族的奴役下痛苦地工作？这样的痛苦与折磨已经继续了四十年了！”在另一次传教中他表达得更强烈：“……他（上帝）给我们引来了残酷、凶暴的民族，这个民族不怜惜少年人的美丽、怜悯老年人的虚弱和孩子们的童稚。我们引起了上帝的愤怒，上帝的教会遭到了破坏，祭器遭到了污渎，圣物遭受到践踏，圣徒剑下丧生，僧侣的尸体拿来喂鸟，我们父兄的血，像洪水般地泛滥在大地上。我们的王公与将军们丧失了勇气，我们的勇士被吓跑了。他们有多少人当了俘虏！我们的村庄长起了树丛。我们的尊严扫地，我们的美丽毁灭了。财富、劳动、土地——全都成了异族的财产。我们耻辱地为邻国效劳，成为敌人嘲笑的对象。”①

1274 年基里尔大主教在弗拉基米尔大教堂里讲的话也与此相仿。

但是对于被鞑靼汗驱到罗斯来的鞑靼人民，同一个塞拉皮昂所说的却是另一些话，用的是另一种口气。他说：“可诅咒的人虽然不懂上帝的律令，但是不杀自己的教友，不抢劫他们，不霸占别人的家宅；没有一个可诅咒的人出卖自己的兄弟，如果他们之中有人遭遇不幸，他们就赎出他，给他谋生计；拾到什么就拿到市场上去招领。”这是一个根本不会把鞑靼人民理想化的人对鞑靼人民所作的描述。这未必是因为鞑靼政权对待罗斯教会极其宽容。要晓

① 引自 C. 沙姆比纳戈的译文，略有改动。见多夫纳尔・札波尔斯基编的《俄罗斯史》，第 577—578 页。

得，尽管有这一情况，塞拉皮昂不是也抨击鞑靼汗及其臣下的统治 249
措施吗？塞拉皮昂把执政者及其机构，也就是把发动远征并靠打胜仗捞一把的人，同他们经常用掠夺战争及战利品来腐蚀的游牧民群众区别了开来。

当时人们对待鞑靼征略，对待征略的策动者，以及他们对待鞑靼人民群众的态度，似乎也影响到后人对于这一时期的见解。

18世纪史家博尔廷写道："鞑靼人逐一地占领了诸公国，向被奴役的人们索取贡税，为征收贡税而留下了自己的八思哈，并在城市里驻扎了军队，然后他们才返回本国去。在他们的统治下，俄罗斯人遵奉原有的法律。风俗习惯、服装、语言、人名、地名仍跟过去一样……这一切都证明了，罗斯所遭到的破坏与蹂躏不像欧洲国家那么深重和无所不至"（博尔廷系指罗马人的侵略）。[①]

卡拉姆津却作出了另一种评价："拔都的入侵推翻了罗斯。生命的火花有可能熄灭，但幸好没有熄灭；名字、日常生活依然如故；只不过展示了对人类说来可悲的事物的新秩序，乍看起来尤其如此。进一步观察时可以从祸中看到福的根源，从破坏中看到完整居胜。"

"蛮人的阴影遮蔽了罗斯的地平线，当有益的知识与习惯在欧洲日益增多……出现各种大学……的时候，阴影却挡住我们的视线，使我们看不见欧洲。此时受蒙古人宰割的罗斯将全副力量用来保存自己免于灭亡……""忘掉了民族的骄傲，我们学会了卑下的奴隶般的狡猾……""人民的品性永远由环境决定……俄罗斯人

① 博尔廷：《对列克列尔克书的注释》，第2卷，第295页。

今天的性格还流露出蒙古人的野蛮手段加在他们身上的污迹。"卡
250 拉姆津以为，在鞑靼的影响下"国家的内部秩序"改变了，"凡是具有自由与古代公民权利形式的东西都受到限制，不复存在"，"莫斯科与特维尔的重要性开始于蒙古人时代"。

卡拉姆津的同时代人与反对者波列沃依从较广阔的角度上对俄罗斯历史上的蒙古时期进行过观察。他认为这是欧洲与亚洲的斗争，改变亚洲，将亚洲改造成欧洲样式的任务，落到了罗斯的身上。"罗斯在立陶宛的剑上将自己的剑磨快，为的是推翻蒙古人。"罗斯的力量在蒙古政权时期加强了。汗国没有猜到"汗的热烈的崇拜者，危害亲人的卡利塔的孙儿会向汗国射箭"。①

索洛维约夫从内部有机发展的观点来分析俄罗斯史，没有对鞑靼政权这一从外面进入俄罗斯历史的现象赋予重大意义。按照他的见解，鞑靼人甚至在征服后的最初时期也没有对被征服国的内部制度发生重大的影响。罗斯的命运受内在本性的因素决定。鞑靼人的统治是游牧的野蛮人在伟大的东方平原上的古老统治的继续。"由于在这里(在罗斯——格列科夫注)一个欧洲国家已开始集中和加强起来"，②库利科沃之战预示此种统治必将结束。在索洛维约夫笔下的俄罗斯历史的古代时期，即被他题作"莫斯科国家形成以前罗斯历史概述"的最后简评中，他很少谈到鞑靼的压迫，似乎只是顺便谈了谈，这一事实在很大程度上说明了他对鞑靼

① H. 波列伏依:《俄罗斯民族史》，莫斯科，1833 年，第 5 卷，第 10—11，17，22—23 页。

② 索洛维约夫:《俄罗斯金史》，第 1 卷，第 1345 页。

侵略的态度。他甚至准备在罗斯-鞑靼与罗斯-波罗维赤关系之间画上等号(见该书第165页)。

科斯托马罗夫对罗斯中央集权国家的形成过程的理解是根本 251 错误的。他毫无根据地将鞑靼人在这一过程中实际所起的相反的作用派给了他们。他说,鞑靼人在罗斯所建立的全民性的普遍奴役,使得分裂为分地的国土统一了起来。汗为了更有利于征集贡税,需要这种统一。[①]

别斯图热夫·留明不否认鞑靼人对形成中的莫斯科国家,尤其是行政与财政方面所起的作用。他指责索洛维约夫对鞑靼人在俄罗斯生活发展上的影响估计不足,而卡拉姆津与科斯托马罗夫对这一点却有所夸大,认为这些见解都"走了极端"。他强调指出了由于鞑靼政权产生的间接后果:东罗斯与西罗斯的分裂,教育的停滞,风俗习惯在一定程度上变粗野了。但他也未能克服资产阶级科学的观念,认为莫斯科不是从鞑靼人那里,而是从拜占庭取得皇权概念的。[②] 甚至专门研究俄罗斯政权发展问题的M. A. 季亚康诺夫[③]与B. И. 萨瓦[④]也同意了这一非科学的因袭论调。

与自己的同时代人相比,克柳切夫斯基不仅没有在罗斯国家形成问题的理解上有所进展,而且在这个问题上回到了最蹩脚的解释上。他重复了科斯托马罗夫的说法。他所依据的论点是,"在王公们(分占采邑的王公们——格列科夫注)的相互关系上,看不

① 科斯托马罗夫:《古罗斯强大统一的开始》。

② 别斯图热夫·留明:《俄罗斯史》,第1卷,第5章,第278—279页。

③ M. A. 季亚康诺夫:《莫斯科君主的政权》。

④ B. И. 萨瓦:《莫斯科沙皇与拜占庭皇帝》,哈尔科夫,1901年版。

到任何秩序”。克柳切夫斯基继续说道:“因此如果完全听之任之,他们(分占采邑的王公们——格列科夫注)就会把自己的罗斯分裂成没有联系的、相互间永远敌对的碎块……汗政权使彼此疏远的罗斯王公的小块世袭领地统一起来,即使这种统一只是
252 一星半点的统一迹象。”“汗政权是鞑靼的一把大刀,它把弗谢沃洛德三世的后裔在自己国事上紊乱的结子切断了。”[①]从而他跟科斯托马罗夫一样,在理解俄罗斯史的这个最重要的问题上,犯了最大的错误。

普拉托诺夫认为鞑靼汗具有制止公国“内讧”的作用,但他同时指出,鞑靼侵略引起“苏兹达尔罗斯……同诺夫哥罗德罗斯及西南罗斯”的完全分裂,“苏兹达尔与梁赞国的居民不由自主地接受了鞑靼人的若干制度(财赋理算、行政习惯),因而不可能同脱离他们的罗斯部其他支系及西欧进行广泛与自由的联系。因此在13—14世纪鞑靼时代的罗斯东部出现了文化上的若干停滞与落后现象。”[②]不难看出,普拉托诺夫既不了解各个公国停止内战的真正原因,又不了解鞑靼对罗斯国家形成所起的作用是阻碍作用,而不是促进作用。

克柳切夫斯基及普拉托诺夫的许多同时代人也同意他们的错误看法,这对我们来说一点也不突然。

例如,塞尔格耶维奇也赋予了鞑靼政权不小的意义。他写道:“鞑靼的入侵,使罗斯诸侯头一次同一个不可与之建立协议,必须

---

① 克柳切夫斯基:《俄国史教程》,莫斯科,1906年,第51页。

② С.Ф.普拉托诺夫:《俄国史教程》,1911年,第88—89页。

无条件地向它臣服的政权打交道……

“鞑靼人虽然没有在罗斯土地上留下来，但他们从远方统治着
罗斯，他们的统治使我们的生活起了深刻的变化。”王公与教会承
认汗政权，“人民却必须为这一顺服付出代价。”“诸汗作了使罗斯 253
在政治上联合起来的最早的尝试，与汗的自身利益正相反，诸汗使
各王公听命于他们所爱戴的大公。”在鞑靼时代，市民会议变成了
过时的东西。[①]

罗日科夫在他所著的历史中没有专门谈到鞑靼对罗斯的统治，因此使我们有权利得出结论说，他不重视我国历史上的这一重大事实。

M. H. 波克罗夫斯基在这个问题上发表了反科学的观点。波克罗夫斯基接受了克柳切夫斯基关于我国古代的城市与商业的意义的公式，将鞑靼人看作促使城市的罗斯“分解”为乡村的罗斯的进步力量。“鞑靼人的破坏使得早在鞑靼人到来之前就已显露出来的纯粹由于地方经济条件而发生的过程，即 10—12 世纪城市罗斯解体的过程，一下子就结束了。”“鞑靼统治时期不仅朝着旧罗斯解体的路线发展，而且向着新罗斯——莫斯科罗斯形成的方向发展。”[②]除了这个总的意义外，波克罗夫斯基还指出了鞑靼政权的一系列个别的积极方面：似乎“它建立了比鞑靼人本身存在得长久得多的正确的分摊赋役的制度”，鞑靼人“使社会关系产生了深刻变化”[③]，使城乡居民平等地担负贡税。

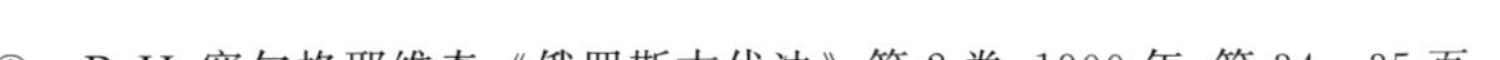

① В. И. 塞尔格耶维奇：《俄罗斯古代法》，第 2 卷，1900 年，第 34—35 页。

② М. Н. 波克罗夫斯基：《俄罗斯史》，第 1 卷，1920 年，第 105 页。

③ 黑点系格列科夫所加。

作者的全部观点，全部荒谬论调都表现在这里了。对基辅国家结构的错误理解乃是进一步发挥如此无根据的谬论的基础。将城市的罗斯与乡村的罗斯对立起来，并捏造出虚构与不可思议的
254 “分封的莫斯科(!)罗斯”——这些都不能帮助波克罗夫斯基评价像鞑靼侵略及鞑靼汗对被征服国实行二百多年统治那样的重大事件，在俄罗斯历史上的作用。

乌克兰民族主义的、反科学的、有政治倾向性的史学在这个问题上占据着特殊位置。

M. C. 格鲁舍夫斯基正确地反对了波兰的所谓乌克兰在蒙古人打击下完全荒芜、接着波兰人向乌克兰全面移民的理论。他同样正确地反对了所谓在鞑靼袭击下乌克兰人从荒芜的乌克兰向东北，即往伏尔加——奥卡河流域迁移的大俄罗斯理论。但他不仅竭力缩小鞑靼人所造成的破坏，还想从鞑靼侵略中发现促进乌克兰建立特殊的，他所谓的“公社”制度的因素。这种“公社”制度是由于“富有阶级”消灭、贫穷化、外迁，当地社会“贫富差异消失”而出现的，它促进了社会关系的民主化。[①] 如果将格鲁舍夫斯基的基本思想照直说出来，就会归结为：乌克兰早在 13 世纪时即已建立了无阶级社会。

乌克兰近年所出的著作已经有了根本不同的看法。乌克兰史学家认为，鞑靼侵略导致封建压迫的加强。在二百年中，乌克兰大部分国土在鞑靼汗的压迫势力下发展着。鞑靼人所采取的残暴政

① M. C. 格鲁舍夫斯基：《从雅罗斯拉夫逝世到十四世纪末的基辅国简史》，1891 年，第 448—559 页等处。

策严重破坏了国家的生产力，使得整个第聂伯河流域地区荒芜。鞑靼统治时期的农民群众处于双重压迫之下。

如今，再也没有一个乌克兰史家谈到乌克兰的无阶级社会了。255

资产阶级史学在其存在的末期对俄罗斯历史上这个最重大的问题作出了此种可悲的结论。

贵族资产阶级史家虽然不能理解我国历史上鞑靼压迫所起作用的真正本质，也无法评价罗斯人民的英勇斗争在罗斯及西欧各族人民历史命运中的伟大解放作用，但当时俄罗斯人民的伟大爱国者却已经能够比职业史家更好地胜任这一任务了。普希金写道："崇高的使命落到了罗斯身上：她那一望无际的平原消耗尽了蒙古人的力量，使得蒙古人的入侵就在欧洲的边缘上停住；蛮族不敢把被奴役的罗斯留在自己的后方，他们回到自己的东方草原上去了……[①]"Н. Г. 车尔尼雪夫斯基断言："不，罗斯在政治史上不是像匈奴人及蒙古人那样的征服者与掠夺者，而是打碎蒙古桎梏的拯救者。他们用自己强有力的脖子顶住蒙古桎梏不让它进入欧洲，成为阻挡它的一垛墙……"[②]

斯大林十分明确地谈到了自己对金帐汗国统治罗斯的态度："奥德帝国主义者用刺刀带来新的可耻的压迫（系指 1918 年奥德二国进犯乌克兰之事——格列科夫注），这种压迫丝毫不比旧日鞑靼人的压迫轻些。"[③]

① 《普希金全集》（六卷本），第 6 卷，1936 年，第 209 页。

② 《车尔尼雪夫斯基文集》，载《〈文学遗产〉汇编》，第 2 卷，1928 年，第 44 页。

③ 译文出自《斯大林全集》，中文版，第 4 卷，第 42 页。——译者

斯大林在庆祝我国首都建都八百周年纪念的贺词中关于莫斯科在俄罗斯历史上的作用说得还要清楚。

“莫斯科的功绩不仅在于，它在我们祖国历史上曾三次从外国
256 的压迫下——从蒙古的枷锁下，从波兰-立陶宛的侵略和法国的入侵中解放了祖国。”莫斯科“成了把分散的俄罗斯联合为一个有统一政府、统一领导的统一国家的基础”。[①]

以莫斯科为首的俄罗斯国家是在俄罗斯人民同金帐汗国的压迫进行艰苦斗争的过程中，而不是在鞑靼人的促进下建立起来的。它不是由金帐汗国建立的，而是违反鞑靼汗的意志，违反汗政权的利益诞生的。

这个俄罗斯国家在保卫整个国土免受鞑靼人及对俄罗斯土地有野心的其他邻国的侵犯上起了重大作用。

我们不止一次地坚信马克思关于金帐汗国政权对俄罗斯民族历史影响的评价。在他的评语中，我们没有看到哪怕是关于这一历史现象的进步性的隐约暗示。相反，马克思激烈地强调了金帐汗国政权对俄罗斯历史的深刻消极影响。

俄罗斯人民本身毫不动摇地确定了自己对金帐汗国的态度。

关于这个问题，B. O. 克柳切夫斯基十分正确地指出：“从八世纪起几乎一直延续到 17 世纪末为止，同草原游牧民，即波罗维赤人、凶恶的鞑靼人进行的斗争是俄罗斯人民最沉重的历史回忆，它

① 译文出自《斯大林同志庆祝莫斯科城八百周年的贺词》，载《斯大林文选》，人民出版社，第 503 页。——译者

深深地刻在俄罗斯人民的脑海中，在他们关于壮士的诗歌中得到了最鲜明的表现。”[①]但奇怪的是，既然这样，克柳切夫斯基又为什么不走俄罗斯人民所铺的道路呢。关于人民对鞑靼压迫的态度可以描写得比克柳切夫斯基所说的还要强烈。这里，所有的“草原游牧民”都消逝不见了，只突出了一个形象——鞑靼汗及其臣下们。

鞑靼政权在人民的记忆中留下了特别深刻的印象，以至于在
我国的壮士歌中把俄罗斯人民在多世纪中与之进行过斗争的各种 257
敌人都称为鞑靼人。其代表人物常是卡林皇帝，或名叫拔都·拔都耶维奇、布提格（Бутыг）、布帖扬·布帖扬诺维奇、马买的人。

不是海上波浪大作，
不是蓝海波涛翻滚，
而是那卡林·卡林诺维奇皇帝动了气，
那狗对着基辅城勃然狂吠。
呸，你这条狗，你这可恶的卡林皇帝。
他在动坏念头，
出坏主意：
他要把京城基辅毁掉，
要屠杀老百姓……

不是那鹰隼从云端钻出，
扑向大雁、天鹅与小鸭，

---

① В. О. 克柳切夫斯基：《俄国史教程》，1918 年，第 1 卷，第 73 页。

而是神圣的俄罗斯的勇士穆罗姆人伊里亚，
向鞑靼军队冲杀过去，
纵马直入中央，
用马蹄践踏鞑靼，
用长矛刺杀恶魔……

在民间叙事诗中欢欣鼓舞地歌颂卡林皇帝的势力最后被勇士们消灭，就是歌唱金帐汗国政权的被推翻，歌唱那挣脱了两个半世纪以来锁在他身上的锁链的人民的力量。值得注意的是，消灭鞑靼势力的不是弗拉基米尔公，而是农民的儿子穆罗姆人伊里亚。他

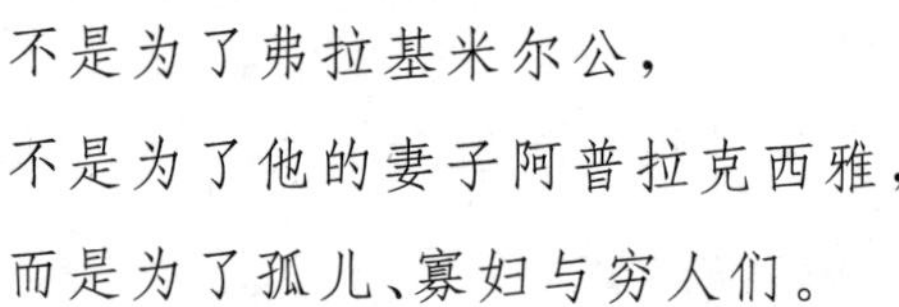

不是为了弗拉基米尔公，
不是为了他的妻子阿普拉克西雅，
而是为了孤儿、寡妇与穷人们。

258 壮士歌是人民自己叙述的诗歌化的历史。必须强调指出，人民在评价我国历史上的这个重大事件及其他事件上持有正确的看法。

不言而喻，俄罗斯人民同金帐汗国及金帐汗国所包括的各民族的长时期直接交往，不可能不在俄罗斯社会生活的各个方面，尤其是日常生活方面留下痕迹。

我们不能否认在俄语中有许多政治、社会及日常生活方面的东方词汇——如，базар（市场）、магазин（商店）、чердак（顶楼）、чертог（宫殿）、алтын（三戈比）、сундук（箱子）、тариф（税率）、тара（包装材料）、калибр（规尺）、лютня（诗琴）、зенит（天顶）等等。但

把俄语中这些词汇与蒙古鞑靼语联系起来却有些冒失。我们都知道得很清楚，鞑靼人本身从中亚、高加索与南欧借用了许多词汇。我们知道，他们相当精通中亚、高加索及南欧各民族的语言、文化。像 базар 或 магазин 等词也可能是从阿拉伯人处通过西欧传到我们这里来的。此外，在鞑靼以前的历史时期，我国已经有了许多东方习惯与术语，如坐在毛毯上的习惯、东方式的装饰图案与建筑、东方器皿、《伊戈尔远征记》中的许多术语。这一切都可用俄罗斯同东方国家与东方人民在鞑靼军队侵入我国之前早就有了十分久远的联系这一人所熟知的事实来解释。

根据收藏在国立艾尔米塔什博物馆里的金帐汗国实物来判断，这些实物本身说明了它们产于中亚细亚与高加索。

罗斯与金帐汗国的相互文化关系问题是一个特别复杂和有趣的问题，到现在还没有人研究过这个问题。

第三篇

金帐汗国的衰亡

记金帐汗国的最后没落，记其君主，记自由、俄罗斯国的尊严荣誉，以及最光辉的莫斯科城的壮丽。

——《喀山编年史》编撰者

第一章　14 世纪 60—70 年代金帐汗国的封建内讧 261

内讧平息了，安拉诅咒那唤起内讧的人！

摘自关于先知穆罕默德的传说

汗国大乱，厮杀不已。

——《尼康诺夫编年史》

14 世纪前，金帐汗国的疆域不仅包括第聂伯河以东的东南欧土地（其中有克里木与不里阿耳），而且也包括伏尔加河中下游、南乌拉尔、北高加索（直到打耳班为止）、北花剌子模、锡尔河下游流域以及从锡尔河与咸海以北直到伊什姆河（Ишим）、萨雷苏河（Сары-су）的草原地区。

这样，在 14 世纪初以前，金帐汗国的疆域正跟伊斯兰教徒所谓的“术赤兀鲁思”包括的地区一致。但是从 14 世纪初起，术赤兀鲁思分裂为两个国家——阔克・斡耳朵与阿黑・斡耳朵，其中阿黑・斡耳朵是阔克・斡耳朵的藩属国。阿黑・斡耳朵包括上述锡尔河南段流域以及从咸海东北到伊什姆、萨雷苏二河的草原与城市。阿黑・斡耳朵分立出来后，金帐汗国一语主要应用于阔克・斡耳朵的各地区。最后，在有关 14 世纪事件的史料中谈到术赤兀鲁思时，系指两个斡耳朵——阔克·斡耳朵与阿黑·斡耳朵而言。262 将俄罗斯史料与伊斯兰教史料相对照时必须记住，虽然“阔克·斡耳朵”译成俄文为“青帐汗国”，但在俄罗斯的各种编年史和其他文献中遇到的“青帐汗国”一语与“阔克·斡耳朵”这个名称却并不一致，反倒与“阿黑·斡耳朵”一语，即“白帐汗国”相当。上面已经说过，在13世纪与14世纪之交，术赤兀鲁思分裂为阔克·斡耳朵及阿黑·斡耳朵，它们各有成吉思汗长子术赤的后裔们所建立的一个王朝。据15—17世纪的波斯作者们说，从术赤兀鲁思形成的最初年代起，当术赤兀鲁思分裂为上述两个斡耳朵后，阔克·斡耳朵构成了术赤兀鲁思军队的右翼（巴剌温合儿，翁豁勒），即从游牧居民中提供右翼所辖全部万户[①]；而阿黑·斡耳朵构成左翼（札温合儿，唆勒豁勒），即提供左翼的全部万户。[②]

金帐汗国军事力量的最高峰是月即别汗时代（1312—1342）。他的政权在他的广阔领地的所有地区都有很高的声望。据15世纪的阿拉伯史家伊宾·阿剌卜沙说，商队从花剌子模出发，乘坐大车，一路平安无事，“毫无惊险、风波”，三月可达克里木。不需为马匹携带饲料，也不需为跟随商队同行的人们携带粮食。此外，商队不带向导，因为草原与农业地区有着人烟稠密的畜牧业和农业居民点，只需付出若干报酬即可获得一切必需物资。[③]

① 万人的军队，但实际上常少于一万人。

② В. Г. 齐曾戈曾，前引书，第2卷，第232页（波斯原文），第127页（俄译文）（《亦思干迭儿的匿名作者书》，即木因纳丁·纳丹西的著作）。还可参阅迦法里的著作，第270页（波斯文），第221页（俄译）。

③ В. Г. 齐曾戈曾，前引书，第1卷，第460页。

在伊斯兰教东方封建时代的人看来，伊宾·阿剌卜沙的话能最好地说明月即别及其先汗脱脱时代金帐汗政权的强盛。

月即别汗死后，在术赤兀鲁思中情况逐渐发生了变化。带有 263
复杂的封建混战性质的王室内讧破坏了稳固的秩序。

早在札尼别汗(1342—1357)时代，就出现了衰落的最初征候。

东方史料与《罗斯编年史》撰者在某种程度上把札尼别汗理想化了，将他写得具有月即别那样的优点。前述《亦思干迭儿的匿名作者书》(木因纳丁·纳丹西的著作)特别强调指出了他在阔克·斡耳朵(金帐汗国)推行伊斯兰教的坚毅活动。此种活动表现于兴建伊斯兰教学堂、清真寺，聘请神学家、奖励科学(但主要应理解为有关神学的学术)及培养文明的风俗习惯。[①]

札剌亦儿王朝异密、《洒黑·兀外思传》[②]一书的无名作者、一位对伊朗领地的独立，对伊朗反抗术赤兀鲁思的侵犯极表同情的人，对札尼别汗作了如下的描写："国家兴隆，国力倍增；但他(指札尼别汗——雅库博夫斯基注)却觊觎着伊朗……"[③]

札尼别汗在对待阿塞拜疆的关系上继承了自己祖先——金帐汗们——的传统。[④] 札尼别汗跟月即别一样，力图并吞阿塞拜疆。这一点不难达到，因为 1335 年旭烈兀朝不赛因死后，旭烈兀朝国家已经分裂。突厥蒙古种的绰班王朝占领了阿塞拜疆。王朝奠基

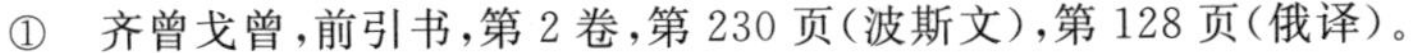

① 齐曾戈曾，前引书，第 2 卷，第 230 页(波斯文)，第 128 页(俄译)。

② 洒黑·兀外思于 1356—1374 年占有伊拉克与阿塞拜疆。

③ 齐曾戈曾，前引书，第 2 卷，第 230 页(波斯文)，第 101 页(俄译)。

④ 关于术赤朝与旭烈兀朝的关系问题在阿利·咱德的作品中有最完全的阐述。《金帐汗国与伊利汗国争夺阿塞拜疆的斗争》，载《阿塞拜疆共和国科学院通报》，1946 年第 5、7 期。

264 者哈散黑异密之弟阿失列甫异密（又名灭里·阿失列甫，1344—1356）在阿塞拜疆建立了牢固而横暴的政权。阿塞拜疆民众及地主贵族集团与商人都很不满。据《洒黑·兀外思传》的作者说，“帖必力思、昔剌思、阿儿迭必勒、拜列寒、别儿答与纳希彻汪”的许多哈只（此处系指商人）[①]来到札尼别汗处，请求他将阿塞拜疆政权夺过来。

看来，札尼别汗在阿塞拜疆有不少忠实于自己的人为术赤朝的利益进行宣传。兀列马，伊斯兰教国法学家、神学家的代表——司教、哈昔等特别坚决地支持他。有名的哈昔木黑牙丁·别儿歹在灭里·阿失列甫的压迫下逃到别儿哥萨莱城，一次，他在讲道时呼吁札尼别汗出征帖必力思。这件事是十分典型的。[②]

上面提到的薛亦纳丁等波斯历史学家们详细记述了札尼别汗于乌章·忽鲁黑（禁牧场）[③]地区击溃灭里·阿失列甫军队的远征。这是回历 758 年（公历 1357 年）的事。[④] 有个时期（当然，这段时期很短）阿塞拜疆并入了术赤·兀鲁思。这表现于札尼别汗开始在阿塞拜疆首邑帖必力思铸币。在月即别汗时代（1312—
265 1342），金帐汗国“曾在萨莱、不里阿耳、莫克沙、克里木、亚速与花剌子模”[⑤]铸币。在札尼别汗时代，铸币场除上述各地外，在金

① 齐曾戈曾，前引书，第 2 卷，第 230 页（波斯文），第 101 页（俄译）。

② 齐曾戈曾，前引书，第 2 卷（参阅哈木答剌黑·可疾云尼的《塔里黑·古昔迭》一书的续撰者薛亦纳丁的著作），第 223 页（波斯文），第 94 页（俄译）。

③ 同上书，第 224 页（波斯文），第 95 页（俄译）。

④ 回历 758 年（即 1356 年 12 月 25 日—1357 年 12 月 14 日）。

⑤ П. 萨维里耶夫：《叶喀德林诺斯拉夫的埋藏物》，载《俄罗斯考古学会东方部丛刊》，第 3 卷，第 2 册，1857 年，第 216 页；马尔科夫：《国立艾尔米塔什博物馆所藏伊斯兰教钱币谱册》，第 444—449 页。

帐汗国本国又增添了古里思丹与新古里思丹；在过去的国境线外则增添了帖必力思。但札尼别汗在帖必力思铸造的钱币不多，并且全部铸于回历 757 年（即 1356 年）。看来，术赤朝此后就没有在帖必力思铸币了。因为回历 758 年（即 1357 年）别儿迪别便即了汗位，而我们没有见到在帖必力思铸造的钱币上有他的名字。与中世纪东方史家的记载相比，钱币是更可靠的资料，因为它具有原始凭证的性质。回历 757 年札尼别汗在帖必力思铸币这一事实告诉我们，这个年份比东方史家所记载的札尼别汗侵占阿塞拜疆的年份（回历 758 年）更为可靠。我们知道，札尼别在被征服的阿塞拜疆没逗留多久，家中有事必须回去；他将儿子别儿迪别留在帖必力思完泽可敦宫内[①]，作为他的代理人，便动身到萨莱去了。

金帐汗们设法并吞阿塞拜疆，几乎有一个世纪之久。阿塞拜疆，尤其北阿塞拜疆，之所以吸引人，不仅因为有良好的夏、冬两季牧场（哈剌巴黑与木甘草原），还因为有富足的城市和乡村，那里织造毛织物（包括毯子）、丝织物的纺织手工业十分发达。金帐诸汗
用尽了一切办法迫使旭烈兀朝将阿塞拜疆让给他们，他们举出了 266
种种理由，如提到由于他们曾参加过 1256 年旭烈兀汗发动的远征，按照协议应将阿儿兰（即北阿塞拜疆）给他们；他们数次出兵远征（显然，这些远征并不是经常取得成功的）。但在札尼别汗以前他们始终没有占领阿塞拜疆。金帐汗国的极盛时期似乎终于来到：它的疆域大为扩展，尤其是它的物质资源大为增长。但是实际

① 《洒黑·兀外思传》，齐曾戈曾，前引书，第 2 卷，第 231 页（波斯文），第 103 页（俄译）。

情况证明，这些很自然的愿望未能实现。金帐汗国并非向上发展着，而是处于衰落与封建分裂的边缘。在术赤兀鲁思的封建社会内部早就发生了不易觉察的封建分裂势力增长的过程。老实说，早在 13 世纪后半叶这一过程即已开始，事实上一直没有中断过。让我们回想一下那海吧，在秃剌不花汗（1287—1290）与脱脱汗（1290—1312）时代，那海是独揽大权的权臣，直到 1300 年战败死去为止，他一直是金帐汗国一切事务的实际主宰者。那海死后，脱脱汗才在国内暂时建立起秩序来。值得注意的是，脱脱汗的嗣位者月即别（金帐汗国政权的强盛概念与月即别的名字紧密地联系着）之登上宝座，有赖于宫廷内乱和血腥恐怖手段。阿拉伯与波斯史家对他夺取汗政权之事，所谈大致相同（当然，在若干细节上有所不同）。月即别不是脱脱的儿子，而是他的侄儿，没有嗣位的权利。据《洒黑・兀外思传》说，他倚靠有势力的异密忽都鲁・帖木儿的支持，杀死了大异密欲立为汗的脱脱之子亦勒巴思迷失。[①] 为了巩固自己的地位，清除政敌，他决心杀死亲近脱脱、同情被害的太子的许多宗王与有势力的异密。这里，宫廷派围绕着金帐汗国伊斯兰教化所进行的斗争也起着不小作用。忽都鲁・帖木儿之所以支持月即别，是因为要求他坚决改奉伊斯兰教，对力量还很强
267 的敌人采取严厉手段。[②] 不管怎样，月即别汗在封建宫廷贵族中

① 在拉施特的著作中，脱脱汗的儿子只有三人——牙巴里失、亦黑撒儿、秃怯里・不花。亦黑撒儿一名的音读显然有讹，或许当作亦里巴撒儿或亦勒巴思迷失。见齐曾戈曾，前引书，第 2 卷，第 229 页（波斯文），第 100 页（俄译）。

② 关于月即别即位时的局势，拉施特著作的续撰者记载得最详细[见齐曾戈曾，前引书，第 2 卷，第 244—245 页（波斯文），第 141 页（俄译）；又见伊宾・哈勒敦的著作；齐曾戈曾，前引书，第 1 卷，第 371 页（阿拉伯文），第 384—385 页（俄译）]。

间经过顽强的血腥的斗争才取得了政权。上述金帐汗国鼎盛时期宫廷内部半游牧贵族与定居贵族间的局部纠纷的例子，明显地表明了金帐汗国国家与社会中的深刻矛盾。金帐汗国的政权实质上只是通过暴力维持着。在汗国疆域内居住的全是在文化方面无可比拟地高于鞑靼(蒙古)征服者的被征服民族。花剌子模、克里木、不里阿耳、北高加索的居民(农民与市民)都有自己以往的文明以及丰富的经济文化基础。在金帐汗的政权下面，他们继续发展着，但是他们不仅失去了自己的地方王朝，而且也丧失了支配自己的人身、财产，特别是自己的劳动产品的权利。不管农民也好，手工业者也好，学者也好，都保不住会被迁往他方，都保不住在规定的繁重赋税外财产不被抢走。不用说，在这些人们中间，金帐汗国政权永远被视为一种暴力，受到普遍一致的憎恨；但是对于另一些人、主要是地主贵族与斡脱富商，却是例外。许多斡脱富商与汗室有共同的贸易利益，因为汗本人与宗王们都投资于商队贸易。除

定居的农业地区外，术赤兀鲁思还包括居住着大量游牧民(突厥 268
人、突厥化的蒙古人与蒙古人)[①]的广大草原。

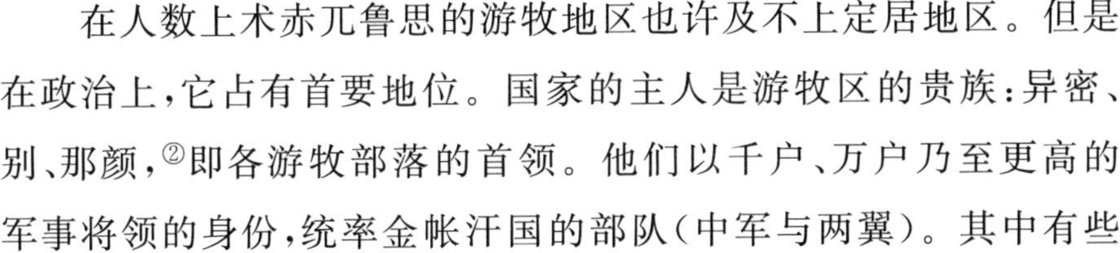

在人数上术赤兀鲁思的游牧地区也许及不上定居地区。但是在政治上，它占有首要地位。国家的主人是游牧区的贵族：异密、别、那颜，[②]即各游牧部落的首领。他们以千户、万户乃至更高的军事将领的身份，统率金帐汗国的部队(中军与两翼)。其中有些

① 下面我们将对称为迭失惕·钦察的术赤兀鲁思广大草原游牧民的部落成分加以详细论述。

② 这三个名词(阿拉伯语的、突厥语的、蒙古语的)在 13—14 世纪时意义相同，都表示游牧或半游牧军事贵族的高级代表。

人住在汗的宫廷里统率着军队的各部，领导着不很复杂的中央机构的各部门；另一些人则为不里阿耳、克里木、花剌子模及国内其他各地区的总督；第三部分人住在草原上，是弘吉剌、忙兀等部的首领。他们的共同之点是：他们都是游牧封建主或半游牧、半定居性质的封建主，他们全都专横、任性，力图在自己的集团内求得最大限度的自主，乃至独立；碰到懦弱的汗，他们便抬起头来，进行阴谋活动，制造内讧，发动宫廷政变（当然，这是在适当的条件之下）等等。

他们虽然都有这些共同的特征，但是在他们之间也存在着重大的意见分歧，首先是在对待城市与文明的农业地区的态度问题上。他们之中有些人的私产与这些地区有联系，他们就生活在那
269 里，因此便倾向于信奉伊斯兰教；另一些人与此相反，认为最好只晓得游牧养畜生活，同时从被征服的定居各地区享受贡赋和税收。这个意见分歧不知不觉地进入了宫廷内，有时在政治生活中表现为很尖锐的冲突。

综上所述可知，伊宾·阿剌卜沙所说的秩序和安宁，从本质上看来只是表面和暂时的现象。只要加上小小的打击和推动力，上述一切矛盾就会发作，金帐汗国就会陷于混乱。1356 年，即札尼别汗占领阿塞拜疆及其首都帖必力思的那一年，可认为是金帐汗国强盛与太平的最后一年。

让我们回过来谈谈这一时期内发生的事件吧。如前所述，札尼别汗将阿塞拜疆总督的职权交给了自己的儿子别儿迪别后，便动身回京城去。他在路上得了病，没有到达京城便死去了。大部分史料（穆斯林史料与俄罗斯史料）认为，他是被自己的儿子别儿

迪别杀死的，只有某些史料谈到他是病死的。《亦思干迭儿的匿名作者书》(木因纳丁·纳丹西的著作)对札尼别汗之死叙述得最详细。据他说，当时札尼别病势很重，他的一个大异密脱鲁伯写信到帖必力思给别儿迪别，请他赶快前来，以便在汗去世之时继承汗位。别儿迪别渴望取得政权，没有得到父亲的许可马上就来了。

在通往别儿哥萨莱去的路上，在打耳班南面的一个地方，别儿迪别来到了父亲的帐幕里，这时札尼别的病好了一些。汗的一个近臣向汗通报了儿子的到来。札尼别情绪不安起来，但是他没有怀疑到上述脱鲁伯就是将别儿迪别召来的人，决定同他商量一下。脱鲁伯怕负责任，便借口去调查此事，出了汗的帐幕，过了一会儿他带了几个人回到汗那里，在帐幕内的毯子上将汗杀死。接着他
马上将别儿迪别迎了进来，让帐幕内的异密们向他宣誓。谁拒绝 270
宣誓，谁就同样将被杀死在毯子上。[1]

俄罗斯编年史上保留下了有趣的记载。《帕特里阿尔编年史》或《尼康诺夫编年史》在 6865 年(1357 年)底下写道："同年，汗国内乱没有停止下来，反而闹得更凶了。"下面又谈到，札尼别有一个万户脱鲁必，即上述脱鲁伯，此人狡猾多谋，势力很大。他想在金帐汗国内占有首要地位，便开始"唆使札尼别王的儿子别儿迪别，向他阿谀奉承，对他说：'你父亲该退位了，该当你来坐王位了。'"脱鲁必劝别儿迪别杀死了父亲。谋叛者答应下了种种好处，将"汗

---

① 齐曾戈曾，前引书，第 2 卷，第 293 页(波斯文)，第 128—129 页(俄译)。——伊宾·哈勒敦关于札尼别死去的情况没有叙述得那么详细，他只简短地列举了两种说法：一即札尼别系病老而死的，另一说法则谓札尼别是遇弑的。后一说法指出，当札尼别病时被拘禁了起来。(齐曾戈曾，前引书，第 1 卷，第 389 页，注 2)。

国的许多王公”拉到自己方面。一切准备就绪，他们进入札尼别处，勒死了他。[①] 于是，“别儿迪别嗣位，他杀死了自己的十二个兄弟；他在可诅咒的王公、自己的老师及同谋者脱鲁必的教唆下，杀死父亲、残害兄弟”。

札尼别遇弑一事，在术赤兀鲁思此后的生活中产生了重大后
271 果。别儿迪别之嗣位，从他即位时的情况看来，根本没有获得接近宫廷的全部异密的支持。主要的封建势力以特别快的速度展开了活动。在金帐汗国中内乱开始了，于是不久以前看来如此巩固的国家开始分裂了。金帐汗国军事贵族们对别儿迪别极其不满，他终于为觊觎汗位者之一的忽里纳所杀。据史料[②]记载，别儿迪别在位共三年，但这一点与古币学资料不符。别儿迪别在位年份通常认为是 1357—1359 年。

但是在捷秋什的埋藏物中有两枚 1359 年以后铸造的别儿迪别的钱币，一枚是回历 761 年(即 1359 年 11 月 23 日—1360 年 11 月 11 日)在古里思丹所铸，另一枚于回历 762 年(即 1360 年 11 月 11 日—1361 年 10 月 31 日)铸于新萨莱。[③] 这样我们就在某种程度

---

① 《俄罗斯编年史全集》，第 10 卷，《尼康诺夫编年史》，第 229 页；《罗戈日编年史》撰者对于这件事记载得很简短，但却跟《亦思干迭儿的匿名作者书》一样地谈出了事件的梗概，即札尼别占领米速儿，立别儿迪别为(阿塞拜疆)王之后，“自己回家去了，在路上他由于鬼魂缠身病倒了，性情很暴躁”。别儿迪别被召到父亲帐幕里，与大臣们密谋后“杀死了自己的父亲，并杀害了自己的兄弟”(《俄罗斯编年史全集》，第 15 卷，第 1 册，《罗戈日编年史》，1922 年版，第 66 页)。

② 《伊宾・哈勒敦》(齐曾戈曾，前引书，第 1 卷，第 389 页)；《亦思干迭儿的匿名作者书》[齐曾戈曾，前引书，第 2 卷，第 223 页(波斯文)，第 129 页(俄译)]；《海迭儿・剌西》[齐曾戈曾，前引书，第 2 卷，第 272 页(波斯文)，第 214 页(俄译)]。

③ 萨维里耶夫：《捷秋什的埋藏物》，载《俄罗斯考古学会东方部丛刊》，第 3 卷，第 3 册，1858 年，第 391—392 页。

上[①]有了些根据将别儿迪别在位年份延长二年，算出其在位年份为1357—1361年。为了了解别儿迪别在位之时的特点，只需回想一下萨维里耶夫的话即可。据他说，回历762年时我们“接二连三地从同一个城市所铸的钱币上见到五个汗的名字，即别儿迪别、希思儿、帖木儿·火者、斡耳都灭里和乞里迪别”。[②] 文字史料很难与钱币资料取得一致，据文字史料载，别儿迪别被其兄弟与竞争者忽里纳所杀，但忽里纳的钱币只有两个年份，即回历760年与761年。回历762年时，忽里纳已经不再铸币了，他又被其兄弟纳兀鲁思所杀。不过，如果能发现回历762年用忽里纳名字铸造的钱币， 272
这样的矛盾就可以消除。

忽里纳被杀只是加剧了金帐汗国的内讧。在二十年内——1360—1380年，即到脱脱迷失掌握政权那年，共换了二十五个以上互相进行斗争的汗。这些汗的名字，我们可从穆斯林史料及俄罗斯编年史上获知，但我们主要是从钱币上获知的，因为这些汗或仅只是觊觎汗位的人，哪怕他们所统治的只是术赤兀鲁思的很小一部分领土，也都用自己的名字铸了币。

值得注意的是，俄罗斯编年史对金帐汗国这二十年内发生的事件，反映得比穆斯林编年史要完全得多。

我们不知道，忽里纳是谁捧上台的。俄罗斯编年史断言，忽里纳（罗斯编年史把他称作忽里巴）杀死了别儿迪别，依靠自己的党

① 我们说“在某种程度上”，是因为也有另一种可能，即铸有别儿迪别名字的钱币可以铸于别儿迪别死后。

② 萨维里耶夫，前引书，第392页。

羽，将政权夺到了自己手里。他曾于回历 760—761 年以自己的名字在古里思丹、新萨莱（即别儿哥萨莱）、阿咱黑[①]及花剌子模铸币。从这一事实可知，他曾经统治过金帐汗国的大部分，虽然为时不长。同时就在回历 760 年（即 1358—1359 年）与 761 年（即 1359—1360 年）两年内，有名的纳兀鲁思（俄罗斯编年史作纳弗鲁思）也用自己的名字在阿咱黑、古里思丹与新萨莱等地铸币。这一情况表明，忽里纳的政权是很不稳固的，纳兀鲁思从他手里将各州一个一个地夺了过去。在穆斯林史料上，关于纳兀鲁思的记载很少。尼咱马丁·沙迷在列举迭失惕·钦察诸汗时，将纳兀鲁思置于乞里迪别之后，彻耳客思[②]之前，但没有谈到任何其他事情。舍
273 列法丁·阿里·也思迪与《突厥世系》的作者在其较完备的诸汗名
册上也将纳兀鲁思置于乞里迪别与彻耳客思之间。[③]

1361 年纳兀鲁思被杀。关于他的死及杀他的人之即位，在俄罗斯编年史及《亦思干迭儿的匿名作者书》（木因纳丁·纳丹西的著作）都有最详细的记载。《尼康诺夫编年史》的作者写道："同年（6868 年，即 1360—1361 年）白帐乞迪儿王从东方带兵来到伏尔加国，受到伏尔加国王公的谄媚欢迎，人们开始同白帐乞迪儿王密谋，背叛了自己的伏尔加王纳兀鲁思。"[④]

① 这些钱币上所铸字的拼缀不见得绝对正确。见萨维里耶夫：《捷秋什的埋藏物》，载《俄罗斯考古学会东方部丛刊》，第 3 卷，第 3 册，1858 年，第 393 页。

② 尼咱马丁·沙迷的著作，陶尔版，1937 年版，第 13 页。

③ 齐曾戈曾，前引书，第 2 卷，第 146 页；第 207 页，注 1。

④ 《尼康诺夫编年史》，第 232 页；《罗戈日编年史》，第 70 页。记载很短，没有什么有趣的细节。

通过这些秘密谈判，纳兀鲁思被出卖给乞迪儿。乞迪儿杀死了纳兀鲁思及其妻泰都剌汗妃，以及忠于纳兀鲁思的金帐汗国的“王公们”。汗国的混战时期对俄罗斯十分有利。相竞争的诸汗自身需要俄罗斯和立陶宛公的支持，因此在鞑靼的汗位觊觎者中间，出现了同莫斯科、苏兹达尔公以及同立陶宛取得联系的不同集团。

根据俄罗斯编年史的记载，政权转入萨莱新汗乞迪儿手的情况就是这样。这是 1360—1361 年的事。现在让我们来看看穆斯林史料上的记载。从《亦思迭干儿的匿名作者书》上我们获知，希思儿（乞迪儿）是阿黑·斡耳朵的宗王（斡黑兰），为阿黑·斡耳朵汗萨昔·不花之子。在发生这些混战的年代里，阿黑·斡耳朵汗为沉台，在位十七年之久。14 世纪 60 年代初，阔克·斡耳朵（金帐汗国）的异密们曾要求他去夺取萨莱的汗位，但他没有采纳这一建议，却将自己的兄弟斡耳答·洒黑派到那里去代替自己。这次 274
远行对斡耳答·洒黑很不幸，因为不久后他在那里被杀了。就在这时希思儿（乞迪儿）登上了政治舞台。《亦思迭干儿的匿名作者书》没有谈到希思儿登位的详情，编年史的记载就成了唯一的资料。据《亦思迭干儿的匿名作者书》说，希思儿只统治了一年，[①]但没有指出年份。俄罗斯编年史所载乞迪儿（希思儿）登位之年误作 6868 年（即 1360—1361 年）。值得注意的是，有希思儿名字的钱币铸于 760（即 1358—1359）年，761（即 1359—1360 年）与 762 年（即 1360—1361 年），[②]这就使我们有理由将此汗登位之年提前一

① 齐曾戈曾，前引书，第 2 卷，第 234—235 页（波斯文），130 页（俄译）。

② A. 马尔科夫：《国立艾尔米塔什博物馆伊斯兰教钱币谱册》，第 464 页。

年以上。不过，希思儿可以以纳兀鲁思竞争者的资格，在纳兀鲁思被杀以前就开始铸币。希思儿曾在古里思丹、别剌·古里思丹、新萨莱、花剌子模与阿咱黑等地铸币，这个事实说明他曾在广大的领土上行使汗政权。

显然，希思儿力图在汗国内建立起强有力的秩序，他干预俄罗斯的国事，起了很大作用。他派了三个使者到那里去，召来了后来获得顿斯科伊称号的莫斯科公德米特利·伊万诺维奇。当时其他
275 俄罗斯王公也来到了汗帐，从弗拉基米尔来了苏兹达尔公安德烈·康斯坦丁诺维奇，从下诺夫哥罗德来了他的兄弟，还来了罗斯托夫公康斯坦丁与雅罗斯拉夫公米哈伊尔。但是希思儿（乞迪儿）没有使内乱停止，没有在国内建立起必要的秩序，因为他同自己的幼子作了他的长子帖木儿·火者所从事的阴谋的牺牲品。[1] 帖木儿·火者在位共五星期，[2]他曾于回历762年（即1360—1361年）铸币于新萨莱。

金帐汗国的内讧这时达到了最高点。汗位觊觎者除成吉思汗家族里的人外，还有蒙古军事贵族。有名的金帐汗国异密马买就是这样的人。据伊宾·哈勒敦说，马买于别儿迪别时代在金帐汗国中占据了重要地位，他总揽一切政事，娶别儿迪别之女为妻。[3]东方史家有关马买的记载很少，14世纪60年代金帐汗国史的主要资料是俄罗斯编年史与古币资料。《尼康诺夫编年史》出色地描绘

---

[1] 《罗戈日编年史》撰者引述了乞迪儿遇弑的另一种说法：他被其兄弟木鲁所杀。《罗戈日编年史》，第70页。

[2] 《尼康诺夫编年史》，第233页。

[3] 齐曾戈曾，前引书，第1卷，第389页。

了马买取得政权的经过。帖木儿·火者从即位之日起，就引起金帐汗国许多异密的敌视。

编年史撰者写道：“同年，汗国王公万户马买与王对立，他势力很盛。”马买对抗汗政权，宣布月即别汗后裔奥都剌为汗，对帖木儿·火者展开坚决进攻。据编年史撰者说，这时“汗国大乱，厮杀不已”。

参加竞争的诸汗之一帖木儿·火者躲避马买，逃到伏尔加河那边被杀。马买成了在汗国左右局势的人，但他不是成吉思汗的后裔，不能僭取汗号，只能满足于实际权力，为了装门面，他给自己立了一个傀儡汗，即前面提到过的奥都剌。据《尼康诺夫编年史》说，这是1362年的事。[①] 在马买时代，一开始就用奥都剌的名字铸币。留传至今的可靠的、最早的用奥都剌名字铸造的钱币，铸于回历764年（即1362年11月21日—1363年10月10日），编年史 276
的记载从这里得到了证明。[②] 有奥都剌名字的大部分钱币铸于汗帐、即汗的行军帐幕中。这是由于伏尔加河沿岸的城市中心，特别是别儿哥萨莱，仅在短时期内属于奥都剌与他的保护者马买万户。奥都剌的钱币除在汗帐铸造外，还在阿咱黑、新萨莱、扬吉舍耳与花剌子模铸造。

马买为了实现金帐汗国的政权统一，曾不得不进行长期斗争。在一段时间里乞里迪别是马买及奥都剌的强大竞争者，此

① 《俄罗斯编年史全集》，第10卷，第233页。

② 在马尔科夫的谱册中登录了一枚用奥都剌的名字于回历762年（即1360—1361年）铸于新萨莱的钱币，但这枚钱币“背面用旧的印戳铸成”，很有问题。（马尔科夫，前引书，第468—469页）。

人编年史上曾提到过，[①]并有铸有他的名字的钱币留传至今。这些钱币铸于回历 762 年（即 1360—1361 年）与 763 年（即 1361—1362 年）。

这些年份表明，乞里迪别开始铸币，几乎比奥都剌早了一年，无论如何比马买在金帐汗国大部分疆土上取得实际政权要早。因此乞里迪别有一段时期是希思儿与帖木儿·火者的竞争者，因为他们二人有铸于回历 762 年（即 1360—1361 年）的钱币留传下来。根据编年史与钱币资料判断，乞里迪别于 1362 年被杀。《罗戈日编年史编者》记载乞里迪别之死的情况如下："汗国发生了这样的内讧：乞迪儿之子木鲁占据伏尔加河的一岸，乞里迪别占据了另一岸，他们互相厮杀，结果乞里迪别被杀。"[②]

这样一来，那一年在马买与奥都剌那里就出现了一个新的竞

277 争者，即前面提到过的木鲁，《尼康诺夫编年史》称之为乞迪儿之弟，宗王阿木剌，[③]他夺得了金帐汗国京城萨莱。正如编年史撰者在 1362 年底下所指出的，加剧的混战正在进一步发展着。接连有整个的州开始脱离金帐汗国。"汗国王公不剌·帖木儿占领了不里阿耳城，夺下了伏尔加河上的所有城市及若干兀鲁思，占取了整个伏尔加河道"。

---

① 《俄罗斯编年史全集》，第 10 卷，第 233 页。

② 《俄罗斯编年史全集》，第 15 卷，第 1 分册；《罗戈日编年史》，1922 年版，第 73 页。《罗戈日编年史》撰者将木里误作希迪儿的儿子[参阅《亦思干迭儿的匿名作者书》（齐曾戈曾，前引书，第 2 卷，第 130 页）]。

③ 《俄罗斯编年史全集》，第 10 卷，第 233 页。《尼康诺夫编年史》将阿木剌误为希迪儿之弟[参阅《亦思千迪儿的匿名作者书》（齐曾戈曾，前引书，第 2 卷，第 130 页）]。木里是额儿曾的儿子斡耳答·洒黑之子，是阿黑·斡耳朵的斡黑兰（宗王）。

不里阿耳城的陷落、伏尔加河上军事与贸易道路被不剌·帖木儿占有，自然对金帐汗国的统一是一个沉重的打击。接着汗国另一王公“脱海从别兹达日到来，他占领了纳鲁察及整个地区，在那里驻扎下来”，[1]纳鲁察应当就是莫克沙河[2]上的、莫尔多瓦人居住的地方。

俄罗斯锐敏地注视着金帐汗国的事变。编年史撰者出色地描述了两个政权的并存局面，据钱币进行判断，这段时期包括回历762 年（即 1360—1361 年）到 764 年（即 1362—1363 年）。“当时伏尔加王国有两个王：一个是马买汗国的万户长马买所立的奥都剌王；另一个是阿木剌王，同萨莱王公们在一起。两个王与两个汗国互相敌对、厮杀，很少和平相处。”[3]“阿木剌或如钱币上所铸的

木里，用自己的名字铸币于别剌·古里思丹、新萨莱及萨莱近郊之 278
别剌·古里思丹”，[4]从他同俄罗斯各王公的交往来看，有一段时期他实力很强，不能不予以重视。但在这一时期里，争夺汗政权者还不只木里与奥都剌这两个汗。有一时期，即回历 764 年（即 1362—1363 年），米耳·不剌曾铸币于新萨莱，由此可见金帐汗国的京城萨莱（别儿哥萨莱，即新萨莱）某一时期曾从木里手里被夺走。争夺京城的斗争似乎始终进行得很激烈，而且胜利并非老在萨莱汗方面，关于这点从奥都剌曾于同一回历 764 年铸币于新萨莱这一

① 关于别思迭只的位置，见纳索诺夫：《蒙古人与罗斯》，第 120 页，注 1。别思迭只位于别儿哥萨莱北面。

② 见上述纳索诺夫的著作中有关问题的文献（第 123 页，注 1）。

③ 《俄罗斯编年史全集》，第 10 卷，第 233 页。

④ 马尔科夫：前引书，第 467—468 页。

事实可以看出。别儿哥萨莱显然经常转手。值得注意的是,用奥都剌名字在新萨莱所铸的钱币在回历 764 年以后就没有了。但奥都剌所铸的钱币最晚的年份却为回历 771 年(即 1369—1370 年)。这样看来,在回历 764 年以后奥都剌(或马买)没有占领过别儿哥萨莱。

俄罗斯编年史没有谈到阿木剌(木里)死在何时以及怎样死的。据《亦思干迭儿的匿名作者书》说,木里是术赤后裔阿黑·斡耳朵支系中的前述斡耳答·洒黑的儿子。《亦思干迭儿的匿名作者书》一书的作者没有说出他在别儿哥萨莱统治的年份,只指出他在位共三年。这与钱币资料完全吻合,因为木里曾铸币于回历 762—764 年。他也跟混战时期大多数金帐汗一样,死在刺客手里。杀死木里的是他的大异密亦里牙思,即俄罗斯编年史上所提到的莫豁勒·不花[①]之子。据同一作者说,就在那时斡耳答·洒黑的孙子、帖木儿·火者之子阿即思汗夺取了萨莱汗位。[②] 他以奥都剌竞争者的身份在位凡三年。[③] 钱币资料对《亦思干迭儿的匿名作者书》的记载有所修正。阿即思汗在位虽为三年,但不是始自 764 年(即 1362—1363 年),而是从 766 年到 768 年(即 1364—
279 1367 年)。[④] 因此阿即思汗不是马上入据萨莱,而是过了一段时期才来的。无论如何,回历 765 年(即 1363—1364 年)他没有在那里,如果这一年他确实不曾在新萨莱铸币的话——要知道,也可能

① 《尼康诺夫编年史》,第 232 页。

② 齐曾戈曾,前引书,第 2 卷,第 235 页(波斯文),第 130 页(俄译)。

③ 同上。

④ 马尔科夫:前引书,第 471 页。

铸了钱币，而没有留传下来。阿即思汗铸币的地方与木里相同，即在古里思丹、别剌·古里思丹、新萨莱与萨莱。[1]

马买及其傀儡汗奥都剌始终有竞争者。阿即思汗在金帐汗国死后，[2]除奥都剌外，札尼别二世也于回历 767—768 年间铸造过钱币。[3] 今天留传下来的二十九枚铸有他的名字的钱币，没有一枚刻有铸造地点，足见他在汗国内地位很不稳固。值得注意的是，早在 1362 年占领过不里阿耳的不剌·帖木儿有几枚钱币流传了下来。回历 768 年（即 1366—1367 年）他在所铸的钱币上提到了札尼别汗，[4]但没有注明铸造地点。这一事实十分值得注意，因为它表明，不剌·帖木儿承认了萨莱汗、即札尼别二世（他即便没有掌握实际大权，但至少在名义上是汗）对自己的最高权力。不管汗国的“叛乱”怎样大，马买及其傀儡汗奥都剌于 14 世纪 60 年代末显然占着上风。我们不知道奥都剌是怎样退下政治舞台的，不知道他是病老而死，还是被杀死的，我们仅知道，回历 771 年（即 1369—1370 年）就没有再铸造过有他名字的钱币。

《尼康诺夫编年史》于 6878 年（1370 年）底下指出：“汗国王公马买在汗国内立了另一个王：马麻·锁鲁檀。”[5]

《尼康诺夫编年史》所依据的《罗戈日编年史》的撰者对这一事 280

① 马尔科夫：前引书，第 471—472 页。

② 阿即思汗也是被弑的。见齐曾戈曾，前引书，第 2 卷，第 235 页（波斯文），第 130—131 页（俄译）。

③ 马尔科夫：前引书，第 482 页。

④ 萨维里耶夫：《捷秋什的埋藏物》，载《俄罗斯考古学会东方部丛刊》，第 3 卷，1858 年，第 400 页。

⑤ 《俄罗新编年史全集》，第 11 卷；《尼康诺夫编年史》，第 12 页（6878 年下）。

件的叙述，几乎完全相同，他记载的马麻·锁鲁檀的即位之年同样是6878年(1370年)。[①] 事实上用第二个傀儡汗的名字铸造的第一枚钱币于回历771年(即1369—1370年)铸于斡耳朵内。由马买捧上台的第二个傀儡汗的名字，在一些钱币上作吉牙撒丁·马哈麻汗，另一些钱币上作马哈麻汗，还有一些钱币上又作吉牙撒丁·不剌汗，或简单地铸作不剌汗。他的钱币都是在汗国、哈只·塔儿寒(阿斯塔剌罕)、新马札儿与新克里木铸的。我们没有发现他在新萨莱或古里思丹铸的钱币。[②] 后一情况确凿地指出：马买虽然取得了某些成就，但不能在执政期始终巩固地占领汗国京城别儿哥萨莱。我们如果查看一下在伏尔加河流域角逐的金帐汗的名单，就可看出如下事实：他们大部分出自阿黑·斡耳朵族，即出自术赤后裔的阿黑·斡耳朵支系。14世纪60年代的希思儿(乞迪儿)、帖木儿·火者、木里(阿木剌)与阿即思汗都是这样。他们都来自东方、来自阿黑·斡耳朵、来自术赤·兀鲁思军队的左翼。这一情况表明，阿黑·斡耳朵宫廷与阿黑·斡耳朵贵族对金帐汗国的命运表现了多么大的兴趣。在14世纪70年代里，阿黑·斡耳朵对金帐汗国政事的这种兴趣(以及与此联系的活动)更有所增长。

上面已经指出，俄罗斯锐敏地注视着金帐汗国的“内讧”(内乱)。最有远见的王公们清楚地了解，鞑靼政权正在削弱，正可乘

---

① 《俄罗新编年史全集》，第15卷，第1分册《罗戈日编年史》，第92页。

② 最后一枚留传至今的铸有马哈麻·不剌名字的钱币铸于哈只·塔儿寒(阿斯塔剌罕)，并铸有回历728年(即1380—1381年)字样。以后就以脱脱迷失的名字铸币了。马尔科夫，前引书，第476页。

此机会谋求完全解放或减轻鞑靼桎梏的重压。当研究者仔细阅读 281
编年史时，透过各种小的封建混战和冲突事件的深处，可以看到一个正常的统一过程。这个统一过程在对鞑靼压迫作斗争的铁的逻辑的压力下，在刚毅的莫斯科公德米特利的领导下，一年年地加快起来。

14世纪60—70年代处于封建割据状态下的俄罗斯，具备了一切必要条件用逐步将俄罗斯诸公国联合成统一的中央集权国家的方法来对抗金帐汗国的掠夺政策，从而给予还很强大的金帐汗国政权以沉重打击。俄罗斯编年史中保存了一系列值得注意的事实，说明了这个进步的社会与国家过程的各个阶段。后日号称顿斯科伊的德米特利·伊万诺维奇在这个过程中起了巨大作用。

德米特利于1362年登上莫斯科宝座时，年仅十一岁。看起来，德米特利的年幼可能会毁掉其父辈巩固莫斯科公国的事业。但是事情恰好相反：德米特利依靠其先辈们积累起来的力量，依靠着良好的引导者，不仅为莫斯科公国、也为"全俄罗斯"找到了最好的路线。莫斯科熟悉金帐汗国的事情，熟悉萨莱发生的一切事变，也熟悉迅速更替的每一个新汗地位的不稳固：即便有人在某一时期内站住了脚，他马上就会遇到有力的竞争者。为了同鞑靼人进行斗争，必须使自己在俄罗斯的地位巩固起来，成为将一切必要的力量与手段团结在自己周围的核心。莫斯科有三个主要任务：一、夺回萨莱汗木里（阿木剌）为削弱莫斯科而授给苏兹达尔的德
米特利·康斯坦丁诺维奇的弗拉基米尔大公国，完全征服下诺夫 282
哥罗德，以打开具有商业意义以及对金帐汗国进行斗争有军事意义的伏尔加河道；二、征服特维尔公国，以增加莫斯科同鞑靼人进

行斗争所需的资源；三、征服梁赞公国，其目的同上。这三个任务可归结成一个，即将俄罗斯诸封建公国的力量团结在莫斯科周围，以同鞑靼人进行斗争。最初受臣僚的指导，后来独立行动的德米特利·伊万诺维奇，在和金帐汗国的交往中不得不随机应变，利用一切有利形势来加强莫斯科公国。让我们举几个例子。如上所述，马买及其傀儡汗奥都剌把伏尔加河下游以西的广大疆土从金帐汗国分裂了出来。其势力北达梁赞公国边境，使梁赞公处于显然附属于马买的地位。在南面，马买于14世纪70年代时占领了克里木，大可利用那里的富庶资源来巩固自己的政权。[①]

汗国的混战不仅有利于俄罗斯，而且也有利于立陶宛。立陶宛公奥尔格德（1341—1377）利用鞑靼人的被削弱，于1362年向布格河出征。鞑靼人在蓝水（今流入布格河的西纽哈小河）上被击溃。这是一支在有名的克里木别——忽都鲁·别哈只·别及朵卜鲁札的一位教名为德米特利的别统率下的联合部队。由于打了这次胜仗，立陶宛人夺得了一个大州——波多利亚，该州长时期以来由科里亚托维奇封建家族掌权。波多利亚的被占领，促进了14世纪后半叶立陶宛国力的增长。1365年以后，奥尔格德又从鞑靼人处夺取了基辅，这使他成为东欧最有威望的一个王公。

但是奥尔格德对鞑靼人的成功，没有使他超出立陶宛的地方
283 利益，没有使他同莫斯科和德米特利·伊万诺维奇结成联盟。反
之，我们知道，奥尔格德不惜同马买结成联盟，以削弱莫斯科大公

① 关于马买政权在金帐汗国中的势力范围的较详细的情形，见纳索诺夫：《蒙古人与罗斯》，第123—124页。

国。但是让我们仍然来谈汗国的事情吧。

伏尔加河沿岸，尤其是它的左岸的土地与城市，包括两个京城（别儿哥萨莱与拔都萨莱）以及伏尔加河以东的草原，都掌握在马买与奥都剌的竞争者木里（阿木剌）手里。北花剌子模及玉龙杰赤城在木里汗时代，完全脱离了金帐汗国，在弘吉剌部速非地方王朝的政权之下实施独立的政策，自行铸币。[①]

如果我们注意到不里阿耳与纳鲁察忒（莫克沙河上的一个地区）事实上也独立了，此外马买与木里的竞争者乞里迪别曾于回历 762—763 年（即 1360—1362 年）铸币于新萨莱，那么我们就可知道，萨莱汗在莫斯科不会有特殊的威信。这就是德米特利·伊万诺维奇利用马买的支持，宣布对弗拉基米尔大公国拥有权利的原因。奥都剌的竞争者木里（阿木剌）为了削弱德米特利，也确认了苏兹达尔的德米特利·康斯坦丁诺维奇对弗拉基米尔大公国的权利。两个德米特利实力不等，年轻的莫斯科公不仅迫使康斯坦丁诺维奇将弗拉基米尔让给了他，而且劝说他拒绝木里的保护，同他一起暂时承认马买的宗主权。德米特利·伊万诺维奇将他们一起从波利斯·康斯坦丁诺维奇公处夺来的下诺夫哥罗德让给苏兹达尔公作为补偿。头一项任务就这样被德米特利解决了。

近代研究俄罗斯与蒙古问题的一个学者——纳索诺夫指出：
“罗斯在莫斯科周围团结起来的最初步骤，是公开抵抗鞑靼侵略。”[②] 284

① 速非朝所铸钱币留传至今之最早者，铸于回历 762 年（即 1360—1361 年）。见马斯松：《十四世纪迭里迷的钱币宝藏》，载《国立中亚细亚大学简报》，第 18 册，1929 年，第 7 期，第 63 页。

② 纳索诺夫：《蒙古人与罗斯》，第 126 页。

的确，当上述不剌·帖木儿占领了不里阿耳，向尼热戈罗德公国的土地进攻时，遇到了坚决的反击，被迫逃回汗国，在那里被阿即思汗所杀，[①]似乎这件事就发生在回历 768 年（即 1366—1367 年）。值得注意的是，回历 768 年以后就没有用阿即思汗或不剌·帖木儿的名字铸造的钱币了。马买与莫斯科的亲善关系不可能长久下去，因为双方互相猜忌。马买显然很怕莫斯科公力量与威望的增长；反之，德米特利·伊万诺维奇也了解到，俄罗斯摆脱鞑靼政权的解放事业上的最危险的敌人乃是马买。因为金帐汗国的最大权力事实上集中在他手里，虽然我们从下文中将看到，14 世纪 70 年代时汗国的内乱一直没有中断，甚而加剧了。可以预料到，莫斯科公在其统一罗斯的政策上会遇到从马买方面来的坚决抵抗，马买千方百计地影响特维尔和梁赞公，支持他们在当时封建关系条件下十分典型的利己分立政策。不论特维尔公米哈伊尔·阿历山德罗维奇也好，梁赞公奥列格也好，都不能摆脱狭窄的封建利益，提到莫斯科国家这个思想的水平上来。只有德米特利·伊万诺维奇才是具有这种国家思想的人。俄罗斯史学业已指出了 14 世纪 60 年代，尤其是 14 世纪 70 年代德米特利·顿斯科伊在俄罗斯统一事业上的作用，我们就不再赘述了。不管马买与立陶宛的奥尔格德怎样对德米特利的统一事业进行阻挠，不管特维尔公与梁赞公怎样企图削弱莫斯科（我们记得，特维尔的米哈伊尔曾于 1375 年
285 对莫斯科作战），他们都没有成功，莫斯科的国力及其在全俄罗斯的道义上的威望方面的意义都无可比拟地增长了。这里不能不想

① 纳索诺夫：《蒙古人与罗斯》，第 126 页。

起斯大林在庆祝莫斯科城八百周年纪念时所讲的一段出色的话："莫斯科的功绩不仅在于，它在我们祖国历史上曾三次从外国的压迫下——从蒙古的枷锁下，从波兰—立陶宛的侵略和法国的入侵中解放了祖国。莫斯科的功绩首先在于，它成了把分散的俄罗斯联合为一个有统一政府、统一领导的统一国家的基础。"[①]

如要真正阻止德米特利·伊万诺维奇把俄罗斯的主要部分联合在莫斯科周围，马买必须在金帐汗国内完成更复杂的工作，即将金帐汗国的"内乱"全部肃清，并将术赤兀鲁思的全部土地重新合并到自己的政权下来。

但他没有这样的能力。诚然，他暂时征服了不里阿耳，暂时占领了哈只·塔儿寒（阿斯塔剌罕），[②]并将北高加索夺取在自己手里，但马买仍未征服金帐汗国的主要部分——伏尔加河沿岸农业地区及其富庶的城市。

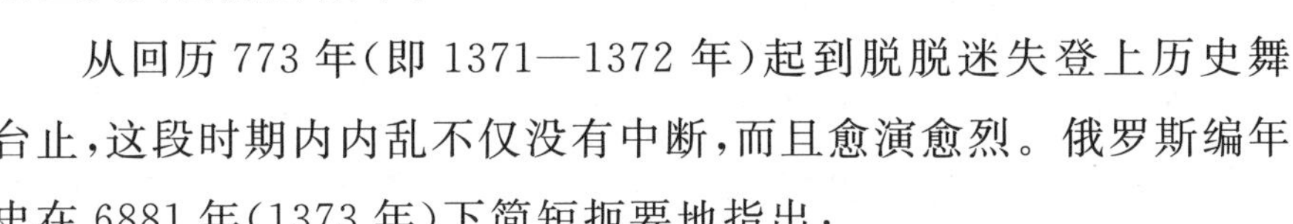

从回历 773 年（即 1371—1372 年）起到脱脱迷失登上历史舞台止，这段时期内内乱不仅没有中断，而且愈演愈烈。俄罗斯编年史在 6881 年（1373 年）下简短扼要地指出：

"同年，汗国内乱，汗国许多王公自相杀伐，死了无数鞑靼人：由于他们无法无天，上帝愤及他们。"[③]这里，编年史指的仅是由于白帐汗国诸汗坚决干预金帐汗国事务而复杂化的内乱第二时期的 286

① 译文出自《斯大林同志庆祝莫斯科城八百周年的贺词》，载《斯大林文选》，人民出版社，第 503 页。——译者

② 马买的第二个傀儡汗——马哈麻·不剌用自己的名字铸币于此。萨维里耶夫：《捷秋什的埋藏物》，载《俄罗斯考古学会东方部丛刊》，第 3 卷，第 2 册，1857 年，第 253 页。

③ 《俄罗斯编年史全集》，第 11 卷，第 19 页，6881 年（1373 年）下。

开始。

钱币资料提供了 14 世纪 70 年代前期相互竞争的两个汗的名字：

（1）秃仑别·哈讷木，汗妃，回历 773 年（即 1371—1372 年）铸币于新萨莱。

（2）亦里班汗，回历 775 年（即 1373—1374 年）铸币于小萨莱及乌拉尔（押亦）河下游。

（3）阿剌·火者，回历 775 年（即 1373—1374 年）铸币于小萨莱。

值得注意的是，这个时期的金帐汗国“内讧”竟引起了生活在遥远的埃及的阿拉伯大史学家伊宾·哈勒敦的注意。伊宾·哈勒敦指出了若干其他作者未予重视、却为术赤朝古币资料所证实的重要事实。伊宾·哈勒敦谈到回历 776 年（即 1374—1375 年）金帐汗国中的事件时写道：“还有另几个蒙古异密，分辖萨莱四周的领地，他们彼此不睦，各自独立地统治着自己的领地：哈只·彻耳客思领有阿斯塔剌罕附近地区，兀鲁思汗领有自己的分地，爱别汗也是这样。他们都称为‘行军异密’”。[①] 齐曾戈曾在其译文中使用“行军异密”一语时，犹豫了一阵并问道：这个名词译作“左翼异密”岂不更确切么。[②] 对我们说来，毫无疑问，这里所说的正是左翼异密，也就是阿黑·斡耳朵的异密与斡黑兰（宗王）。需知上述哈只·彻耳客思、兀鲁思汗，正如跟马买竞争的大多数汗一样，都
287 出自阿黑·斡耳朵，即出自术赤朝军队的左翼。稍后伊宾·哈勒

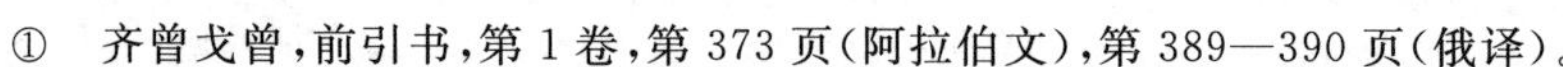

① 齐曾戈曾，前引书，第 1 卷，第 373 页（阿拉伯文），第 389—390 页（俄译）。

② 同上书，第 390 页注 1。——原文作“Умара ал-Масират”；可能是“Умара ал-Майсарат”意即“左翼异密”之讹写。

敦写道:“阿斯塔剌罕分地的领主哈只·彻耳客思攻打马买,战胜了他,从他手里将萨莱夺了过来。”[①]

似乎马买占据萨莱的时间很短,因为没有用马哈麻·不剌的名字在新萨莱铸造的钱币。而钱币资料却证实了伊宾·哈勒敦的下述记载:回历 776 年彻耳客思别占领了哈只·塔儿寒(阿斯塔剌罕);他曾于这一年在那里铸币。[②] 毫无疑问,伊宾·哈勒敦所说的哈只·彻耳客思与彻耳客思别是同一个人。

14 世纪 70 年代后期,在脱脱迷失出现在伏尔加河流域之前不久,还有一个阿剌卜沙也进行过活动。于回历 775 年与 779 年,即 1373 年以后、1378 年之前,他曾铸币于新萨莱。[③] 根据 15 世纪一位不知名的作家专门研究蒙古算端世系问题的波斯文著作来判断,阿剌卜沙出自术赤系阿黑·斡耳朵支系。[④]《尼康诺夫编年史》也谈到他出身于阿黑·斡耳朵:“同年(1377 年——雅库博夫斯基注),有一个名叫阿剌卜沙的宗王,从青帐汗国逃到了伏尔加河那边,来到了马买的伏尔加汗国里。这位宗王很凶悍,是一个伟大、勇敢、坚强的军人,他年纪很轻,十分勇猛,打了许多胜仗,率领军队向下诺夫哥罗德来”[⑤]。

凭着个人冒险,1377 年阿剌卜沙没有同与之竞争的其他诸

① 齐曾戈曾,前引书,第 1 卷,第 374 页(阿拉伯文),第 391 页(俄译)。

② 马尔科夫:前引书,补录,第 860 页。

③ 马尔科夫:前引书,第 477 页。

④ 齐曾戈曾,前引书,第 2 卷,第 54—55 页;萨维里耶夫:《捷秋什的埋藏物》,载《俄罗斯考古学会东方部丛刊》,第 3 卷,第 3 册,第 431 页。

⑤ 《俄罗斯编年史全集》,第 11 卷,《尼康诺夫编年史》,第 27 页,6885 年(1377 年)下。

汗，其中也包括马买（这时的傀儡汗为马哈麻·不剌）取得任何联系，便向俄罗斯地区下诺夫哥罗德方面单独进军。德米特利·伊
288 万诺维奇将军队召集起来，去迎击鞑靼人。他没有遇上鞑靼人，折了回来，军队则为预防万一继续前进。这样，一直走到流入苏拉河的比雅纳河为止，莫斯科公的将军们不管在什么地方连鞑靼人的踪影也没发现。有人在这里对俄罗斯人说，阿剌卜沙带着自己的军队远在“伏尔加河上”。[①] 那时将军们作出决定，既然没有什么东西威胁他们，在长期行军之后，他们可以休息一下了。战士们卸下了沉重的甲胄，扔下了武器，既没有在自己的营地上设防，也没有设置哨岗，“王公与贵族们，高官与将军们，纵情作乐，饮酒、狩猎，好像在家里一样”。[②] 当俄罗斯营地一片欢腾的时候，充当鞑靼人的向导和帮凶的莫尔多瓦王公们出卖了他们，将俄罗斯军队的情况报告了鞑靼人。阿剌卜沙迅速来到未加防范的营地，从四面八方将它围了起来，向实际上没有武装的人们突然袭击。当时大部分俄罗斯人被杀，其中既有贵族也有普通士兵。只有少数残部逃了出来。阿剌卜沙可以毫无阻碍地直趋下诺夫哥罗德，便出人意外地到了那里。该城既无准备，又无守兵，无法进行抵抗，居民沿着伏尔加河向上逃，鞑靼人冲向城内被放弃的街区，大肆劫掠，俘虏了剩下的手无寸铁的人，烧毁了大部分房屋，然后撤走了。关于阿剌卜沙我们在编年史及东方史料中找不到更多的记载。阿

---

① 《俄罗斯编年史全集》，第 11 卷，《尼康诺夫编年史》，第 27 页，6885 年（1377 年）下。

② 《顿涅茨河的支流》。

刺卜沙显然在金帐汗国掌权仅一年，因为用他的名字在新萨莱铸造的钱币铸于回历 779 年(即 1377—1378 年)。还有一个出身于阿黑・斡耳朵、属于术赤朝昔班支系的汗，是阿剌卜沙在伏尔加河地区的竞争者。按照钱币进行判断，这个汗名叫可汗别，而据上述 289
15 世纪不知名的波斯作家说，他的名字叫合罕别。[①] 他有几枚于回历 777 年铸于新萨莱的钱币留传下来，似乎他占领新萨莱的时间不长，恐怕还不到一年。我们没有关于可汗别的更详细的记载。

兹将 14 世纪 70 年代内金帐汗国发生的事情加以总结，简述如次。不管马买怎样努力于征服整个金帐汗国，他还是没有成功。他也没有占领伏尔加河地区，并且只在短时期内是阿斯塔剌罕与不里阿耳的主人。富庶的伏尔加河地区基本上是在进行竞争的诸汗手里，他们大部分出身于术赤朝阿黑・斡耳朵支系。这些汗的在位时期都没有超过三年，他们互相敌对——但他们毕竟还是相当强大的，所以没有让马买把伏尔加河地区夺去。这样，马买没有把术赤兀鲁思统一在自己的政权之下。莫斯科公德米特利・伊万诺维奇在这一方面，即从在全俄罗斯范围内争取道义上的威望来讲，则比他更为成功。然而马买了解得很清楚，莫斯科及其在全俄罗斯事务中具有的重要性之稳步增长将会导致同鞑靼人的决定性冲突，因为他亲眼看见俄罗斯王公们向汗国缴纳的贡税正在减少。他不会看不到，与三四十年以前月即别汗与札尼别汗时代相比，所纳贡税已少了许多。马买也不会不了解，莫斯科企图完全推翻鞑靼政权或至少使自己独立的羁绊大为减轻。考虑到这一切情况，

① 齐曾戈曾：前引书，第 2 卷，第 54—55 页。

我们就能了解，马买准备远征俄罗斯并非像1377年阿剌卜沙那样单纯进行掠夺性袭击，而是目的在于彻底削弱和重新征服俄罗斯。1378年马买远征下诺夫哥罗德与莫斯科，可以看作是这一行动的
290 尝试和试验。我们知道，他占领了下诺夫哥罗德，进行了掠夺，但他的军队没有进入莫斯科。德米特利·伊万诺维奇将马买派来的汗国王公必吉赤的军队赶到了奥卡河彼岸。鞑靼人与俄罗斯人在沃查河上交锋，这一次俄罗斯人获得全胜，鞑靼人抛下许多战死者逃跑了。1378年沃查河上的失败对马买产生了很深刻的印象。这一点在俄罗斯是尽人皆知的，各种编年史关于库利科沃原野之战的记载，对于马买在沃查河上战败后的情绪都有所反映。马买“因为这件事又是抱怨，又是悲伤，又是哭泣”，他的幕僚们安慰他说：“你的军队衰弱了，你的力量枯竭了，但是你有无数财产，你可以雇用弗里牙思人、撒耳柯思人及阿速人等，募集许多军队，为自己的诸王雪恨。”[①]马买为了维持汗国的威望不能对沃查河上的失败抛开不管。他花了二年时间来准备新的远征，他认为，由于政治形势有利于他，他有许多机会取得胜利。不愿莫斯科强大的立陶宛公雅盖洛答应支持他，梁赞公奥列格也答应顺从马买——奥列格是汗国的紧邻，如果进行反抗将头一个遭受打击，所以他很怕鞑靼人。《尼康诺夫编年史》中关于1380年马买远征及有名的库利科沃原野战役的历史叙述，是出色的历史文献。这篇文献不仅贯穿了深厚的爱国主义精神，不仅在文学方面很成熟，且有许多有趣的具体材料，而最主要的是，它具有深刻的智慧与深远的政治眼

① 《俄罗斯编年史全集》，第11卷（6888年下），第46页。

光。这一文献最好地说明了莫斯科罗斯已经在何种程度上意识到
了战胜马买军队的全俄意义乃至全欧意义。大公在作祈祷并宣布 291
库利科沃之战俄罗斯殉难者永垂不朽时说道:“为东正教和整个基督教在库利科沃原野殉难的弟兄们、朋友们,东正教、基督教教徒们,永垂不朽!”[①]

编年史的记载提供了一系列对德米特利·伊万诺维奇及马买双方具有代表意义的细节。这一次的冲突又是马买挑起的。编年史的作者描写马买包藏着巨大的阴谋:“拔都王曾侵占整个罗斯国家,统治所有的公国,所有的汗国,在马买的心中,尤其是在他的疯狂的念头中,也有这样的打算。”[②]当梁赞公奥列格得知马买的意图后,他跟往常一样害了怕,马上决定向汗国与马买输诚。奥列格立即将一切情况写信告诉立陶宛公雅盖洛,劝他一起采取降策,甚至一起去帮助鞑靼人。这是对俄罗斯国家的十足叛卖行为,俄罗斯编年史学对这件事的看法正是这样的。

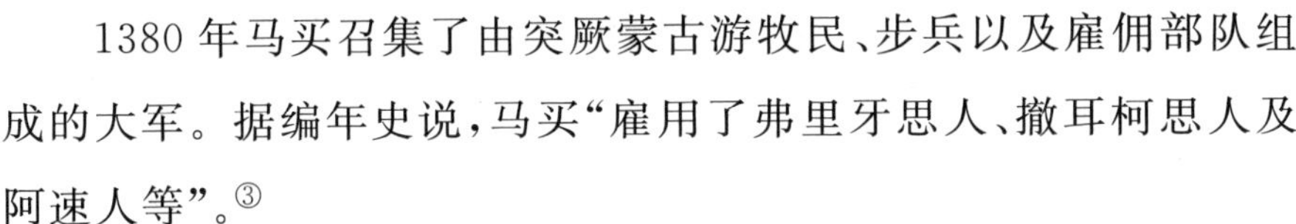

1380年马买召集了由突厥蒙古游牧民、步兵以及雇佣部队组成的大军。据编年史说,马买“雇用了弗里牙思人、撤耳柯思人及阿速人等”。[③]

当德米特利得知马买带着大军屯驻在沃罗涅日时,他决心抗击敌人。他向包括自己的宿敌——特维尔公米哈伊尔在内的所有俄罗斯王公发出呼吁。编年史撰者,更确切些说,编年纪事的作者

① 《俄罗斯编年史全集》,第11卷(6888年下),第65—66页。

② 同上书,第47页。

③ 同上。

们，详尽无遗地列举了参加保卫祖国的王公名单。即便只是将这份名单浏览一下，也就可以看出，这一次莫斯科公的威望战胜了俄
292 罗斯封建领主的狭隘地方分立主义利益。德米特利对军队的装备特别注意。在保卫全俄罗斯免除鞑靼威胁的事业上，基普利安大主教建立了一定功勋，他是全俄罗斯教会的代表，而教会作为将“全俄罗斯”联合起来的人，当时曾起过进步作用。基普利安大主教不仅在道义上支持德米特利·顿斯科伊的爱国事业，而且还号召所有的俄罗斯王公服从莫斯科，将莫斯科当作全俄罗斯的政治中心。德米特利于 1380 年 7 月 31 日发出命令，召集俄罗斯军队到科洛姆纳，打算从那里向马买进攻。纪事中描述了组织远征中的一段十分有趣的详情。“大公来会见十个苏罗日商人；真是天意安排，这些人了解远方的事，由于他们在各地走动，他们对汗国及弗里牙思人处的事，即那边发生的情况及那边习惯做的事全都知道。”[①]接着列举了他们的名字。这些人全是当时俄罗斯商界的知名人士。他们中间不仅有熟悉鞑靼人风俗、习惯和语言的人，而且还有对通往汗国的道路、桥梁、渡口具有或多或少知识的人。不用多说，德米特利·伊万诺维奇从他们处获得了他所需要的有关马买及其军队组成等等的一切情报。

德米特利从科洛姆纳南下，屯营于“奥卡河旁洛帕斯纳河河口”。[②] 德米特利的大将季莫菲·瓦西里奇统率着军队也来到了这里。9 月，俄罗斯军队已经到达别列朱城。值得注意的是，若干

① 《俄罗斯编年史全集》，第 11 卷，第 54 页（6888 年下）。
② 同上。

立陶宛王公带着自己的军队也来到这里，来到莫斯科公麾下。只有雅盖洛公与梁赞公奥列格没有来。德米特利从这里继续前行，
在顿河流域库利科沃原野与俄罗斯的凶恶敌人马买的军队相遇。293
谈到库利科沃之战的结束时，纪事的作者借聚在一起杀鞑靼人的俄罗斯与立陶宛王公们之口说道："上帝不在强权的一方，而在真理的一方。"①德米特利回答这句话时高声说道："弟兄们，与其苟且贪生，不如光荣地死！"②与立陶宛王公们一起到来的有一个沃伦人，他就是那时"尽人皆知，勇猛过人"③的卓越战士德米特利·博勃罗克。纪事的作者特别有声有色地描绘了两军驻扎在涅普里亚德瓦河口库利科沃原野上的阵势，以及使俄罗斯人赢得具有世界意义的胜利的那次战役。据作者统计，俄罗斯与鞑靼双方各有骑兵与步兵四十万人左右。这里看来有些夸大。鞑靼人倒不难召集这么多军队，而俄罗斯人就比较困难。德米特利不仅领导作战，而且亲自参战。马买"带着五个王公登上高岗，想看那刹那间人血横流的情景。"④1380 年 9 月 8 日鞑靼人首先发起进攻。纪事中有一段纯粹描写作战阵势的有趣细节："鞑靼军队从高地冲下，立即停在那里，因为已经无处可进了。他们停在那里，矛戟林立，顶住了前面的人的后背（前面的人矮，后面的人高）。"⑤有两个战斗片断，特别吸引了纪事撰者的注意，他鲜明地描述了这两个战斗场

① 《俄罗斯编年史全集》，第 11 卷，第 56 页。
② 同上。
③ 同上。
④ 同上书，第 11 卷，第 59 页（6888 年下）。
⑤ 同上。

景。其一为因勇士般的力气与灵活而闻名于俗世的僧人彼列斯维特的见习修道士谢尔盖·拉多涅日斯基与鞑靼勇士帖木儿·木儿咱的拚杀——最后两人都战死沙场。其二是德米特利·博勃罗克
294 指挥下的埋伏军的出击。战斗死伤空前惨重，互有胜负。双方军队战死者过半数。“横尸遍野，以致战马无法从尸体上踏过，有的人死于刀枪之下，有的死于自己误杀和被马蹄踩死，许多军队汇集在一起，挤得连气都喘不过来，顿河与密察河之间的库利科沃原野都容纳不下了。”①

对库利科沃之战的意义是绝不会估计过高的，因为它远远超出了俄罗斯史的范围。德米特利·顿斯科伊对鞑靼人的胜利表明，鞑靼人是可以战胜的，当俄罗斯王公联合起来的时候，就可以使鞑靼政权遭到决定性的致命打击。邻国人民对 1380 年俄罗斯人民在库利科沃原野取得的胜利正是这样理解的。库利科沃之战的世界意义就在于此。但是不论导致俄罗斯得胜的摧毁力量多么巨大，却并不意味着金帐汗国已经崩溃，金帐汗国还有力量暂时复苏。

① 《俄罗斯编年史全集》，第 11 卷，第 60 页。

第二章　阿黑·斡耳朵的勃兴与14世纪80—90年代脱脱迷失恢复金帐汗国威力的企图

帖木儿的恩典与脱脱迷失汗的效劳转为敌对与竞争。

——摘自《突厥世系》(15世纪)

如前所述,阿黑·斡耳朵,即白帐汗国,从军事上来说是术赤兀鲁思军队的左翼,在俄罗斯史料中又名青帐汗国。阿黑·斡耳朵的疆界很难准确地确定。在中世纪早期,疆界,特别是草原上的疆界,没有准确划定,因此史料中谈到这个问题时,只能提供最笼统的材料。

阿黑·斡耳朵的最重要的部分(就经济、政治和文化方面而言)是锡尔河下游的河谷和整个流域,从速的干与撒兀兰城起,直到咸海河口处为止。据关于阿黑·斡耳朵历史的最详细史料《亦思干迭耳的匿名作者书》(木因纳丁·纳丹西的著作)上说,阿黑·斡耳朵包括"兀鲁黑·塔黑、薛乞思·牙合赤与合剌塔黑境,直到
徒亦辛、毡的与巴耳赤邗郊区境"。[①] 这样,阿黑·斡耳朵除锡尔 296

① 齐曾戈曾,前引书,第2卷,第127页。出版者与注者在该书第127页注2中提议将薛乞思·牙合赤改写作先吉儿·牙合赤;参照:巴托尔德:《七河流域简史》,伏龙芝出版社,1943年版,第72页。——同一出版者认为"徒亦辛"一名有问题,建议写作"秋明"(第127页注3)。

河下游外，还包括迭失惕·钦察的广大草原地带及一部分森林地带，即哈萨克斯坦与西西伯利亚。

阿黑·斡耳朵的草原部分及阔克·斡耳朵（金帐汗国）草原，名为迭失惕·钦察。阿黑·斡耳朵草原地区与农业地区的居民人种成分问题是十分有趣的。

我们从14世纪前半叶埃及史家讷外里的大百科全书中“关于突厥人的记载”一章里，找到了关于14世纪初迭失惕·钦察部落成分的最详细的记载。讷外里谈到迭失惕·钦察，特别是它的北部的钦察人时说：“他们分许多部落，这些部落曾记载在鲁克纳丁·贝巴儿思·迭瓦答儿·满速里异密所著的编年史[①]中，这些部落是：1. 脱黑锁巴，2. 也塔，3. 不儿勺黑里，4. 不儿的，5. 康古斡黑里或康合罗黑里，6. 安勺黑里，7. 都鲁，8. 合剌巴罗黑里，9. 术思难，10. 合剌必儿黑里，11. 忽滩”。[②] 同一史料（鲁克纳丁·贝巴儿思的著作）中有关这些部落的记载也见于伊宾·哈勒敦所撰的历史中，但部落名称略有不同。他们的名单如下：“1. 脱黑锁巴，2. 薛塔，3. 不儿勺黑剌，4. 额勒不里，5. 康纳阿剌里，6. 斡黑里，7. 都鲁，8. 合剌巴阿里，9. 者儿桑，10. 合惕合必儿黑里，11. 忽嫩”。[③]

遗憾的是，我们手里没有补充材料，无法校正这两份实质上相同的钦察部落名单的异文。稍后，伊宾·哈勒敦又写道：“（他的）叙述表明，都鲁部起源于钦察人，而脱黑锁巴部起源于鞑靼人，上述各部落不属于同一氏族……”[④]

---

① 撰于14世纪初。

② 齐曾戈曾，前引书，第1卷，第540—541页。

③ 同上书，第541页。

④ 同上书，第541—542页。

14世纪前半叶用阿拉伯语写成的埃及作者斡马里关于14世 297
纪初迭失惕·钦察游牧居民的民族成分有十分有价值的记载。斡马里的材料是从有可能熟悉金帐汗国草原生活的人们处打听来的。据斡马里说，在鞑靼人到来以前，术赤兀鲁思的广阔草原上居住着钦察人。当鞑靼人进入这里后，钦察人成了他们的臣民。由于鞑靼人是少数，他们同钦察人融合起来，"完全变成了钦察人"。[①] 鞑靼人（蒙古人）逐渐丧失了自己的蒙古语，许多人用钦察语，即突厥语说话。对胜利者（鞑靼人或蒙古人）所作的这一十分有价值的观察完全为下述事实所证实。在钦察草原（不论在顿河、伏尔加河之间的南俄罗斯草原境内，或东面乌拉尔河流域、咸海、锡尔河下游以北的草原上）到处可看到蒙古部落突厥化的现象。这里发生的情况实质上跟七河流域与河中相同。让我们来回想一下13世纪后半叶从七河流域移牧到忽毡（列宁纳巴德）地区来的蒙古札剌亦儿部以及从那里移牧到合失合河谷来的八鲁剌思部吧。这两大蒙古部（札剌亦儿与八鲁剌思部）从七河流域移牧过来时，其语言在某种程度上已经突厥化了。进入新的地区后，他们突厥化到如此程度，以致在14世纪，至少在14世纪后半叶时他们已将突厥语当作自己的本部落语言。

还是让我们来谈钦察草原吧。如果认为纯粹的钦察人已经根
本不存在了，那也是不正确的。熟悉有关术赤兀鲁思境内军队人 298
种成分的史料，我们就可以发现甚至到14世纪末钦察人仍是单一部落的部队。舍列法丁·阿里·也思迪叙述1391年帖木儿出征

① 齐曾戈曾，前引书，第1卷，第213—214页（阿拉伯文），第235页（俄译）。

脱脱迷失时,用下面这段话谈到了脱脱迷失的军队:“从罗斯人、撤耳柯思人、不里阿耳人、钦察人、阿兰人、克里木(包括卡法、阿咱黑在内)居民、巴失乞儿惕人与莫克沙人中[1]募集起了一支很大的军队。”[2]这个作者描写1391年帖木儿与脱脱迷失军队在浑都思察地方进行决战时写道,在帖木儿麾下斡思蛮・拔都儿部队中有一个钦察百户。[3] 像这样的钦察百户显然不少。随着拔都远征进入钦察草原以及此后进入钦察草原的蒙古人,包括好几种部落。但是只有两大蒙古部落:弘吉剌与忙兀部,在钦察草原上不仅没有丧失自己的部落统一,而且发展成了相当大的部族。但他们虽保持了自己的统一,却没有将自己的蒙古语保持下来,他们的语言突厥化了。后来,到了15世纪后半叶,忙兀人改称那海人,他们的汗国被称作那海汗国。15世纪80年代时,据喀山编年史撰者说[4],他们迁居到了伏尔加河东岸,在那里游牧,一直到达押亦河。弘吉剌人与忙兀人逐渐加入了突厥游牧社会,他们甚至自认为突厥人。

阿黑・斡耳朵的居民又是怎么样呢?在14世纪后半叶与15世纪初它的民族成分是怎么样的呢?

值得注意的是,15世纪的波斯史料将阿黑・斡耳朵的基本居民称作月即别人,将阿黑・斡耳朵称作月即别兀鲁思。关于“月即别”一语的起源问题迄今没有一个统一的观点,最晚近的一位论述

---

① 似指莫克沙人,即莫尔多瓦人。

② 齐曾戈曾,前引书,第2卷,第156页。

③ 同上书,第169页。

④ “那海人来了,那海人即前述忙兀人。”(《俄罗斯编年史全集》第19卷,1903年,第8页。)

过月即别人起源问题的人——谢苗诺夫教授，在其十分有价值的
论文《论昔班汗的月即别人的起源与成分问题》的摘要中有如下论
点："……月即别人者，并非起源于金帐汗国，认为他们得名于金帐 299
汗国月即别汗的看法，没有得到证实。"[①]

为了使读者在"月即别人"这个名词上不产生混淆，必须记住，14—16世纪居住在术赤兀鲁思东北部的月即别游牧民同今天乌兹别克斯坦的乌兹别克人[②]不是一回事。乌兹别克民族包含下列主要人种成分：(1)河中老突厥居民，他们从11世纪起，开始使自古以来住在这里的大食农业居民的语言突厥化；(2)许多城市里的突厥化的伊兰语居民，他们早已丧失了自己原有的大食语；(3)15世纪末与16世纪初从阿姆河与锡尔河下游方面大量迁到今乌兹别克斯坦境内来的月即别游牧民。[③] 阿黑·斡耳朵的月即别人只不过是现代乌兹别克民族的民族成分之一而已。因此，当我们谈到阿黑·斡耳朵的月即别人时，我们系指与今乌兹别克人在民族成分与经济形态上完全不同的另一种人。如上所述，在钦察草原，包括阿黑·斡耳朵草原，游牧居民的基本群众是钦察部落。蒙古人没有使钦察人的民族成分发生根本变化，反之，蒙古人自身却突厥化了；我们只消回忆一下弘吉剌及后来被称为那海人[④]的忙兀两大蒙古部的命运即可。阿黑·斡耳朵的钦察人与一部分弘吉剌、忙兀居民在什么时候、怎样得名为月即别人的呢？

① 《东方学研究所著作年刊》，第2期，塔什干，1944年版，第15页。

② 月即别人与乌兹别克人的俄文对音相同。——译者

③ 雅库博夫斯基：《论乌兹别克民族起源问题》，塔什干，1941年版。

④ 可是，在那海人的成分中除了忙兀人外还有其他的突厥与蒙古人种。

300 按照谢苗诺夫的论文，“月即别人”一语用于某些突厥蒙古部落，早在月即别汗（1312—1342）登上金帐汗宝座以前。事情是不是这样的呢？让我们来查看一下史料。

在哈木答勒剌黑·可疾云尼（14世纪的作者）的历史著作《塔里黑·古昔迭》中，把1335年11—12月间在外高加索活动的月即别汗的军队称作“月即别军”。[1] 谢苗诺夫教授正确地指出了，某些史学家将表示月即别军的“узбекѝ”一语，当作部族名“узбек”（月即别族）。[2]

因此，来自钦察草原上的突厥蒙古士兵被称为“月即别军”（узбекиан＝узбековец），在这一点上没有什么可以争论的。完全与此相应，哈木答勒剌黑·可疾云尼书中还把术赤兀鲁思称作“Мамлакат-и-Узбекѝ”，即月即别国。[3] 值得注意的是，《塔里黑·古昔迭》的续撰者，哈木答勒剌黑·可疾云尼之子薛亦纳丁所说的月即别兀鲁思不是指阿黑·斡耳朵，而是指整个术赤兀鲁思。无论如何，薛亦纳丁在叙述札尼别汗时代（1342—1357）时，把术赤兀鲁思称作月即别兀鲁思。[4] 对阿黑·斡耳朵史比别人更熟悉的14世纪作者木因纳丁·纳丹西（亦思干迭儿的匿名作者）在叙述札尼别时代时，也用月即别兀鲁思这个名词来称呼术赤兀鲁思。[5]《亦思干迭儿的匿名作者书》甚至在同一意义下将这个名词应用于14

① 齐曾戈曾，前引书，第2卷，第221页（波斯文），第23页（俄译）。

② 谢麦诺夫，前引书，第13页。

③ 齐曾戈曾，前引书，第2卷，第221—222页（波斯文），第93页（俄译）。

④ 同上书，第226页（波斯文），第97页（俄译）。

⑤ 同上书，第233页（波斯文），第128页（俄译）。

世纪60年代。从下面这句话可以了解作者对“月即别兀鲁思”一语的理解：“当他（木里汗——雅库博夫斯基注）在位时，月即别兀鲁思的大异密为莫豁勒·不花的儿子亦里牙思。”①莫豁勒·不花与他的儿子亦里牙思都是金帐汗国的异密。亦里牙思是前曾详述 301 的萨莱汗木里（阿木剌）时代的大异密。但“узбекú”一词（复数узбекиан）即“узбековец”（复数узбековцы）存在的时间不长。在此后的波斯史料中已不见此语。值得注意的是，波斯史料已没有“узбекú”，即“узбековец”（月即别军）一词，所能找到的是“узбек”（AWZBYK）这个名称。② 此处“узбéк”即“узбеки”一语只应用于阿黑·斡耳朵及阿黑·斡耳朵的突厥蒙古游牧居民。《亦思干迭儿的匿名作者书》也在同一意义上使用过这个名词。下面就是一个例子：“经过多次战斗后，脱脱迷失逃跑了，大部分兀鲁思军队死在月即别人手里。”③这里所谈的是14世纪90年代末脱脱迷失同也迪该展开斗争的时期，所说的月即别人显然是也迪该军队里的阿黑·斡耳朵游牧民。舍列法丁·阿里·也思迪也在上述意义上提到过“月即别人”。④

“узбекú”（复数узбекиан）即“узбековец”（复数узбековцы）（月即别军）这个名词同“узбек”，“узбéки”（月即别人）有没有某种联系呢？按照谢苗诺夫的意见，没有什么联系。头一个名称只是偶尔

① 齐曾戈曾，前引书，第2卷，第235页（波斯文），第130页（俄译）。

② 尼咱马丁·沙迷的著作，陶尔版，波斯文，第71页（倒数第4行）、114页等。

③ 齐曾戈曾，前引书，第2卷，第238页（波斯文），第133页（俄译）。又，第238页（波斯文），第134页（俄译）。

④ 同上书，第178页。——此处说的是月即别勇士队。

见之，在15世纪的史料上就见不到了。据谢苗诺夫说，“узбек”（AWZBYK，月即别人）这个名词，产生在阿黑·斡耳朵的环境下，曾存在于阿黑·斡耳朵中，同“узбеки́”（月即别军）没有什么直接或间接联系。至于它是什么时候产生的，就不清楚了。

我们认为，这一观点既没有为历史事实所证实，也不能推翻关于这两个名称有直接联系的假设。事实上，当时的人们曾将月即别汗的军队称作“月即别军”（узбекиан），将他的整个国家称为“月
302 即别国”。只需细读史料，就能想象，术赤兀鲁思军队的左翼起着多么大的作用。阿黑·斡耳朵的突厥蒙古游牧民是精锐的骑兵，看来，他们正是金帐汗国军队的主力。最初人们正是把他们称作“月即别军”，后来“月即别军”这个名词逐渐被“月即别人”一词所代替，后者成了代表阿黑·斡耳朵许多突厥蒙古部落的集合名词。“月即别兀鲁思”这个名词也不再应用于整个术赤兀鲁思，而只用来表示阿黑·斡耳朵。按照16世纪初亦思法杭人鲁思别罕所撰《卜花儿佳宾之书》来判断，15世纪末与16世纪初确是如此。谢苗诺夫曾引用这部著作来论述昔班汗时代月即别人的起源问题。据亦思法杭人鲁思别罕说，有三个民族属于月即别人。头一个是“隶属于昔班的部落”①即昔班人，第二个是哈萨克人，第三个是忙兀人。这三个民族作为阿黑·斡耳朵的居民构成了名叫月即别的总的民族。根据这一记载，我们就完全明白了，没有一个名叫月即别人的单独的民族或部落，这一名称带有纯粹集合名词的性质。如果是这样的话，它通过上述方式而形成，即从“月即别军”转化而

① 谢苗诺夫，前引书，第14页。

来是最方便不过的。16世纪初，月即别人作为一个民族还不是一个巩固的民族单位。鲁思别罕指出：“这三个民族的汗彼此经常处于敌对状态，互相侵扰。”①

但是阿黑·斡耳朵的居民并非仅限于月即别游牧民。除了广阔的草原外，阿黑·斡耳朵还包括广大农业文明地带：从速的干与撒兀兰起直到养吉干以下，即几乎直到锡尔河流入咸海处为止的 303
锡尔河流域上的村落和城邑。住在沿河地区的是些什么人呢？为了回答这个问题，最好先来描述一下锡尔河下游农业区与城市生活的文明水平。

现在的锡尔河下游流域(起自阿雷斯河河口)，除突厥斯坦、克治尔·奥尔达、卡札林斯克等城及咸海周围的小片绿洲外，几乎已成为沙漠地区，塔什干与奥连堡火车站及站旁若干小村隔断了这片沙漠。但在中世纪早期，那里却是另一个样子。锡尔河下游流域布满了从锡尔河引出的水渠，有的地方布满了供水道。讹答剌、牙昔、撒卜兰(撒兀兰)、昔格纳黑、巴耳赤邗、阿失纳思、毡的、养吉干等城都在这个流域里。这是这个地区的最主要的城市。除城市外，这里有很多小村子。锡尔河流域文明地区的历史可分为两个时期：(1)蒙古以前时期，即成吉思汗远征以前时期；(2)蒙古以后时期。

第二个时期的主要特征是：同10—13世纪(直到13世纪20年代为止)相比，城乡生活急剧衰落。

自古以来，锡尔河流域四周的草原就为游牧部落与一些民族所占据。9—10世纪时，乌古思人在这里游牧，10—13世纪时，钦

① 谢苗诺夫，前引书，第14页。

察人与康里人是锡尔河流域草原上的主要主人。蒙古人侵入后，这里出现了蒙古诸部；如前所述，到14—15世纪时，出现在这里的蒙古诸部在突厥人的汪洋大海里改造成了独特的突厥蒙古人种组织——弘吉剌、忙兀等部。锡尔河流域的农村是什么时候形成的，怎样形成的，我们迄今还不了解。为了解决这些问题，必须通过考
304 古调查进行巨大的工作。[①] 关于城市生活的起源，有一种根深蒂固的观点，即认为城市是9—10世纪的伊斯兰教徒移民建立的。是否真是这样呢，也必须通过考古调查才能求得解决。10世纪时名为沙兀哈耳、蒙古时代名为牙昔的突厥斯坦城，不在阿黑·斡耳朵的疆域内，因此不在我们的研究之列。讲到撒兀兰（撒卜兰），该城也不是始终在阿黑·斡耳朵的领域以内；至少1387—1388年帖木儿同脱脱迷失进行斗争的那个时期，他是帖木儿的边境堡寨。萨蛮朝时，撒卜兰是众所周知的富庶商业城市。据伊宾·哈兀迦勒[②]说，乌古思游牧民在此同回教商人进行贸易。《忽都惕·阿列木》一书（土曼斯基的手抄本）[③]的作者也指出，撒卜兰是乌古思商人的驻足之所。据木迦答昔说，撒兀兰（撒卜兰）是一座有七重围墙的大城。该城有剌巴，即城郊工商业区。值得注意的是，据他

①　这些考古工作中最大的几次如下：

（甲）列尔赫：《1867年在突厥斯坦边区的考古旅行》，圣彼得堡，1870年。

（乙）雅库博夫斯基：《昔格纳黑废墟》，载《国立物质文明史学院通报》，第2卷，列宁格勒，1929年版。

（丙）从1947年开始，伯恩施坦的考古考察团在锡尔河下游开始进行工作，但该考察团一直没有公布他们在这一地区上进行工作的报告。还可参阅托尔斯托夫：《乌古思人的城市》，载《苏联民族学》，1947年，第3期，第55页起。

②　《阿拉伯地理丛刊》，第2卷，第390页。

③　《忽都惕·阿列木》，巴托尔德印行，1930年，列宁格勒，第24页。

说，在他那个时代（10世纪80年代）撒兀兰是防御游牧民（乌古思与乞马乞人）的堡寨。[①] 这就明确地指出了，最初萨蛮朝曾在这里驻有守军，以保护本国商人的贸易活动。木迦答昔还讲到，撒兀兰外面是农业区及土剌耳·咱剌黑小城。[②]

按较新的资料来判断，[③]16世纪时撒兀兰拥有由二百印度奴 305
隶挖成的供水道。看来，这里早就有了供水道系统。11—13世纪蒙古以前时期，撒兀兰在某种程度上衰落了下来。无论如何，史家们没有谈到成吉思汗的蒙古人占领过这个城市。值得注意的是，1254年亚美尼亚王海顿觐见蒙古大汗蒙哥后，在回来的路上从别失八里到讹答剌经过了锡尔河上的许多城市，其中就有撒兀兰城。他曾指出撒兀兰是一座大城。[④]

阿黑·斡耳朵的京城为昔格纳黑。[⑤] 10世纪的史料除《忽都愓·阿列木》外，都没有提及它。而《忽都愓·阿列木》提到它的名字时，却又拼成了速纳黑，这就引起了某些怀疑——速纳黑是否就是昔格纳黑（速格纳黑）呢？昔格纳黑之名在11世纪，尤其是12世纪的史料中开始频频出现，并且多半是同花剌子模的历史相联系的，从花剌子模王阿忒昔思（1127—1154）开始，直到花剌子模王

---

① 《阿拉伯地理丛刊》，第3卷，第274页。

② 同上。

③ 巴托尔德：《突厥斯坦灌溉史》，第148页。——此处引自亚洲博物馆瓦西夫手抄本，第568张a，第94张a。

④ 《基拉科斯的著作》，莫斯科，1858年版，第221—222页；П. 列尔赫：《考古旅行》，第13页。

⑤ 雅库博夫斯基：《昔格纳黑废墟》，载《国立物质文化史学院通报》，第2卷，列宁格勒，1929年，第123—159页。

马哈麻(1200—1220)为止，花剌子模为了将昔格纳黑等城并入花剌子模的领地，曾采取了一定政策。

当1219年成吉思汗的军队在其长子术赤的统率下沿着锡尔河下溯进军时，他们在昔格纳黑遇到了顽强的抵抗。从拉施特对战斗的描述中可以得出结论说，13世纪初的昔格纳黑是一个设防很好的大城市。当时有一个在商业和外交方面为成吉思汗服务的伊斯兰教徒哈散·哈只充当术赤的使者到昔格约黑
306 来，劝居民不战而降；市民凭着昔格纳黑牢固的防御工事，将他杀死，对蒙古人进行了顽强的抵抗。由于力量悬殊，经过七天围攻之后，昔格纳黑人被迫投降。由于市民的抵抗，尤其是哈散·哈只的被杀，术赤对市民加以残酷的惩罚。昔格纳黑大部分市民被屠杀，经过焚烧掠夺后，城市被破坏得荒废了。在一百年内，它即便继续存在，也已残破不堪。自从被蒙古人破坏后，我们从亚美尼亚海顿王处第一次得知该城的情况。他也是1254年路过那里的，只是比路过撒兀兰略早一些。海顿在自己的日记中称呼该城为“辛哈黑”。

可以有把握地说，到了14世纪由于阿黑·斡耳朵兀鲁思的勃兴，昔格纳黑也开始复兴。如前所述，据《亦思干迭儿的匿名作者书》说，额儿曾汗对于提高城市生活与扩大城市建筑起了巨大的作用。他在讹答剌、撒兀兰、毡的、巴耳赤邗进行过建设。他死后就葬在昔格纳黑。从兀鲁思汗时起，在史料上遇见昔格纳黑的次数愈来愈多了。兀鲁思汗时昔格纳黑已经被视为阿黑·斡耳朵的首都。无论如何，回历780年(即1378—1379年)帖木儿派遣脱脱迷失第四次远征阿黑·斡耳朵，去攻打帖木儿·灭里汗时，他令随同

脱脱迷失远征的将军们，在昔格纳黑城立脱脱迷失为汗。[①] 此外，我们所知道的最早的兀鲁思汗[②]的钱币于回历728年(即1327年11月17日—1328年11月4日)铸于昔格纳黑城这一事实，也说明了当时昔格纳黑在阿黑·斡耳朵政治生活中所起的巨大作用。[③]

从兀鲁思汗与脱脱迷失时代起，昔格纳黑开始稳步发展起来。它已经不仅是商业中心，不仅是一个堡寨，而且也是经过重建和竭 307
力美化过的京城了。本篇作者曾于1927年进行过一次考古调查，这次考古调查确凿地告诉我们，昔格纳黑留有14世纪末瑰丽建筑物的废址。[④]

15世纪前叶，昔格纳黑的名字频频出现。它在史料中常常在河中统治者兀鲁伯(1409—1449)同白帐汗博剌汗(兀鲁思汗之孙)的相互关系中被提到。有一段时期，昔格纳黑甚至并入了兀鲁伯的领地内。15世纪30—40年代，月即别汗阿不·海儿占领了锡尔河下游，征服了速咱黑讹迹邗与昔格纳黑。[⑤] 当时昔格纳黑下游的繁华景象已经不复存在了。这样，昔格纳黑成了锡尔河上最北面的城市。

昔格纳黑的名字还出现在昔班汗登上中亚历史舞台的年代

---

① 尼咱马丁·沙迷的著作，陶尔版，布拉格，1937年，波斯文，第70页(倒数第2行)。

② 俄文原误，应作白帐汗木八剌·火者。——译者

③ 我们都知道，钱币并非老是在京城里铸造的，例如，正如我们前面所看到的，金帐汗国里除萨莱、新萨莱外，还在许多其他地点铸造钱币。

④ 雅库博夫斯基：《昔格纳黑废墟》，第154页起。

⑤ 阿不·海儿·汗尼的著作，列宁格勒大学手抄本，第852号，第446页б，第447页a；巴托尔德：《突厥斯坦灌溉史》，第151页；巴托尔德：《伊斯兰百科辞典》，"阿不·海儿"条。

(1500—1510)里。15世纪80年代昔班同不伦都黑汗进行斗争时占领了锡尔河沿岸城市，其中就有昔格纳黑。按照记载昔班同不伦都黑争夺昔格纳黑详情（不伦都黑围城三个月，想将它从昔班汗的占领下夺过来）的昔班朝[①]史来判断，当时该城设有强大的防御工事。

关于昔格纳黑的最详细的记载见于16世纪。前述《卜花儿佳宾》一书对昔格纳黑饶有兴味地记载道："该城被视作锡尔河下游的边城。种植地带（灌溉地区）到此结束，再往北就是多沙的草原，据作者看来，以往昔格纳黑原是一个大城，具有良田与很好的建筑
308 物，他甚至称之为钦察草原之港。作者说：据诚实可靠的人说，过去赶到昔格纳黑集市上来的骆驼每天有五百头，这些骆驼在当天就能卖得一头不剩。他强调指出，种植地区呈狭长形，并说，他们从锡尔河里引出水来进行灌溉。[②] 同一作者稍后又说，昔班氏的月即别诸汗在昔格纳黑为自己建造了陵地，他们的陵墓就坐落在那里。当他们中间有人死了，就将骨灰运到昔格纳黑，在死者"麻札"（陵墓）上建一高大的"浑巴思"（圆顶）。[③] 1902年，巴托尔德在锡尔省公署档案处进行工作碰到了若干令人感兴趣的瓦忽甫文书，这些文书提供了不少有关15—17世纪的昔格纳黑的资料。

巴托尔德说："不论在历史地理还是文化史方面，上列文书都是耐人寻味的。从这些文件中可以看到，16—17世纪时速纳黑·

① 《昔班朝史》，贝勒津译，第65节及66节以后。

② 作者承巴托尔德当时示以摘记，得以拜读。君士坦丁堡努尔·奥斯曼尼耶图书馆手抄本（第3431号，第178张）。

③ 同上书，第180张；雅库博夫斯基：《昔格纳黑废墟》，第136页。

忽儿干近郊还有许多耕地；我们用秃别这个名词来表示这些地区（本意为丘陵、小山，还可作地段、别墅解）。在帖木儿的一份文书中，谈到了授以昔剌札丁洒黑伊斯兰教神职以及在斡儿丹涅、乞昔勒塔勒、秋明与不思浑兀昔牙黑等沟渠各划一个地段赐给他；关于秋明渠，文书中说：该渠是从锡尔河里流出来的；我们知道，这条渠直到今天还保留了这个名称……”[①]巴托尔德接着又列举了许多小河、泉与水渠的名称，其中有些名称一直保留到今天。此外还提到了若干麻札的名称以及当时昔格纳黑知名人士的名字。将寺院 309
不动产文书中的全部地名同今天的名称（包括保留在人民记忆中的名称）加以对比，可以想象到昔格纳黑种植地带的性质与规模。在俄罗斯史料中昔格纳黑之名最早见于16世纪中叶编撰的《大图册》中。图册中关于昔格纳黑记载如下：“速纳黑城，面对卡拉察托瓦山，离肯迭尔里克河口一百五十俄里，在锡尔河左面。在阿克巴什雷湖、扫克河与阿科尔湖之间，在哲林奇克河、肯迭尔里克河、萨尔塞河与卡拉库梅沙洲两边六百公里以内的地方为哈萨克斡耳朵的游牧地。距速纳黑九十俄里为雅西尔万城，也在锡尔河上。”[②]

本篇作者曾于1927年夏天到过昔格纳黑废墟，并于前述《昔格纳黑废墟》一文中描述了废墟的状况。由于不可能在此处哪怕是简单地复述昔格纳黑城废墟的情况，作者只想在此说上一句，城的废址使我们能够判断它的规模、它过去的防御工事及包括住宅

① 巴托尔德：《出差突厥斯坦报告》，载《俄罗斯考古学会东方部丛刊》，第15卷，第267—268页。

② 《大图册》，斯帕斯基出版社，1846年，第74页。

在内的建筑物的性质，以及它的陶工技术与它的墓地。1927 年时作者还见到过若干 14—15 世纪的建筑物废墟，这些废墟说明昔格纳黑人在建筑艺术方面的巨大成就。作者对昔格纳黑的近郊，包括离秋明渠站五公里的阔克·怯先涅进行研究后，就可以相信，14—15 世纪的瑰丽陵墓几乎什么也不剩了（只剩一段彩色瓷砖已经掉了的残墙）。对阔克·怯先涅纪念碑（有一张旧照片保留了下来）[1]和一排坟墓的废墟进行研究后，我们可以得出结论：这里就是陵地。

从照片来判断，阔克·怯先涅建筑有一座巨大的正门。在建

310 筑的顶上盖有匀称的锥形圆顶，十分有趣的是，圆顶从四面体变为八面体又变为十六面体。据 1901 年见过并描述过阔克·怯先涅的卡劳尔说，在这座建筑内部为陵墓，陵墓上面放着灵柩。圆顶内部及四周都有阿拉伯文题铭。据卡劳尔说，这座建筑为一座陵。本篇作者在 1927 年时已经了解到，前述《卜花儿佳宾》一书的作者所说的昔班氏白帐汗的墓地就在这里。

在兀鲁思汗以前，史料上对阿黑·斡耳朵王朝史记载得很不清楚。这不仅由于 14—16 世纪的大食与波斯史学家不了解情况而且互相矛盾，还由于阿黑·斡耳朵诸汗从木八剌·火者汗起才开始铸币，他的头一枚钱币铸于回历 728 年（即 1327 年 2 月 17 日—1328 年 2 月 5 日）。从萨维里耶夫[2]开始，一般人都认为阿黑·斡耳朵

① 《考古学爱好者突厥斯坦小组记录》，1901 年，第 92—100 页。

② П. 萨维尔耶夫：《青帐术赤王朝》，载《俄罗斯考古学会东方部丛刊》，第 3 卷，第 3 分册，1857 年，第 355 页。

诸汗世系如下。术赤之子斡耳答·亦禅的直系后裔为：

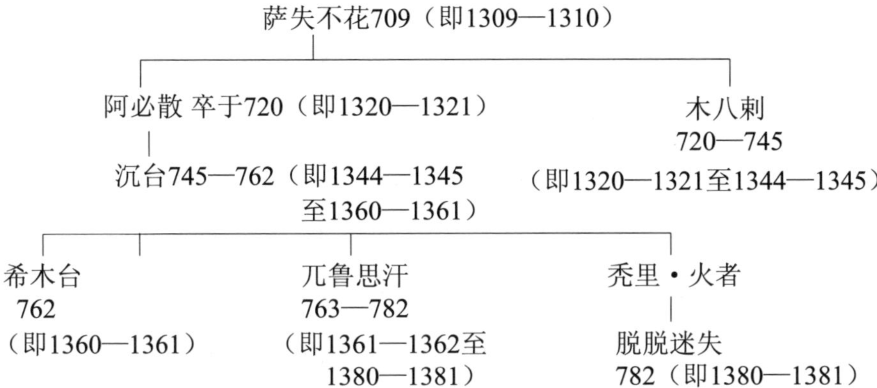

萨维里耶夫没有见到 15 世纪波斯史家的《亦思干迭儿的匿名作者书》(《木因纳丁·纳丹昔的著作》)，这部书中包含了从萨昔·不花起到兀鲁思汗为止关于阿黑·斡耳朵汗的最有价值的资料。《亦思干迭儿的匿名作者书》使我们首先有可能对诸汗的名字进行修正。萨维里耶夫的“萨失不花”(Сашибуга)，在《亦思干迭儿的匿名作者》一书里拼作“萨昔不花”(Сасибука)。萨昔不花的儿子在萨维里耶夫处作阿必散，而《亦思干迭儿的匿名作者书》作“额儿曾”。我们在下面将看到，此书中有关诸汗统治性质的材料十分有价值。但是《亦思干迭儿的匿名作者书》上所记载的年代不很可靠，与钱币资料有矛盾。《亦思干迭儿的匿名作者书》上记载的阿黑·斡耳朵汗在位年份如下：萨昔·不花为回历 690—720 年(即 1291 年到 1320 年 2 月 12 日—1321 年 1 月 30 日)[①]；额儿曾为回历 720—745 年(即 1320—1321 年到 1344 年 5 月 15 日—1345 年

311

① 齐曾戈曾，前引书，第 2 卷，第 234 页(波斯文)，第 129 页(俄译)。

5月4日)。[①]

至于木八剌·火者，据说他在位仅六个月，此后有二年半时间[②]流浪在外。从上列年代(据《亦思干迭儿的匿名作者书》)推算，木八剌·火者于回历745年(即1344—1345年)以后在位。这一点显然与钱币资料有矛盾。木八剌·火者曾于回历728—729年[③]铸币，比回历745年要早十六七年。因此我们在年代方面不改动萨维里耶夫的世系表，只对汗的名字的拼法进行了修正：

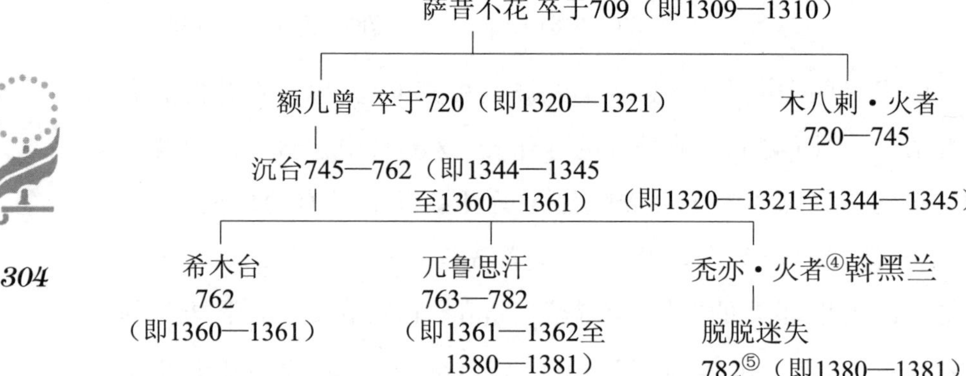

现在让我们来看《亦思干迭儿的匿名作者》一书对上列阿黑·
312 斡耳朵诸汗的描述。萨昔不花忠于自己对金帐汗的藩臣义务，没

① 齐曾戈曾，前引书，第2卷，第234页(波斯文)，第129—130页(俄译)。

② 同上书，第234页(波斯文)，第130页(俄译)。

③ 有两枚铸有回历768年字样的钱币留传下来，但数字2由于匠人的疏忽有时错铸成6，这是很容易出错的。

④ 按照木亦思的著作，他是宗王忽都鲁·火者的儿子(齐曾戈曾，前引书，第2卷，第61页)。

⑤ 脱脱迷失汗政权终于哪一年，很难确定。1395年以后，他不再是掌大权的君主，而过着流浪汉的生活。他死于1406年。

有逃避过任何一次征召和忽里勒台。[1] 由此可见，14世纪初，阿黑·斡耳朵（术赤兀鲁思军队的左翼）虽然拥有自己王朝的汗，但对于别儿哥萨莱诸汗却保持着藩臣关系。值得注意的是，萨昔不花的继承者、他的儿子额儿曾是由金帐汗月即别（1312—1324）所立，而不是独立地继承阿黑·斡耳朵汗位的。《亦思干迭儿的匿名作者书》将最好的优点加在额儿曾身上，将他描写成一个英明、公正的统治者。据该书说，由于他笃信回教，他在锡尔河上许多城市——讹答剌、撒卜兰、毡的、巴耳赤邗等城中设置了慈善机关，建造了清真寺、伊斯兰教学堂、哈纳合（圣墓旁的寺院或在世的受人尊敬的洒黑司教所属寺院）与麻札（陵墓）。他对宗亲们，首先是本王朝的宗亲们作了妥善安排。据这位作者说，他准确地规定了他们所领有的分地（忽必）的大小。他在阿黑·斡耳朵（月即别）兀鲁思的游牧军事贵族之间调整了分地方面的关系，使得国内没有内 313
讧，“尊者不排挤卑者，幼辈无不尊敬长者”。[2] 但这里所说的“尊者”与“卑者”不是“封建贵族”与“人民”，所以这里所谈的不是全民的幸福昌盛。“尊者”与“卑者”是不同等级的游牧贵族统治阶级。因此，这里所谈的只不过是军事贵族内部的和平相处，军事贵族内部混战与内讧的消除。据《亦思干迭儿的匿名作者书》说，这样的汗后来再也见不到了。额儿曾死后葬在阿黑·斡耳朵京城昔格纳黑。木八剌·火者（720—745）嗣立；他完全一反父亲所为，首先破坏了父亲在分地关系制度上建立起来的秩序。“由于木八

① 齐曾戈曾，前引书，第2卷，第234页（波斯文），第129页（俄译）。

② 同上书，第129—130页（俄译）。

剌·火者贪欲过盛，发生了内乱，迄今钦察草原上还知道这次内乱(不勒合黑)。”[①]古币资料在这里帮助我们搞清楚了史料上没有说清楚的若干地方。这里所说的是怎么样的一次内乱呢？木八剌·火者汗第一个留下了铸有他的名字的钱币这一事实，说明他是头一个对金帐汗国萨莱汗宣布独立的阿黑·斡耳朵汗。大家知道，当时铸造钱币，尤其是铸造银币，在伊斯兰教东方是拥有主权的统治者们才有的一种特权。木八剌·火者于回历 728 年[②]铸币，表明他宣布独立。这一行动不能不遭到金帐汗月即别(1312—1342)的抗议；在阿黑·斡耳朵游牧军事贵族当中也因这个问题发生了意见分歧与争执。加上其他一系列矛盾，这件事遂使政治局势异常复杂，以致阿黑·斡耳朵发生了严重的内乱，结果使得木八剌汗

314 本人在外流浪了一个时期。金帐汗国千方百计地竭力想使阿黑·斡耳朵回到以往的藩属关系上来。据木因纳丁·纳丹西说，木八剌在外流浪了两年半。[③] 似乎就是在这段时期内，月即别汗派自己的儿子迪尼别到昔格纳黑去当汗，他想把金帐汗国、白帐汗国并入一个汗族。迪尼别当白帐汗的时间不长。[④] 据洒黑·兀外思说，月即别汗死后不久迪尼别就被自己的兄弟札尼别当作自己的主要竞争者(金帐汗国汗位的觊觎者)杀死了。据《亦思干迭儿的匿名作者》说，木八剌·火者死后，迪尼别被杀死后，札尼别汗干预

① 齐曾戈曾，前引书，第 2 卷，第 234 页(波斯文)，第 130 页(俄译)。

② 似乎，在此以前木八剌·火者汗未曾铸币。

③ 齐曾戈曾，前引书，第 2 卷，第 234 页(波斯文)，第 130 页(俄译)。

④ 塔吉尔札诺夫热心地告诉我说，在忽惕巴的长诗《霍思罗夫与希邻》《篾力汗·灭里迦(迪尼别的妻子)赞》一章中说，迪尼别的宫殿在昔格纳黑。

了阿黑·斡耳朵汗位的继承问题，立额儿先之子沉台（回历745—762年）为汗。[①]

波斯文《亦思干迭儿的匿名作者书》上的这个记载，完全为钱币所证实。我们没有获得沉台铸造的钱币。其实，沉台虽然没有自视为拥有主权的阿黑·斡耳朵汗，但正是他在位时，而非自主的汗木八剌·火者时代，如上章所详细谈到的，阿黑·斡耳朵开始积极地干预金帐汗国的“内讧”。所有的史料——《亦思干迭儿的匿名作者书》[②]、罗斯编年史及古币资料全都证实了这一点。沉台本人没有干预萨莱的事情，似乎他本人反对这样做，但他没能阻止许多宗王——别儿哥萨莱汗位的觊觎者从阿黑·斡耳朵跑出去。我们回想一下希思儿（乞迪儿）、帖木儿·火者、木里（阿木剌）与乞里迪别吧，这些萨莱汗都是在14世纪60年代初、沉台在位晚年铸造 315
自己的钱币的。

但是在沉台的家族中，对于干预金帐汗国问题没有一致的看法。据《亦思干迭儿的匿名作者书》说，沉台的孙子[③]兀鲁思汗“始终……鼓动自己的父亲去占据阔克·斡耳朵兀鲁思，但沉台没有听从（他）”。[④]

沉台死后，兀鲁思汗嗣立为阿黑·斡耳朵汗，兀鲁思汗在位年代为回历763—782年，即1361—1380年。[⑤]《亦思干迭儿的匿名

① 齐曾戈曾，前引书，第2卷，第234页（波斯文），第130页（俄译）。

② 同上。

③ 俄文误，应作沉台之子。——译者

④ 齐曾戈曾，前引书，第2卷，第131页。

⑤ 兀鲁思汗登上阿黑·斡耳朵汗位似乎还晚几年，即不早于回历764年。

作者书》说他性格不好，但承认他是一个强大的君主。他一上台就采取了木八剌汗所推行的方针，不仅宣布自己为自主的君主，而且在月即别兀鲁思游牧贵族的忽里勒台上提出要去干预“金帐汗国”事务。兀鲁思汗连着举行了好几天庆祝会，他将大量礼物分赐给有势力的大异密们，取得了军事贵族的支持，然后便向金帐汗国进军。可惜，我们不知道这次出征的准确年月。这是阿黑·斡耳朵向萨莱汗采取坚决行动的开端。兀鲁思汗显然力图成为整个金帐汗国的领袖，想把两部分重新联合成一个强大的整体置诸他的统一的政权下面。兀鲁思汗的这一政策大获成功。到 14 世纪 70 年代中期，他已经占领了哈只·塔儿寒(阿斯塔剌罕)，将前述火者·彻耳客思从那里赶了出去。[①]

过了一段时期，他沿着伏尔加河上行，进抵萨莱。萨莱起初落到了火者·彻耳客思的竞争者爱别手里，后来又为爱别的儿子合里罕所占据。回历 776 年(即 1374—1375 年)兀鲁思汗从合里罕
316 手里夺得了萨莱，[②]不久在那里开始铸币，从留传至今的他在回历 779 年(即 1377—1378 年)铸于萨莱的钱币可以知道这一点。[③] 这一铸币的事实完全证实了伊宾·哈勒敦关于他占领萨莱的记载。现在兀鲁思汗面临着一项艰巨的任务——把马买赶走，但是这项任务是他所无力胜任的。如前所述，马买在库利科沃之战之前，正是势力最强盛的时候，他未必会把兀鲁思汗当作比其他萨莱汗更

① 齐曾戈曾，前引书，第 1 卷；伊宾·合勒敦的著作，第 374 页(阿拉伯文)，第 391 页(俄译)。

② 同上书，第 374 页(阿拉伯文)，第 391 页(俄译)。

③ 留传至今的最早的兀鲁思汗的钱币，于回历 770 年铸于昔格纳黑。

可怕的竞争者。

当兀鲁思汗在金帐汗国伏尔加河流域上推行其果敢的政策时，在阿黑·斡耳朵本国中出现了他的一个危险的竞争者：年轻的脱脱迷失。脱脱迷失是前述秃亦·火者斡黑兰之子，据《蒙古诸汗世系》上说，脱脱迷失是忽都鲁·火者之子，[①]这一点与前列萨维里耶夫的阿黑·斡耳朵汗世系表不符。

不管怎样，秃亦·火者斡黑兰是阿黑·斡耳朵王朝中著名的有威望的宗王。他是兀鲁思汗时代的满吉失剌黑长官。当兀鲁思汗即位之初召集贵族就干涉金帐汗国问题举行忽里勒台时，秃亦·火者斡黑兰毅然起而反对兀鲁思汗的这一意图。由于他持异议和不服从，遂被处死。他有个儿子脱脱迷失[②]是一个年轻、刚毅、有才干的宗王。脱脱迷失于父亲被处死后，感到自己在阿黑·斡耳朵处境不妙；他有着充分理由为自己的生命担心。为了躲避迫害，1376年他逃到了撒马儿罕，到当时虽还年轻，但已很强大的河中国王帖木儿那里。帖木儿又名帖木儿·连忽、意即跛帖木儿(在欧 317
洲语中则作 Тамерлан)。《俄罗斯编年史》上也作跛帖木儿，但却是突厥文对音帖木儿·阿黑撒黑。“连忽”与“阿黑撒黑”意义相同，头一个字是波斯文，第二个字是突厥文，两个字都表示“跛子”。

从这时(1376年)起我们就对脱脱迷失的历史了解得很清楚、很详细了。我们一方面有15世纪波斯作家尼咱马丁·沙迷与舍

---

① 齐曾戈曾，前引书，第2卷，第61页。

② 脱脱迷失的母亲是弘吉剌部的合丹·浑彻黑(迦法里的著作中作忽亦·乞赤黑)[齐曾戈曾，前引书，第2卷所辑《亦思干迭儿的匿名作者书》摘录，第137页(波斯文)，第132页(俄译)；同书所辑迦法里的著作摘录，第211页]。

列法丁·阿里·也思迪编撰的帖木儿的详尽的官方史书《咱法儿纳蔑》，意即《武功纪》；另一方面还有帖木儿的年轻的同时代人阿拉伯作者伊宾·阿剌卜沙编撰的书及各种俄罗斯编年史。俄罗斯编年史保留了一系列波斯史料上根本没有记载的有关脱脱迷失的有价值的材料。

由于尼咱马丁·沙迷成书在舍列法丁·阿里·也思迪之前，他的书乃是舍列法丁著作的依据，所以我们在下面的叙述中主要依据尼咱马丁·沙迷。只是当舍列法丁·阿里·也思迪及其他作者的记载能补充尼咱马丁·沙迷叙述之不足时，我们才加以采用。

让我们回到脱脱迷失的传记上来吧。当有人报告帖木儿说，脱脱迷失宗王逃脱了兀鲁思汗的阴谋迫害到撒马儿罕来找他，求他给予保护与援助时，帖木儿正在垂河[1]上游豁赤合儿[2]地方远征。帖木儿是一个聪明、有远见的政治家，他清楚地了解到，必须千方百计地笼络与支持脱脱迷失。帖木儿当时正要把中亚细亚各块领地联合成一个统一的国家，不会看不到阿黑·斡耳朵的强盛
318 对他造成的威胁。此外，帖木儿知道得很清楚，强大的阿黑·斡耳朵真会扫除内乱，取得全术赤兀鲁思的政权。一个强大、有实力的汗国（金帐汗国加上白帐汗国），作为一个邻邦对于河中的统一事业是十分危险的。因此帖木儿想干预阿黑·斡耳朵的事情，在那里支持自己的傀儡。从这些意图与希望出发，帖木儿命令用尽可

① 齐曾戈曾，前引书，第 2 卷所辑舍列法丁·阿里·也思迪的著作，第 146 页。

② 吉尔吉斯共和国。

能好的方式迎接脱脱迷失，他亲自通过讹迹邗向撒马儿罕进发。异密们在这里向帖木儿引见了从阿黑·斡耳朵逃出来的年轻的宗王。尼咱马丁·沙迷说，帖木儿千方百计地笼络脱脱迷失，赐给他丰厚的礼物，给他许多金子、牲口、帐幕、布匹、装饰品、鼓、旗、武器、马匹与骡子，最后还给他军队。此外，他一下子将讹答剌与撒兀兰[①]封给了脱脱迷失，据舍列法丁·阿里·也思迪说，[②]他还将昔格纳黑（阿黑·斡耳朵的京城）封给了他。但这个封地犹待略取，因为他在阿黑·斡耳朵没有任何实力。由于兀鲁思汗不在（当时他正在伏尔加河上远征），阿黑·斡耳朵的实际权力掌握在他的儿子忽都鲁·不花手里。回历776年（即1374年6月12日—1375年6月2日）年轻的脱脱迷失出兵去攻打他。忽都鲁·不花在头一个回合中被杀死，但是他的战死却激起了阿黑·斡耳朵军队的战斗热情，把脱脱迷失击溃了。脱脱迷失宗王逃回来后，重新在帖木儿处找到了保护。脱脱迷失的失败没有使帖木儿对他冷淡下来。河中国王再次用一切必需的物资将脱脱迷失装备起来，将一支比以前还要强大的新的军队给了他。这次攻打脱脱迷失的是兀鲁思汗的另一个儿子脱脱乞（Токтакия）。这一次脱脱迷失又被
击溃了。记述帖木儿生平事业的两位波斯史家都详细叙述了一段 319
几乎要了脱脱迷失的命的十分有趣的事件。脱脱迷失被击溃后，为众人所弃，逃到锡尔河上。他在这里脱下衣服，游过了河。脱脱乞的一个将军合赞赤·拔都儿追上来，向他射了一箭，射在他的手

① 尼咱马丁·沙迷的著作（波斯文），陶尔版，第75页。

② 齐曾戈曾，前引书，第2卷所辑舍列法丁·阿里·也思迪的著作，第147页。

上。他十分艰难地爬到岸上，躲在灌木林里。恰好这时帖木儿的使者亦迪古·八鲁剌思[①]在他身旁出现了。亦迪古·八鲁剌思是帖木儿专门派来在脱脱迷失遭遇失败时帮助他的。亦迪古·八鲁剌思听到灌木林里的呻吟声后，便向那里走去，见到了狼狈不堪的脱脱迷失。这样，脱脱迷失再次含辱回到帖木儿宫里。而帖木儿极其强烈地希望在白帐汗国内有一个自己的傀儡，所以没有对脱脱迷失表示任何不满。不久又有一个逃亡者——忙兀部的亦迪古(《俄罗斯编年史》上作也迪该)到撒马儿罕来见帖木儿。他也跟脱脱迷失一样，是从兀鲁思汗处逃出来的。

这一次，兀鲁思汗显然知道了锡尔河上的战事，他回来后马上派两个使者到帖木儿处，要求他将逆贼脱脱迷失交给他，不然就将对他开战。[②] 帖木儿拒绝了兀鲁思汗提出的要求，并准备举行远征。这一次两国国王带着大军亲自出动。史料指出，兀鲁思汗从全术赤兀鲁思召集了士兵。两军于回历 777 年(即 1375 年 6 月 2 日—1376 年 5 月 20 日)冬天相遇于昔格纳黑城。这年冬天最初下了许多雨，后来严寒降临，大雪纷飞，双方都不愿投入战斗，因为
320 士兵冷得手里拿不住武器。帖木儿在几次意义不大的对敌交锋中获胜。那年冬天他回去了，这样就把征服阿黑·斡耳朵的任务推迟到了春天。回历 778 年(即 1376—1377 年)帖木儿重新出动大军征讨兀鲁思汗。但是这一次他仍没有同兀鲁思汗进行决定性的

① 不要将此人同《俄罗斯编年史》上称作也迪该的忙兀部人亦迪古混淆。

② 齐曾戈曾，前引书第 2 卷所辑尼咱马丁·沙迷的著作，第 107 页。波斯文，陶尔版，第 75 页。齐曾戈曾，前引书，第 2 卷所辑舍列法丁·阿里·也思迪的著作，第 148 页。

交锋，因为兀鲁思汗在出征的时候死了。[①] 兀鲁思汗的长子脱脱乞嗣立，但不久他也死去了。汗位落到了帖木儿·灭里·斡黑兰手里。帖木儿再次让脱脱迷失统率了军队，但脱脱迷失又遭到了失败。靠着帖木儿御赐的快马，脱脱迷失才没有被俘，他从阿黑·斡耳朵汗的愤怒下逃了出来。帖木儿这次仍然没有失掉耐性，他仍未放弃立脱脱迷失为阿黑·斡耳朵汗的想法。这以后脱脱迷失就交了运。帖木儿·灭里不是一个厉害的人物，他将许多时间耗费在娱乐上，终日嬉戏，饮酒无度，以至威望丧尽。有人从昔格纳黑等地报告帖木儿说，阿黑·斡耳朵有大批脱脱迷失的拥护者。[②] 据舍列法丁·阿里·也思迪说，帖木儿鉴于这个有利情况，于回历778年(即1376年5月21日—1377年5月8日)[③]派遣脱脱迷失第四次去谋取昔格纳黑汗位。这一次脱脱迷失取得了胜利，并宣
布自己为白帐汗。他占领了昔格纳黑、撒兀兰等城。值得注意的 321
是，按照钱币资料，脱脱迷失曾于回历780(即1378—1379年)、781(即1379—1380年)、783(即1381—1382年)几年[④]铸币于昔格纳黑。回历778年，脱脱迷失在阿黑·斡耳朵内过了冬，把政事料理就绪，同最强大与有威望的军事封建贵族代表建立了良好关系，并召集了优良的大军。回历779年(即1377—1378年)春天他

① 尼咱马丁·沙迷与舍列法丁·阿里·也思迪对于帖木儿、兀鲁思汗及脱脱迷失之间的关系虽然了如指掌，但其记载却同钱币资料相矛盾，因为我们有一枚兀鲁思汗在回历779年铸于萨莱的钱币。

② 尼咱马丁·沙迷的著作，陶尔版，第77页；齐曾戈曾，前引书，第2卷，第108页。

③ 齐曾戈曾，前引书，第2卷，第150页。尼咱马丁·沙迷记载了另一个年代——回历780年(即1378年4月30日—1379年4月18日)(陶尔版，第77页；齐曾戈曾，前引书，第2卷，第108页)。

④ A.马尔科夫：《钱币谱册》，第528—529页。

已向伏尔加河流域进军，在那里似乎相当快地占领了伏尔加河左岸的别儿哥萨莱等城。

东方史料没有留下有关脱脱迷失在金帐汗国执政初期的记载，但是俄罗斯编年史相当详细地阐述了他政治生涯中的这一时期。细阅编年史上所收集的事实，与前述情况加以比较，我们就能知道，脱脱迷失坚决地贯彻了兀鲁思汗已经打下牢固基础的政策。脱脱迷失提出了征服整个术赤兀鲁思的任务，即除了阿黑·斡耳朵外，还要征服整个金帐汗国（其大部分尚控制在马买手里）。因此，马买成为这一阶段脱脱迷失的主要敌人。马买正准备出兵俄罗斯征讨德米特利·顿斯科伊，似乎没有对术赤兀鲁思东部所发生的事情给予充分注意，没有看出脱脱迷失的力量与他可能做出的事。反之，脱脱迷失却敏锐地注视着和马买与德米特利·顿斯科伊斗争有关的事件。

让我们回过来谈 1380 年马买在库利科沃原野战败后的事情吧。据编年史[1]说，马买由于清楚地理解到这次失败对金帐汗国
322 以及他本人的巨大影响，对这次失败很不甘心。几乎一回到家里，就立即从自己的领域内召集起尽可能多的士兵，准备对俄罗斯举行新的远征。但他没有获得复仇的可能，因为脱脱迷失前来攻打他了。阿里吉河上爆发了历史上第二次大战，这一次两支鞑靼军队在这里交锋，最后脱脱迷失取得了全胜，结束了这次死伤惨重的战争。马买战败后，就完全离开了历史舞台，因为他已经既没有军

① 《俄罗斯编年史全集》，第 11 卷，《尼康诺夫编年史》，第 68 页起，6889 年（1380—1381 年）下。

队，也没有必需的威信了。据编年史上说：“马买的王公们背着马买自相商议：‘我们住在马买的国里没有好处，到处受到敌对者的咒骂与杀戮，我们待在马买的国家有什么好处呢？不如到脱脱迷失君王那里去看风使舵吧！’”[①]众叛亲离、身边只有少数亲兵的马买同克里木滨海商业城市卡法当局进行了谈判，让他们为他提供一个避难场所。当时的卡法是热那亚人的富庶海外商站，那里对马买很了解，因为他经常长期住在克里木，是克里木的实际领主。卡法当局对马买表示许可。马买带着少数部队“及大量财产与金银珠宝”来到了那里。[②] 但卡法人接纳落魄的金帐汗国统治者却是并非无意的；没有过上几天，他们杀死了他，夺取了他的财产。这个人的一生就此不光彩地结束了，他没有使金帐汗国摆脱内乱；而1380年他在库利科沃原野的失败却在俄罗斯面前展示了从鞑靼束缚下得到完全解放的远景。脱脱迷失在阿里吉河上战胜马买军队对金帐汗国的政治生活，尤其是脱脱迷失本人具有重大意义。现在，在术赤兀鲁思本国内，脱脱迷失的前进道路上已经没有什么足以对抗这位金帐汗国新起的汗位觊觎者的具有现实意义的力量 323
了。脱脱迷失不仅夺得了从哈只・塔儿寒（阿斯塔剌罕）起直到不里阿耳为止的伏尔加河流域，而且也占有了北高加索、伏尔加河以西地区及克里木。只有花剌子模没有包括在重新统一起来的金帐汗国版图内。大家知道，花剌子模事实上落到了帖木儿手里。脱脱迷失将马买打败后，夺得了大量战利品，他用这些战利品不仅把

① 《俄罗斯编年史全集》，第11卷，《尼康诺夫编年史》，第69页。

② 同上。

自己的军队装备了起来，而且还将很大一部分夺来的财物分给了自己的士兵。

脱脱迷失不愿放弃俄罗斯在金帐汗国鼎盛时期，即 14 世纪 60—70 年代上述“内乱”发生以前所缴纳的贡税与赋税。脱脱迷失以整个汗国的汗的资格一上台就“在那年秋天，派自己的使者到莫斯科德米特利・伊万诺维奇大公处，还向所有的俄罗斯王公派遣了使者，他将自己在伏尔加王国登极一事通知了他们，通知他们说，他是如何即位，如何战胜他的对手及他们的敌人马买的，然后他又如何在伏尔加王国里坐上了王位”。[1]

库利科沃之战后，莫斯科及俄罗斯其他城市还不能治愈所遭受的严重创伤。据编年史说“整个俄罗斯国土被将军们及其侍从和军队搞得民穷财尽，整个俄罗斯国家怀着巨大的恐怖”。[2]

这时如果想把鞑靼赶走将是一个很大的错误，必须咬紧牙关暂时屈服。因此德米特利・顿斯科伊“派自己的亲信脱勒不花与莫黑失纳带着礼品、贡物到汗帐里去见伏尔加的新的君王脱脱迷失，并向他致敬”。[3]

脱脱迷失派遣使者到立陶宛公雅盖洛那里去，也是一件值得
324 注意的事。使者从脱脱迷失处将既作为命令又作为通知的专门敕令带给了他。这份敕令没有留传下来。关于这份敕令的事我们是从脱脱迷失致雅盖洛的另一份敕令中得知的，当时雅盖洛已经不

① 《俄罗斯编年史全集》，第 11 卷，《尼康诺夫编年史》，第 69 页。
② 同上。
③ 同上。

只是立陶宛大公，同时还是波兰的国王。敕令于回历795年7月8日（即1393年5月20日）写于丹纳（亚速），敕令的开端对于我们说来特别有意义："朕，脱脱迷失，敕谕雅盖洛。以前我们将登极一事通知你们时，曾派遣过由忽都鲁·不花与哈散率领的使臣前往你们处，当时你们也派来过朝觐者。"①

上述敕令写于脱脱迷失击溃马买军队十三年以后。从敕令的开头几行可知，脱脱迷失在阿里吉河上战胜马买后，不久就派人将自己登临金帐汗国汗位一事通知了对方。从敕令中还可以知道，雅盖洛承认了脱脱迷失对自己的最高主权，虽然他被认作是脱脱迷失的享有特权的最强大藩臣之一。但是脱脱迷失不满足于俄罗斯王公们向他称臣的形式。他显然力图把俄罗斯土地变为纯粹的汗国兀鲁思，他也了解到，只有通过暴力才能实现这一点；此外，他嫌将马买击溃时从马买营中夺来的战利品太少，因此力图从被侵占与掠夺的俄罗斯城邑中取得更多的战利品。莫斯科的富有使他特别眼红。上述种种原因都使他准备在1382年远征俄罗斯，尤其是莫斯科。俄罗斯编年史对于这次远征留下了两种记载：《西密奥诺夫斯克编年史》的旧说，与说法不一的几种新说（《诺夫哥罗德第四编年史》《叶尔莫林编年史》《索菲亚第一编年史》续编、《尼康诺夫编年史》）。这两种说法的主要差异在于：按照第一种说法（《西密奥诺夫斯克编年史》），1382年脱脱迷失围攻莫斯科时，人民没 325
有作为积极抗击鞑靼人的保卫者行动起来。第二种说法则与此相

① 《俄罗斯考古学会东方部丛刊》，第3卷，正文第6，第4页及以后，拉德洛夫翻译并出版。

反,在谈到保卫城市时将市民,首先是首都劳动人民当作莫斯科的主要保卫者。遗憾的是,今天留传下来的关于人民在这次保卫战中所起作用的记载受到了歪曲、修改,同时显然在教会上层集团的影响下还有所捏造。当我们阅读编年史上关于这方面的记载时,时刻不能忘记:我们所读到的这些事件是从人民的阶级敌人口中叙述出来的。

关于1382年脱脱迷失远征莫斯科的最有意义的记载,有如下几种:

1.散见于《西密奥诺夫斯克编年史》上的记载;①

2.散见于《叶尔莫林编年史》上的记载;②

3.《脱脱迷失汗占领莫斯科及俄罗斯国的沦陷》;③

4.《脱脱迷失入侵莫斯科纪事》;④

5.《脱脱迷失汗占领莫斯科及梁赞国的沦陷》。⑤

脱脱迷失开始十分仔细地准备远征俄罗斯。他还特别下了许多功夫,务使他的远征成为对俄罗斯与莫斯科德米特利公的突然打击。据《索菲亚第一编年史》说,“脱脱迷失不愿有人将他出征的消息传到俄罗斯国去,因此逮捕了所有的俄罗斯商人,掠夺和扣押他们,以免走漏消息;但是汗国边境的一些热心爱国的人仍为保卫俄罗斯国土出了力。”

---

① 《俄罗斯编年史全集》,第18卷,第131—133页。

② 同上书,第23卷,第127页起。

③ 同上书,第6卷,第98—103页。

④ 这两篇纪事载于《尼康诺夫编年史》中,所记内容相近。《俄罗斯编年史全集》,第11卷,第71—81页。

⑤ 同上书,第6卷,第99页。

由此可见，商人，尤其是俄罗斯商人在供给敌国情报方面起了 326
多么大的作用。他们中间有不少爱国主义者。其中许多人经常到伏尔加河流域、两个萨莱、克里木去经商，他们了解那里商业与政治方面的一切情况。为了避免这种具有爱国主义情绪的俄罗斯商人碍事，脱脱迷失下令将他们全部杀死，这是连残酷与背信弃义的马买也没有干过的事。脱脱迷失的远征以派遣鞑靼军的前锋到不里阿耳开始，他不仅下令将俄罗斯商人杀死，而且为了取得大量虏获物下令夺取他们所有的货船。[①] 顺便说说，这里有一个情况是值得注意的，即伏尔加河上的贸易及贸易航运没有掌握在汗国商人手里，却掌握在俄罗斯商人手里。

脱脱迷失本人也带着大军跟在派往不里阿耳的队伍后面，渡过了伏尔加河。据编年史说，这件事发生在“脱脱迷失在汗国及萨莱即位的第三年”。[②] 俄罗斯当时不想同鞑靼人发生冲突，因为许多人了解到，展开决战的时刻还不成熟。描写脱脱迷失远征的作者辛酸地指出了“可恨的鞑靼恶徒对基督教徒的令人痛心的侵略”。[③] 这时俄罗斯还没有出现统一的需要。苏兹达尔的德米特利·康思坦丁诺维奇派自己的两个儿子到脱脱迷失处去，想通过一定方式赎买下诺夫哥罗德的和平，但是他的儿子没有找到脱脱迷失，一无所获地回来了。梁赞的奥列格采取了马买远征时的同样行动，即干脆走上叛变的道路，因此俄罗斯编年史上说：“梁赞公奥列

① 《俄罗斯编年史全集》，第6卷，第98页；第11卷，《尼康诺夫编年史》，第71页。

② 《俄罗斯编年史全集》，第6卷，第98页。

③ 同上。

327 格去觐见脱脱迷失汗，甚至脱脱迷失还没进入梁赞国，他就跪倒在他面前，做了他战胜俄罗斯的帮凶，做了基督教徒所不齿的走卒，他还向他献策，告诉他如何去侵占俄罗斯国土，如何不费力气地攻取莫斯科石城，如何战胜与打垮德米特利·伊万诺维奇大公。"[①]

莫斯科公德米特利·顿斯科伊了解到情况的全部困难，他千方百计地力图把俄罗斯王公们联合起来建立新的战功——打退鞑靼，保卫国家，但是他在王公中间没有取得特别的成功，因为"他们各有各的打算，不愿互相帮助。"德米特利·顿斯科伊伤心地跑到科斯特罗马征集军队去了。

脱脱迷失得到了叛变的梁赞的奥列格的指点，迅速带着大军从河滩渡过了奥卡河，向莫斯科进发。[②] 莫斯科这时意见极端分歧。有些人说，最好放弃城市各自逃命，另一些人与此相反，要求所有的人不离开莫斯科，要求大家坚决起来保卫它。城内的人民群众就坚持这个观点。据《尼康诺夫编年史》载，在赞成保卫城市的人们中间有一个有才干的刚强的组织者，他仿佛就是立陶宛公奥尔格德的孙子奥斯帖。他开始对城市设防，这一行动使莫斯科人的情绪大为高涨。这时附近地区的许多居民，"贵族、苏罗日人、呢绒商及其他商人，修士大司祭、修道院长……男女老少"[③]都躲到了莫斯科来。编年史对奥斯帖保卫莫斯科的作用大书特书，似乎他是受接近基普利安大主教的集团的影响的，尽人皆知，基普利安

① 《俄罗斯编年史全集》，第 6 卷，第 98 页。

② 同上。

③ 同上书，第 99 页。

同情立陶宛，力图使它同莫斯科合并。1382年8月23日脱脱迷失进抵莫斯科，将莫斯科围了起来。莫斯科的围攻战就这样开始了。看来，大家都准备坚决地反击敌人。但是莫斯科出现了主张 328
放弃保卫战的叛徒。据编年史说："有一些恶徒在院子里巡游，从窖里取出主人的铜器、银器及贵重玻璃器皿，喝得酩酊大醉。"[①]神志不清的人们忘掉了谨慎，他们主要是对危险想得不切合实际，盲目地相信敌人并不强大，没什么可怕，胜利是件轻而易举的事。围攻开始了。鞑靼人几次企图以强攻夺取城市。发射了许多箭，运来了撞击器（撞击城墙的高塔），将云梯搭到城墙上，但是一切都无济于事。被围的人们将大量石块向鞑靼人扔去，将焦油向冲锋者头上泼去，还使用了自己的丘菲亚克。这是莫斯科人保卫城市时十分有趣的一个细节。丘菲亚克是头一次为史料所证实的罗斯人使用的火器。在俄罗斯史家中间，马甫罗丁教授对于"丘菲亚克"特别注意，他在他那饶有趣味的论文《论火器之出现于俄罗斯》[②]中专门论述了这个细节。就在城墙周围展开斗争的时候，一位名叫亚当的莫斯科织呢匠从弗洛罗夫门射了一箭，一下子射死了脱脱迷失最亲密的一个汗国宗王。脱脱迷失对于他的死特别伤心，遂想对莫斯科及莫斯科的保卫者进行报复。他采用诡计，哄莫斯科人说，只要他们停止作战，就答应赦免一切，答应保留生命、财

① 《俄罗斯编年史全集》，第6卷，第100页。

② 《列宁格勒大学通报》，1946年，第3期，第66页以后。别列尼茨基：《14—16世纪火器之出现与传播于中亚及伊朗》，载《苏联科学院塔吉克共和国分院通报》，第15期，1949年，第23页起；费多罗夫：《大炮在俄罗斯出现的年代问题》，大炮科学研究院出版社，莫斯科，1949年，第67页以后。

产，甚至给予各种恩赐。奥斯帖听信了脱脱迷失的鬼话，打开城
329 门，带着礼物出去迎接。莫斯科人与奥斯帖本人由于过于轻信，付出了昂贵的代价。奥斯帖被暗杀了，莫斯科遭到了抢劫，莫斯科城部分被焚毁。当时莫斯科死了许多人。据编年史说，脱脱迷失从莫斯科掠夺了大量战利品。脱脱迷失对邻近几个城市进行掠夺后，企图向特维尔进军，但他的意图没有实现。由于同莫斯科人进行斗争，他的军队精疲力竭，因此他从特维尔大公处索取了一大笔贡税后，就南下回汗国去了。

脱脱迷失的入侵使莫斯科及其管辖下的地区遭到了沉重的创伤：首都及其郊区城镇许多居民的家园变成了一片废墟。

1382 年秋天当德米特利·顿斯科伊从科斯特罗马回到被劫掠一空的莫斯科的时候，是他一生中最艰难的日子，因为这时他看到自己完全没有力量对抗脱脱迷失。当时他兵力很弱，所剩下的只是对于未来的希望，只是这样的一个信念，即俄罗斯的潜力没有丧失，它将会恢复统一，恢复俄罗斯统一的物质力量是巨大的。

掠夺性远征的成功使脱脱迷失深信自己力量的强大。每一次军事上的成功都使他恢复金帐汗国大国地位的意志得到加强。他是作为帖木儿的傀儡与藩臣而取得政权的，在击溃马买并掠夺莫斯科后不久，于回历 785 年(即 1383 年)他已经肆无忌惮地用自己的名字在花剌子模铸币了。① 这个行动就是脱脱迷失对花剌子模眼下所采取的政治计划。他很清楚帖木儿想把花剌子模同河中的

① 巴托尔德在其关于脱脱迷失的短文(《伊斯兰百科辞典》《脱脱迷失》条)就曾注意到了这一点。

其余地方并到一起的企图，他也不会不知道帖木儿只能容忍速非
朝的异密们做小小的藩臣，而不容许有他。由此可见，干预花剌子 330
模的事务，而且还采取用自己的名字铸币这样的方式干预花剌子
模的事务，表明脱脱迷失同自己的恩主公然决裂了。这时帖木儿
正专心致力于伊朗的事务，无暇旁顾，因此没有来对付脱脱迷失这
一实质上与他敌对的步骤。脱脱迷失的金帐汗国大国主义政策最
鲜明的行为是他对待阿塞拜疆的行动。前面我们看到，札尼别是
金帐汗国的积极地想把阿塞拜疆吞并过来的最后一个汗。但是他
的成就随着1357年他的死去而告结束。不久以前，帖必力思城民
在金帐汗国残部的压迫下起义反对汗国的人们，帮助统率阿塞拜
疆境内突厥蒙古游牧部队的札剌亦儿朝异密兀外思占领了帖必力
思等广大地区。这样就在北伊朗建立了一个札剌亦儿朝国家
(1356—1411)。这个国家包括南阿塞拜疆、北阿塞拜疆的部分地
区、阿拉伯属伊拉克，包括报达城及西伊朗的若干地区。但是札剌
亦儿朝国家不很稳固——因为国内封建内战无法停止，而突厥蒙
古游牧部落首领又对城乡和平居民施加暴力。阿黑麻算端
(1382—1410)是札剌亦儿朝最阴森的人物。在人民的记忆中，他
是一个最残酷与阴险的统治者。他在位的年代里，农民、城市手工
业者，甚至商人与贵族都遭受着苦难。阿黑麻算端的名字常与帖
木儿远征伊朗相联系，见诸15世纪波斯与阿拉伯史料中。14世
纪80年代前期，帖木儿已经占领了伊朗东北部，这时他公开推行
着旨在征服南阿塞拜疆的政策，南阿塞拜疆的征服就为通往富庶
的外高加索打开了道路。帖必力思的居民在自己的统治者阿黑 331
麻算端的掠夺与暴力底下遭受着苦难，是帖木儿的代理人进行巧

妙宣传的合适对象。在帖必力思贵族中间，拥护中亚统治者的一派很强大。[①] 帖木儿对于自己的“大受欢迎”知道得很清楚，他怀着必胜的信念准备同阿黑麻算端发生冲突。1385 年两军在孙丹尼牙附近交战。帖木儿获胜，虽然他在帖必力思贵族中间的拥护者显然已倾向于他向帖必力思进军，但是一些更重要的事情拖住了他，他没有向帖必力思进军。且说脱脱迷失明知阿塞拜疆进行的事情，却自恃有大量军队、资财，便于回历 786 年（1384 年 2 月 25 日—1385 年 2 月 11 日）冬天决定向帖必力思进军。哈木答剌黑·可疾云尼之子及《塔里黑·古昔迭》的续撰人薛纳丁对这次远征记载得最详细。[②] 脱脱迷失通过打耳班与设里汪地区［设里汪地区的君主是札剌亦儿朝的藩臣亦卜剌希木（1382—1417）］，于回历 787 年（即 1385 年 2 月 12 日—1386 年 2 月 1 日）冬天统率着九万军队到达帖必力思。当鞑靼军队来到时，据尼咱马丁·沙迷说，帖必力思人没有首领。[③] 虽然如此，城民决定坚决地抵抗敌人，他们在该城的狭巷里筑起了街垒型的防御工事。脱脱迷失的士兵历时八天还没有攻进城去。脱脱迷失遂对帖必力思采取了几年前在莫斯科所采取的同样的背信弃义策略。他同帖必力思人进行了和谈，以向他缴纳一大笔贡税作为条件。据薛纳丁·可疾云尼说，帖必力思人必须缴纳二百五十万金，这笔数目在当时是很大

332 的。当时约定，由帖必力思商人（火者）将这笔钱收集起来，这件事

① 马尔科夫：《札剌亦儿王朝钱币谱册》，第 25 页。

② 齐曾戈曾，前引书，第 1 卷，第 226 页（波斯文），第 97 页（俄译）。

③ 尼咱马丁·沙迷的著作，波斯文，陶尔版，第 97 页。

当时照办了。脱脱迷失取得了大量战利品后并不满足，他破坏谈判，将自己的军队开进帖必力思，大肆掠夺。自成吉思汗时代以来，帖必力思人一直没有遭到过这样的灾难。大部分居民再也回不了家了：有些人被杀死了，另一些人受伤、受折磨而死，还有一些人（主要是青年）被掳掠为奴。1386 年脱脱迷失带着大量战利品退出了阿塞拜疆。不久以后帖木儿来到那里，显然是想来并吞北伊朗，尤其是阿塞拜疆。双方（帖木儿与脱脱迷失）都非常清楚，他们在夺取富庶的阿塞拜疆上决不甘心让步。还和以前，即早期金帐汗时代（可以回想一下贝巴儿思与别儿哥汗交换使者之事）一样，脱脱迷失派遣使者到埃及算端处去。据马克利纪说，回历 786 年 12 月 11 日（即 1385 年 1 月 25 日）脱脱迷失遣使到来，使者受到了很大的尊敬。他们依照惯例带来了礼物，礼物中包括良鹰、各种成捆的织物及奴隶。埃及算端下令拨给大量给养和每天一千迪儿赫木。[①]

我们不知道，使者在埃及谈了些什么。但我们从后来的整个史实中获知，当时（1385 年 1 月）脱脱迷失已准备为对付帖木儿在伊朗扩张势力而在金帐汗国与埃及之间建立联盟。无论如何，当 14 世纪 90 年代帖木儿对脱脱迷失进行决战时，脱脱迷失好几次向埃及算端提议建立反对帖木儿的联盟。[②]

不管怎样，双方（帖木儿与脱脱迷失）都准备发生冲突。但双
方采取的策略不同。帖木儿推迟冲突，因为他认为加强自己在伊 333
朗的地位，尤其是在阿塞拜疆与外高加索的地位特别重要，只有在

① 齐曾戈曾，前引书，第 1 卷，第 427 页（阿拉伯文），第 441—442 页（俄译）。

② 关于这点详见下面。

此以后，一方面依靠河中，另一方面依靠外高加索与北伊朗，他才能开始同不驯服的走卒与藩臣进行斗争。反之，脱脱迷失由于同样理由力图尽快同帖木儿交锋，因为他怕帖木儿的势力在伊朗与外高加索加强起来。

回历788年（即1386年2月2日—1387年1月21日）帖木儿在阿塞拜疆合剌巴黑过冬，那里对他那主要由骑兵组成的军队来说，条件极好。这时脱脱迷失的军队通过打耳班，来到了撒木儿河[①]上。这个消息传到了帖木儿处，帖木儿派出八万先头部队迎上去，并吩咐统将不要同脱脱迷失作战，因为他和脱脱迷失以前曾有盟约。他命令道，如果脱脱迷失首先发动进攻，可立即退回来。

当帖木儿的先头部队靠近河岸时，士兵们看到了大量军队。他们捉住脱脱迷失的几名探子问道，这是谁的军队。脱脱迷失的探子答道，是脱脱迷失的军队。帖木儿的异密按照命令退回去了，但敌军的先头部队射过来一阵乱箭，于是开始了小冲突。过了一些时候，帖木儿的儿子米兰沙带着他的军队到来，开始了战斗。他同脱脱迷失的主力展开了大战，在战斗中米兰沙显然占了上风，脱脱迷失便往打耳班退却。[②]

同年，脱脱迷失不打算再次向外高加索与阿塞拜疆深入了，他转而往东。当他得知帖木儿深入伊朗，河中没有强大的军队，便于回历789年（即1387年1月22日—1388年1月10日）带着大军，经
334 过昔格纳黑，来到了帖木儿中亚细亚领地上的边堡撒卜兰城。撒卜

① 达格斯坦的河流。

② 尼咱马丁·沙迷的著作，陶尔版，第101—102页。

兰的守城者坚守城池，防御工事又筑得极好，所以脱脱迷失没有攻下该堡。帖木儿的儿子乌马儿・洒黑宗王从安迪让前来迎击脱脱迷失军队，同脱脱迷失战于离讹答剌不远的地方。乌马儿・洒黑战败。因此脱脱迷失得以长驱直入河中，进入了繁荣的咱剌扶伤河流域。他在一路上对许多城市、村庄进行掠夺后，想把卜花儿攻下来，但是还跟撒卜兰一样，他未能得手。脱脱迷失在卜花儿城下遇到了顽强的抵抗与巧妙的防御。脱脱迷失军队丢下卜花儿，对邻近地区及直到阿姆河沿岸为止的河中大片地区进行了掠夺。位于合儿沙以西合失合河流域的蒴只儿・萨莱遭到了特别大的灾难。[①]

回历789年（即1387—1388年）脱脱迷失举行这次掠夺性远征的消息传到了在西伊朗失剌思城中的帖木儿处。向河中进军时，脱脱迷失在花剌子模准备了反对帖木儿的暴动。这一点不难实现，因为在花剌子模弘吉剌速非王朝还起着一定作用，速非王朝最后的君主速来蛮・速非坚决地站在脱脱迷失一方。帖木儿对发生的全部情况加以考虑后，清楚地看到，脱脱迷失不仅严重地威胁到他对伊朗的征略意图，而且也威胁到河中的统一事业本身。因此他认为对脱脱迷失采取坚决行动的时机已经成熟。帖木儿在这方面所采取的第一个步骤是向花剌子模举行了短期的远征（已经
是第五次了），以惩罚花剌子模人及花剌子模沙速来蛮・速非的叛 335
变行为。他以急行军通过沙漠地区，渡过巴黑答迭黑[②]运河到达

---

① 齐曾戈曾，前引书，第2卷，第153页。

② 巴黑答迭黑运河的准确位置不详；据巴托尔德的看法，这是阿姆河北岸的支流之一。（巴托尔德：《突厥斯坦灌溉史》，第87页）。

玉龙杰赤。速来蛮·速非，据舍列法丁·阿里·也思迪说，“为了保全脑袋，丢下了王位，为了保全性命，丢下了家室”逃到脱脱迷失处去了。我们下面将看到，他后来当了脱脱迷失的侍从和将官，一直追随着他。

帖木儿占领并掠夺花剌子模后，很快又占领了玉龙杰赤。他对花剌子模人的行为很愤怒，就在回历 790 年(即 1387—1388 年)这一年，一怒之下下令将全部居民迁往撒马儿罕，并下令将玉龙杰赤毁掉，在废墟上种上大麦。这个命令虽无法完全执行，但还是尽量按照他的命令执行了，于是这座繁荣的城市变成了半沙漠的废墟。下面我们将看到，1391 年帖木儿怒火平息了，开恩将花剌子模京城玉龙杰赤部分地又恢复起来。

第三章　14世纪80—90年代帖木儿对脱脱迷失的斗争 336

前面是亦的勒河，

后面是毁灭的剑。

——舍列法丁·阿里·也思迪(15世纪)

帖木儿同脱脱迷失相识于回历777年(即1375—1376年)。那时帖木儿刚开始其统一封建割据的河中的事业，还没有表现出他那伟大的军事才干，还没有作为在伊朗、外高加索、小亚细亚、印度、中国进行开疆扩土的掠夺性远征的组织者与领导者闻名于世。

当时，与他同时代的人们谁也想不到，帖木儿会在最近15—20年内成为世界范围的统治者、成为支配中亚和几乎整个前亚命运的统治者。1376年，当帖木儿将脱脱迷失收留在撒马儿罕自己身边时，他还不是一个卓越的统治者。那时谁也不把他看作哪怕有金帐汗那样地位的君主。那时受他恩惠的脱脱迷失也是这样地看待他。帖木儿年龄长于脱脱迷失，登上政治舞台也比他早，但是他们展开活动的主要阶段几乎是同时的。帖木儿保护了脱脱迷

337 失，在他身上并非无私地花费了大量资财。14 世纪 70 年代，帖木儿致力于将中亚细亚合并成一个统一的国家，同时一直关心为自己的国家建立一个安全的国际环境。帖木儿从这个观点出发，对河中东面与东北面的边界特别担心。当时，七河流域、可失哈儿、术赤兀鲁思的蒙古汗最使他感到不安。帖木儿对金帐汗国发生的事变及战乱，对马买，阿黑·斡耳朵及其统治者兀鲁思汗在术赤兀鲁思复兴时所起的作用都很熟悉。金帐汗国的统一，术赤兀鲁思威力的复兴，在帖木儿看来，是不利于河中的，因为强大的术赤兀鲁思一直威胁到他所统辖的国家。作为河中的统治者，帖木儿很希望金帐汗国削弱。因此当 1376 年脱脱迷失宗王逃脱兀鲁思汗的阴谋迫害来到撒马儿罕时，帖木儿立即估计到与此相联系的积极干预阿黑·斡耳朵及金帐汗国事务的可能性。

脱脱迷失在其政治活动的最初几个月，甚至几年内，乐于接受帖木儿的帮助。他表面上感恩和忠实于自己的保护者，但事实上却很快就暴露了他的政治活动的独立性，在许多情况下他公然反对帖木儿的利益，因为他极不愿意当帖木儿的藩臣。1381 年马买被粉碎后不久，他在术赤兀鲁思夺得了政权，就开始致力于复兴金帐汗国的实力，实行其大国主义政策。

帖木儿意识到，脱脱迷失的行动早晚会导致他们之间的冲突。脱脱迷失本人也很清楚这点，因此他决心准备同自己的保护者展开斗争。帖木儿也准备发生冲突，但他不急于惹起冲突，
338 而是尽可能把它推迟，因为他认为眼下还不是时候。帖木儿了解得很清楚，这个时期脱脱迷失拥有多么巨大的资财与人力。14 世纪 80 年代后期，脱脱迷失显然强于帖木儿。直到 14 世纪

80年代末，并且是在1387年脱脱迷失对河中进行掠夺性远征的影响下，帖木儿才决定对脱脱迷失进行斗争。但即使在这以后，最初时期脱脱迷失仍掌握着主动。1388年末脱脱迷失召集了大军，据舍列法丁·阿里·也思迪说，这支大军中除突厥蒙古人外还包括由俄罗斯人、不里阿耳人、撒耳柯思人、阿兰人、莫克沙人、巴失乞儿惕及克里木、卡法（菲奥多西亚）与阿咱黑（亚速）的居民所组成的部队。[①]

冬天，脱脱迷失出动了大军。他留下一部分军队围攻撒兀兰，带着其余的军队向阿雷斯河流入锡尔河处附近的捷儿讷黑堡地区前进。

帖木儿这时正在自己的首都撒马儿罕。当他得知脱脱迷失军队重新侵入时，便命令召集出征所需的军队。为此他派遣自己的塔瓦赤[②]到安迪赞去见儿子乌马儿·洒黑，到哈烈去见另一个儿子米兰沙，让他们过些日子把像民兵那样征集起来的必需数量的军队带到指定的地点。自己则带着几万士兵作为先锋从撒马儿罕与渴石（即沙赫里夏勃兹），朝锡尔河方向进发。

隆冬已来临，起初雨雪相间，接着天气转冷，下了许多雪，马很难行动。乌马儿·洒黑的部队从安迪赞来到锡尔河上与帖木儿相会。离锡尔河不远，帖木儿遇上了脱脱迷失军队的先头部队，击溃了他们，将残部赶到河的对岸。

---

① 舍列法丁·阿里·也思迪的著作，第1册，第461页；齐曾戈曾，前引书，第2卷，第156页。

② 关于塔瓦赤见下文。

339 帖木儿没有沉醉于胜利，没有到被脱脱迷失围攻的撒兀兰去，而回到了撒马儿罕，米兰沙从呼罗珊及邻近地区召集来的主力部队也已来到那里。这是1389年早春，从把力黑、浑都思、巴黑兰、八答黑商、忽塔里安、希撒耳等州及城市到达的军队都驻扎在撒马儿罕附近。帖木儿完成了必要的准备工作后，于1389年春天向阿黑·斡耳朵进发，企图在那里同脱脱迷失军队交战。但是这一次脱脱迷失没有应战，他从撒兀兰撤围，退到了草原深处。这样，战斗便向后推延了。双方都清楚地理解到，这只是把日期推后一些，冲突是不可避免的，遂加紧准备着新的战斗。

帖木儿同脱脱迷失进行的斗争已成为俄罗斯历史科学的研究对象。19世纪前叶在彼得堡工作的一位东方学家，法国人沙尔穆头一个在这方面进行了有意义的研究工作。他的研究著作名为：《回历793年即公元1391年跛帖木儿远征术赤兀鲁思汗脱脱迷失记》。从标题可知，此书系作者用本国的语言，即法语写成，收在1836年《圣彼得堡帝国科学院纪念丛刊》中。[①] 沙尔穆的研究著作专门探讨了1391年帖木儿对脱脱迷失的远征，其中：1.公布了大部分史料（在主要史料中只缺当时他所不知道的尼咱马丁·沙迷的书的原文）；2.将这些史料译成法文；3.短文一章，为其对1391
340 年远征的研究；4.对此文所作的注；5.短跋，主要对史料作一简述。虽然沙尔穆的书发表已有一百多年，但此书迄今对于研究1391年帖木儿远征脱脱迷失问题还没有失去它的意义。

---

① 《政治、历史与语言学》，第6辑，第3卷，圣彼得堡，1836年，第89—505页。

当时在沙尔穆的这本有益的著作的影响下，伊万宁写成了《论成吉思汗与帖木儿时代蒙古鞑靼与中亚各民族的战术与征略》一书。[①] 此书印过两版——第一版印于 1846 年，第二版印于 1875 年。此书的作者不是东方学家，所用的史料只限于译文或东方学家著作中引用的东方作家原著的摘录。但是此书具有许多优点，因为这是由总参谋部军事科学委员会委员，军事专家写成的。

但是这两部研究性的著作，尤其是后者，在其对帖木儿的组织方法、军事制度与军事艺术进行论断时，都以《帖木儿的法规》或波斯文的《帖木儿箴言》为依据。沙尔穆与伊万宁两人都认为，这部著作带有自传性质，可以算作第一手资料。伊万宁从这部著作中采用了一些主要的事实来描述帖木儿军队的军事制度。可是现在我们却知道得很清楚，《帖木儿的法规》不具有自传性，此书是 17 世纪时在印度写成的，对于 15 世纪的伊朗没有代表性。[②] 由此可见，此书中有关帖木儿军事组织的一切记载，不能视为可靠的材料。为了在这个问题上进行科学的论断，必须掌握较可靠的事实。这些事实可从 15 世纪史家所著的帖木儿历史的主要资料，即从尼 341
咱马丁·沙迷、舍列法丁·阿里·也思迪、伊宾·阿剌卜沙、克拉维霍等人的著作与较晚于他们、以他们中前两人的著作为依据写成的阿不答·列思咱黑·撒马儿罕迪的著作中获得。为了了解帖木儿与脱脱迷失的战事，志费尼的著作中记载的所谓成吉思汗大

① 见戈利秦公爵所编的出版于作者死后的版本（圣彼得堡，1875 年）。

② 巴托尔德：《米儿·阿里·失儿与政治生活》，载《米儿·阿里·失儿诞生五百年集》，1928 年版，第 103 页。

札撒的那些篇幅也有不小的意义。

在脱脱迷失时代，帖木儿的军队以及与他同时代的术赤兀鲁思军队，同成吉思汗时代的蒙古军队相比，没有什么特别不同的地方。帖木儿的军队实质上与成吉思汗军队的军事体制相同，只是更加完善而已。为了证实这一点，让我简述一下包含在上述成吉思汗札撒中的建立蒙古军队的原则。成吉思汗及其将官们以蒙古军队自豪，他们认为他们的先辈或同时代人谁也没有像他们那样的军队。在和平时期，这是劳动人民，他们制造各种有用的东西，负担各种义务，缴纳各种税，即：忽卜出儿[①]、阿瓦里咱惕[②]、供应驿站需索的税，提供大车，供给马及其他牲畜饲料。战时，劳动人民应征入伍，同时自备出征及作战时所需的一切物品：马，其他牲畜，
342 服装，武器，总之直到一根绳、一颗针都得准备。[③] 由此可知，蒙古军队带有作为全民义务应征入伍的民兵性质。

蒙古军队按照十进位制度建立，即军队划分为十户、百户、千户与万户。每个具有战斗能力的蒙古人都知道他隶属于哪个十户，又通过该十户属于哪个百户，等等。同时每个人知道，征召一发出后，他应马上到集合和检阅地点去，交验自己出征时应带的一切东西。谁若没有带上他所必须带的一切东西就要倒霉——如果缺少什么东西，他得受严厉的惩罚。当需要军队时，命令就从上往

---

① 忽卜出儿在蒙古游牧民那里是“从放牧的畜群征收的1%的租税”(巴托尔德：《马讷彻的安尼清真寺壁上的波斯文题词》，圣彼得堡，1911年版，第32页)。

② 阿瓦里咱惕——额外的附加的赋役。在蒙古游牧民那里，这种赋役的意义很难说明。在定居社会里(札撒也涉及被成吉思汗征服的农业地区)，阿瓦里咱惕是与交通运输及田间工作等有关的特种赋役。

③ 志费尼：《世界征服者史》，载《吉布纪念丛刊》，第16卷，第1册，第22页。

下传。最高统帅向万户发布命令，万户逐级下达命令给千户、百户、十户。必须毫不迟延地到达集合地点，否则就要受到严惩。[①] 蒙古军队贯彻着严厉的军纪，上自统辖主要军团（中军、二翼）的斡黑兰——宗王，下至十户内的普通士兵，都得遵行。

按照札撒，军队出征时永远发给只能吃个半饱的口粮，其理由是：狗儿喂饱，出猎不利，饱食的战士也一样，厮杀时萎靡不振，失却了作战时必需的凶狠劲儿。[②] 这就造成了成吉思汗及其嗣位者们的蒙古军队的一个最重要的特点——占领城市、村庄时好掠夺，残酷成性。据札撒上说，围猎对训练、教育蒙古军队起着巨大作用。成吉思汗及其嗣位者们赋予围猎以特别意义。围猎不仅由于规模大、时间长，具有军事经济意义，而且还起着独特的准备作战的预备学校作用。蒙古汗于组织狩猎时，实质上进行了与举行远征时同样的动员，对一定地区发出征召，应征的游牧民组成十户、百户、千户、万户。此外，也跟军事远征一样，建立了左右翼与中军。往往在长达一个月以上的时间内，按照汗的命令，将广大地区围起来，然后将有野兽的指定地区压缩成一个圈子。[③] 据札撒上说，围猎培养了许多有利于作战的好习惯。

帖木儿的军队也是民兵，但它没有成吉思汗时代的那种全民性质。与帖木儿国家的封建性质相适应，这支民兵虽然也包括广大游牧民群众，但是就农业居民而言，人数却有严格限定，人数

① 志费尼：《世界征服者史》，载《吉布纪念丛刊》，第 16 卷，第 1 册，第 22—23 页。

② 同上书，22 页。

③ 同上书，20 页。

由地方长官按照上级的具体要求和当地条件作出规定。帖木儿的民兵与成吉思汗的军队还有一个重要区别，即在帖木儿军队中，步兵跟骑兵同样起着重大作用，从对帖木儿同其敌人所进行的几次大战役的描述中可以看出这点，[①]同时这一情况与帖木儿国家的封建性质完全符合。步兵主要由农民及手工业者充当，不过把手工业者征召入伍只是为了照看攻城器与其他器械，以及各种防守工具。

帖木儿的军队还有一个特点，即像民兵那样应征入伍的帖木
344 儿士兵出征期限有时达到五年甚或十年以上。1372—1405 年，帖木儿几乎连续不断地进行着战争，他自始至终不断地改善着自己的军队组织，但民兵原则始终不变。

帖木儿国家是一个典型的封建领地的联合体。这个国家包括：一、河中与伊朗疆土上由地方王朝统辖的旧伊朗诸公国；二、由帖木儿指派其子孙统辖的新的（仿佛是重新进行划分的）封建领地；三、阿黑沙木（游牧部落）、亦里与维剌也惕（民族与地区），这也是封建领地。上述领地有许多在国家或地区的行政管理系统中算作一个行政单位，这种行政单位从怯别汗（1318—1326）时起就被称为“土绵”。所有这些封建单位即土绵，必须提供由其领主统率的民兵部队。名义上从每个土绵召集一万士兵，但是事实上总是够不上一万。据阿不答列思咱克·撒马儿罕迪说，当帖木儿发出征集民兵的命令时，就派出了被称为“塔瓦只”或“塔瓦赤”的拥

① 见尼咱马丁·沙迷的著作中对帖木儿同脱脱迷失在浑都思察作战的描写，陶尔版，第 123—124 页；舍列法丁·阿里·也思迪的著作，第 1 册，第 534 页。

有大权的负责人。这是负有特殊使命的军官，独特的副官，由他们将各部队作战时的情况报告给帖木儿或其他高级将官（统将），[①]或向各万户、千户、百户的异密下达命令。塔瓦赤在召集民兵时起着特别重要的作用。召集民兵时帖木儿将大权托付给他们，要求
他们负全责准时执行命令，将各部队带来。[②] 塔瓦赤甚至具有在 345
出征时组织围猎的职能。[③] 有时我们看到塔瓦赤在远征时安排军队屯营，尤其是靠近敌营屯营，[④]他们还掌管打胜仗后分配战利品之事。[⑤]

帖木儿对自己的塔瓦赤给予特殊嘉奖及各种恩典。当塔瓦赤前去召集民兵时，他们随身带着所谓“桑”（сан）[⑥]——规定民兵数目的名册。此外，塔瓦赤须交出特殊的笔据，即：不顾任何困难执行帖木儿命令的保证书（木赤勒合）。[⑦] 例如，据阿不答列思咱克·撒马儿罕迪说，当帖木儿为了出征脱脱迷失分派塔瓦赤去召集军队时，他向他们要了木赤勒合，即保证书——不顾一切困难提供必需数目的军队的笔据。“木赤勒合”这个名词意即“笔据”，它

---

① 尼咱马丁·沙迷的著作，陶尔版，第124页。还可参阅舍列法丁·阿里·也思迪的著作（齐曾戈曾，前引书，第2卷，第170页）。

② 齐曾戈曾，前引书，第2卷所辑舍列法丁·阿里·也思迪的著作，第156页。

③ 齐曾戈曾，前引书，第2卷，第161页。

④ 同上书，第176页。

⑤ 同上书，第185页。

⑥ 齐曾戈曾，前引书，第2卷所辑阿不答·列思咱克·撒马儿罕迪的著作，第162，191页；沙尔穆：《跋帖木儿远征记》，第245—246页（波斯文），第422页（法译）。

⑦ 齐曾戈曾，前引书，第2卷，第191页。巴托尔德在其著作《兀鲁伯与他的时代》中引用木亦思·安撒卜的著作（巴黎手抄本，第81张）时，指出合剌察儿那颜早在成吉思汗时代即曾立过“木赤勒合”。见《兀鲁伯与他的时代》，第22页，注9。

不仅用于塔瓦赤的担保，当其他官吏（军事或民政人员）执行交给
346 他们完成的使命时，也有笔据。当1391年帖木儿出兵征讨脱脱迷失时，帖木儿看到草原上食物严重缺乏，便命令万户、千户、百户节约饮食、不许随意使用面粉，禁做面包、烧饼、面条、饺子等食品，并命令做面汤。为此帖木儿向上述异密要了木赤勒合，即笔据——保证书。

塔瓦赤从各地区和各部落（阿黑沙木）中，从突厥人和大食人中召集民兵——步兵和骑兵。据阿不答列思咱克·撒马儿罕迪说，每个民兵战士需随身携带一年粮食及其他贮备，须携带四种武器——弓、三十支箭、箭筒和盾。每两名士兵必须备一匹马（良种马），每十名士兵必须带帐幕一个、锹二把、锄一把、镰一把、锯一把、斧（тишу）一柄、锥一个、针一百根、绳子二分之一曼（仓库衡制），结实的皮子一张，锅一个。[①]

谈到民兵，我们必须将“阿思勒”（即最初的基本成员）与“亦咱非”[②]（在部队遭受重大损失后召集起来的补充民兵）加以区别。民兵按照十进位制划分为千户、百户与十户。百户是军队组织中最重要的单位，百户常超过一百人，虽然也有事实表明，某个百户只有五十人。[③]

值得注意的是，“异密”的官号在史料上不仅应用于万户与千

① 沙尔穆，前引书，第246页（波斯文），第422页（法译）。不难看出，这个要求早已有之，同蒙古军队的组织传统有关（见志费尼的著作中转述的成吉思汗札撒，载《吉布纪念丛刊》，第16卷，第1册，第22页。）

② 沙尔穆的著作，第250页。

③ 巴托尔德：《兀鲁伯和他的时代》，第24页。

户长官，而且也应用于百户长官。[①] 出征时不论总共只有由一个
万户组成的民兵或为全部帖木儿军队，军队永远按照所谓“木儿赤 347
勒”[②]的一定队形出动。

“木儿赤勒”是按照军衔，万户异密、千户异密与百户异密（每个异密都知道自己的位置）建立起来的行军序列。当主军出征时，先锋（蛮乞剌）[③]前行，先锋队有时由很大的队伍（几个万户）组成。在先锋队前面永远有一个警哨队（尼咱马丁·沙迷与舍列法丁·阿里·也思迪常称之为“前哨”）。前哨的主要任务为担任警哨，将行军时军队前面发生的情况不断报告上来。“前哨”与“合巴儿吉里”——“侦察”不同，从统帅帐幕以至百户异密、军中任何部队都可派出“合巴儿吉里。”

通常选拔勇士（拔都儿）作侦察，交由勇敢而有经验的将官（例如：洒黑·答兀惕，木巴失·失儿等）统率。常常将捉拿“舌头”的任务交给侦察队来完成。[④]

“向导”（“合察儿赤”）在出征中起着重要作用，当帖木儿亲自

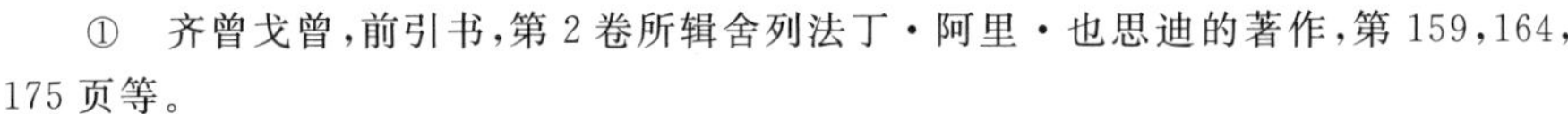

① 齐曾戈曾，前引书，第 2 卷所辑舍列法丁·阿里·也思迪的著作，第 159，164，175 页等。

② 齐曾戈曾，前引书，第 2 卷，第 159，175 页。

③ 尼咱马丁·沙迷的著作（陶尔版）中，“蛮乞剌”“合剌兀勒”“合巴儿吉里”等名词很常见。例如，在第 119 页上这些名词全有（其意义如上述）。顺便说说，“蛮乞剌”一语，显然是蒙古语，它从蒙古时代起就产生了，在描述金帐汗国史上的事件时常可遇到（例如，见瓦撒夫所描述的回历 718 年（即 1317—1318 年）月即别汗远征阿儿兰之役。齐曾戈曾，前引书，第 2 卷，第 87 页）。

④ 齐曾戈曾，前引书；尼咱马丁·沙迷的著作（陶尔版）中常常谈到“合巴儿吉里”——侦察队及侦察队长们。在第 119—120 页上详细谈到了洒黑·答兀惕的机巧，谈到他如何捉住“舌头”，向帖木儿提供了宝贵的情报。在第 121 页上谈到了木巴失·失儿在这方面的机巧，谈到他抓来了四十个人。

348 出征阿黑·斡耳朵的兀鲁思汗时，脱脱迷失亲自担任其向导。[①] 帖木儿非常看重向导，他常常亲自将向导分配给自己军队的异密们。帖木儿1391年出征脱脱迷失时就是这样的。[②] 在出征时有时必须在迎上来的敌军附近扎下野营型的营垒。营垒之前挖战壕，战壕前安上篱笆护板（“察巴儿”）及一种名为秃剌[③]的防御工具。有时用旧蒙古名词“古列延”[④]来称呼这种用战壕围起来的营垒。

到了夜间，营垒内不许点火，甚至不许高声说话。

帖木儿不仅在打胜仗后赏赐自己的军队，而且也在与敌人交锋前赏赐军队，尤其是当他认为有必要于战前用赏物提高士气的时候。赐给士兵的赏物称作“兀忽里合”。[⑤]

军队在战前的布置、所谓阵形极为有趣。尼咱马丁·沙迷[⑥]与舍列法丁·阿里·也思迪[⑦]认为帖木儿在军队作战布阵上进行了改革。

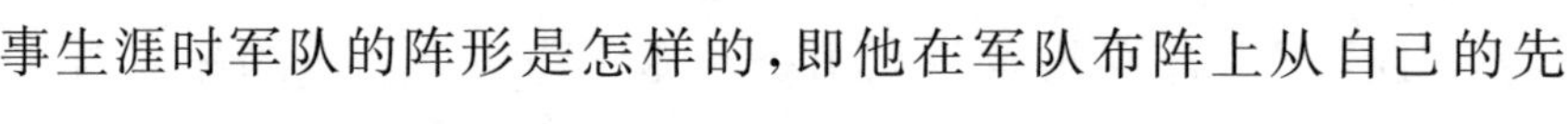

349 为了了解帖木儿做了哪些改革，必须弄清楚当帖木儿开始其军事生涯时军队的阵形是怎样的，即他在军队布阵上从自己的先

① 齐曾戈曾，前引书，第2卷所辑舍列法丁·阿里·也思迪的著作，第149页。

② 齐曾戈曾，前引书，第2卷，第112页。

③ 沙尔穆，前引书，第202页（波斯文）。——从上下文可知，察巴儿不是手执的盾牌，而是护壕板。沙尔蒙将“秃剌与察巴儿”误译成了“大小盾牌”（同书，第387页）。

这些名词也使用于描述1394—1395年帖木儿对脱脱迷失的远征（齐曾戈曾，前引书，第2卷，第175—176页）。

④ 弗拉基米尔佐夫：《蒙古人的社会制度》，第37页；齐曾戈曾，前引书，第2卷，第158、165页。

⑤ 这个名词，在史料中很常见。

⑥ 尼咱马丁·沙迷的著作，陶尔版，第123页。

⑦ 舍列法丁·阿里·也思迪的著作，见沙尔穆，前引书，第213—214页（波斯文）。这里较彻底地强调指出了帖木儿的革新。

辈继承了些什么。为此必须了解 1365 年忽辛与帖木儿同蒙古汗亦里牙思·火者在赤纳思与达失干两地之间那次失利的“泥洼之战”中军队的阵形。尼咱马丁·沙迷对此记载了十分有趣的材料。他对忽辛与帖木儿在这次战斗中的布阵描述如下。异密忽辛统率右翼，其侧卫（康不勒）为阿儿剌部的帖兰赤，前哨为完泽都等异密；帖木儿亲自统率左翼，其侧卫为萨里·不花，前哨为帖木儿·火者·斡黑兰；中军（忽勒）为察忽等异密。[①]

这样，我们在这里看到，阵形由中军、左右翼组成，同时每翼都有辅助作战部队，即侧卫（康不勒）与前哨。整个阵势由七队组成，其中三队具有或多或少的独立意义，而四队（前哨与侧卫各二）是辅助部队。这一作战队形的特点是中军比左右二翼为弱。中军既无前哨，也没有后备队。

在帖木儿统治的整个时期中，即在三十五年内（1370—1405），帖木儿在不断的远征中改进了自己的军队，尤其是战斗队形的组织。1391 年，当第一次与脱脱迷失大战时，帖木儿的军队已经有了很多改进。舍列法丁·阿里·也思迪说，帖木儿头一个将军队划分为七个忽勒，所说的忽勒不仅是中军，如我们在描述 350
1365 年之战的阵形时所看到的那样，而是只对统将负责的独立作战单位。

这种阵势头一次被大规模采用，是在 1391 年帖木儿同脱脱迷失在浑都思察地方进行的战斗中。必须分析尼咱马丁·沙迷、舍列法丁·阿里·也思迪对帖木儿下面几个战役的描述，才能具体

① 尼咱马丁·沙迷的著作，陶尔版，第 28 页。

了解战前的阵形：1.1391 年帖木儿同脱脱迷失在浑都思察地方的战役；2.1395 年帖木儿同脱脱迷失在帖列克河的战役；3.1402 年帖木儿同奥斯曼算端巴牙即惕在安卡拉的战役。

当河中军队驻扎在浑都思察地方时，帖木儿亲自对自己士兵的战斗阵势作了布置。他完全按照新的方式来组织军队作战单位。他建立了七个忽勒（姑且称之为军团），将自己的军队布置成与前不同的另一种阵形。

下面就是尼咱马丁·沙迷所描述的帖木儿军队于 1391 年在浑都思察同脱脱迷失作战时的阵形。

中军为速来蛮沙亲王直接指挥的帖木儿军团。这一军团的后面是马合谋·莎勒坛亲王指挥下的帖木儿第二军团，最后，帖木儿把几个百户放在这一军团的旁边，由他亲自指挥。遗憾的是，作者没有说明怎么样“在旁边”——是放在马合谋·莎勒坛军团的左面还是右面，还是后面？我们在下面看到，舍列法丁·阿里·也思迪在描述这次战役中军队的阵形时，回答了这个问题。

右翼为米兰沙亲王指挥的军团，火者·赛法丁军团担任侧
351 卫。左翼为乌马儿·洒黑亲王指挥的军团，别儿迪别（Бердибек）指挥的军团为其侧卫，但是这一军团兼负保卫中军的任务。可惜，尼咱马丁·沙迷没有指出担任侧卫的军团的准确位置，它到底是与两翼军团站在一条线的侧边上呢，还是稍为靠前一些呢，就很难说了。

现在让我们来看舍列法丁·阿里·也思迪是怎样对这一阵形进行描述的。舍列法丁·阿里·也思迪复述了尼咱马丁·沙迷所作的描述，但采用曾为尼咱马丁·沙迷所用的今已失传的史料作

了某些补充。

中军为莎勒坛·马合谋军团，在尼咱马丁·沙迷的记载中把它算作帖木儿军团，由速来蛮沙亲王直接指挥。在这个军团后面配置了莎勒坛·马合谋亲王的主力军团。其后则安置了充当后备队的二十个百户，由帖木儿直接指挥。这样，舍列法丁·阿里·也思迪的说明就解决了帖木儿的百户在马合谋·莎勒坛亲王的军团的哪一边这个问题。他们是后备队，位于中央主力军团的后面。右翼为米兰沙亲王军团，侧卫为火者·赛法丁军团。左翼为乌马儿·洒黑亲王军团，其侧卫为别儿迪别·萨里·不花军团。将尼咱马丁·沙迷与舍列法丁·阿里·也思迪两人的描述进行比较后，我们可以说，后者的记载比前者精确，对前者有所补充。

总之，我们将帖木儿于 1391 年同脱脱迷失作战时的阵形跟帖木儿与忽辛于 1365 年“泥洼之战”的阵形进行比较之后，就可明白这种队形在哪方面发生了改变以及它有怎么样的战斗意义。前面我们看到，1365 年忽辛与帖木儿军队的战斗队形，把主要力量放在两翼与侧卫上，中央虽然也安置了一个强大的军团，但是在战斗
中不起决定作用。在 1391 年的战斗队形中，我们看到中军出现了 352
另一种情况。两翼还跟以前一样，具有很重要的意义，这一点从对侧卫的莫大注重就可看出，但是中军特别加强了。它有一个先锋队，此外，统帅的帐幕就设在中军后面，那里还有后备队，而在大多数场合下决定战争结局的便是后备队。

帖木儿体验到这种队形的优点，后来就一直采用这种队形。我们在下面将看到，1395 年帖木儿同脱脱迷失在帖列克河作战时，所用的也是这种阵势。尤有甚者，脱脱迷失在 1391 年之战中也看出了这种阵形的优点，因此后来他也照着帖木儿的阵势布置自己的军队。这样，在新的战斗队形中，中央与两翼就成了注意力集中之点。如果说中央是后备队与主帅帐幕的护卫，后备队可以指向战斗中的任何地点，则侧卫不仅要预防两翼被突破，而且也不允许敌人从两侧包抄左右翼攻击后方。因此侧卫由最勇敢与富有战斗经验的百户组成，由有威望的将官担任指挥。

如上所述，军阵中不仅有骑兵，而且还有步兵。步兵站在骑兵前面，当敌人发动进攻，尤其是骑队冲上来时，步兵躲在战壕护板（察巴儿）与“秃剌”后面，首先应战。步兵在防御战的阵地上起着特别大的作用。

舍列法丁・阿里・也思迪于描述 1391 年帖木儿与脱脱迷失之战时明确地指出，帖木儿军队的左右翼万户、千户与百户异密将步兵与骑兵布置成军阵。[①]

353 1395 年帖木儿同脱脱迷失作战时也可看到同样情况。

吉牙撒丁・阿里在描写 1398—1399 年帖木儿远征印度时，多次谈到步兵参加战斗。例如当他叙述古里（即朱里）河之战时谈到，左翼由阿里・塔瓦赤算端军团担任先锋，在这个军团内有呼罗珊的步兵部队。[②] 类似的例子可以举出很多。就这样情况已经十分清楚，帖木儿的军队不仅靠游牧民族补充，而且也靠农业地区的居民补充，因此在自己的民兵中不会没有步兵。

帖木儿时代火器的应用，是饶有趣味的事情。木因纳丁・纳

---

① 沙尔穆，前引书，第 216 页（波斯文）。

② 吉牙撒丁・阿里：《帖木儿远征印度日记》，第 76 页。

丹西(《亦思干迭儿的匿名作者书》)第一个提到了火器;[1]这一点为别列尼茨基首先注意到。14 世纪末火器在东方已经普遍使用。例如,尼咱马丁·沙迷在描写 1399 年马合木·迭克列维算端同帖木儿在德里附近作战前的军队情况时,提到了印度军队的一种名叫剌端朵思的武器——一种特殊的"响射"火器。尼咱马丁·沙迷还谈到 1400—1401 年帖木儿围攻大马士革时,大马士革守军也有火器。

就在这时候,甚至更早一些,东欧也出现了火器。我们记得,当 1382 年脱脱迷失军队围攻莫斯科时,莫斯科人曾用丘菲雅克(原始的炮)进行射击,马甫罗丁教授在前述论文中就注意到了这
一点。据他说,火器在几年前就已在喀山出现了,马甫罗丁引用尼 354
康诺夫编年史上的记载,喀山人(即当时的不里阿耳居民)于 1376 年为罗斯人围困时,不仅用弓和弩机射击,而且"以雷轰城",即使用火器。[2] 1391 年帖木儿对脱脱迷失的远征很有趣。这次远征在学术上已经有人进行过描述(沙尔穆)[3]与军事分析(伊万宁)。[4]我们再次谈到这个题目的原因有二:(1)写《金帐汗国的衰亡》,无法不涉及这一问题,尤其是考虑到全部事实的连续性;(2)自从沙尔穆与伊万宁的著作问世以来(可以从伊万宁著作第一版出版之

① 别列尼茨基:《论 14—16 世纪火器之出现与传播于中亚及伊朗》,载《苏联科学院塔吉克共和国分院通报》,第 15 期,1949 年,第 23 页。

② 马甫罗丁:《论火器在俄罗斯的出现》,载《列宁格勒大学通报》,1946 年,第 3 期,第 69 页。

③ 沙尔穆的《跛帖木儿远征记》中有一章,描写了这点。见第 99—126 页。

④ 伊万宁:《论成吉思汗与帖木儿时代蒙古鞑靼与中亚各民族的战争艺术与征略》,1775 年版,第 190—207 页。

日算起)已经过了一百多年。当沙尔穆用法语写书时,他所掌握的只是舍列法丁·阿里·也思迪与阿不答列思咱克·撒马儿罕迪的著作。现在我们却掌握了较早的尼咱马丁·沙迷的原著,该书为舍列法丁·阿里·也思迪广泛采用并补充。

1390—1391 年冬天,帖木儿开始远征脱脱迷失。他从撒马儿罕发兵,从桥上渡过了锡尔河,[①]向达失干进发。帖木儿率军在这里,屯驻在巴儿辛与赤纳思两地之间过了冬天。[②] 据舍列法丁·阿里·也思迪说,他从达失干出发,按照当时的风俗顺便到忽毡去
355 拜谒马思剌合惕洒黑陵墓。[③] 帖木儿布施了一万怯别·底纳儿[④]后,回到了达失干。他在这里病了四十天,似乎得的是疟疾病。1391 年 1 月下半月他感觉自己好了一些,便准备继续远征。据尼咱马丁·沙迷说,他将许多赏物赐给近臣与军队异密,将诸妃与宗王都送回撒马儿罕去,只留下了王妃朱勒班·灭里阿合,打算带她同行。他将向导分配给了军队的主要异密,这些向导中间就有后来有名的亦迪古·乌思伯(《罗斯编年史》上作也迪该),这样结束了远征准备工作之后,(回历)2 月 15 日,[⑤]即 1391 年 1 月 22 日,帖木儿离开达失干,朝讹答剌方面进发。帖木儿来到哈剌·撒蛮

① 沙尔穆前引书所辑舍列法丁·阿里·也思迪的著作,第 173 页(波斯文)。

② 同上。

③ 沙尔穆,前引书,第 174 页。

④ 怯别·底纳儿——银币,其重量等于二米思合勒。一底纳儿等于六底儿赫木,因此一底儿赫木重 1/3 米思合勒。怯别·底纳儿的重量小于伊朗合赞汗的底纳儿。合赞汗的底纳儿含三米思哈勒银。

⑤ 尼咱马丁·沙迷的著作,陶尔版,第 117 页。据舍列法丁·阿里·也思迪的著作记载,出兵之日为回历 2 月 12 日,即 1391 年 1 月 19 日(见沙尔穆,前引书,第 176 页)。

(在讹答剌地区)时,脱脱迷失的使者前来见他。在帖木儿忙于征伐伊朗时,脱脱迷失作了许多有损于他的事,甚至远征河中,掠夺了他的一些城市。现在,当帖木儿率领大军前来攻打脱脱迷失时,脱脱迷失却害怕了,决定将决战推延到较有利的时间进行。

帖木儿得知敌方派来了使者,便下令按照礼节接待他们。使者被接见时向帖木儿献上了礼物,其中包括鹰与九匹快马。帖木儿为了不违反惯例,将鹰放到自己的手臂上,但为了表示自己对敌人的礼物不屑一顾,甚至连看也没看。使者向帖木儿跪呈了脱脱迷失的书信。脱脱迷失在信中写道,他牢记着帖木儿以前对他的
青睐与恩惠,很后悔自己对他的敌对行动,信的末尾答应作为忠诚 356
的藩臣,执行帖木儿的一切命令。帖木儿明白,所有这些甜言蜜语,只不过是敌人由于某种原因认为当时进行决战无益在外交上耍的花招。他在回信中谴责了脱脱迷失的不体面行为,向他提醒了他(帖木儿)使他登上阿黑·斡耳朵汗位,以及登上金帐汗国汗位的种种恩惠,而脱脱迷失当上了强大的汗以后,却背叛了他,尤其是当他(帖木儿)征伐法儿思与伊拉克[1]时,他竟然从背后用刀刺他(指脱脱迷失远征河中一事)。帖木儿于复文的最后表示根本不信任脱脱迷失的诺言,声称无法接受他的和议。写好回信后,帖木儿举行了盛宴,再次赏赐了使者,但是没有放他们回去,将他们留下来当向导。当时帖木儿召集军队异密、宗王与近臣举行了忽里勒台。在忽里勒台上作出了继续前进的决定。1391 年 2 月末大军经过牙昔(今突厥斯坦城)、哈剌出黑、撒卜兰进入草原,到了

① 沙尔穆,前引书,第 179 页。

今哈萨克斯坦中部。1391 年 4 月 6 日疲于跋涉的军队到了撒里黑兀辛河(今萨雷苏河)地方,那里水源充足,正是人、畜所急需的。休息了几天后,帖木儿军队渡过了河,于 4 月未经过乞赤黑答黑地方在花繁叶茂的春日到了兀鲁黑答格。据尼咱马丁・沙迷说,帖木儿攀登到山顶上,环顾四周,看到山下一望无际的草原,遂决定在此为自己的远征留下一个纪念。他命令自己的士兵把一些大石搬到指定的地点,命令石工们将他的名字与记述从这里通过的军
357 队的题词刻于大石之上。①

十多年前,在哈萨克斯坦中部阿尔腾・丘库山旁卡尔萨克帕依矿山附近,发现了一块刻有题词的碑。碑铭用两种语言写成。碑的上半截有三行阿拉伯文,已经磨损得只能读出下述字句:"以仁慈与宽大为怀的安拉的名义……"题词的下半截共八行,是用畏吾儿字母拼写的察合台语(古乌兹别克语)写的。阅读碑铭后,上述尼咱马丁・沙迷关于帖木儿曾留下纪念碑的记载获得了证实。现在,自波诺马廖夫的《〈帖木儿碑铭〉音读校正》②一文发表后,碑铭的主要内容已完全弄清楚了。碑铭上说,七百九十三年即 1391 年,帖木儿出征脱脱迷失。这证实了文字资料的记载。有趣的是,尼咱马丁・沙迷记载了更确切的日期,他不仅记载了年份,而且还记载了月日——回历 5 月 23 日,即 1391 年 4 月 28 日。帖木儿在碑铭中自称秃兰算端,这一事实显然说明这个名称曾存在于 14

① 尼咱马丁・沙迷的著作,陶尔版,第 118 页。此处除有若干改变外,与舍列法丁・阿里・也思迪的著作(沙尔穆,前引书,第 181—182 页)雷同。

② 《苏联东方学》,第 3 卷,1945 年,第 222—224 页。

世纪政治语汇中。碑铭中指出帖木儿军队的人数为二十万人，这一事实证实了吉牙撒丁·阿里、尼咱马丁·沙迷、舍列法丁·阿里·也思迪在描述各次远征时关于帖木儿军队人数所作记载的正确性。碑铭中指出远征的目的为：帖木儿出兵攻打脱脱迷失汗。

帖木儿立下了刻有题词的纪念碑后，命令继续前进。四周围是奇异、甘美的青草，盛开着各种鲜花，水很充足。帖木儿渡过亦兰出黑河（今吉兰奇克河）后，过了八天来到北哈萨克斯坦的阿纳 358
哈儿浑[①]地方。在这里休息时，发现由于四个月来的行军，粮草奇缺。这时军队后面跟随着售卖各种货物，其中包括牲畜、面粉、油与其他粮食的商人。据舍列法丁·阿里·也思迪说，当时一头绵羊值一百怯别底纳儿，一大“曼”（重量单位名，等于十六“沙里曼”）的谷物，要卖一百怯别底纳儿。考虑到所有这些情况后，帖木儿召集了军队异密，向他们就下列事项索取了保证书（木赤勒合），即任何人不得用面粉做面包、烧饼、面条、饺子或其他食物，而只能做像“咱的鲁希”[②]那样的面汤。小麦面显然已快吃完，因为当时提出用大麦面做面汤。在大麦面内还掺和了“木惕儿”——一种干菜。用一“曼”（仓库衡制）（一曼等于八“沙里曼”）[③]的面粉可做出六十“米思克”面汤。每个士兵每天所食不得超过一米思克。因此必须寻找出路，把二十万人从半饥饿的情况下解救出来。帖木儿从组织大规模的围猎找到了出路。草原上百公里内没有一所房屋，四

① 尼咱马丁·沙迷的著作，第 118 页；舍列法丁·阿里·也思迪的著作（沙尔穆，前引书所辑）作“阿塔合儿灰（Атакаргуй）”，括号中作“阿纳合儿灰（Анакаргуй”）。

② 沙尔穆，前引书，第 182 页。

③ 按照重量单位对比可知，一曼（仓库衡制）等于二分之一大“曼”。

周野兽很多。狩猎日期定为1391年5月6日。帖木儿的塔瓦赤带着部署围猎阵势的命令到万户异密、千户异密处去。在两天中，被军队包围起来的广大地区的圈子逐渐缩小。受惊的野兽不知危险，都向中央逃窜，而那里却是死路一条。狩猎进行得很成功。饿得够受的士兵捕获了许许多多鹿、山羊以及故乡见不
359 到的其他兽类。[①] 不仅军队获得了饱食，粮食主管人员还为此后的行军储存了必需数量的肉类。1391年5月12日帖木儿派遣其孙马合谋·莎勒坛拔都儿亲王统率先锋队前行。先锋队的任务是寻找敌军。

几天以后，先锋队到了西西伯利亚的托波尔河，渡河后发现了许多篝火，但是马合谋·莎勒坛亲王不管派出多少哨兵队去寻找，也没有找到敌军的踪迹。正当先锋队在托波尔河地区从事搜索的时候，帖木儿统率主力部队到来。帖木儿深信必须过河寻找敌人，遂下令渡过了托波尔河。他派出了有经验的异密洒黑·答兀惕带领的侦察队。侦察队获得了有用的情报，帖木儿便作出决定，向押亦河(即乌拉尔河)方面前进。河上有三处浅滩，但帖木儿为了谨慎起见认为从上游渡河较适当。军队急行军六天后到了萨马剌河。6月4日帖木儿渡过了押亦河。据舍列法丁·阿里·也思迪说，在此地有三个脱脱迷失方面的人被带到了帖木儿处。他们说，脱脱迷失对帖木儿的军队了解得很清楚，因为亦迪古异密的两个那可儿从帖木儿的营地上逃到了那边，向他报告了所知的一切情况。帖木儿现在才明白敌人在什么地方以及他应该怎么办。他清

① 沙尔穆，前引书，第183—184页。

楚地了解到，他必须马上把主动权夺过来。在押亦河的四周建立宿营地作为设防营垒。挖起了战壕，布置了秃剌与察巴儿（大的战壕护板）。当全军都到达，从远征与战备的观点对各部队进行检查之后，帖木儿下令部署战阵，向敌人挺进。

由于脱脱迷失就在近处，特别紧张的工作落到了先锋队、前哨与侦察队（合巴儿吉里）身上。有关脱脱迷失各部队的消息接二连三地传来。尼咱马丁·沙迷与舍列法丁·阿里·也思迪详细地谈
到了帖木儿的警哨部队与侦察部队的活动，尤其是关于勇敢的异 360
密亦忽·帖木儿的事情：亦忽·帖木儿坚决地执行了帖木儿所交给的使命，他于同脱脱迷失的警卫百户进行力量悬殊的斗争时战死了。脱脱迷失的战术暴露得愈来愈明显了，他企图拖垮帖木儿的军队，其出发点是下述正确的原理，即帖木儿离开自己的根据地愈远，他所剩的粮草愈少，他的士兵的力量就愈小。帖木儿必须尽快地截住脱脱迷失，迫使他作战。为了达到这一目的，他命令乌马儿·洒黑[1]亲王带两万队伍去寻找脱脱迷失，同他作战，将他的军队拖住。乌马儿·洒黑亲王完成了帖木儿交给他的任务，迫使脱脱迷失的先锋队投入了战斗。中亚细亚异密[2]接到这个消息后，十分高兴。1391 年 4 月 18 日他亲自将自己的大军部署成战阵，按照上述方式将大军分成七个忽勒，即在他统辖下的七个彼此不相隶属的战斗军团。这次有名的战斗发生在彻列木伤河支流浑都儿察河流域浑都儿察或浑都思察地方（在今古比雪夫州）。

① 沙尔穆，前引书，第 212—213 页。

② 指帖木儿。——译者

史料上对这次战斗进行了详细描述，我也在上文从军队的军事部署对这次战斗进行了分析。战斗伤亡惨重，非常紧张，在个别地点胜负不定，但是最后脱脱迷失被彻底地击溃了。舍列法丁·阿里·也思迪譬喻道：“在脱脱迷失（雅库博夫斯基注）前面是亦的勒河，后面是毁灭的剑。”①

帖木儿在浑都儿察河谷上战胜脱脱迷失后，夺得了大量战利品。据尼咱马丁·沙迷说，②每个步兵牵回一二十匹马，单马的骑兵每人各牵回一百匹马，甚至多于此数；至于绵羊等牲畜，则不计
361 其数。帖木儿及其将官们所获战利品特别多。据舍列法丁·阿里·也思迪说，俘去做他的私人奴隶的童男童女就有五千多。③帖木儿军队回来时，不停地进行掠夺。他在草原上遇见了脱脱迷失兀鲁思里的许多游牧民，这些游牧民都遭到了抢劫。有一段饶有趣味的细节描写。据舍列法丁·阿里·也思迪说：“在这一望无际的沙漠上，草原民住在天幕——‘忽塔儿木’里，这种天幕不能拆散，只能整个地安上或卸下，迁居与移牧时，搬到大车上拉走。草原游牧民全被抓去受军队支配，而军队的行动就像残酷无情的命运一般。”④

帖木儿回来时，蹚水渡过押亦河，到了撒兀兰，从那里向讹答剌进发，最后回到了自己的京城撒马儿罕。据舍列法丁·阿里·也思迪说，1391 年远征历时十一个月。

---

① 齐曾戈曾，前引书，第 2 卷，第 171 页。

② 尼咱马丁·沙迷的著作，陶尔版，第 125 页。

③ 齐曾戈曾，前引书，第 2 卷，第 172 页。

④ 同上书，第 172—173 页。

有一件与这次远征相联系的有趣的事。在帖木儿营帐中，在浑都儿察河谷(浑都思察地方)的战斗中，有三个术赤兀鲁思的重要人物，即浑彻·斡黑兰(宗王)、帖木儿·忽都鲁·斡黑兰(宗王)与亦迪古异密。他们与脱脱迷失敌对，都来求帖木儿帮助。但是他们在术赤兀鲁思草原上各怀个人目的，当帖木儿战胜脱脱迷失后，这两个宗王与亦迪古异密找了个合适借口跑回钦察草原去了。

只有浑彻·斡黑兰没有失言，回到了帖木儿处，但是不久他也跑到帖木儿·忽都鲁处去了。

1391 年脱脱迷失的失败虽然惨重，却没有决定他本人及其国
家的最后命运，脱脱迷失还有不少资源可供他继续进行斗争。这 362
时需要的是意志与不可削弱的毅力，而这些品质他都具备。1391 年战事之后，当帖木儿忙于伊朗与外高加索的事务时，脱脱迷失便乘机准备力量在阿塞拜疆谋划新的阴谋，并明目张胆地寻找同自己的敌人进行决战的机会。阿拉伯作家(马克利纪[①]、阿撒迪[②]、爱尼[③])一致谈到：1394 与 1395 年脱脱迷失千方百计地设法拉拢埃及算端灭里·咱喜儿·别儿忽黑，劝说他帮助自己和对双方有同样危险的帖木儿进行斗争。值得注意的是，金帐汗国与埃及马木鲁克国家在出现共同的敌人时才接近起来。当 1335 年以前强大

① 齐曾戈曾，前引书，第 1 卷，第 442 页。

② 同上书，第 448 页。

③ 同上书，第 531 页。

的旭烈兀朝国家存在时，金帐汗曾乐于同无力单独对抗旭烈兀朝诸汗侵略野心的马木鲁克朝埃及接近。1335年旭烈兀朝国家覆亡以后，在半个世纪内两国外交关系极少，因为建立外交关系对双方没有任何政治意义。从14世纪80年代开始，形势发生了剧烈变化，帖木儿成了两国安全的威胁。

脱脱迷失在这几年里还设法拉拢立陶宛。1393年，脱脱迷失的使者于克拉科夫受波兰国王雅盖洛接见，[①]他是立陶宛大公维托夫特(又作维托尔德)之弟。脱脱迷失清楚地了解，为了自己的利益不能让莫斯科同立陶宛建立联盟。在莫斯科同立陶宛为了边界土地及争夺霸位发生争吵时，脱脱迷失公然支持立陶宛大公。在上述1393年致雅盖洛的敕书中，脱脱迷失以他承认自己为宗主并缴纳贡税为条件，将有争议的地区的最高权利授给了雅盖洛。

1394年秋天，当传来消息说，脱脱迷失的军队通过打耳班，开始掠
363 夺设里汪的城市、村庄时，帖木儿正在舍乞(在今阿塞拜疆)。帖木儿发出命令，让军队准备远征，他认为冲突是不可避免的，看不到推延冲突时间有什么好处。检阅了军队的装备与武器后，帖木儿将大批赏物(兀忽里合)分赐给将士们，并将自己的帐幕改为军营。为了出征，他将一部分王妃和子女遣送到孙丹尼牙去，又将两个最尊贵的正妃——撒莱·木里黑·哈尼木与秃满·阿合送回撒马儿罕。1395年2月，他宣布了到打耳班远征脱脱迷失的命令。据舍列法丁·阿里·也思迪说，军队按照突厥习惯让左翼走在前面。[②]

---

① 斯普雷:《金帐汗国》，莱比锡，1943年版，第131—132页。

② 齐曾戈曾，前引书，第2卷，第174页。

为了师出有名，帖木儿途中派遣机智而富有经验、熟悉外交辞令的舍木撒丁·阿力麻里乞充当使者前往脱脱迷失处。

帖木儿的使臣来到脱脱迷失军营里，向他呈上了帖木儿的书信，并以其特别擅长的辞令叙述了帖木儿所提出的要求。据舍列法丁·阿里·也思迪说，脱脱迷失本准备妥协，但最后在其异密们的影响下改变了主意，用粗暴的语气写了一封回信给帖木儿，交给使者带回去。[①] 当舍木撒丁·阿力麻里乞回到帖木儿处时，帖木儿已经在撒木儿河谷上扎下军营。使者在这里的帐幕内向自己的君主报告了谈判的结果。撒木儿河谷位于额勒卜鲁思（厄尔布鲁士）山附近。帖木儿将自己的军队布置成战阵，据阿里·也思迪 364
说，其左翼一端达到额勒卜鲁思山麓下，而右翼的一端达到浑术木海（即里海）。[②]

其实，脱脱迷失的答复正中帖木儿下怀，因为他从脱脱迷失的答复中找到了宣战的极好借口。将军队按照一定的战斗队形、即按照等级（木儿赤勒）部署起来后，帖木儿出动了。万夫长、千夫长、百夫长，各自率领自己的队伍，一个跟着一个地开拔了。帖木儿的军队通过打耳班的隘口，来到了长久以来居住在当地的海塔人的地方。海塔人是脱脱迷失的积极同盟者，这一点就足以使帖木儿下令将他们全部歼灭。他们的村子大部分被焚毁，许多海塔人被杀，许多人当了俘虏。当帖木儿来到塔儿乞[③]（又作塔儿呼，

---

① 据尼咱马丁·沙迷说，脱脱迷失在答复中表示了歉意并准备妥协（见尼咱马丁·沙迷的著作，陶尔版，第158页）。

② 据舍列法丁·阿里·也思迪说，厄尔布鲁士山与里海之间的距离为五程，这一点不足为信。尼咱马丁·沙迷则说，从山麓到撒木儿河为五程。一程等于六公里。

③ 似乎，这里一度曾是古代的京城可萨—薛明迭儿。

为达格斯坦的一座城市，距打耳班四天路程），安营扎寨时，有人来报，脱脱迷失派遣合赞赤异密率领强大的先锋队来了。帖木儿便亲自统率大军迎击敌人，把敌人赶走。

舍列法丁·阿里·也思迪出色地描述了敌对的两军在帖列克河谷的调动情况。1395 年 4 月中旬，两军面对面来到了这条河的岸边。完全按照几世纪来形成的战争传统，帖木儿命令自己的塔瓦赤选择建立军营的地点，驻扎大军。军营周围挖了壕沟，钉上木桩，安上战壕护板（察巴儿），在这道战壕后面又挖了第二道外壕。规定士兵不得在营地上喧哗、走动，也不得在夜间点火，以使敌人
365 走近时对帖木儿军队的情况一无所知。

在中世纪早期的军事技术条件下，军营用战壕护板围起来，有着巨大意义。值得注意的是，这里有着十分古老的传统的影响。据采用 9 世纪原始资料的作者迦儿底西（11 世纪）与沙剌甫·咱蛮·塔希儿·马儿瓦西（12 世纪）说，可萨军队的骑兵战士经常随身携带二十根两“西儿”[①]长的木桩、粗绳与特种护板。当夜间军队在敌人附近屯营时，士兵钉上木桩，在木桩上靠上战壕护板（察巴儿）。[②] 脱脱迷失夜间不敢袭击帖木儿的军营，然而在 1395 年 4 月 15 日，星期三，开始了一场大战。这次战役不仅决定了脱脱迷失的命运，而且也决定了金帐汗国的命运，无论如何决定了金帐汗国的大国地位的衰落。

---

① “西儿”系 зир 一词的音译，为当时的一种长度单位。——译者

② 迦儿底西的著作[见巴托尔德的报告，第 96 页（波斯文）]；马儿瓦西的著作，米诺尔斯基出版，第 21 页（阿拉伯文）。

帖木儿在这次战争中保持了与 1391 年之战相同的阵势，他将自己的军队划分成七个军团（忽勒），在防御时具有特殊意义的步兵在这次战斗中起了巨大作用。尼咱马丁·沙迷与舍列法丁·阿里·也思迪对这一战役作了最详细的记载。舍列法丁·阿里·也思迪还跟往常一样，基本上复述了沙迷的原文，但引述了许多补充的有趣细节。

当战斗还未全线展开时，有人报告帖木儿说，脱脱迷失的大军在攻打他的左翼。帖木儿身边有二十七个精锐的百户担任后备队，在这个紧要关头，他派出后备队去援助陷于困难中的左翼部队。

敌人被迫退却了，帖木儿百户的勇士们向逃军冲上去，追得很远。敌人发现了这个情况，马上振作起来，将大量军队重新集合，转过身来向帖木儿的士兵压过来。舍列法丁用精彩的文笔叙述了大军如何从各方扑向这一小群勇士，展开激战的情景。帖木儿军 366
中每个新赶来的百户都在战场上下了马，用大车与护板建立阻击点，士兵们跪着向敌人射箭，箭如雨下。在战斗进行到白热化的时候，主力军团的马合谋·莎勒坛亲王率领武器优良的各百户赶到。他们发动了骑兵快速进攻，敌人发抖了，逃跑了。这个胜仗立即有利地影响了其他地点。与此同时，脱脱迷失的左翼侧卫向帖木儿的一个优秀异密——赛法丁火者异密指挥下的帖木儿右翼诸百户展开了攻势。脱脱迷失的士兵包抄他们，从后方袭击。火者·赛法丁亲自指挥的整个万户急忙英勇保卫。不管敌人怎样努力，他们无法摧毁其抵抗，帖木儿的士兵射箭打退了一次次冲锋。最后，者难沙拔都儿带着自己的万户，出动骑兵冲锋。鲁思帖木亲王与乌马儿·洒黑带着自己的万户在后面跟了上来。脱脱迷失的士兵

抵挡不住急速的攻击，溃败了。脱脱迷失的整个左翼垮了。这样，帖木儿方面在各段不断获胜，最后，大战以脱脱迷失逃跑告终。伊宾·阿剌卜沙描述的情形略有不同。据他说，脱脱迷失军队右翼里的一个异密和另一个异密发生争吵，离开了战场，他将自己的部落，阿黑倒部全部带走了。这个部落西奔到鲁迷领地上，在阿惕里阿那孛勒附近各地住下来。他的叛变削弱了脱脱迷失，使剩下各部莫大惊惶。[①] 似乎这里所指的是阿黑倒异密，对他的行动舍列法丁·阿里·也思迪的描述有所不同。脱脱迷失的军队甚至不能
367 有组织地撤退，各部队互相失却了联系，万人队分裂成好几部分，没有人统率，混乱地逃跑着。帖木儿夺得了脱脱迷失扔下的汗帐里的大量金银财宝。帖木儿将大量物品赏赐给特别突出的将校与士兵后，对自己的军队重新进行了某种部署，留下受伤的米兰沙（他于作战时从马上跌下来，把手臂跌坏了）带着大量部队看守辎重，自己则前进追击脱脱迷失，想俘获他，将他的残部消灭。帖木儿带着精锐的百人队，夜以继日地前进。

他从秃剌秃儿渡口过河到了亦的勒（伏尔加）河左岸，但是没有将脱脱迷失抓住。舍列法丁·阿里·也思迪叙述道，帖木儿将兀鲁思汗之子海里察黑·斡黑兰留在自己身边，打算让他代替脱脱迷失继任术赤兀鲁思汗，充当自己的新的走卒。[②] 他将强大的月即别部队交给了海里察黑·斡黑兰，并将金带、金绣长袍以及汗的尊严的标志赐给他后，让他到伏尔加河左岸去召集军队，在金

① 齐曾戈曾，前引书，第 1 卷，第 465 页。

② 齐曾戈曾，前引书，第 2 卷，第 178 页；舍列法丁·阿里·也思迪的著作，印度丛书出版社，第 1 卷，第 755 页以后。

帐汗国中建立起秩序来。关于这位脱脱迷失的竞争者此后的命运我们知道得很少。我们不知道，他在伏尔加河左岸进行了些什么活动。根据保留在后期史料的小注中的某些资料，我们知道，他不久便死去了。[①]

帖木儿将海里察黑·斡黑兰派到左岸去后，来到了金帐汗国的兀怯克(兀维克)城，对该城及附近地区进行了掠夺。这样，帖木儿没有追上脱脱迷失。倒运的金帐汗带着寥寥无几的亲信与忠诚于他的人逃到了不里阿耳。留下来看守辎重的米兰沙不想离开帖 368
木儿，遂到伏尔加河下游禹鲁黑鲁黑·兀术黑鲁黑地方与父亲会合了。

脱脱迷失的逃跑，使帖木儿很烦恼，因为他清楚了解，脱脱迷失由于疆土辽阔、拥有大量资源，过了一段时期又会卷土重来。因此他决定向第聂伯河(乌西河)方面金帐汗国西部兀鲁思进军；脱脱迷失的若干异密，如参加帖列克之战的别·牙里黑·斡黑兰[②]与阿黑倒等都躲到了那边。

由于这次远征需要很长时期，帖木儿怕留下河中及被征服的城市与伊朗各地无人看守，便派遣其孙必儿·马哈麻统军到失剌思，又派遣舍木撒丁拔都儿的万户到撒马儿罕去。帖木儿到了乌西河(即第聂伯河)上，掠夺与蹂躏了别·牙里黑·斡黑兰、阿黑倒

---

① 据 17 世纪初从事著述的海迭儿·剌西的记载(见齐曾戈曾，前引书，第 2 卷，第 214 页)。

② 孛剌察儿的儿子。

异密与帖木儿·斡黑兰所辖的地区。后二人逃到了第聂伯河彼岸自己的敌人忽兰歹异密处，但是没有找到生路。于是他们越过鲁迷边界，在亦思剌牙合[①]地方躲了一段时期。帖木儿回到丹河(即顿河)以后，突然向北方俄罗斯城乡进军。是什么把帖木儿吸引到北方古罗斯文明地区去的呢？

帖木儿跟中亚与伊朗的其他统治者一样，对俄罗斯的情况不很熟悉。帖木儿对中亚、前亚、伊斯兰教各国及各民族的地理
369 与历史非常熟悉，但对俄罗斯，俄罗斯诸公国及莫斯科甚至连最起码的常识都没有。与实际情形多少相符的关于俄罗斯各国的史地常识，没有传播到中亚的东方去，没有传到比金帐汗国更远的地方去。因此在 15 世纪的伊斯兰教波斯与阿拉伯史学上，虽有着关于伊斯兰教国家，甚至关于信奉基督教的外高加索的历史的丰富的具体材料，我们却丝毫找不到有关俄罗斯历史的令人感兴趣与有价值的东西。我们甚至找不到正确的地理名称，其中包括正确的俄罗斯城名。譬如，尼咱马丁·沙迷所说的，曾被帖木儿的士兵所掠夺的俄罗斯哈剌速城是个什么城市，我们一无所知。[②]

15 世纪的俄罗斯史学则是另一回事。从各种俄罗斯编年史——《索非亚编年史》、《尼康诺夫编年史》——上我们不仅可以找到中亚与前亚发生的事件的很好的记载，而且还获得了关于那

① 亦思剌牙合——似为当时属于奥斯曼算端的鲁密里牙(齐曾戈曾，前引书，第 2 卷，第 294 页)。

② 齐曾戈曾，前引书，第 2 卷，第 161 页。波斯原文，陶尔版，第 121 页。

边许多地区的正确地理观念。从上面我们看到，俄罗斯编年史很熟悉金帐汗国14世纪60—80年代的混乱时期。我们还看到，它对马买与脱脱迷失个人有多么熟悉。[①]

但是让我们回到帖木儿远征俄罗斯上面来吧。据尼咱马丁·沙迷[②]与舍列法丁·阿里·也思迪[③]说，帖木儿侵入马失合甫，即莫斯科城地区，在那里蹂躏，抢走了大批虏获物。但是我们不能相信这个记载，因为俄罗斯编年史没有提到莫斯科地区。东方史料对于俄罗斯地理很不熟悉，它将梁赞的地方与莫斯科公国边境诸乡混淆起来了。因此必须查看俄罗斯史料上较确凿的记载。

据《尼康诺夫编年史》说，帖木儿带着大军侵入梁赞国，占领了
耶列茨(Елец)城，"捉住了耶列茨公，将一些人掳走，杀死了其余 370
的人"。[④] 瓦西里·德米特里耶维奇大公得知所有这些情况后，召集起庞大的军队，来到科洛姆纳城，占据了奥卡河上的渡口。帖木儿不敢同俄罗斯发生冲突，掠夺梁赞国后向南遁去。似乎，马买在库利科沃原野激战的故事使他害了怕，不敢同俄罗斯人作战。帖木儿带着大量虏获物向伏尔加河下游巴勒赤木勤[⑤]城进发。接着他经过顿河下游前进，路上决定去攻取阿咱黑(亚速)城。阿咱黑城洗劫殆尽，据舍列法丁·阿里·也思迪说，帖木儿命令将伊斯兰教徒与其余的宗教团体分开来，后者都交给了"只合惕之剑"，即全部

① 齐曾戈曾，前引书，第2卷，第161页。波斯原文，陶尔版，第121页。

② 尼咱马丁·沙迷的著作，陶尔版，第161页；齐曾戈曾，前引书，第2卷，第121页。

③ 齐曾戈曾，前引书，第2卷，第180页。

④ 《俄罗斯编年史全集》，第11卷，《尼康诺夫编年史》，第159页。

⑤ 巴勒赤木勒或巴勒只明，金帐汗国的城市之一，位于伏尔加河下游右岸。

杀光了。[①]

帖木儿从亚速向忽班河进发。舍列法丁·阿里·也思迪说，撒耳柯思人烧掉了亚速与忽班河之间的牧场，帖木儿的马由于缺乏饲料在七八天中一匹匹都挨了饿。愤怒的帖木儿下令向撒耳柯思人复仇，毁灭了他们的整个兀鲁思。舍列法丁·阿里·也思迪所说的撒耳柯思是什么人呢？这个名词的含义在他那里似乎是很广的，除撒耳柯思人本身外，还包括许多山民。帖木儿不走预定的通往伏尔加河下游地区的道路，突然改变方向向突厥斯坦前进，在那里围攻了两座难以攀登的高山堡寨——忽里与塔兀思，据他说，这两座堡寨的同名堡主，布置了反对他的阴谋。为了占领这两个鹰巢——堡寨，要求作为统帅的帖木儿足智多谋，要求他的士兵奋勇无畏。帖木儿的勇敢的士兵们，利用梯子从一个峭壁翻到另一个峭壁，一会儿上，一会儿下，在伤亡很大的情况下，攻进了堡
371 寨。[②] 帖木儿毁掉堡寨，杀死寨主后，朝北高加索西姆西姆地区方面进发，在那里占领了许多堡寨。

1395年冬天帖木儿远征哈只·塔儿寒（阿斯塔剌罕）和别儿哥萨莱的故事特别有趣。帖木儿没有隐瞒自己的意图。当他头一次远征时，即追击从帖列克河岸逃走的脱脱迷失的那年夏天，他没来得及破坏别儿哥萨莱与阿斯塔剌罕，现在他带着大军前进，想一下子把金帐汗国的财富与实力的两个中心永远毁掉。

正值隆冬，伏尔加河已经冰封，哈只·塔儿寒可以从河上攻打

---

① 齐曾戈曾，前引书，第2卷，第180页。

② 齐曾戈曾，前引书，第2卷所辑尼咱马丁·沙迷的著作，第122页；同书所辑舍列法丁·阿里·也思迪的著作，第181—182页。

下来。据舍列法丁·阿里·也思迪说[1]，该城只在陆路方面有坚强的防御工事，从河岸的一端伸展到另一端的高墙围住了全城，塔楼防护着高墙；靠河的一面没有城墙，这里只用武装的船只进行防御。由于河面结冰，敌人可从这个最薄弱的方面攻进城来，哈只·塔儿寒的居民便开凿厚冰块筑城，到了夜间用水浇在聚成堆的冰块上。舍列法丁·阿里·也思迪写道："他们用这个方法筑起了一道高墙，他们光用冰块将城墙与这座冰墙联接在一起，还开了城门。这真是一座绝妙的建筑，因此我们才在这里叙及。"[2]

帖木儿对城内的情况很熟悉。夏天他曾将自己的异密乌马儿·塔班留在那里，把全城交给他管辖。乌马儿·塔班向帖木儿报告道，马哈麻哈兰塔儿（长老）准备采取敌对行动。当帖木儿带着军队来到哈只·塔儿寒时，马哈麻哈兰塔儿出来迎接。帖木儿
没有将他带走，让他随同必儿·马哈麻、者难沙异密等人一起到别 372
儿哥萨莱去，同时吩咐他们，在军队渡伏尔加河时，将哈兰塔儿投入冰窟窿；他们执行了这个命令。

哈只·塔儿寒虽然有坚固的城墙，却没有进行抵抗。帖木儿先借口保全了城民的生命向城民索取贡税，后来又听任自己的军队掠夺了全城居民。撤退前，帖木儿下令迁走全城居民，将城市烧毁。毁掉了阿斯塔剌罕后，帖木儿向别儿哥萨莱进发。别儿哥萨莱城没有进行抵抗。别儿哥萨莱跟哈只·塔儿寒一样，遭到了帖木儿军队的洗劫。遭到蹂躏的金帐汗国京城起了火，该城看来大

① 齐曾戈曾，前引书，第 2 卷，第 184—185 页。

② 同上书，第 184 页。

部分被焚毁了。值得注意的是，帖木儿远征后几乎过了四百五十年，捷列申科在别儿哥萨莱废墟上进行发掘时，才发现了吞噬城市街区的大火的痕迹。[①] 看来，帖木儿的军队从未获得过像 1395—1396 年间冬天那样多的战利品。

那年冬天，伏尔加河下游及其四周草原酷寒，许多地区大量牲畜倒毙，食品价格很高。例如一“曼”黍值七十怯别底纳儿，一头绵羊卖二百五十怯别底纳儿，当时的价格是前所未闻的。我们知道，一个金怯别底纳儿合五十个戈比，许多士兵简直可以说完全卖光了塔瓦赤分配给他们的战利品，要不然他们就会在回家的路上饿死。

1395 年帖木儿战胜脱脱迷失具有重大意义。在十五年内，金帐汗国遭到两次重大打击，这就决定了它的命运。1380 年马买在
373 库利科沃原野被德米特利·顿斯科伊击溃，是一次极大的打击，使陷于混乱的金帐汗国失却了恢复自己往日威力的力量。那时，术赤兀鲁思的左翼、即阿黑·斡耳朵的坚强的脱脱迷失，曾试图复兴金帐汗国。

帖木儿又给了第二次打击，因为帖木儿深知，金帐汗国这个大国是河中及其农业地区与文明城市的经常威胁。经过这次打击以后，金帐汗国降到了二等国的地位。

1395 年帖木儿对脱脱迷失的胜利，阿斯塔剌罕，特别是金帐汗国京城别儿哥萨莱的遭蹂躏与焚毁，不仅对中亚和当时的东南欧，对俄罗斯也具有重大的意义。曾对梁赞国进行掠夺性破坏的帖木儿自己也没有料到，他战胜脱脱迷失客观上为俄罗斯国家建

---

① 格里戈尔耶夫:《萨莱废墟四年考古》，载《内务部杂志》，第 9 册，1847 年。

立了功勋，虽然他的行为在俄罗斯人民中留下了应得的恶名。

索洛维约夫就曾写道："跛帖木儿击溃脱脱迷失后，金帐汗国在长时期内不复威胁莫斯科大公。在此后十二年内，编年史撰者只提到三次野蛮的鞑靼军队同梁赞人发生的边境冲突事件，"并且多数是梁赞人获胜。"①

① 索洛维约夫：《俄罗斯史》，第 1 册，第 1—4 卷，第 2 版，第 1029 页。

374 第四章　也迪该与恢复金帐汗国大国地位的第二次企图

狡猾而阴险……

他位居汗国所有王公之上，独揽大权，想让谁当君王，就让谁当君王。

——《尼康诺夫编年史》

1380年俄罗斯人在库利科沃原野取得的胜利具有全世界的历史意义。它使金帐汗国遭到最强烈的打击，此后金帐汗国便完全衰落下来。脱脱迷失想将金帐汗国昔日的强盛恢复过来的企图未获最后的成功。

当我们联系历史对事件进行分析时，我们必须承认，1391与1395年帖木儿对脱脱迷失取得胜利不仅是由于河中的巨大资源以及帖木儿军事组织天才的威力，而首先是由于俄罗斯人在库利科沃原野取得的伟大胜利。当帖木儿同脱脱迷失进行斗争时，他所考虑的不仅是大量战利品，虽然获取战利品正是他的掠夺性战争的特点。当我们对事实进行仔细分析后，我们有理由说，帖木儿对自己提出了从根本上破坏金帐汗国最富庶的地区，即克里木、北
375 高加索与伏尔加河下游地区的任务。伊宾·阿剌卜沙形象地描绘

了帖木儿对金帐汗国的破坏:“他占有了不动产,把它分配了,占有了动产,把它随身带走,抢来的(全部)东西收集在一起后,就作为战利品分下去,他许可抢劫与掳掠,于是制造了毁灭与暴行,歼灭了他们的部落,消灭了他们的方言,改变了他们的制度,把抢来的钱、俘虏与财产全部带走。他的先头部队直抵阿咱黑,他破坏了萨莱、小萨莱、哈只·塔儿寒和(所有)地区。”①

但是伊宾·阿剌卜沙在这方面没有提供全面的材料。据14世纪末与15世纪前半叶的阿拉伯与波斯史家说,帖木儿掠夺了克里木与卡法。② 他围攻了卡法十八天。亚速遭到了大难。据舍列法丁·阿里·也思迪说,帖木儿攻下亚速后,下令将伊斯兰教徒同其余居民分开,予以释放。然后下令将所有的非伊斯兰教徒付诸只合惕(为信仰而战)之剑,并焚烧和抢掠了他们的住宅。③

大家知道,当时金帐汗国的京城别儿哥萨莱遭了大灾。据同一波斯作家说,帖木儿焚毁了萨莱。④ 一百年前捷列申科的发掘证实了这一说法。北高加索地区(尤其是马札儿城)与撒耳柯思人的地区也遭到了极大的破坏与蹂躏。

伏尔加河流域的兀维克与阿斯塔剌罕(哈只·塔儿寒)城也遭 376

① 齐曾戈曾,前引书,第1卷,第466页(俄译)。

② 克里木或速勒哈惕——今旧克里木;卡法——今菲奥多西亚[见齐曾戈曾,前引书,第1卷,第322页(阿拉伯文),第330页(俄译);伊宾·都克蛮的著作,第357页(阿拉伯文),第364页(俄译);伊宾·福剌惕的著作,第428页(阿拉伯文),第442页(俄译);马克利纪的著作,第2卷,第185页;舍列法丁·阿里·也思迪:《武功记》,第1卷,第776—777页]。

③ 舍列法丁·阿里·也思迪:《武功记》,印度丛书出版社,第1卷;第762—763页(参阅齐曾戈曾,前引书,第2卷,第180页)。

④ 同上书,第775页;又,齐曾戈曾,前引书,第2卷,第185页。

到了同样的厄运。除这些事实之外，再加上中世纪东方最好的城市之一，在东欧通过金帐汗国同中亚、中国进行的商队贸易中起着巨大作用的花剌子模京城玉龙杰赤于 1388 年遭到的极端野蛮的毁灭，情况就更加清楚了。帖木儿力图最大限度地破坏欧洲通过克里木、伏尔加河下游、花剌子模同中国进行的商队贸易。脱脱迷失战败后，在这不久前还很富庶的辽阔的地区上，手工业生产与集市急剧地衰落了下来。

关于这一情况，15 世纪到过东南欧的两位威尼斯人约瑟法托·巴尔巴罗与安勃罗西奥·康塔林尼为我们留下了十分有价值的可靠证据。约·巴尔巴罗在 1436 年及其后的几年中访问了亚速与阿斯塔剌罕之间的鞑靼草原。在阿斯塔剌罕被帖木儿毁灭(大概是 1395 年)前，丝与香料贸易是打从该城经过的。货物从这里运到亚速(丹纳)，然后用大船转运到意大利。15 世纪 30—40 年代，据巴尔巴罗说，这项贸易中断了，欧洲的货物通过叙利亚运到远东去。[①] 三十年后，另一位威尼斯人安勃罗西奥·康塔林尼游历了这些地方。1476 年他来到了阿斯塔剌罕。康塔林尼就像是对约·巴尔巴罗的记载进行补充似的，他指出，当他在阿斯塔剌罕时房屋尽是些土坯房，以前这里曾有过高大的建筑物，如今却只留下一片废墟。康塔林尼根据城民的叙述，谈到了阿斯塔剌罕过去的贸易远近驰名，还谈到了它同亚速[②]进行巨大贸易的那些年代。

① 《外国作家论俄罗斯的丛书》，第 1 卷，圣彼得堡，1836 年版；巴尔巴罗的著作，第 94 页(意大利文)，第 56 页(俄译)。

② 康塔林尼，前引书，第 169 页(意大利文)，第 90—91 页(俄译)。

1395 年脱脱迷失在帖列克大败后，带着一小队最忠实于他的人 377
躲了起来。据舍列法丁·阿里·也思迪说，他逃到了不剌耳方向。[①]

这里所说的不剌耳指的是什么地方呢？有时不剌耳表示客剌儿，即波兰，但是也有可能是手抄本中“不里阿耳”的讹写。因此它的意义必须根据上下文来判断。关于这个地方靠近“蛮邦”的记载，就使我们得到了解答。毫无疑问，我们应该把不剌耳理解为不里阿耳。

可惜史料上没有记载，脱脱迷失于 1395 年进行过什么旨在夺回术赤兀鲁思政权的活动。但是从整个情况可以看出，由于脱脱迷失的刚强的性格，他决不甘心于这次失败，而会积极召集新的力量，力图夺回术赤兀鲁思的汗位。夺回有着他不少党羽的伏尔加河下游，对他并不费力气，因为帖木儿没有提出攫取东南欧土地的任务。港城众多、商业繁荣的克里木却是另一回事。14 世纪末到 15 世纪前半叶撰于埃及的阿拉伯语历史文献上有着 1396 年脱脱迷失远征克里木的有趣记载。据阿思迦兰尼说，回历 799 年（公元 1396 年 10 月 5 日—1397 年 9 月 23 日）脱脱迷失与热那亚富浪人发生大战。[②] 另一个阿拉伯作家伊宾·福剌惕还详细地记载了克里木所发生事件的日期。他说，脱脱迷失向卡法城“领主”进攻，于 1396 年 3 月 17 日围攻该城。[③]

---

① 舍列法丁·阿里·也思迪的著作，第 1 卷，第 756 页，加尔各答版，齐曾戈曾，前引书，第 2 卷，第 178 页。

② 齐曾戈曾，前引书，第 1 卷所辑阿思迦兰尼的著作，第 451 页（阿拉伯文），第 454 页（俄译）。

③ 同上书，第 357 页（阿拉伯文），第 364 页（俄译）；伊宾·福剌惕的著作。

两位作者一致指出，卡法当时属于热那亚人，看来，当帖木儿
378 击溃金帐汗国后，热那亚人在那政治完全陷于混乱、无政权的日子里，将克里木的政权夺到了自己手里。

《俄罗斯编年史》也谈到了脱脱迷失远征克里木一事。据《尼康诺夫编年史》载，“同年(6906 即 1398 年)，大汗国脱脱迷失王攻下沿海诸城”。[①] 显然，“沿海诸城”应理解为上述克里木沿海城市。但是《俄罗斯编年史》上记载的年份却是 1398 年，而不是 1396 年。这是脱脱迷失的另一次新的远征呢，还是所载远征年份有矛盾呢？似乎是第二种情况。姑且不管克里木之战的准确年份，脱脱迷失远征克里木一事证明他正着手恢复自己在金帐汗国中的政权。可以设想，当时脱脱迷失曾攻占卡法，并将它占领了一段时期。

1404 年奉命来到撒马儿罕帖木儿宫里的卡斯蒂里亚(西班牙)使臣在自己的日记中记载道：“也迪该向这座卡法城发动进攻，因为脱脱迷失的儿子是从这里出来攻打他的，并对国土造成了巨大破坏；城民同也迪该缔结了和约。脱脱迷失的儿子逃往帖木儿别处。”[②]

但是，脱脱迷失未能享受其胜利的成果。金帐汗国中出现了他的一个较幸运的厉害的竞争者：帖木儿・忽都鲁。

帖木儿・忽都鲁是(白帐汗国的)帖木儿汗的儿子。[③] 帖木儿・

---

① 《俄罗斯编年史全集》，第 7 类，第 11 卷，《尼康诺夫编年史》，第 167 页；又，此后的事也见《尼康诺夫编年史》。

② 罗・哥泽来滋・克拉维约：《1403—1406 年前往撒马儿罕帖木儿宫廷的旅行日记》，斯列兹涅夫斯基编辑并出版，圣彼得堡，1881 年版，第 342 页。

③ 齐曾戈曾，前引书，第 2 卷，第 63 页；不知名作者的《蒙古诸汗世系》摘录。

忽都鲁以宗王(斡黑兰)身份头一次出现在帖木儿宫廷里的准确日期难以确定。直到帖木儿对脱脱迷失的军事活动开始时,他才以 379
帖木儿的侍从身份积极地开始活动。尼咱马丁·沙迷在1390年帖木儿远征脱脱迷失时,头一次提到了帖木儿·忽都鲁。当帖木儿渡过忽毡河(锡尔河)时,曾派遣帖木儿·忽都鲁·斡黑兰、浑彻·斡黑兰与洒黑·阿里·拔都儿率领的大队人马充当先锋队。[①]

至于舍列法丁·阿里·也思迪,他头一次将帖木儿·忽都鲁同帖木儿联系起来是在回历790年(即1388年),即在帖木儿为了惩罚弘吉刺速非朝花剌子模王速来蛮支持脱脱迷失而发兵征讨花剌子模之前二年。这时,帖木儿·忽都鲁·斡黑兰还跟前次一样同浑彻·斡黑兰一起行动。

后来,我们看到帖木儿·忽都鲁·斡黑兰同白帐汗国异密忙兀部的亦迪怯(也迪该)在一起,他们二人的命运长时期地发生了联系。据同一舍列法丁·阿里·也思迪说,1391年1月19日帖木儿出兵征讨脱脱迷失时,他将熟悉道路的向导分配给异密们。帖木儿·忽都鲁·斡黑兰、浑彻·斡黑兰与亦迪怯·月即别被指定为帖木儿所在的中军向导(乞剌兀思)。[②]

1391年整个远征过程中,这三个白帐汗国异密都在帖木儿身边服务,执行他交给的各种任务。当帖木儿在浑都思察获胜,脱脱迷失逃跑后,他们相信脱脱迷失对他们的危险已经不复存在,可以回到术赤兀鲁思去,到游牧贵族中间执行对自己有利的政策了,于

① 尼咱马丁·沙迷的著作,陶尔版,布拉格,第112—113页。

② 齐曾戈曾,前引书,第2卷,第159页;舍列法丁·阿里·也思迪的著作,第1卷,第499页。

是请求帖木儿让他们回到敌国去。他们说，回家去将自己的伊利（受他们管辖的部落）召集起来，将他们连同财产、牲畜全都带到帖
380 木儿处来。但是这些口头保证并不是他们的真正意图。他们得到许可后，便开始建立自己的事业，准备将汗位交给有充分权利继承术赤兀鲁思汗位的成吉思汗后裔帖木儿·忽都鲁。

帖木儿·忽都鲁与也迪该都没有回来，只有浑彻·斡黑兰履行了自己的诺言，[①]但是过了一段时期他也抛弃了帖木儿（关于这点将在下面谈到）。

伊宾·阿剌卜沙也同样谈到了以欺骗方式离开帖木儿的故事，[②]但是他只提到也迪该一人，即便他的记载不是已有的传说，也带有文学加工的痕迹。很难说1395年帖木儿远征脱脱迷失时帖木儿·忽都鲁做了些什么。我们只知道，帖木儿·忽都鲁在亦迪怯（也迪该）的煽动下，利用1395年脱脱迷失的被击溃，推行着旨在夺取金帐汗国汗政权的坚决政策。

值得注意的是，《俄罗斯编年史》对1395年以后金帐汗国及金帐汗国发生的事件作了十分详细的记载，在某些问题上《俄罗斯编年史》上所记载的细节是任何东方作家都没有的。《俄罗斯编年史》对情况的熟悉，有时令人吃惊。据亦思干迭儿的匿名作者说，脱脱迷失在帖木儿·忽都鲁登位之前就逃到立陶宛公维托夫特（Витовт）那里去了。[③]

---

① 尼咱马丁·沙迷的著作，第125页；齐曾戈曾，前引书，第2卷，第118页；又，第171—172页（舍列法丁·阿里·也思迪的记载）。

② 齐曾戈曾，前引书，第1卷，第467—469页。

③ 齐曾戈曾，前引书，第2卷，第238页（波斯文），第133页（俄译）。

但是《俄罗斯编年史》对脱脱迷失逃往立陶宛及帖木儿·忽都鲁登临金帐汗国汗位作了更清楚的描述。前面我们看到，1396—1398 年脱脱迷失曾为了将脱离金帐汗国的克里木夺回来进行过斗争。就在 1398 年，脱脱迷失派遣使者到梁赞大公处去。最初脱脱迷失的事业进行得很好："同年（1398 年——雅库博夫斯基注），381
大汗国的脱脱迷失王欣幸地摆脱了自己的对手，向所有各国派遣使者，宣扬自己的威名。"①

但是正当金帐汗国政权的恢复进行得极其成功的时候，"有个名叫帖木儿·忽都鲁的君王突然"袭击了脱脱迷失，"于是展开了一场大战，一场恶战。帖木儿·忽都鲁王战胜了脱脱迷失王，赶走了他，自己坐上了大伏尔加汗国的王位，脱脱迷失王向立陶宛诸国逃去"。②

脱脱迷失带着全家来到基辅维托夫特处。维托夫特殷勤地接见了他，因为他认为这位逃亡者具有一种力量，他打算利用它来推行自己的大国主义政策。帖木儿·忽都鲁当然不能对自己的敌人在立陶宛公处做贵宾熟视无睹。新的金帐汗知道，在立陶宛那里正筹划着反对他的阴谋，这个阴谋不管怎样必须予以制止和破坏。因此他于下一年（1399 年）派遣使者到立陶宛公处说："将流亡的汗王脱脱迷失交给我吧，他是我的敌人，我听说他还活着，并且住在你那里。这样的事我无法忍受……将他交给我吧，他身边的一切东西都归你。"③

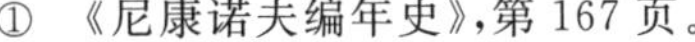

① 《尼康诺夫编年史》，第 167 页。

② 同上。

③ 同上。

维托夫特用拒绝作为答复，并干脆以战争相威胁。他真的开始召集出征金帐汗国的军队。实质上这已经是他对鞑靼人的第三次远征了。头一次是1397年远征顿河流域，第二次是1398年沿着第聂伯河下溯，两次远征都没有遇到鞑靼的重大抵抗而获得了成功。编年史撰者谈到维托夫特的计划时，对自己的材料进行了文学加工，让自吹自擂的立陶宛公说了如下一段话："朕将去占领
382 鞑靼国，战胜帖木儿·忽都鲁，夺取他的王国，分掉他的财产，将脱脱迷失立为他的汗国、卡法、亚速、克里木、阿斯塔剌罕、白帐汗国和所有的沿海地区，以及喀山的君王，这样一来一切都是我们的了，连君王也是我们的。"①

从这些话可知，维托夫特不仅提出了让脱脱迷失夺回金帐汗国的任务，而且还要让他夺回白帐汗国，也就是说他要让脱脱迷失成为全术赤兀鲁思的汗，充当自己的傀儡。维托夫特梦想通过这条道路来征服汗国，这在当时从力量对比关系上来看，是太不现实了。维托夫特对脱脱迷失的"友好"关系以及他对帖木儿·忽都鲁的鞑靼人行将展开的斗争，是在没有同莫斯科建立联盟，甚至没有同莫斯科取得联系的情况下进行的。维托夫特有自己对莫斯科的企图与政策，他显然力图削弱莫斯科公，牺牲俄罗斯以扩大立陶宛领地。1399年，维托夫特召集了装备良好的大军，向鞑靼人进发，屯营于沃尔斯克拉河上。

14世纪末似乎是立陶宛与俄罗斯军队采用火器的有决定意义的时期。《尼康诺夫编年史》上有一段含义深远的话："维托夫特

① 《尼康诺夫编年史》，第172页。

带着辎重及包铁皮的大车，还带着许多火枪、炮、弩弓驻扎在沃尔斯克拉河的彼岸。”[1]

编年史撰者写道，帖木儿·忽都鲁害怕维托夫特的大军，不敢作战，提出媾和。这时汗国王公也迪该，即上述忙兀部的亦迪怯异密来到了帖木儿·忽都鲁处。他使帖木儿·忽都鲁克服了恐惧，取消了媾和建议，使得事情一下子转到了对鞑靼人有利的方面。

他带着汗国军队，来到沃尔斯克拉河上同立陶宛及脱脱迷失
军队展开战斗，据 15 世纪波兰史家德鲁戈什说，当时脱脱迷失带 383
了几千名鞑靼人。[2] 维托夫特也从德意志骑士团获得整营人马的援助。[3] 帖木儿·忽都鲁与也迪该得胜，被击溃的维托夫特军队逃跑了，扔下了大量辎重听任胜利者抢夺。据编年史撰者说，“鞑靼夺取了辎重、包铁皮的大车，将炮、火枪、弩弓，大量财物及金银器物全都夺走了。”维托夫特、脱脱迷失，以及德国人都逃跑了。鞑靼人在他们后面追了上来，[4]蹂躏了基辅与立陶宛的土地。他们从基辅取得了三千卢布的赎金，这在当时是相当可观的一笔钱。沃尔斯克拉河河谷之战是决定脱脱迷失命运的一战。从此他一蹶不振，再也不能凭借自己的力量夺回金帐汗国的政权了。

据《亦思干迭儿的匿名作者书》(木因纳丁·纳丹西的著作。此书关于术赤兀鲁思的记载虽很有趣味，很有价值，但它所记载的年代却总是不准确的)说，脱脱迷失“于回历 800 年(即 1397 年 9

---

① 《尼康诺夫编年史》，第 173 页。

② 德鲁戈什：《波兰史》，第 2 卷，第 495 页，克拉科夫，1868 年版。

③ 斯普雷：《金帐汗国》，1934 年版，第 138 页。

④ 《尼康诺夫编年史》，第 174 页。

月 24 日—1398 年 9 月 12 日）老死在秃林（秋明）境内”。[①]

除年代外，这一记载是完全可靠的。俄罗斯史料也说，脱脱迷失死于秋明。《亦思干迭儿的匿名作者书》上记载的年代至少错了七八年，因为据舍列法丁·阿里·也思迪说，回历 807 年 7 月（即 1405 年 1 月），距帖木儿死前几个星期，脱脱迷失曾派遣自己的一个最老的那可儿——合剌·火者担任使者到讹答剌去见帖木儿。[②] 舍列法丁·阿里·也思迪于叙述派遣使者的目的时，将脱
384 脱迷失描写成一个流浪在草原上、众叛亲离、失魂落魄的人。

脱脱迷失派遣使者不是偶然的事，它与帖木儿跟脱脱迷失之间关系的改变相关，关于这点可从与他们同时代的、来到撒马儿罕帖木儿宫里朝觐的卡斯蒂里亚使臣罗·哥泽来兹·克拉维约的记载中看出。据克拉维约说：“鞑靼皇帝脱脱迷失与帖木儿言归于好，他们一起来欺骗也迪该。”稍后，克拉维约又一次证实了他们之间关系的改变：“脱脱迷失及其诸子都活着，他们同帖木儿很友好。”[③]

但是也迪该在脱脱迷失于沃尔斯克拉河上战败后，不让他获得喘息的机会，到处追逐他。据伊宾·阿剌卜沙说：“他们互相厮杀，一直厮杀了十五次，互有胜负。”[④]直到第十六次上，也迪该才取得最后胜利，脱脱迷失“战死”。[⑤]

---

① 齐曾戈曾，前引书，第 2 卷，第 237 页（波斯文），第 133 页（俄译）。

② 舍列法丁·阿里·也思迪的著作，第 2 卷，第 647 页起。

③ 罗·哥泽来兹·克拉维约，前引书，第 341—342 页。

④ 齐曾戈曾，前引书，第 1 卷，第 470 页。

⑤ 同上书，第 471 页。根据索菲亚第二编年史的材料，1406 年脱脱迷失在西伯利亚为沙迪别所杀（第 6 卷，第 133 页）。

当时也迪该在军事方面有多么强大，可从克拉维约下面这句话里看出："也迪该在自己的汗国内经常统率着二十万骑兵。"[①]

很难说《亦思干迭儿的匿名作者书》所说的脱脱迷失病老而死是否正确。总之，给河中人民与俄罗斯带来巨大灾难的脱脱迷失于 1405 年 1 月派遣自己的使节团到讹答剌帖木儿那里去以后，不久就最终地退出了历史舞台。

俄罗斯史学自来就把也迪该认作最狡猾与凶恶的汗国统治者之一。这个看法以 14 世纪末与 15 世纪初俄罗斯-鞑靼关系史方面最有价值与最完备的史料——《俄罗斯编年史》为依据。为什么我们说这是"最有价值与最完备的史料"呢？因为东方史料（波斯、 385

阿拉伯史料）几乎根本没有涉及俄罗斯-鞑靼关系，只有关于也迪该早期及晚期活动的重要记载，此外只谈到金帐汗国的局势以及金帐汗国同中亚与高加索的关系。突出的是，东方史料对也迪该丝毫没有好感，都倾向于把他认作反复无常不守信义的人。只有伊宾·阿剌卜沙在某种程度上是例外，不过这是因为他对帖木儿很反感，有意为他的任何一个敌人辩护。如果不从另一方面把也迪该理想化的话，也迪该在历史科学上未必会变成另一个样子。

事情是这样的，除了历史上真实存在的也迪该外，还有一个那海叙事诗中的英雄也迪该，这种叙事诗显然是封建主义的，是按照游牧贵族的利益写成的。将这一封建别的叙事诗中关于也迪该的描写搬进历史，将神话搬进历史现实中——就会犯下大的错误，歪曲历史；有时，为泛突厥主义者利益服务的民族沙文主义史学就犯

① 罗·哥泽来兹·克拉维约，前引书，第 341 页。

了这样的错误。

关于也迪该，巴托尔德的《也迪该的父亲》一文包含着值得注意的思想。[1] 巴托尔德没有把也迪该个人理想化。他写道，如果放弃神话，坚持历史，那么也迪该性格的主要特点是反复无常。巴托尔德写道：“也迪该为了脱脱迷失离开了兀鲁思汗并与父亲（他是否像阿不哈济企图令人相信的那样是脱脱迷失的那可儿，从帖木儿的历史中不能获知）决裂，后来又叛变了脱脱迷失，于 1391 年投靠到帖木儿那里”[2]；稍后他又叛变了帖木儿。

东方作家只有伊宾·阿剌卜沙对也迪该的外表作过如下的描
386 写：“他面色黝黑，中等身材，身体结实，勇敢，样子很可怕，头脑灵活，慷慨，面带愉快的笑容，睿智而深谋远虑。”[3]

也迪该几乎与脱脱迷失同时登上历史舞台。据舍列法丁·阿里·也思迪说，当帖木儿正在卜花儿近郊，脱脱迷失于回历 778 年（即 1376—1377 年）被兀鲁思汗之子脱脱乞战败逃走时，术赤兀鲁思的一个异密也迪该逃到了帖木儿帐幕里，他报告说，兀鲁思汗带着大军攻打脱脱迷失来了。[4]

这是也迪该同脱脱迷失保持友好关系的时期。后来，也迪该为帖木儿效劳直到 1391 年，帮助他对脱脱迷失进行斗争。脱脱迷失被战胜后，如前所述，也迪该被权力欲所打动，同帖木儿·忽都

---

① 《道利达历史、考古与民族学会通报》，第 1 卷（58），辛菲罗波尔，1927 年版，第 18—23 页。

② 同上书，第 21 页。

③ 齐曾戈曾，前引书，第 1 卷，第 473 页。

④ 同上书，第 2 卷，第 148 页；波斯文舍列法丁·阿里·也思迪的著作，第 1 卷，第 277 页。

鲁、浑彻·斡黑兰用欺骗方法一起回到了本国的游牧地上。也迪该无法抑制他那旺盛的精力，他抓紧时间，寻找成为金帐汗国实际统治者的方法。他知道得很清楚，由于他不是成吉思汗后裔，不能篡夺汗位，因此想让兀鲁思汗的孙子帖木儿·忽都鲁·斡黑兰充当傀儡汗。伊宾·阿剌卜沙说："他不能僭取算端称号，因为若有这种可能，占有(整个)王国的帖木儿(一定)自称为汗。当时他(亦迪古)按自己的意志安置了一位算端，在京城里立了一个(特别的)汗。"[①]《罗戈日编年史》撰者对于这一点阐发得更明确。他对于也迪该在金帐汗国中的地位描述如下："他位居汗国所有王公之上，独揽大权，想让谁当君王，就让谁当君王。"[②]回历800年(即1397—1398年)帖木儿·忽都鲁颁发的敕令，确切地说明了也迪该在术赤兀鲁思中的地位："朕，帖木儿·忽都鲁，敕令也迪该万户统率下之左右翼兀兰、千户、百户、十户"，[③]因此，根据敕令上的记载他是术赤兀鲁思全军的首领。 387

但是让我们还是回来谈帖木儿·忽都鲁的统治吧。我们应该记住，金帐汗国留传至今的少数敕令中最有价值的一份正是与他的名字相联系的。我们所说的是回历800年(即1397—1398年)帖木儿·忽都鲁在位的第一年颁发的所谓获得批准的答剌罕敕

① 齐曾戈曾，前引书，第1卷，第469—470页。

② 《俄罗斯编年史全集》，第15卷，《罗戈日编年史》，第179页。对《罗戈日编年史》上有关也迪该的记载进行了文学加工的《尼康诺夫编年史》几乎用同样的字句描写到也迪该："这位汗国王公也迪该高于汗国一切王公之上，独霸整个汗国，他可以按照自己的意志，想让谁当君王，就让谁当君王"(《尼康诺夫编年史》，第206页)。

③ 萨莫伊洛维奇：《帖木儿·忽都鲁敕书校勘》，载《科学院通报》，1918年，第1122页。

令。金帐汗国虽然由于上述各次内讧而陷于很大的混乱，但向居民征收各种租税、赋役的国家机构却继续执行职务。我们不去对多次作为研究对象的敕令内容及其历史意义进行分析，现在只注意问题的一个方面。这份敕令是颁发给住在速答黑近郊的某地主哈只·拜兰之子马哈麻的。敕令批准此人的家庭为世代相袭的答剌罕。答剌罕的特点为：地主可免除向国家缴纳租赋和服徭役，而农民仍须缴纳以前所缴的一切租赋和服徭役，只是其所缴租赋如今不归国家所有，而落入了大地主的腰包。

388 正如其他蒙古国家一样，农民所担负的租税、赋役种类繁多，十分沉重。只将这些负担列举一下，就足以说明金帐汗国社会史上的许多问题了。有“葡萄园税”“谷仓税”“打谷场税”“沟渠实物税”“合兰”——向耕植地区收的租税；贸易税；“商税”“过秤税”“路税”；义务提供“大车”“住房”、牲畜的“饲料与饮料”“特别税”等。落到金帐汗国定居的文明居民身上的赋税负担有多么沉重，就不用说了。

说实在的，是什么使克里木、不里阿耳及其他文明地区的定居居民与金帐汗国政权联系在一起的呢？他们对语言、宗教都不同的、永远施暴力的剥削政权，只会感到憎恨。当金帐汗国强盛，游牧贵族内部团结一致时，它尚容易驾驭不同部落组成的居民；而当金帐汗国发生内乱，它的军队遭到失败时，一切非鞑靼蒙古部落与民族都为这个政权的种种失败而高兴，并怀着改善自己地位的希望脱离了它。

随着帖木儿·忽都鲁（事实上是也迪该）取得政权，金帐汗国在短时期内重新巩固了起来，但这只不过是回光返照罢了。金帐汗国在十五年内为了恢复昔日的强盛，使用了它在历史上所用过的全部暴力与狡猾手段。也迪该由于他的个性，成为这一方面最适当的人物。

据编年史撰者说，“王公也迪该是整个汗国中最伟大的人，他势力强大，地位巩固，十分勇敢”，[①]同时他又“狡猾而阴险”，[②]能够为达到自己的目的干出任何奸诈、恶毒的勾当。

但是我们已经说过，14 世纪末与 15 世纪初的事件只不过是 389
回光返照而已。也迪该也好，他的傀儡汗也好，都不能战胜历史的不可改变的进程。俄罗斯与金帐汗国在不同的道路上前进着。俄罗斯诸公国尽管处于封建分裂状态，但不论农业还是城市手工业，生产力巨大上升的时期都已到来。随着俄罗斯城市的发展，手工业产品开始增长。[③]

所有这些情况都促进了国内商品货币关系的加深与巩固，以及对邻国贸易的增长。就经济而言，俄罗斯已经很强大了，它自己生产一切必需的东西，既不掠夺也不施加暴力于其他民族，而是依靠自己的资源生活。

让我举出两件能够说明上述情况的重要事实吧。俄罗斯在军事技术装备方面水平相当高，无论如何要高于鞑靼人。当我们谈到 1399 年维托夫特在沃尔斯克拉河上同鞑靼人作战时，曾指出过立陶宛军队装备的高度技术水平。俄罗斯也具有同样的军事技术

① 《尼康诺夫编年史》，第 173 页。

② 同上书，第 206 页。

③ 参阅雷巴科夫的有价值的著作《古代俄罗斯的手工业》，苏联科学院出版社，1948 年版。

装备。另一个例子为：也迪该“派遣宗王不剌与王公也里克里别儿歹到特维尔去见特维尔大公伊万·米海洛维奇，让他在那个时辰带着大炮、丘菲雅克、火枪、弩弓到莫斯科来”，[①]这是 1409 年的事。高超的军事技术装备是城市与城市手工业发展的产物。

还有一类事实也很有价值并令人感兴趣。14—15 世纪初，伏尔加河上船只的主人与驾驶者不是鞑靼人，而是俄罗斯人。据《尼康诺夫编年史》载，1407 年 7 月 20 日“特维尔大公伊万·米海洛维奇曾沿伏尔加河坐船到汗国去见沙迪别王”。[②] 14 世纪末与 15 世纪初，已经是欧洲(包括俄罗斯在内)在文化发展方面开始超过
390 东方的时代了，而金帐汗国任何时候也不是东方的先进地区。

帖木儿远征金帐汗国后，如前所述，金帐汗国各城市的工商业完全陷于崩溃。生产力衰落，国库收入只能靠掠夺与暴力来取得。与俄罗斯不同的是，金帐汗国政权与居民之间没有任何内在联系，突厥蒙古游牧贵族内部又有不可克服的内讧。因此，在这样的形势下，俄罗斯诸封建公国联合成一个统一的中央集权国家作为消灭金帐汗国的强大武器，就成为俄罗斯历史发展的最大需要。

1405 年 2 月 18 日隆冬之夜，帖木儿在前述讹答剌正准备远征中国而未付诸实现之时死去了。这位威严的中亚异密之死，在前亚历史上具有重大意义。帖木儿国家内发生了内乱，展开了争夺“帖木儿遗位”的封建斗争，于是中亚细亚再也没有人来干预东欧的事情了。帖木儿死后，河中再也没人能给金帐汗国以新的打

① 《俄罗斯编年史全集》，第 11 卷，第 209 页。

② 同上书，第 201 页。

击。不仅如此，河中发生的争夺“帖木儿遗位”的内讧也使得也迪该能占领花剌子模好几年。据阿不答·列思咱克·撒马儿罕迪说，这件事发生在1406年。[①]

大家知道，作为帖木儿的嗣位者之一的兀鲁伯（1409—1449），学识渊博的王者，甚至不能制服白帐汗国和它的野心。消灭金帐汗国的任务现在完全落到了莫斯科俄罗斯身上。15世纪时莫斯科承担了这一重大的事业，但是在摆脱鞑靼人获得完全解放的道路上 391
还有重重障碍，异密也迪该复兴金帐汗国、对俄罗斯进行掠夺性远征的最后企图，便是这样的障碍之一。据编年史说，1400年“帖木儿·忽都鲁王在汗国内死去了，大伏尔加汗国中沙迪别嗣位。”[②]

古钱币学资料证实了文字史料（东方与俄罗斯史料）上关于帖木儿·忽都鲁在位年代的记载。回历800—802年（即1397—1400年）他曾铸币于斡耳朵·者的惕、萨莱、别剌·克里木、萨莱·者的惕、哈只·塔儿寒，即金帐汗国全境。

前述《亦思干迭儿的匿名作者书》（木因纳丁·纳丹西的著作）谈到了帖木儿·忽都鲁之死的若干有趣细节：“帖木儿·忽都鲁嗜酒暴饮，有一次他于长时期酒醉后长眠不醒了。”[③]

于是术赤兀鲁思开始陷于混乱，也迪该开始寻找新的成吉思汗后裔。他找到了忽都鲁别之子沙迪别。[④] 沙迪别比他以前的王帖木儿·忽都鲁独立程度更小。据《亦思干迭儿的匿名作者书》

---

① 齐曾戈曾，前引书，第2卷，第253页（波斯文），第193页（俄译）。

② 《尼康诺夫编年史》，第183页。

③ 齐曾戈曾，前引书，第2卷，第238页（波斯文），第133页（俄译）。

④ 同上书，第63页（参阅《蒙古诸汗世系》）。

说，沙迪别一生寻欢作乐。[①] 异密也迪该于是成了金帐汗国的全权主宰者，他干预一切事情，擅自订立制度，“人们失去自由，受到压迫”。[②] 沙迪别不满自己所处的地位，想摆脱专制的权臣的束缚。但是也迪该得知了这点，采取了对抗手段。1407 年，“金帐汗
392 国”“内乱”达到顶峰的时候，特维尔大公从特维尔顺伏尔加河乘船到来。[③] 也迪该在斗争中取得了胜利。至于失败的沙迪别汗，他逃到了打耳班，躲到打耳班异密洒黑·亦卜剌希木处去了。他于逃亡中死在这里。[④] 也迪该派自己的使者到洒黑·亦卜剌希木处去要他交出逃亡者，但打耳班异密拒绝了他。[⑤]

根据古钱币学资料，沙迪别在位年代为 1401—1408 年，这一点与包括俄罗斯编年史在内的文字资料上的记载是一致的。回历 807、809 及 810 年他曾铸币于花剌子模，说明花剌子模这一时期属于金帐汗国。的确，阿不答·列思咱克·撒马儿罕迪说，也迪该于回历 808 年 8 月（即 1405 年 12 月 23 日—1406 年 1 月 21 日）占领了花剌子模。

沙迪别在高加索所铸的钱币使我们感到很大兴趣。他铸币于打耳班及巴库。打耳班所铸钱币留传至今者铸于 811、813 及 815 年。铸币的事实说明，当金帐汗国立了另一个汗时，沙迪别还继续自认为是金帐汗国合法的君主。

---

① 齐曾戈曾，前引书，第 2 卷，第 253 页（波斯文），第 133 页（俄译）。

② 同上。

③ 《尼康诺关编年史》，第 201—202 页。

④ 齐曾戈曾，前引书，第 2 卷，第 238 页（波斯文），第 134 页（俄译）。

⑤ 同上。

据《尼康诺夫编年史》说，沙迪别在金帐汗国中的地位为不刺·
锁鲁檀所占据。[①] 编年史没有提到他的出身。据舍列法丁·阿
里·也思迪说，不刺为沙迪别之子。[②] 在东方史料上他被称为不
刺汗。也迪该千方百计地努力提高金帐汗国的实力与威信，为了
达到这个目的他使用了鞑靼人所用过的一切手段。不刺·锁鲁檀
（不刺汗）要求俄罗斯诸王公还跟以往那样，到汗帐来，从汗的手中
取得即王公位的敕令，进贡礼物，并如在最高法官面前那样在金帐
汗宝座之前解决彼此间的争执。在不刺·锁鲁檀（不刺汗）即位的
头一年，即 1407 年，发生了特维尔的伊万·米海洛维奇同特维尔
的尤里·弗谢沃洛多维奇在特维尔大公爵位问题上的诉讼，汗的 393
判决有利于前者。1408 年，不刺·锁鲁檀出征立陶宛。不久，有
消息传到俄罗斯来，说汗国准备远征俄罗斯。1409 年 11 月，“有
鞑靼人从汗国来到莫斯科，向瓦西里·德米特利耶维奇报告说：
‘汗国王公也迪该就要来攻打你的国土了’”。[③] 真的，过了一个
月，1409 年 12 月，也迪该率鞑靼大军入侵俄罗斯国。汗国的四个
宗王及最有名的异密担任了将官随同也迪该一起到来。《尼康诺
夫编年史》上关于这次远征的记载是十分有价值和令人感兴趣的。
这一叙述具有很高的文学造诣，同时浸透了深刻的爱国主义思想。
但是文学润饰没有降低它的史料可靠性。撰于 1556 年左右的《尼
康诺夫编年史》上关于 1409 年事件的记载，是以接近于事件发生

① 《尼康诺夫编年史》，第 202 页。

② 齐曾戈曾，前引书，第 2 卷，第 146 页。

③ 《俄罗斯编年史全集》，第 11 卷，第 205 页。

时期的《罗戈日编年史》为依据的。由于《尼康诺夫编年史》用清晰的语言叙述了事件，同时除了《罗戈日编年史》撰者所记载的事实外，它还提供了十分可靠的补充资料，所以我们宁愿引用《尼康诺夫编年史》。

该编年史的记载表明，作者不仅出色地理解俄罗斯的事件本身，而且也了解金帐汗国政策的基础。它熟悉鞑靼人生活的许多细节，编年史上所列参加 1409 年也迪该远征的鞑靼宗王与异密的名单接近于突厥名字的发音，便是最好的证据。现在举出若干拼写为例：帖迷里牙思之子王公斡卜里牙吉木的拼法为 Обрягим Тимирязев сын；王公也里黑里别儿歹的拼法为 Ериклибердей；不剌宗王的拼法为 Булат царевич 等。

也迪该远征俄罗斯是对俄罗斯的一次严重考验。鞑靼人焚烧
394 掠夺，特别残酷地进行屠杀。同时事情十分清楚，鞑靼人的成功不是由于俄罗斯军事上的软弱，而是由于缺乏统一的有组织的意志，由于王公之间的封建内讧，特别是俄罗斯人轻信狡猾的鞑靼王公也迪该的许诺与谎言。编年史详细地谈到了一系列悲剧性事件的这个方面，并在这一点上上升到了国家思想的高度。

编年史把鞑靼人描述成为奸诈、狡猾的政治家。由于在所描述的那个时代，即 15 世纪初，作为统治阶级的鞑靼人已经成了伊斯兰教徒，所以编年史撰者把他们称作亦思马因派。

编年史撰者对他们的外交手段与惯例描述如下："因为亦思马因派不多，他们就阿谀、狡猾地伪装出和平和友爱，给你礼物和荣誉，用这些东西掩盖自己的诡计，暗里藏刀，他们满口答应和平，却用这样的诡计使俄罗斯王公们互相敌对，互不和睦，在他们中间制造战争，在纷争中暗自把恶狼引到基督徒的身边……”①

据编年史说，鞑靼人外交政策的上述特点最鲜明地表现在也迪该的政策上。也迪该对俄罗斯诸王公间的相互关系非常了解，无论如何想要削弱它，他对自己提出的头一个任务是让莫斯科大公瓦西里·德米特利耶维奇同当时占据基辅的立陶宛大公维托夫特发生冲突：“对瓦西里·德米特利耶维奇大公虚情假意，尽力奉承，还送去许多礼物表示对他的尊敬。”②

也迪该唆使瓦西里·德米特制耶维奇敌视维托夫特，让他发 395
动军事冲突，并答应派遣鞑靼军队去帮助他。同时，当他看到莫斯科公的敌意已被挑动起来时，又派遣秘密使节到立陶宛大公处说道：“你做我的朋友，我做你的朋友；要知道你的女婿莫斯科公瓦西里·德米特利耶维奇想侵犯别人的国土，他对别人的土地很醉心；他就要来攻打你，因为他对你的国土很醉心，留神着他吧……他如今将金银送给我和君王，劝我或君王带着全部军队来攻打你，侵占你的土地……”③

也迪该达到了自己的目的。瓦西里·德米特利发兵出征立陶宛，同时利用了派来帮助他的鞑靼军队。立陶宛与莫斯科的两位王公展开了激战。结果双方流了许多血，死了许多人，城市与村庄遭到了蹂躏。鞑靼人却坐收渔翁之利。

---

① 《俄罗斯编年史全集》，第 11 卷，第 205 页；又：《罗戈日编年史》，第 179 页。

② 《尼康诺夫编年史》，第 206 页；《罗戈日编年史》，第 177—178 页，1922 年版。将这两本书的原文加以比较后，可知《尼康诺夫编年史》几乎一字不改地袭用了《罗戈日编年史》的记载。

③ 《尼康诺夫编年史》，第 206 页。

也迪该没有就此罢休，他决定一举消灭莫斯科大公。他派遣第二个使节团到瓦西里·德米特利耶维奇处去说："谕瓦西里。不剌·锁鲁檀君王带领全部大军去向维托夫特复仇，为你开拓疆土，你报答受君王们的荣宠的时刻来到了！"[①]

这一次也迪该又用狡猾手段取得了所期待的效果，使莫斯科公忽略了威胁他的危险。编年史撰者悲痛地写道："瓦西里·德米特利耶维奇大公连少数的军队都来不及召集。"[②]编年史撰者不惜绘声绘色地描绘了鞑靼军队像强盗、杀人者般地突然侵袭俄罗斯国时使它遭到的灾难。虽然瓦西里·德米特利耶维奇大公在一个
396 月前就预先知道了也迪该会来远征罗斯，但是也迪该使莫斯科大公相信，他的军队是去征讨立陶宛的。

鞑靼人蹂躏了许多地区，来到了莫斯科近郊，准备围攻首都。"王公也迪该本人没有来到莫斯科城下，也没有派来使者，但是他想在那里过冬，想千方百计地攻下它来，便大肆吹嘘了一番。他派遣宗王不剌与王公也里克里别儿歹到特维尔去见特维尔大公伊万·米海洛维奇，让他在那个时辰带着大炮、丘菲雅克、火枪、弩弓到莫斯科来。"特维尔公没有叛变，他竭力逃避履行也迪该提出的要求。但是围攻莫斯科之举没有成功。"不剌·锁鲁檀君王从汗帐里派来了急使，命他（也迪该）火速回到汗国里去，"因为那里又发生了"内讧"，那里出现了一个宗王——一个想杀死不剌·锁鲁檀夺取汗位的成吉思汗后裔。[③] 也迪该只得于索取三千卢布赎金

① 《尼康诺夫编年史》，第 208 页。

② 同上。

③ 同上书，第 209 页。

后从莫斯科撤围,带着军队回到伏尔加河上去了。

正如我们所料到的,东方史料一点也没有谈到 1409 年也迪该对罗斯的远征,却在这一年底下记载了金帐汗国派遣使团到哈烈去见沙哈鲁的事。大家知道,1409 年是中亚历史上重要的一年。在那一年里,争夺“帖木儿遗位”的内讧刚告结束。1409 年,帖木儿系的沙哈鲁带着自己的儿子兀鲁伯(帖木儿之孙,沙哈鲁让他管辖河中)胜利地进入撒马儿罕。这件大事发生时,撒马儿罕举行了盛大的节庆。据阿不答·列思咱克·撒马儿罕迪说,当沙哈鲁回到哈烈时,不剌汗(不剌·锁鲁檀)与异密亦迪古·拔都儿(也迪该)的使者觐见了他。值得注意的是,阿不答·列思咱克·撒马儿罕迪将也迪该与不剌汗并列,说他们“是迭失惕·钦察与月即别国的执政者”。[①] 沙哈鲁按照东方的外交礼仪接见了也迪该的使节团。双方交换了礼物。金帐汗国使者向沙哈鲁献上了隼及伊朗与中亚宫廷十分珍视的其他猎禽,沙哈鲁则将“王冠与带”赐给使者,还让他们将丰厚的礼物带去给不剌汗与亦迪古异密。看来,金帐汗国使节团是来祝贺的,它的任务是将从帖木儿与脱脱迷失时代起就已破裂的和睦关系恢复起来。金帐汗国这一暂时的成功当时在东方获得怎样的评价,即便从如下事实也可看出:当时沙哈鲁向不剌·锁鲁檀与也迪该的使者提出了为自己的一个儿子,亲王马哈麻·术乞·拔都儿娶金帐汗国的一位成吉思汗后裔的公主为妻的要求。[②] 也迪该显然对自己的地位很满意,他自认为荣耀已极。

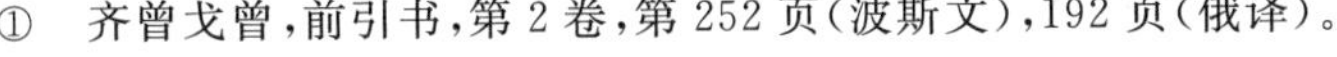

① 齐曾戈曾,前引书,第 2 卷,第 252 页(波斯文),192 页(俄译)。

② 同上。

由此可见，也迪该所奉行的政策是多么缺乏远见。他十分醉心于自己表面上的成就，认为他不仅夺回了脱脱迷失统辖下的土地，而且还夺回了早在 14 世纪 60 年代初脱离金帐汗国的花剌子模。他还认为他削弱了罗斯，取得了伊斯兰教东方最伟大的君主，1409—
398 1410 年哈烈的帖木儿后裔沙哈鲁的承认。回历 812 年(即 1409—1410 年)灭里·咱喜儿·别儿忽克之子埃及算端咱喜儿·纳昔儿派到不剌汗处来的使团也增加了也迪该的骄傲情绪。[①] 金帐汗国的成就显然是表面的，因为罗斯虽然遭到了 1409 年的悲剧事件，却以特别快的速度巩固了起来，而汗国内部则不能消灭分立主义力量。封建“内讧”没有停止。也迪该的主要敌人脱脱迷失虽然死了，却留下了他的儿子们。据前述《蒙古诸汗世系》[②]载，脱脱迷失诸妃为他生了十三个儿子，其中最有声望的是札兰丁，在编年史上称作脱脱迷失之子薛列尼·锁鲁檀。

莫斯科大公瓦西里·德米特利耶维奇于也迪该狡诈地进攻俄罗斯国后没有失掉勇气，仍准备进行反击。据有人报告也迪该说，莫斯科收留了“脱脱迷失诸子”。瓦西里·德米特利耶维奇显然想利用这些金帐汗国宗王反对也迪该与不剌汗。此外，莫斯科大公不再理睬金帐汗国的使臣。据《尼康诺夫编年史》载，也迪该不能容忍莫斯科的这种态度，他不仅问及脱脱迷失诸子，还对莫斯科对待金帐汗国使者与商人的冷淡态度发出怨言。编年史撰者对也迪该在 1409 年所写的一封咨文记载如下：“君王的使臣与商人从汗

---

① 齐曾戈曾，前引书，第 1 卷，第 397 页(阿拉伯文)，第 407 页(俄译)。

② 同上书，第 62 页。

国到你们那里去，遭到了你们的嘲笑。他们在你们那里受到莫大的委屈和折磨。这该有多么不好啊！以前你国臣属于君王，受到大国的重视，君王的赋税和派出的使者都受到尊重，商人不受委屈和折磨。你最好去问问老人们吧，他们会告诉你以前的情况是什么样的。”①

根据编年史所载也迪该咨文上的这段话，已足以使人感到莫斯科已转向公开反抗，甚至向汗国发动进攻了。而莫斯科大公值得赞扬之处（可以多次责备他过分谨慎，有时简直是不坚决）在于：他在最艰难的时刻——在烽火连天、毁灭与饥饿的年代里，终于采取了坚定的立场。

这一次，局势对他很有利。汗国的“内乱”加剧了，脱脱迷失诸 399
子以札兰丁（薛列尼·锁鲁檀）为首，从莫斯科跑到立陶宛向维托夫特求援。1410 年，据阿不答·列思咱克·撒马儿罕迪说，不剌汗（不剌·锁鲁檀）死了，帖木儿·忽都鲁汗之子帖木儿汗嗣位，②据阿不答·列思咱克说，他举兵攻打了也迪该。③ 编年史上对于这件事有很简短的同样的记载：“同年冬天，帖木儿君王嗣位于汗国内，王公也迪该很快就逃跑了。”④用不剌汗名字铸造的钱币从回历 810 年起，到 816 年止（即 1407—1413 年）。但是以为他在 1410 年以后还活着，那就错了，因为金帐汗国下一个君主铸币于

① 《尼康诺夫编年史》，第 209—210 页。

② 齐曾戈曾，前引书，第 2 卷，第 253 页（波斯文），第 193 页（俄译）。《亦思干迭儿的匿名作者》把帖木儿汗称作帖木儿锁鲁檀（齐曾戈曾，前引书，第 2 卷，第 134 页）。

③ 同上书，第 193 页。

④ 《尼康诺夫编年史》，第 215 页。

回历 813—814 年（即 1410—1412 年）。不过也不能排除这样一个可能性，即也迪该于帖木儿汗举兵后，继续用不剌汗的名字铸币。帖木儿汗曾铸币于萨莱·者的惕、不里阿耳、不里阿耳·者的惕、斡耳朵·卡法、阿咱黑·马黑鲁思、豁瓦列思木、小萨莱、哈只·塔儿寒与剌章。

也迪该与帖木儿汗的敌对关系大概不是一下子形成的。这位金帐汗为也迪该所立。此外，也迪该甚至与新汗结亲，将自己的女儿嫁给他做了妻子。《亦思干迭儿的匿名作者书》就是这样谈到事件发生的经过的[①]。但是帖木儿汗善于将游牧贵族的同情争取到自己这边来，同跋扈者也迪该异密展开了斗争。

两种史料，即 15 世纪东方史家的著作及《俄罗斯编年史》都一
400 致谈到，在这场斗争开始之初，札兰丁带着自己的诸弟宗王向术赤兀鲁思发动了进攻。这件事发生在 1411 年。“同年（1411 年），脱脱迷失的儿子锁鲁檀（薛列尼·锁鲁檀——雅库博夫斯基注）侵入汗国境内，进行了掠夺。”[②]立陶宛对札兰丁的取得胜利起了不小的作用。如前所述，脱脱迷失于 1395 年战败后，金帐汗国丧失了它的强国地位，也迪该想恢复金帐汗国的强国地位，却没有成功，虽然他的成就看起来似乎很大。说实在的，这些成就主要是由于立陶宛与莫斯科的不团结所造成的。如果这两个国家在 14 世纪初在反对鞑靼人的斗争中联合起来，也迪该未必能取得那些成就。但立陶宛显然不愿这样做，维托夫特采取的完全是另一种方针。

① 齐曾戈曾，前引书，第 2 卷，第 238—239 页（波斯文），第 134 页（俄译）。

② 《尼康诺夫编年史》，第 215 页。

他想对鞑靼人采取独立的政策，希望鞑靼人那里有着对他友好，甚至屈从于他的汗。因此他起初如此坚决地支持脱脱迷失，后来又支持脱脱迷失的儿子们，尤其是札兰丁。在也迪该时代，他身边有竞争者，竞争者占据了汗位，就将他那个独揽大权的异密赶走了，于是金帐汗国成了新的内乱的场所。内乱是很容易受到外国力量的干涉的——维托夫特做的便是这样的打算。他了解得很清楚，金帐汗国不再是强大的霸权国家了，他看到它已丧失了它在东欧政治上的领导地位，便决定利用它作为反莫斯科的，从而也是反俄罗斯的企图的工具。为了实现自己的计划，维托夫特显然需要让鞑靼国继续存在下去。

因此，脱脱迷失的儿子们在俄罗斯住了很短一个时期后，我们又看到他们，首先是札兰丁来到了立陶宛。维托夫特让他们住在特罗基。正如维托夫特以前曾拿脱脱迷失做对付金帐汗国的工具一样，现在他又拿札兰丁做了工具。1411 年，他使札兰丁登上了汗位。

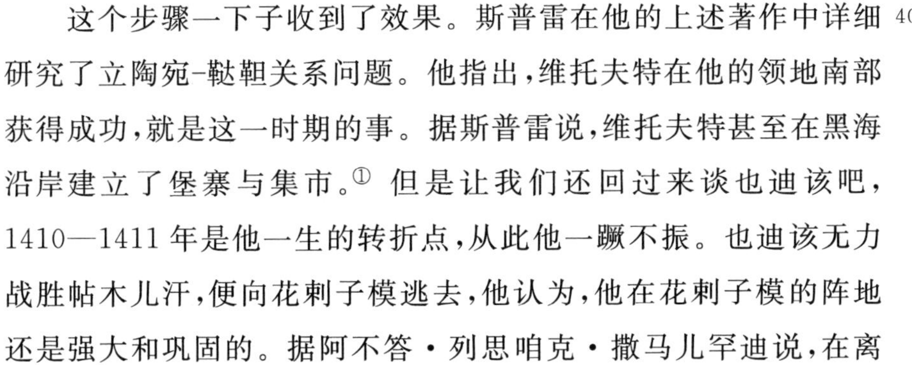

这个步骤一下子收到了效果。斯普雷在他的上述著作中详细 401
研究了立陶宛-鞑靼关系问题。他指出，维托夫特在他的领地南部获得成功，就是这一时期的事。据斯普雷说，维托夫特甚至在黑海沿岸建立了堡寨与集市。[①] 但是让我们还回过来谈也迪该吧，1410—1411 年是他一生的转折点，从此他一蹶不振。也迪该无力战胜帖木儿汗，便向花剌子模逃去，他认为，他在花剌子模的阵地还是强大和巩固的。据阿不答·列思咱克·撒马儿罕迪说，在离

① 斯普雷：《金帐汗国》，第 149 页。

花剌子模还有十天路程的路上，也迪该被帖木儿汗的军队击溃了。在少数残余党羽的伴随下，也迪该于回历 814 年（即 1411 年 4 月 25 日—1412 年 4 月 12 日）初来到了花剌子模。帖木儿汗的军队也来到这里，围攻了半年时间。这时，有消息传来，说札兰丁乘帖木儿汗不在（帖木儿汗亲自来到了花剌子模同也迪该斗争），夺取了金帐汗国的政权。局势复杂起来了。互相敌对的帖木儿汗与札兰丁的军队又都与也迪该敌对。这时帖木儿汗的一个将军合赞叛变了自己的君主，一下子解决了这个“复杂局面”。[1] 合赞命令自己的那可儿杀死了丝毫也没有觉察的帖木儿汗后，降附了札兰丁（薛列尼·锁鲁檀）。这样，竞争者与敌人少了一个。帖木儿汗在位共二年（1410—1412）。札兰丁命自己的将军合术来·拔都儿去消灭也迪该。也迪该的军队较少，但是在作战时合术来被击溃。阿不答·列思咱克·撒马儿罕迪详细叙述了这件事情。也迪该还跟往常一样，使用了诡计。按照游牧民惯用的打埋伏的老办法，也

402 迪该将自己的部队分做两队。他派出一队去同合术来军队作战，另一队埋伏起来。他命令头一队在打得正激烈的时候逃走，并将特意准备的“马衣与袋子”及马身上的其他装备沿路扔开，使敌人产生也迪该军队完全被击溃的印象。当第一队执行了自己异密的指示逃跑时，合术来认为也迪该已经完全被击溃了，便放心追赶；这时也迪该从埋伏地点出来，像狂风般地带着自己的部队向他冲过去。这次战斗中合术来战死。也迪该胜利地带着大批战俘与战利品回到了花剌子模。也迪该给俘虏带上镣铐，交给城民（1391

① 齐曾戈曾，前引书，第 2 卷，第 253—254 页（波斯文），第 193—194 页（俄译）。

年重建的玉龙杰赤城居民）看守。并下令道，如果逃掉一人，将处死看守，杀光那个街区的居民。[①] 不用说，当时城民感到多么恐怖。这是回历 815 年（即 1412—1413 年）的事。

前面我们看到，在也迪该的极盛时期，沙哈鲁对他的使者曾给予特别礼遇，甚至准备同他结亲。现在，当也迪该倒了霉，他就派遣军队到花剌子模来，想将花剌子模夺回，并入帖木儿朝的领地内。但是这支军队打了几次败仗回去了。沙哈鲁对夺回花剌子模一事非常看重，他又派来了由兀鲁伯的保护人沙·灭里统率的第二支军队。沙·灭里在夺取花剌子模上表现出很有本领与政治手腕。他很好地利用了也迪该和他的儿子在花剌子模与玉龙杰赤统治的弱点（苛政暴敛），将居民拉拢到了自己方面。据阿不答·列思咱克·撒马儿罕迪说：“城里的赛亦得、学者与显贵们带着礼物去见他，向他交出了城市”，[②]也就是花剌子模京城 403
玉龙杰赤城。

这样，回历 816 年（即 1413 年 4 月 3 日—1414 年 3 月 22 日），也迪该只带着少数亲信与那可儿从处于他那暴虐手段控制下的花剌子模被赶走了。

在也迪该失去花剌子模的前一年，金帐汗国又换了一个新汗。据编年史说，1412 年“我们的凶恶敌人脱脱迷失之子薛列尼·锁鲁檀王在作战时为其弟乞邻·别儿歹所杀。”[③]

---

① 齐曾戈曾，前引书，第 2 卷，第 254 页（波斯文），第 194 页（俄译）。

② 同上书，第 255 页（波斯文），第 195 页（俄译）。

③ 《俄罗斯编年史全集》，第 11 卷，第 219 页。

在东方史料上，我们没有见到关于札兰丁之死的记载，而在古钱学资料中俄罗斯编年史的记载得到了完全证实。

乞邻·别儿歹未能牢固地掌握金帐汗国政权，因为当时出现了一个竞争者，他的兄弟怯别汗。在东方史料中，16 世纪的波斯语作家迦法里谈到了他的统治情况。[①]

据斯普雷说，怯别汗在波兰史料上有一个拉丁文名字别察博(Betsabul)。[②] 相互竞争的两个汗都与也迪该敌对，给他惹了许多麻烦。遗憾的是，1412—1419 年间的许多事情不清楚，尤其是也迪该的情况。也迪该还在金帐汗国中起着作用，并且显然还占领过某些地区，甚至可能占领过克里木。据上述 15 世纪著名波兰史学家杨·德鲁戈什的记载，1416 年也迪该入侵基辅一带，焚烧、抢掠了该地。[③] 专家们认为，必须审慎地对待德鲁戈什的记载，他的
404 记载不经过检验是不能相信的。但是我们从 15 世纪操阿拉伯语的埃及史学家那里获得了有关 1416 这一年也迪该妻子情况的值得注意的记载。据马克利纪说，1416 年也迪该的妻子到达大马士革，打算从那里由其夫拨给的三百名骑兵护送，到麦加去朝圣。[④] 阿思迦兰尼就像是补充这段记载似地说，也迪该之妻同叙利亚商队一起完成了这次朝圣[⑤]。只有十分有势力的人物才能在三百骑兵的护送下到麦加去朝圣，这样的人即使不是君主的妻子，无论如

① 齐曾戈曾，前引书，第 2 卷，第 271 页(波斯文)，第 212 页(俄译)。

② 斯普雷:《金帐汗国》，第 151 页。

③ 德鲁戈什，前引书，第 4 卷，第 182 页。

④ 齐曾戈曾，前引书，第 1 卷，第 428 页(阿拉伯文)，第 442 页(俄译)。

⑤ 同上书，第 451 页(阿拉伯文)，第 545 页(俄译)。

何也得是大地区长官的妻子。这个事实本身着重表明了，当时也迪该是占有相当重要地位的某地区的统治者。据我们推测，这个州就是克里木，因为如果这个地区在金帐汗国东部，那么从那里带着三百骑兵通过敌境，就未免太危险了。

杨·德鲁戈什在1419年底下记载了另一项关于也迪该的材料。波兰史学家说，这一年也迪该派遣使团带着大量礼物到维托夫特处来，其中包括三头骆驼、二十七匹用红布披盖的良马。他派遣使团转达了媾和与缔结联盟的建议。①

这是欧洲史料上关于也迪该的最后记载。至于东方史料，在1419年底下已经谈到也迪该死了。我们这里有两种记载：其一为伊宾·阿剌卜沙的记载，另一为爱尼的记载。伊宾·阿剌卜沙谈到了也迪该死亡的地点："在钦察领地上，宗王们的内讧、争战一直
继续着，直到最后亦迪古受伤淹死为止。人们将他从小萨莱附近 405
的细浑河里捞了出来，听任命运摆布。"②

与也迪该同时代的15世纪的埃及阿拉伯史学家爱尼作了更详细的记载。据他说，也迪该于1419年为脱脱迷失的一个儿子合迪儿·别儿迪所杀，合迪儿·别儿迪于乞邻·别儿歹死后一直同也迪该打仗。似乎，正如伊宾·阿剌卜沙所说的，这件事发生在小萨莱。也迪该与合迪儿·别儿迪军队相遇后送了命，按照合迪儿·别儿迪的命令也迪该被砍成了肉块。③

① 德鲁戈什，前引书，第220页。

② 齐曾戈曾，前引书，第1卷，第473页。——阿剌卜沙怎么会搞错小萨莱的位置呢？他不会不知道这个地方。但众所周知，小萨莱位于押亦（乌拉尔）河下游。

③ 同上书，第500页（阿拉伯文），第532、553页（俄译）。

这个具有坚强意志、毅力与个人勇敢，同时具有更多的狡猾、奸诈的人就此死去了。这个人不了解当代的政治局势，不顾历史的客观进程，却想用政治诡计与吓唬手段来挽回寄生的金帐汗国的强大地位。因此他根本没有高出同时代人之上。

第五章　金帐汗国的崩溃

记金帐汗国的最后没落，记其君主，记自由和俄罗斯国的尊严与荣誉。 406

——《喀山编年史》编撰者

前面我们看到了，也迪该的晚年是很悲惨的。金帐汗国的内讧愈闹愈乱，当时甚至很难确定，哪一个参加竞争的汗可以算作正统。金帐汗国实质上不再是具有统辖所有鞑靼兀鲁思的中央政权的统一国家了。在某种意义上可以说，以往的那个金帐汗国已经没有了，现在只剩下了由拔都系或昔班系诸汗，即金帐汗或白帐汗们统治的鞑靼人与鞑靼兀鲁思。也迪该是金帐汗国中最后一个不仅企图恢复，而且事实上曾一度实现了鞑靼政权在东欧的强大地位的统治者。自从同帖木儿汗与札兰丁斗争时起，即从1411—1412年起，也迪该丧失了推行大国政策的可能性。鞑靼人不再是强大的国家了，但却仍然是足以对文明的邻国——罗斯、立陶宛与波兰进行侵扰的力量。

在内讧、政治上的无政府状态近乎混乱的这些年里，金帐汗国一天天丧失了它在定居的农业地区中的阵地。如前所述，兀鲁伯 407
时代金帐汗再次失去了花剌子模，而这一次他们也就永远地失去了它。花剌子模是富庶的文明地区，具有高度发展的农业、大商业城市，尤其重要的是那里不但有地方贸易，而且还有过境贸易。通往中亚、伊朗、蒙古及中国的商道都从花剌子模经过。花剌子模落到帖木儿朝手里后，也迪该似乎准备加以复兴的商业，就完全被断送掉了。那里的商业在帖木儿以前时代曾经是汗室国库及金帐汗国商人的主要财源之一。

前引威尼斯旅行家——约瑟法托·巴尔巴罗（1436 年）与安勃罗集奥·康塔林尼（1476 年）——所提供的证据确凿地表明，伏尔加河流域的城市于 1395 年被帖木儿毁灭后根本没有恢复过来。金帐汗国伏尔加河地区在经常发生冲突、战斗，而政权不时变更的局势下怎么能得到恢复呢？克里木，由于经常从一个汗手里转到另一个汗手里，也遭受到与此类似，但稍轻一些的灾难。

在这些年代里由于城市生活的衰落与文明地区农业的崩溃，金帐汗国的游牧经济不可能不加强起来。就在这样的形势下，各小兀鲁思的鞑靼领袖抬头了。首先以成吉思汗家族的宗王为首，形成了草原上的离心力量。不难想象，这种相互间的斗争是怎样地反映在国家管理过程上，反映在不里阿耳、伏尔加河下游地区、北高加索与克里木城乡征税的“正常”进程中的。我们不能略而不提在不久前还很强大的鞑靼国家在崩溃的形势下发生的变化。金帐诸汗牢固地保持着他们那些在掌握政权方面较幸运的 13 与 14 世纪的祖先们所建立的传统。相互竞争的诸汗无疑在自己的宫廷里设有与他
408 们强大的祖先（脱脱、月即别、札尼别）相同的那些官员。流传到今天的 14 世纪末的敕令，确凿地告诉了我们这一点。草原所能给予汗室国库的进项比它所统辖的城市与农村要少。

金帐汗国各地政权的好坏，首先以当地的统治者能从他所统辖的城乡取得些什么来评价。向俄罗斯、立陶宛、波兰边境上的领地袭击是鞑靼统治者的收入项目之一。当金帐汗国具有坚强的汗政权时，居民多少知道一些赋役的规定。在动乱与封建混战时期，则谁也不知道，他该在什么时候、向谁缴纳什么。农业地区从一个人手里转入另一人手里。内战破坏了生产力，居民贫困了，农民与手工业者的劳动产品减少了，而更替不休的统治者的要求却日益增多。同时经济面临着危机。过境贸易停止了：到中国去的商队已不再如从前那样经过伏尔加河地区与花剌子模。手工业完全衰落了下来，只供给地方市场。总的看来，13 世纪后半叶及 14 世纪靠金帐汗的暴力手段（例如从被征服国家及城市调来手工业者、工匠、艺人等俘虏）人为地培植、扶持起来的生产力，到 15 世纪时由于连年混战，已完全陷于崩溃。不满的居民处在这样的形势下只希望有一个长期稳固的政权，同时将能够在自己的领土上形成一个独立的领地看作摆脱现状的出路。

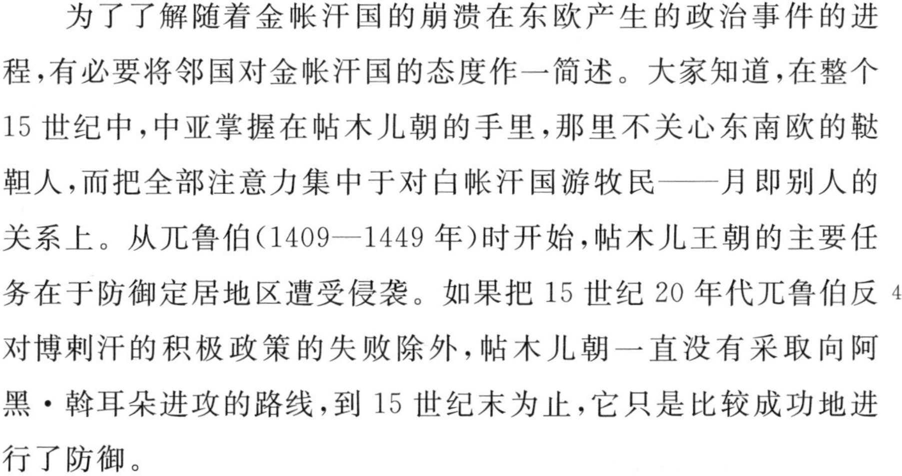

为了了解随着金帐汗国的崩溃在东欧产生的政治事件的进程，有必要将邻国对金帐汗国的态度作一简述。大家知道，在整个 15 世纪中，中亚掌握在帖木儿朝的手里，那里不关心东南欧的鞑靼人，而把全部注意力集中于对白帐汗国游牧民——月即别人的关系上。从兀鲁伯（1409—1449 年）时开始，帖木儿王朝的主要任务在于防御定居地区遭受侵袭。如果把 15 世纪 20 年代兀鲁伯反 409
对博剌汗的积极政策的失败除外，帖木儿朝一直没有采取向阿黑·斡耳朵进攻的路线，到 15 世纪末为止，它只是比较成功地进行了防御。

金帐汗国西部及西北部的邻国则是另一种情况。莫斯科、立陶宛与波兰已经不是14世纪时的那种情况了。莫斯科在经济文化方面有了发展，并在很大程度上消灭了俄罗斯的封建割据局面。我们在上章，即第四章中曾指出过莫斯科生产力的发展。15世纪前叶，随着生产力的发展，随着社会政治状况的发展，莫斯科对待鞑靼人开始掌握了主动，它看准鞑靼人政治生活上的弱点，设法为了自己的利益而加以利用。

莫斯科的外交家善于同相互竞争的诸汗中的一位结成联盟，利用自己的同盟者来削弱较危险的邻人。德米特利·顿斯科伊死后，他的嗣位者们(瓦西里一世、失明的瓦西里、伊万三世)有好有坏，但是他们全都始终不渝地奉行着从鞑靼桎梏下谋求完全解放的路线。前面已经讲过，如果立陶宛没有侵占俄罗斯土地的企图，没有在这个企图下同鞑靼汗结成联盟，而支持莫斯科对金帐汗国进行斗争的话，东欧的鞑靼问题早就解决了。但事情在于：金帐汗国崩溃时期，鞑靼人有利于维托夫特。当然，维托夫特也不愿意让月即别时代的强大金帐汗国复兴起来，但是互相敌对的鞑靼诸兀鲁思可以被他利用，因为他们之中总有热衷于对莫斯科地方进行掠夺性侵袭的人。
410 下面我们就会亲眼看到，这一行动方针在立陶宛-鞑靼关系上有多么顽强。当时波兰统治阶级的看法实质上也是这样的。

早在也迪该死去(1419年)之前，脱脱迷失的第四个儿子——札巴儿·别儿迪就已夺取了金帐汗国的政权。据阿不答·列思咱克·撒马儿罕迪说，这是1416年的事。[①]

① 齐曾戈曾，前引书，第2卷，第155页(波斯文)，第195页(俄译)。

札巴儿·别儿迪进行了顽强的斗争，他在 1417 年战死。[①] 史料上指出，札巴儿·别儿迪的活动主要在东欧西南地区。我们不知道他死去的准确日期，斯普雷假设，他也死在也迪该死去的那年，即 1419 年。[②]

也迪该死后，我们在汗国内看到若干个相互竞争的汗。在他们中间，首先应指出兀鲁黑·马哈麻，这个人的名字直到 15 世纪 60 年代末为止长期载于俄罗斯编年史中。他被认为喀山汗国的奠基者。兀鲁黑·马哈麻几乎从自己掌权开始，就同维托夫特保持良好关系，并多次派遣军队帮助他。兀鲁黑·马哈麻的早期竞争者中有一个是倒剌·别儿迪，他的名字也经常出现在 15 世纪 20 年代的史料中。

以月即别汗博剌为首的游牧民从西西伯利亚地区到来，对于鞑靼草原（或按照东方编年史家的旧称，称作迭失惕·钦察）的生活具有重大意义。据阿不答·列思咱克·撒马儿罕迪说，1419 年 4 月下半月（回历 3 月末），有一个从月即别草原（阿黑·斡耳朵）逃出来的宗王博剌出现在撒马儿罕兀鲁伯的宫廷里。[③] 兀鲁伯很好地接待了这位宗王，并尽一切努力帮助他在月即别兀鲁思内夺
取政权。兀鲁伯实行了当年帖木儿对待脱脱迷失的同样政策，他 411
想把博剌·斡黑兰变为自己的走卒，变为实行自己政策的工具。这种帮助所得到的结果还跟当年帖木儿与脱脱迷失的情况相同。博剌·斡黑兰成为博剌汗后，很快就忘掉了兀鲁伯对他的恩惠，他

① 齐曾戈曾，前引书，第 2 卷，第 155 页（波斯文），第 195 页（俄译）。

② 同上书，第 454 页。

③ 同上书，第 255 页（波斯文），第 196 页（俄译）。

推行了在锡尔河上直接触犯河中利益的独立政策。[①] 15 世纪 20 年代时，东方史料比较熟悉金帐汗国的事务，这是因为沙哈鲁(1404—1447)与兀鲁黑·马哈麻(阿不答·列思咱克·撒马儿罕迪称作马哈麻汗)交换了使者。1421 年，沙哈鲁从合剌巴黑派遣锁鲁檀·忽失赤来到兀鲁黑·马哈麻处，受到金帐汗十分殷勤的接待，使者将这一情况报告了沙哈鲁。下一年，1422 年，兀鲁黑·马哈麻派遣回使阿邻·洒黑·斡黑兰与不剌到哈烈去见沙哈鲁。使者同沙哈鲁交换了丰厚的礼物，履行了相应的礼节，[②]同年回到了金帐汗宫内。我们不知道他们谈了些什么。兀鲁黑·马哈麻西面同维托夫特建交，东面同沙哈鲁建交，说明虽然有人同他竞争汗位，但他在某个时期曾在金帐汗国内居于领导地位。但兀鲁黑·马哈麻好景不长。据阿不答·列思咱克·撒马儿罕迪说，1423 年当沙哈鲁在巴迪吉思度夏时，接到消息说，博剌汗击溃了兀鲁黑·马哈麻的军队，夺取了他的领地，自立为汗。[③]

值得注意的是，兀鲁黑·马哈麻被击溃后，逃到了立陶宛，在
412 维托夫特处寻求避难和帮助。兀鲁黑·马哈麻于 1424 年末来到维托夫特宫内。在兀鲁黑·马哈麻逃到立陶宛之前，另一个鞑靼汗，前述脱脱迷失之子怯别汗被击溃后从草原上向北逃到了梁赞方面。[④] 怯别汗曾为争夺金帐汗宝座，或至少争取其兀鲁思的独立进行了十多年斗争，但他一直没有成功。

① 巴托尔德:《兀鲁伯和他的时代》,第 75 页起。

② 齐曾戈曾，前引书，第 2 卷，第 256 页(波斯文)，第 196 页(俄译)。

③ 同上。

④ 斯普雷:《金帐汗国》,第 157 页。

博刺汗还击溃了另一个汗，即上述倒刺·别儿迪。倒刺·别儿迪带着自己的帐幕移牧到了克里木。下面我们将看到，这次迁移对日后具有重大意义，因为后来他的亲人哈只·吉列亦于1449年成了克里木汗国的正式创建者。躲到维托夫特处的兀鲁黑·马哈麻将力量重新聚集起来后，似乎在对他友好的大公的帮助下，夺回了他在草原上的地位。不管怎么样，他从博刺汗处夺回了萨莱。[①] 这样一来，兀鲁黑·马哈麻于某一时期内在鞑靼草原的大部分地区又成了相互竞争的诸汗中最有势力的一个。至于博刺汗，他掌握政权不到五年。据阿不答·列思咱克·撒马儿罕迪说，回历832年（即1428—1429年），他在蒙古斯坦作战时为锁鲁檀·马合木·斡黑兰（Султан-Махмуд-оглан）所杀。[②] 按照卡法里的另一种记载，他在前一年，即回历831年（即1427—1428年）就被杀死了，同时他不是战死的，而是被异密们谋杀的。[③]

值得提出的是，这几年内发生的事传到了埃及。埃及按照旧有的传统仍对金帐汗国的事很关心。据爱尼的记载，1427年春天，占领了克里木的倒刺·别儿迪送来了国书。据递呈国书的使者说，迭失惕·钦察继续发生内乱，那里有三个统治者彼此争夺政权。“其一是倒刺·别儿迪，占据了克里木一带；另一个是马哈麻
汗，占据了萨莱及其所辖地区，第三个为博刺，占据了同帖木儿朝 413
领地接壤的地区。”[④]1428年3月14日兀鲁黑·马哈麻写给土耳

① 齐曾戈曾，前引书，第1卷，第502页（阿拉伯文），第534页（俄译）。

② 齐曾戈曾，前引书，第2卷，第258页（波斯文），第198页（俄译）。

③ 同上书，第271页（波斯文），第212页（俄译）。

④ 齐曾戈曾，前引书，第1卷，第502页（阿拉伯文），第534页（俄译）。

其算端木剌二世的信，对于了解跟兀鲁黑·马哈麻和博剌的斗争有关的事件具有重大意义。他在这封信中写道，由于暂时夺取了迭失惕·钦察政权的博剌所引起的内乱，他的祖先同土耳其之间所建立的外交关系曾一度中断。兀鲁黑·马哈麻说，而现在他的军队已战胜“并赶走了博剌与满速儿”。这样，我们可以知道，博剌汗的金帐汗国政权的垮台发生在1428年3月14日以前，但兀鲁黑·马哈麻此时不知道博剌汗已死去，否则他一定会在信中提及的。[①] 很有可能，博剌于战败后立即被杀，上述史家的记载说明了这一点。

这个记载与其他史籍上的资料完全符合。关于博剌汗的记载也是可靠的，因为在致书埃及之前不久，博剌汗的确占领了昔格纳黑及与河中接壤的锡尔河地区。倒剌·别儿迪写信给埃及马木鲁克算端这个事实，说明克里木当时同他有来往，这一点很容易理解，因为操纵在热那亚人手里的克里木诸城，尤其是卡法，同位于黑海及地中海沿岸国家进行着大规模贸易。似乎由于这种来往关系，就带来了黑死病，更确切些说就是鼠疫；据马克利纪说，1428年迭失惕·钦察开始发生鼠疫，一直继续到1430年。鼠疫蔓延到克里木，传到了西欧和埃及，[②]到处带来了死亡。

414 但是让我们还是接着谈兀鲁黑·马哈麻（马哈麻汗）吧。他在维托夫特的支持下侵入克里木，企图从倒剌·别儿迪手中将克里木夺过来。兀鲁黑·马哈麻在克里木大概受到也迪该的亲人及失

① 阿克迭斯·尼密特·库拉特，前引书，第8页。

② 齐曾戈曾，前引书，第1卷，第428页（阿拉伯文），第442页（俄译）。

林家族的人支持。1430 年维托夫特死后,兀鲁黑·马哈麻的地位急剧恶化。由那位死去的王公用铁腕建立起来的立陶宛的统一被破坏了,两个集团之间展开了内讧。维托夫特的嗣位者斯维德里盖洛有一个竞争者,克斯图特之子集格蒙德。很难说是什么原因使兀鲁黑·马哈麻与斯维德里盖洛决裂,但是总而言之,他于1433 年抛弃了他,倒向了集格蒙德集团。[①] 立陶宛王公似乎已经习惯于寻找鞑靼人做同盟者,鞑靼人可以作为他们对汗国影响的传导者,充当他们同莫斯科进行斗争的工具,因此斯维德里盖洛开始支持企图夺取迭失惕·钦察领导地位的新的觊觎者。这个觊觎者是脱脱迷失的儿子,叫赛亦得·阿黑麻(Саиид Ахмед)。

15 世纪 20 年代后期,尤其是战胜博剌汗后,兀鲁黑·马哈麻所取得的成就十分巨大,眼看他简直可以使同他竞争的诸汗都服从他的意志了,但是想战胜分裂势力是不可能的。不论立陶宛也好,罗斯也好,都不希望金帐汗国强盛起来。值得提出的是,很熟悉汗国情况的失明的瓦西里,为了削弱同他敌对的兀鲁黑·马哈麻,很快地承认了赛亦得·阿黑麻。政治混乱又代替了恢复起来的中央汗政权,几个竞争者——兀鲁黑·马哈麻,赛亦得·阿黑麻与新的觊觎者,帖木儿汗之子乞赤黑·马哈麻同时在起作用。在分裂势力的旋涡中,兀鲁黑·马哈麻的地位每个月都在恶化。集格蒙德并非维托夫特那样有势力与靠得住的朋友,立陶宛的政事又要求集格蒙德同斯维德里盖洛接近起来,结果就使得兀鲁黑· 415
马哈麻陷于孤立地位。赛亦得的事业却蒸蒸日上,尤其是当他占

① 斯普雷:《金帐汗国》,第 161—162 页。

领旧克里木城以后。总之，在竞争者取得成功的压力下，兀鲁黑·马哈麻(《俄罗斯编年史》上作 Махмет，Улу-Махмет)只得离开迭失惕·钦察，逃到伏尔加河上游，1437 年他在伏尔加河上游占领了别列夫城。但是他没有长期占据这座城，因为 1438 年，失明的瓦西里召集起来的俄罗斯军队在别列夫城击溃了鞑靼人。[①]

现在，我们碰到了金帐汗国崩溃的一个值得注意的时刻。俄罗斯史学长期来有一个传统的看法，认为兀鲁黑·马哈麻于 1437—1438 年占领了喀山[②]并建立了喀山汗国。

维里亚米诺夫·哲尔诺夫在其迄今未被足够重视及利用的巨著《哈西木诸国王与王子研究》中提出争论，他认为喀山汗国的建立者是兀鲁黑·马哈麻，但喀山汗国建立的可靠年代是 1445 年，按多种编年史的记载，那一年兀鲁黑·马哈麻之子马合木帖克占领了喀山。[③] 姑且不论我们是否同意维里亚米诺夫·哲尔诺夫的论点，下面这一点总是事实：兀鲁黑·马哈麻住在莫斯科国家附近，在这几年内他给莫斯科带来了很大麻烦。例如，1439 年他火烧莫斯科城郊，在莫斯科城下驻扎了十天。[④] 几年后，我们又看到他出现在下诺夫哥罗德。1445 年春天他派遣自己的两个儿子玉速甫(Юсуф，《俄罗斯编年史》上作 Якуб)与马合木帖克去攻打失明的瓦西里。1445 年 7 月 7 日在叶菲米耶夫修道院附近发生了

---

① 《俄罗斯编年史全集》，第 8 卷，《沃斯克列先斯克编年史》，第 107 页；第 6 卷，《索菲亚第二编年史》，第 150—151 页；B. B. 维里亚米诺夫·哲尔诺夫：《哈西木诸国王与王子研究》，第 7 页。

② 维尔亚米诺夫·哲尔诺夫，前引书，第 5 页。

③ 同上书，第 6—7 页。

④ 同上书，第 7 页。

战斗，失明的瓦西里不仅被击溃，而且当了俘虏。可是他没有长久 416
当俘虏，同年 10 月 1 日兀鲁黑·马哈麻取得一大笔赎金后，将他放回去了。

无论如何，我们看到 15 世纪前半叶，两个最富庶的文明地区——克里木与不里阿耳都已脱离了金帐汗国。这两个地区之脱离金帐汗国是在各种封建分裂势力的竞争下完成的，各种游牧与半游牧封建主，即斡黑兰(宗王)、汗、异密及其他有势力人物都卷入了这种竞争的漩涡。克里木汗国与喀山汗国的建立表明，金帐汗国几乎完全变成了游牧国家。现在它只暂时剩下从古比雪夫到阿斯塔剌罕为止的遭受深重苦难的伏尔加河地区了。实质上，这是金帐汗国唯一的农业与城市基地。我们记得，金帐汗国在其全盛时期，除了不里阿耳领地与克里木外，还包括在农业与城市生活方面极其富庶的花剌子模。导致这些地区脱离金帐汗国的封建混战，使金帐汗国不仅对俄罗斯、立陶宛和波兰，而且对分裂出去的三个地区：克里木王国、不里阿耳王国(喀山王国)及帖木儿朝的花剌子模成了向前发展的明显的障碍。在历史学上，这些王国或汗国被认为是金帐汗国的继续，它们被称为鞑靼汗国。就克里木而言，这一提法在很大程度上与实际情况相符合，不过 15 世纪时鞑靼人基本上是游牧民。至于克里木的农民，尤其是城市居民，则人种十分复杂。城市里有许多亚美尼亚人、希腊人、犹太人；这里还有欧洲人，尤其是热那亚人、威尼斯人与俄罗斯人的殖民地。关于农业人口的成分，我们还没有在人种关系上进行充分研究，无法确切地加以列举。在克里木，鞑靼游牧民当然不少，其中除蒙古人外
也包括钦察人，同时 15 世纪似乎是这样的一个时期，当时其中某 417

些部分（主要是贫民阶层）开始转向定居农业劳动（主要是从事种菜与园艺）。不里阿耳或喀山王国（汗国）却是另一种情形。这块地区自古以来，至少自10世纪以来，就是农业地区。农业劳动是经济文化生活的基础。不里阿耳地区在整个中世纪早期将粮食供给伏尔加河下游及广大钦察草原。13—14世纪及15世纪前半叶，不里阿耳居民，不论在人种及文化方面，都很少受到蒙古人的影响。相反地，不里阿耳及其居民却从经济与文化上影响了伏尔加河下游的城市及草原。当然，不可否认，鞑靼政权建立两百多年以来，钦察蒙古成分在一定程度上渗入了不里阿耳地区的居民成分，但人类学资料在这个问题上所提供的数字是很微小的。因而喀山王国的形成不能视作鞑靼汗国的形成，因为只有王室及军队是外来的鞑靼人。至于人民，虽然他们不断受到钦察-蒙古语的影响，基本上仍是不里阿耳土著。因此，从不里阿耳地区的内部历史看来，喀山汗国的形成应视为不里阿耳人民于1437或1445年被以兀鲁黑·马哈麻或其子马合木帖克为首的外来的鞑靼兀鲁思所完全征服。喀山汗国离莫斯科较近，而哈只·吉列亦于1449年建立的克里木汗国离莫斯科较远。显然，由于喀山汗国紧接莫斯科罗斯的边境，难以同喀山汗国和睦相处，必须对它进行斗争；对待克里木可就不同，可以暂时利用它作为同盟者，甚至可以把它当作纯粹的俄罗斯利益的工具。失明的瓦西里，特别是伊万三世所采取的策略，就以这样的思想作为指导。

418 金帐汗国的崩溃不仅表现为最文明的地区脱离金帐汗国，形成若干个独立王国，而且也表现在如下事实上：在罗斯境内及立陶宛统治下的俄罗斯土地上出现了一些特殊的鞑靼藩属公国，我们所说的是莫斯科的藩属国哈西木公国，以及位于库尔斯克州在1438年左右建立的立陶宛的藩属国查戈尔戴小公国。[①] 后者存在的时间十分短暂，而前者则存在了很久，达二百多年，并在它建立国家的领土上留下了很深的痕迹。让我们对它的历史略略说上几句。

哈西木公国的建立是与兀鲁黑·马哈麻之子，马合木帖克的兄弟哈西木的名字相关的。1446年，哈西木同自己的另一个兄弟牙忽卜(原名玉速甫)逃避马合木帖克的迫害带着自己的军队来到失明的瓦西里处。他们带着自己的军队为莫斯科大公效劳了六年。他们的忠诚效劳对莫斯科很有利。据研究这个问题的权威研究者维尔亚米诺夫·哲尔诺夫说，失明的瓦西里于1452年将位于梁赞州奥卡河上的戈罗迪茨或密泽尔镇赐给了哈西木。[②] 后来此镇按照莫斯科藩属领地创建人的名字，改名为哈西木。失明的瓦西里为什么采取这一十分坚决并具有一定危险的步骤呢？住在密泽尔镇周围的主要是莫尔多瓦与密泽尔人，莫尔多瓦与密泽尔人是大多数人信奉多神教、一部分人信奉回教的落后部落。据维尔亚米诺夫·哲尔诺夫说："采取这一步骤的直接打算为：只要他乐意，随时可以将这位喀山汗的亲人，这位小王派到喀山去，而对他的行动却可以不负责任。利用他不难在喀山汗国中制造内讧与混乱。喀山汗国正跟一切其他的鞑靼国家一样，没有对继承汗位的 419
权利作出明确的规定，任何宗王只要有人支持、手底下拥有党羽，就可宣布自己有权拥有最高权力。只要时机有利，这位小王可以

① 斯普雷：《金帐汗国》，第160—161页。

② 维尔亚米诺夫·哲尔诺夫，前引书，第26页以下。

爬到喀山汗位上去，那时俄罗斯人就能获得一个较别的汗顺从，并且不那么危险的邻居。”[①]

巴治列维奇在其有趣的论文《阿黑麻汗给伊万三世的敕令》中发表了有关哈西木公国之建立的有价值的见解。据巴治列维奇说：“将密泽尔城交给鞑靼，为的是守卫通往奥卡河下游的要冲，这个防御点的有利地势对于进行防守十分有利。当鞑靼人侵犯梁赞或在科洛姆纳及卡鲁加城之间逼近奥卡河时，哈西木的鞑靼人就可以将顿河与伏尔加河之间的道路切断。”[②]

但是让我们回到钦察草原发生的事情上面来吧。15 世纪 40 年代草原上左右局势的人是赛亦得·阿黑麻。他同自己的西邻立陶宛与波兰的关系很坏，斯普雷研究立陶宛-鞑靼与波兰-鞑靼关系时指出，赛亦得·阿黑麻经常袭击这两个国家。如 1442 年赛亦得·阿黑麻对波多利亚及立沃夫的远征；1444 年对立陶宛的远征；1447 年对波多利亚的再次远征。[③] 1449 年立陶宛受到特别沉重的打击，那一年赛亦得·阿黑麻帮助叛乱的立陶宛王子米哈鲁什卡（克斯图特之孙）占领了基辅[④]。当时立陶宛与波兰合并，从 1447 年起两国有一个共同的国王卡济米尔四世。

虽然从 15 世纪 20 年代，即从倒剌·别儿迪时代起，克里木就
420 想独立，但是每一个参与竞争的较大的汗，不论是兀鲁黑·马哈麻

① 前引书，第 27—28 页。

② K. B. 巴治列维奇：《阿黑麻汗致伊万三世敕令》，载《莫斯科大学学报》，1948 年第 1 期，第 32 页。

③ 斯普雷：《金帐汗国》，第 166 页。

④ 同上书，第 166—167 页。

或赛亦得·阿黑麻都不愿意放弃克里木。但是当时克里木分立的倾向很大。有什么能把克里木同金帐汗国拉在一起呢，既然事实上金帐汗国已经从过去具有大规模贸易活动的国家变为只剩下最落后的游牧地区，卡济米尔四世明显地在汗国内寻找同赛亦得·阿黑麻争夺迭失惕·钦察汗称号，至少是能经常威胁他的敌人。于是他在克里木找上了哈只·吉列亦，哈只·吉列亦已经在那里掌握了实权，但是还没有正式宣布自己为独立的克里木汗。1449年，在卡济米尔的支持下，哈只·吉列亦称汗。[①]

15世纪50年代时，我们看到赛亦得·阿黑麻不仅侵袭立陶宛，而且也袭击了莫斯科。我们知道，这位汗1451年对莫斯科的远征，给莫斯科城附近地区造成了巨大的破坏。1455年，赛亦得·阿黑麻在一次对立陶宛的远征中同基辅大公谢苗·奥列尔科维奇作战。他在此次战斗中被击溃，并当了俘虏，直到1457年才从俘虏中逃出来。1459年我们看到赛亦得·阿黑麻率领着鞑靼军队同俄罗斯人在奥卡河上作战，但在这次远征及下一年1460年对梁赞的远征中，鞑靼人都没有得到什么利益。

东欧国际关系的形势已经很不利于酷嗜掠夺性远征的金帐汗。失明的瓦西里与卡济米尔四世都了解得很清楚，目前是联合起来共同反对鞑靼人的大好时机。但是事实上这样的联合没有实现，因为克里木汗哈只·吉列亦于1461年答应支持卡济米尔四世夺取大诺夫哥罗德，这样卡济米尔四世就不可能不同莫斯科大公失明的瓦西里发生冲突。[②] 1462年，失明的瓦西里去世，伊万三世

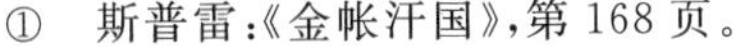

① 斯普雷:《金帐汗国》，第168页。

② 同上书，第72页。

嗣位为莫斯科公，伊万三世对大帐汗国（15世纪大部分俄罗斯史
421 料对迭失惕·钦察鞑靼汗国的称呼）的鞑靼人采取了英明而有力的政策。伊万三世了解得很清楚，他所应该尽快消灭的近敌是喀山汗国，但主要的敌人依然是草原。1465年赛亦得·阿黑麻的远征可认为是他向莫斯科发动的最后一次大规模的袭击。这次远征还跟前几次一样失败了。因为除了俄罗斯人的强大反攻外还加上了来自克里木方面哈只·吉列亦军队的进攻。很难说，克里木汗的进攻是否是有意识地配合莫斯科。看来并非如此。但是，它在客观上帮助了莫斯科。1465年赛亦得·阿黑麻对俄罗斯远征失败后就退下了历史舞台，将汗位让给了篡夺大帐汗国汗位的一个新手——乞赤黑·马哈麻的儿子阿黑麻，这是15世纪在钦察草原上竞争的诸汗中最坚强的一个。但是不管阿黑麻汗有多么坚强，正如下面我们所看到的，他的全部政策根本没有什么前途，因为从罗斯与大帐汗国的力量对比来看，显然有利于莫斯科。

莫斯科成了一个富强的国家，它成功地克服了封建割据状况，积累了军事力量，有能力击败比金帐汗国完全衰落时期的鞑靼人更为强大的敌人。当时莫斯科所推行的政策很机智，它善于利用克里木汗同大帐汗国的敌对关系。1466年，有名的克里木吉列亦朝的奠基者哈只·吉列亦死了。在哈只·吉列亦死后头两年，克里木的政权掌握在他的儿子讷儿·倒剌手里。但这时在他那里出现了一个强的竞争者：他的亲兄弟明里·吉列亦。讷儿·倒剌同他的兄弟在克里木进行了长期斗争，后来被迫逃到立陶宛，从那里又跑到罗斯。[①]

---

① 维尔亚米诺夫·哲尔诺夫，前引书，第127页以后。

他长时期住在那里，忠心地为伊万三世效劳，死于1491年左 422
右。[①] 史料上指出，他多次站在俄罗斯人方面参加对阿黑麻汗的斗争，因此于1436年[②]被封为哈西木公（或如当时通常所称的戈罗迪茨公）。顺便说一下，讷儿·倒剌多次在伊万三世同克里木汗明里·吉列亦的通信中被提及，同时莫斯科君主不忘强调指出，他竭力取悦于明里·吉列亦，为此“不惜使国库大量亏空”以供养他的兄弟“讷儿·倒剌与海答儿”。[③] 但是在讷儿·倒剌的事迹上还有若干尚待阐明的不清楚地方。

伊万三世同明里·吉列亦保持外交通信是有利于莫斯科的英明措施。1474年伊万三世派遣了由贵族米基塔·瓦西利耶维奇·别克列米舍夫率领的使节团到克里木明里·吉列亦处去缔结反对阿黑麻与卡济米尔四世的联盟，这是这方面的一件值得注意的典型事件。[④]

伊万三世明显地将他拉到自己方面来对抗在克里木丧失了所有阵地的立陶宛与波兰。明里·吉列亦无疑是一个英明坚强的汗，他善于将克里木的事务牢固地控制在自己手里。热那亚的殖民地，特别是卡法这个热那亚在克里木的商业中心，不可能不引起明里·吉列亦的特别注意。1474—1478年是克里木汗国历史上最不清楚和引起争论的时期。

1469年发生的事件却没有什么争论，因为它有原始资料作为

① 维尔亚米诺夫·哲尔诺夫，前引书，第144页。

② 同上书，第138页。

③ 同上书，第130页。

④ 《俄国历史学会集刊》，第41卷，1884年，第1—9页。

423 依据。[①] 例如，根据回历 874 年 4 月 18 日（即 1469 年 10 月 25 日）明里·吉列亦给土耳其算端马哈麻二世的信[②]我们知道，这一年土耳其算端军队在牙忽人的统率下对卡法进行了袭击与掠夺。

明里·吉列亦于 1475 年 2 月 12 日写给上述土耳其算端的一位大臣的下一封信，提供了值得注意，但不很清楚的资料。1475 年有人占领了卡法，将明里·吉列亦关进了监牢。但就在 1475 年初，怯都克·阿黑麻·巴沙统率的土耳其军队释放了明里·吉列亦，[③]同时征服了卡法，取消了它的独立。是谁把明里·吉列亦关到牢里去的呢？

没有任何理由认为是奥斯曼土耳其人。因为他们是在明里·吉列亦被关进牢里以后才在克里木登陆占领卡法的；也没有资料使我们设想，是热那亚人将明里·吉列亦关起来的，因为他们没有这样的力量。不妨假设，明里·吉列亦是被其主要敌人阿黑麻汗关进克里木牢里的，阿黑麻汗将热那亚人的商业中心连同克里木一起占领了。剩下我们所不清楚的情况是，明里·吉列亦从卡法牢里被释放后做了些什么事。

以东方史籍为依据的旧的历史传统说法，以为明里·吉列亦到了土耳其马哈麻二世算端宫内，他直到 1478 年才从那里回到克里木，重新当了克里木汗，但那时他已成了土耳其的藩臣。《俄罗

---

① 巴治列维奇继维尔亚米诺夫·哲尔诺夫及 B. 斯米尔诺夫的研究之后对这不清楚的五年进行的研究最多，因此有可能注意到脱卜合必·萨莱土耳其宫内档案中的往来公文。

② 巴治列维奇，前引书，第 36 页以后。

③ 同上书，第 37 页。保存在脱卜合必·萨莱宫内的来往公文，由土耳其学者阿克迭斯·尼密特·库拉特在伊斯坦布尔出版，1940 年。

斯编年史》(《沃斯克列辛斯克编年史》)上关于1475—1476年克里木发生的事件的记载可以巧妙地就手加到这一说法中去。编年史说,1475年土耳其人占领了克里木及卡法,成为这个国家的主人,并立明里·吉列亦为汗。同一编年史撰者于1476年项下说道,阿
黑麻汗进犯克里木,征服了克里木,将明里·吉列亦赶走。[①] 明 424
里·吉列亦是否就在这时逃到了土耳其呢?我们还知道,当时阿黑麻让自己的傀儡札尼别(俄语作 Зенебек)当了克里木的统治者。我们有充分根据认为,札尼别曾于1476—1478年代表阿黑麻汗统治着克里木。不管怎样,俄罗斯史料对于这点屡有述及。[②] 巴治列维奇叙及1477年俄罗斯使团出使克里木时,附带指出了这一事实,他指出当时出使对象为札尼别。

由于明里·吉列亦在克里木的失败,1476年阿黑麻汗必须派一个使团前往伊万三世处去。于是在莫斯科出现了一个名叫孛出黑的汗的使臣与带了许多货物(主要是马)的商人们。使臣要伊万三世亲自到汗帐里去,这一点本身听起来就像早已被忘却的遗俗,这样做不能不触犯俄罗斯君主的尊严。伊万三世当然拒绝前去,他派了别斯图热夫代替自己担任使者前往。巴治列维奇谈到1476年出使一事,发表了如下看法:"我们有充分根据认为,鞑靼汗召见大公的原因是由于他拒缴'贡税'。"[③]作者对自己的论点

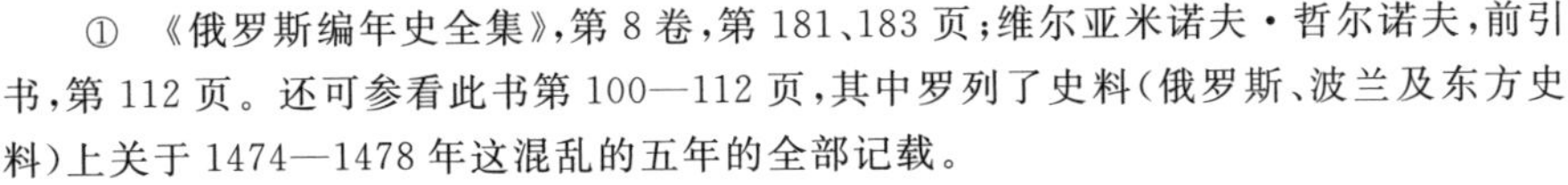

① 《俄罗斯编年史全集》,第8卷,第181、183页;维尔亚米诺夫·哲尔诺夫,前引书,第112页。还可参看此书第100—112页,其中罗列了史料(俄罗斯、波兰及东方史料)上关于1474—1478年这混乱的五年的全部记载。

② 维尔亚米诺夫·哲尔诺夫,前引书,第123页。

③ 巴治列维奇,前引书,第34页。

进行了周密论证。我们不想推翻这个论点。当然，这一点十分重要，但是事情不仅在于伊万三世不愿缴“贡税”，而且还在于1476年是对伊万三世施加压力的最有利时机，当时伊万三世的主要同盟者明里·吉列亦已经不是克里木的主人，而被迫向土耳其寻求保护去了。

我们不知道明里·吉列亦是在何种情况下，怎么样作为土耳
425 其的藩臣回到克里木来的。但是十分清楚：土耳其拿吉列亦做藩臣要比让他成为大帐汗即阿黑麻汗的傀儡更为有利。

明里·吉列亦作为土耳其藩臣恢复克里木政权一事大概发生在1478年。[①] 当时的人们未必能够对这个事件的历史意义作出正确估价。未必有人能预见到奥斯曼土耳其在中世纪后期的克里木历史上所起的那种可悲作用。同时，15世纪时克里木汗的藩臣地位很少影响到他对东欧的政策。情势使然，克里木汗必须同莫斯科结成联盟反对大帐汗阿黑麻及卡济米尔四世。伊万三世对南方的情况很熟悉，他估计到事态将会怎么样发展下去，便通过自己的使者伊万·兹维涅茨同第二次坐上克里木汗位的明里·吉列亦进行了相应的谈判。[②] 同时敌方也举行了建立联盟的谈判。阿黑麻汗与卡济米尔四世显然准备一起向莫斯科罗斯进攻。

巴治列维奇在上面屡次提及的论文中正确地解释了1480年

---

① 斯普雷：《金帐汗国》，第180页。

② 《俄国历史学会集刊》，第41卷，1844年，第17—24页；巴治列维奇，前引书，第42页。

初东欧的政治形势。他写道："1478 年诺夫哥罗德之最后丧失独立使得俄罗斯的敌对力量再度活跃。"[①]由卡济米尔四世、阿黑麻汗、里沃尼亚骑士团和波罗的海沿岸德意志城邦组成的强大联盟集合起来反对莫斯科，[②]用不着说年轻的俄罗斯国家所面临的危险有多么大了。里沃尼亚骑士团与德意志诸城邦虽然吸引了俄罗斯的一部分兵力，但是他们被击溃，并且遭到了重大损失（尤其是骑士团团长在普斯科夫遭到的失利）。在卡济米尔四世的立陶宛
出现了纠纷，同时还受到从明里·吉列亦方面来的现实威胁，明 426
里·吉列亦的入侵，使波多利亚经常处于恐惧中。这些纠纷缚住了卡济米尔四世的手，使他无法在 1480 年阿黑麻汗远征莫斯科时积极地配合阿黑麻行动。这次远征在各种俄罗斯编年史上有详细记载，虽然这些记载不无自相矛盾之处。各种编年史在描述这一年的事件时有不同反映，这主要取决于编年史编撰者对伊万三世个人及其对内政策的态度。阿黑麻汗的远征在俄罗斯史学中曾进行过详细研究。其中最值得一谈的是两部发表年代相隔四十年左右的著作：（1）普列斯尼亚科夫的《伊万三世在乌格拉河上》[③]与（2）巴治列维奇的《阿黑麻汗给伊万三世的敕令》。[④] 大家知道，两军在奥卡河支流乌格拉河上对阵，但是没有发生战斗。研究者不止一次地提出下述问题：这个事实该怎样来解释呢？我们认为，现在看来，情况十分明显。伊万三世等待着最有利的时机，希望接到

① 巴治列维奇，前引书，第 43 页。

② 同上。

③ 《普拉托诺夫纪念文集》，彼得堡，1911 年版。

④ 《莫斯科大学通报》，1948 年第 1 期。

关于明里·吉列亦出兵及俄罗斯北方诸城保卫城市成功的消息。阿黑麻汗等待着卡济米尔四世的援军。

巴治列维奇后一研究著作的功绩在于：他在阐明这个问题时利用了前此未被研究者们注意到的、靠俄语译文留传到今天的阿黑麻汗给伊万三世的敕令。作者证明了这份敕令的真实性，并指出了这份敕令作为史料的历史价值。大家知道，1480 年初冬，阿黑麻由于天气转冷，而且没有获得卡济米尔四世的援助，清楚地看到，战争形势有利于伊万三世。由于认为自己继续待下去很危险，
427 他便决定撤营回到草原上去。巴治列维奇有根据地[1]证明了阿黑麻的敕令是在 1480 年 10 月末或 11 月初当他从乌格拉河上撤退时写成的。让我引用曾被巴治列维奇引用过的敕令上的一段值得注意的话吧：

"我今撤离河岸，因为人缺衣，马无披。到九十天严冬过去之后，我将再来打你，那时你会吃到我的苦头。"[2]阿黑麻致伊万三世的敕令措辞粗暴，威胁连篇。他对伊万三世要求道："你要在四十天内为我收集六万阿尔亭，[3]二万春税，六万秋赋；在你自己的帽子上佩戴拔都的徽号……你要是在四十天内没有为我收来赋税，没有在你自己的头上佩带拔都的徽号，你的留着浓发、大胡子的全体贵族必须到我处来，否则我的……贵族将来到你处去。"[4]编年史上谈到了阿黑麻同伊万三世进行谈判时态度严厉，要求伊万亲

---

① 巴治列维奇，前引书，第 45 页。

② 同上。

③ 一阿尔亭(алтын)等于三戈比。——译者

④ 同上书，第 31 页。

自到帐幕里来见他，并将“出巡税”送来。同一编年史指出，伊万三世拒绝了阿黑麻的一切要求。《喀山编年史》撰者的记载与此相同，他说，阿黑麻汗派遣“自己的使臣到莫斯科大公处来，拿着牌子按照自己父亲的旧日习惯索取过去几年的贡赋和税。大公对皇帝全然不怕，他接过有他的人像的牌子唾了一口，扔到地上，用自己的脚践踏了牌子”。[①]

根据上下文来判断，这段记载是有关 1476 年阿黑麻派到伊万三世处去的上述使团的。这段记载的真实性在历史科学上早已被完全否定了，主要是这段记载中所说的“有他的人像的牌子”，[②]从 428
伊斯兰教的观念来看，对于阿黑麻这个伊斯兰教汗来说这种可能性很小。[③] 但这段记载保留了它的象征意义，因为在人民的意识中将 1476 年与 1480 年的事件跟鞑靼压迫的结束及“金帐汗国的衰亡”联系了起来。上述《喀山编年史》编撰者写道：“从拔都时代起到金帐汗阿黑麻君王止，是恶毒的强大野蛮政权对俄罗斯国土的统治时代。”

自从 1481 年阿黑麻汗在顿涅茨河上同爱别作战被杀死后，汗国日益分裂成独立的部分，在诸汗进行斗争的环境下，没有人能够建立一个强大的国家。但他们还保持着以往的牢固习惯，保持着

---

① 《俄罗斯编年史全集》，第 19 卷，《喀山编年史》，第 6—7 页。

② 麦里奥兰斯基：《金帐汗国阿黑麻汗使臣的“牌子”释》，载《俄罗斯考古学会东方部集刊》，第 17 卷，第 129 页以后；英诺斯特兰采夫：《论牌子问题》，载《俄罗斯考古学会东方部集刊》，第 18 卷，第 172 页以后；斯卑秦：《鞑靼牌子》，载《考古委员会通报》，第 29 分册，1909 年。

③ 可是，著名的突厥学家麦里奥兰斯基（在上述论文中）不认为牌子上的人像有什么不可思议之处。见麦氏：同上书，第 131 页以后。

向罗斯进行掠夺及索取贡税的习惯。为了这一目的有时诸汗利用罗斯国内存在着的没有铲除的封建势力,暂时联合了起来。从萨莱或临时的汗帐中,使者还是按照老习惯到莫斯科去,但是他们经常索取不到所希望索取的东西的几分之一。情况不可能是别的样子。罗斯已经是一个强大的、独立的国家,骄傲地捍卫着自己的荣誉。上述《喀山编年史》编撰者紧接着 1380 年事件以后在开始记述第五章时所立的标题并不是偶然的:"记金帐汗国的最后没落,记其君主,记自由和俄罗斯国的尊严与荣誉,以及光辉的莫斯科城的美。"①

① 《俄罗斯编年史全集》,第 19 卷,第 8 页。

索引与译名对照表

（索引页码系原书页码，即本书边码）

A

Б

B

Г

Д

E

Ж

З

И

К

① 原文如此,疑有误。——译者

Л

М

Н

П

P

С

T

У

Ф

Х

Ц

Ч

① 原文如此。忽必烈为蒙哥之弟。——译者

Ш

Э

Ю

Я

术语汇编

Асль 阿思勒——民兵的基本部队。

Аил 阿寅勒——经营个体经济的游牧户。

Алфавит Пакба-ламы 八思巴喇嘛字母——方体字。

Байса 牌子——见 Пайцза。

Баскак 八思哈——蒙古人统治下的定居地区诸州的州长或都督。

Бег 别(伯克)——突厥尊号(=那颜及异密)。

Битикчи 必阇赤——书吏,法庭中札鲁忽赤(蒙古断事官)身边的书吏。

Бокка 孛黑塔——妇女头饰(汉译者按:即元代汉文载籍中之所谓固姑冠或顾姑冠)。

Букаул 不合兀勒——管分配军事给养及正确分配战利品等事务的军官。

Булкак 不勒合黑——内讧、内乱。

Вакуфные документы 瓦忽甫文书——批准伊斯兰教寺院学校(清真寺、伊斯兰教学堂等)暂时或永久占有某项产业或其进项的证件。

Везир 维西儿——政府民政首脑(即宰相——译者)。

Гунбаз 浑巴思——圆屋顶。

Даруга 达鲁花——为国库征收赋税的官长,地方长官,州长。

Дефтар 迭卜帖儿——向各州、各城征税的税册。

Диван 底万——中央或各州主管部门。

Диван-яргу 底万-札鲁忽——刑部。

Динар 底纳儿——银币(=6 迪儿赫木),在金帐汗国及 14 世纪的河中地区,含银 2 米思合勒。

Дирхем 迪儿赫木——银币,在金帐汗国及 14 世纪的河中地区,含银三分之一米思合勒。

Изафе 亦咱非——当军队遇到重大伤亡时所召集的民兵补充部队。

Икинчи 亦勤赤——农民。

Ильчи 额勒赤——使者。

Кади 哈的——据伊斯兰教法典判案的法官。

Калан 合兰——从农耕土地征收的赋税。

Калантар 合兰塔儿——长官。

Каланчи 合兰赤——征收合兰的税吏。

Канбул 康不勒——军阵中的侧翼护卫部队。

Кантырь 罕的儿——重量单位。

Караул 合剌兀勒——大军先锋队之前的警戒部队。

Каризы 合里昔——将地下水引至地面的地下水渠。

Кархана 哈儿罕纳——大作坊，多半是汗的作坊。

Качарчи 合察儿赤——出征时的向导。

Копчур 忽卜出儿——畜牧税，税率百分之一或百分之一以上。

Кошун 豁舜——百户，军队组织单位。

Куби 忽必——封地。

Кул 豁勒——军阵中的大单位。

Курен（Курень）古列延——13—15世纪时围以堑壕的军营。

Мазар 麻札——陵墓。

Мамлюки 马木鲁克——买来的奴隶，组成中世纪近东帝王的御林军。又，为有名的埃及王朝（1252—1517）名。

Манкыла 蛮乞剌——出征时军队的先锋队。

Медресе 篾忒列薛——伊斯兰教学堂。

Мелик 篾力——统治者，王。

Мискаль 米思合勒——重量单位，与所洛特尼克[①]大致相当。

Мударрис 木答里思——伊斯兰教学堂教师。

Мурчил 木儿赤勒——军队出征时（按照军官等级排列）的队形。

Мухтасиб 木黑塔昔卜——管理城市市场（价格、度量衡、手工业品的规格等）的官吏。

Мучилка 木赤勒合——在执行汗或异密交付的任务，主要是军事任务时，由塔瓦赤交出的书面担保。

Наиб 纳亦卜——都督。

Нойон 那颜——蒙古衔号（＝别、异密）

Оглан 斡黑兰——宗王。

Пайцза（Байса）牌子——金、银、铁、青铜或木质的牌符，用蒙古汗名义颁发的通行证或委任状，持此种牌子即可获得途中所需一切。

Рад 剌惕，Радандоз 剌丹朵思——火器。

Районат 剌牙惕——（隶属的）农民。

Сабанчи 撒班赤——依附于领主的农民。

Сан 桑——规定各州民兵数额的军册。

Суюргал 速玉儿合勒——世袭封地。

Таваджий，Тавачий 塔瓦赤——一种军官，其职务为召集民兵，在作战时向统帅报告部队状况、并向部队传达命令。

Тамга 塔木合——印、玺印、商税。

Тамга алая 大红塔木合——大玺印。

Тарханный ярлык 答剌罕敕书——蠲免个人全部或一部分赋税的文书。

Тепе 帖别，Тупе 秃别——丘陵、小山及耕地。

Тумен 土绵——万户（万人队），实际上始终少于此数。

Тура 秃剌——保卫军营的活动防御工具。

Тюмен 土绵——提供一万军队的行

政单位(封建领地)。

Тюфяк 丘菲雅克——原始的大炮。

Узбековцы, Узбекиан 月即别人——月即别汗军队的士兵。

Укулька 兀忽里合——犒赏。

Улачин 兀剌阿臣——骑马的邮递夫。

Улус 兀鲁思——隶属于汗或汗室成员或大那颜(别、异密)的居民,为其分民。

Уртак 斡脱——“股东”,与其他商人合伙经商的商人。作为汗的商业代理人(常常也就是股东)为汗经营商业的商人。

Уртакчи 斡脱赤——佃农、分成制佃农。

Факих 法乞黑——法学家。

Хабаргири 哈巴儿吉里——军队任何部分所派遣的侦察队。

Хаким 哈乞木——州长官。

Ханака 哈纳合——圣者陵墓旁的寺院或尊贵司教住所所属寺院。

Харем 合列木——后宫嫔妃。

Хатун 哈敦——夫人、妻、汗的妻子。

Чапар 察巴儿——编制成的防御用的盾。

Чираг 赤剌黑——灯台。

Шариат 沙里阿惕——伊斯兰教法典。

Эмир 异密——蒙古游牧贵族高级代表人物的阿拉伯语衔号(=那颜、别)。

Эмир-яргу 札鲁忽异密——据札撒判案的首席法官。

Юрт 禹儿惕——兀鲁思(分民)的游牧领土。

Ямчин 札木臣——驿吏。

Яргу-наме 札鲁忽·纳篾——法庭根据札撒作出的判决书。

Яргучи 札鲁忽赤——据札撒判案的法官。

Ярлык 札儿里黑——敕书。

Яса 札撒——亦即成吉思汗札撒,蒙古不成文习惯法。

Ясакчи 札撒黑赤——据札撒判案的法官。

Яфтаджи 牙甫塔只——通知租税的人。

① 所洛特尼克(золотник),旧俄重量单位,等于4.26克。——译者

参 考 书 目

Маркс К. Архив Маркса и Энгельса, т. VIII, Хронологические выписки, т. IV.

Marx K. Secret Diplomatiec History of Eighteenth Century.

Энгельс Ф. Происхождение семьи, частной собственности и государства. Собр. соч. Маркса и Энгельса, т. XVI, ч. I.

Энгельс Ф. Анти-Дюринг. Собр. соч. Маркса и Энгельса, т. XIV.

Сталин И. Марксизм и национальный вопрос. Соч., т. II, М., 1946.

Сталин И. Контрреволюционеры Закавказья под маской социализма. Соч., т. IV, М., 1947。

Сталин И. Об очередных задачах партии в национальном вопросе. Соч., т. V, М., 1947.

Сталин И. История Всесоюзной коммунистической партии (большевиков). Краткий курс. ОГИЗ, 1946.

Акчокраклы О. Татарские тамги в Крыму. ИКПИ, 1, Симферополь, 1927.

Акчокраклы О. Старо-Крымские и Отузские надциси XIII—XV вв. ИТОИАЭ, I (58), Симферополь, 1927.

Али-заде А. А. Борьба Золотой Орды и государства ильханов за Азербайджан. ИАН АзССР, 1946, №№ 5, 7.

Али-заде А. А. Виды земельной собственности и налоговая система ильханов в Азербайджане. (XIII—XIV вв.). ИАзФАН, 1942, № 4.

Али-заде А.А. К вопросу об институте икта. ИАзФАН, 1942, № 5.

ибн-Арабшах. Аджаиб-ал-макдур фи ахбар Тимур (арабский текст). Каир, 1285 г. х. (=1868—1869).

Арзютов Н. Мордва Нижневолжского края по данным археологии. Саратов, 1931.

Арзютов Н. Памятники золотоордынской эпохи в Нижнем Поволжье по данным раскопок и разведок в 1924 г. ТНВОК, вып. 35, ч. 1, Саратов, 1926.

Арзютов Н.Погребения поздних кочевников Калмыцкой области. (По

материалам 1929 г.). ИСарНВИК, VI, Саратов, 1933.

Аристов Н. О земле половецкой (историко-географический очерк). Киев, 1877.

Базилевич К. В. Ярлык Ахмед-хана Ивану III. ВМУ, 1948, № 1.

Баллод Ф.В. Две столицы Золотой Орды. НВ, № 3, М., 1923.

Баллод Ф.В. Культура Золотой Орды. НВ, VI, М., 1924.

Баллод Ф.В. Отчет о раскопках на Увеке летом 1919 г. Саратов, 1919.

Баллод Ф.В. Приволжские Помпеи. (Опыт художественно-археологического обследования части правобережной саратовско-царицынской полосы). М. — Пгр., 1923.

Баллод Ф.В. Раскопки Нового Сарая. НВ, II, 1922.

Баллод Ф.В. Старый и Новый Сарай — столицы Золотой Орды. Результаты археологических работ летом 1922 г. Казань, 1923.

Банзаров Д. Пайзе, или металлические дощечки с повелениями монгольских ханов. ЗСпбАНО, II, СПб., 1850.

Бартольд В.В. И.Н. Березин как историк. ЗКВ, II, вып. 1, Л., 1926.

Бартольд В.В. E. Blochet — Introduction á l'histoire des mongols de Fadl Allah Rashid ed-Din. Leyden — London, 1910. — Рецензия, Мир ислама, 1, СПб., 1912

Бартольд В.В.История культурной жизни Туркестана. Л., 1927.

Бартольд В. В. История турецко-монгольских народов. Конспект лекций, читанных студентам Казахск, высш. педагог. инст. в 1926 — 1927 уч. году. Ташкент, 1928.

Бартольд В. В. К вопросу о впадении Аму-дарьи в Каспийское море. ЗВО, XIV, СПб., 1902.

Бартольд В.В. К вопросу о погребальных обрядах турков и монголов. ЗВО, XXV, Пгр., 1918.

Бартольд В.В. К вопросу об уйгурской литературе и ее влиянии на монголов. ЖС, 1909, вып. II и III (кн. 70—71).

Бартольд В.В. Место прикаспийских областей в истории мусульманского мира. (Курс лекций, читанных автором на Вост. факультете Азерб. Гос. унив. в 1924 г.). Баку, 1924.

Бартольд В.В. Новая рукопись уйгурским шрифтом в Британском Музее. ДАН, Л., 1924, стр. 57—58.

Бартольд В.В. Новый труд о половцах. РИЖ, кн. 7, Пгр., 1921.

Бартольд В. В. Образование империи Чингиз-хана (пробная лекция, читанная в СПб. унив. 8 апреля 1896 г.). ЗВО, Х, СПб., 1897.

Бартольд В.В. Отец Едигея. ИТОИАЭ. 1 (58). Симферополь, 1927.

Бартольд В.В. Очерк истории Семиречья. Памятная книжка Семиреч. областн. стат. комитета на 1898 г., II Верный, 1898. (2-е изд. с предисл. А. Н. Бернштама, Фрунзе, 1943).

Бартольд В. В. Персидская надпись на стене Анийской мечети Мануче. СПб., 1911.

Бартольд В.В. Сведения об Аральском море и низовьях Амударьи с древнейших времен до XVII в. ИТОРГО, IV (Научн. результаты Аральск. экспед., вып. II), Ташкент, 1902.

Бартольд В. В. Связь общественного быта с хозяйственным укладом у турок и монголов. ИОАИЭ при Казанск. унив., XXXIV, вып. 3—4.

Бартольд В. В. Туркестан в эпоху монгольского нашествия, ч. II. Исследование. СПб., 1900.

Бартольд В. В. Улуг-бек и его время. ЗРАН, VIII сер., т. XIII, № 5, Пгр., 1918.

Бартольд В. В. Хафизи-Абру и его сочинения. «Аль-Музаффарийя», сб. статей учеников проф. В. Р. Розена, СПб., 1897.

Бартольд В.В. Чингиз-хан. Энциклоп. слов. (Брокгауз — Эфрон), т. XXXVIII, СПб., 1903.

Башкиров А.С. Историко-археологический очерк Крыма. Симферополь, 1914.

Башкиров А. С. и У. Боданинский. Памятники крымско-татарской старины. Эски-юрт. НВ, № 8—9, М., 1925.

Башкиров В. В. Художественные памятники Солхата. Крым, 1927, № 1 (3).

Башкиров А. С. Экспедиция по изучению болгарско-татарской культуры летом 1928 г. Матер. по охране, ремонту и реставр. памятн. ТАССР, вып. III, Казань, 1929.

Безменов В. Извлечения из мусульманских исторических сочинений о Кипчакской степи. Газ. «Кавказ», 1871, № 9.

Беленицкий А. К истории феодального землевладения в Средней Азии при тимуридах. (Институт союргал). Историк-марксист, 1941, № 4.

Беленицкий А. О появлении и распространении огнестрельного ору-

жия в Средней Азии и Иране в XIV—XVI вв. Изв. ТФАН, №15, 1949.

Беляев И.Д. О монгольских чиновниках, упоминаемых в ханских ярлыках. Архив историко-юридических сведений, относящихся до России, кн. I. М., 1850.

Бентковский И.В. Военные законы монголов и их влияние на кочевую культуру и вообще на дух народа. Ставроп. губ. вед., 1877, № 8.

Бентковский И. В. Монгольские законы об охоте. Ставроп. губ. вед., 1877, № 16.

Березин Н.И. Булгар на Волге. Казань, 1853.

Березин Н. И. Нашествие Батыя на Россию. ЖМНП, 1855, май.

Березин Н.И. Очерк внутреннего устройства улуса Джучиева. ТВО, VIII, СПб., 1864.

Березин Н. И. Первое нашествие монголов на Россию. ЖМНП, 1853, сентябрь.

Березин Н. И. Тарханные ярлыки крымских ханов. (Ярлык Менгли-Гирея Ходжа-бию). ЗООИД, VIII, Одесса, 1872.

Березин Н. И. Тарханные ярлыки Тохтамыша, Тимур-Кутлука и Саадет-Гирея, с введением, переписью, переводом и примечаниями. Казань, 1851.

Березин Н.И. Ярлыки крымских ханов Менгли-Гирея и Мухаммед-Гирея. ЗООИД, VIII, Одесса, 1872.

Бичурин Иак. История первых четырех ханов из дома чингизова. СПб., 1829.

Бороздин И.Н. Некоторые очередные задачи изучения татарской культуры в Крыму. 1928.

Бороздин И. Н. Новые данные по золотоордынской культуре в Крыму. Работы археолог. экспед. 1926 г., НВ, XVI—XVII, 1927.

Бороздин И. Н. Солхат. (Предварительный отчет о работах археологической экспедиции). НВ, XIII—XIV, 1926.

Бороздин И. Н. Столица Золотой Орды — Старый Крым. Татарская культура XIII—XIV вв. 1917.

Бороздин И. Н. Из Отузской старины. (Надгробие шейха Якуба из Конии 729 г. х.). ИТОИАЭ, 1 (58), Симферополь, 1927.

Брун Ф. О резиденции ханов Золотой Орды до времени Джанибека I. ТАС, III, Киев, 1878.

Бутков П. Г. О Ногае и всех прочих монгольских ханах Дашт-Кипчака. Сев. Архив, 1824, ч. 10 (№ 12), ч. 11 (№ 13, 14).

Васильев А. В. Тяжбердинский клад. ИОАИЭКУ им. В. И. Ульянова-Ленина, XXXIV, вып. 1—2, Казань, 1928.

Вельяминов-Зернов В. В. Материалы для истории Крымского ханства, извлеченные. ... из Московского главного архива Министерства иностранных дел. СПб., 1, 1864.

Вельяминов-Зернов В. В. Исследование о касимовских царях и царевичах. В трех частях. 1863, 1864, 1866.

Вернадский Г. В. Золотая Орда, Египет и Византия в их взаимоотношениях в царствование Михаила Палеолога. Seminarium Kondakovianum, I. Прага, 1927.

Веселовский Н. И. Дополнение к статье (А. И. Иванова) «Походы монголов в Россию». Зап. Разр. воен. археолог. и археогр. Русск. военно-истор. общ., III, Пгр., 1914.

Веселовский Н. И. Загадочный Гюлистан Золотой Орды. ЗВО, XXI, СПб., 1913.

Веселовский Н.И. Заметки по истории Золотой Орды. 1. Золотоордынский хан Джуден и царевич Джуден. 2. Золотоордынский хан Тохта и царевич Токтомир. ИОРЯСАН, т. 24, Пгр., 1916.

Веселовский Н. И. Золотая Орда. Энциклоп. слов. (Брокгауз — Эфрон), т. XII, СПб., 1894.

Веселовский Н. И. Несколько пояснений касательно ярлыков, данных ханами Золотой Орды русскому духовенству. Сб. в честь 75-летия Г. Н. Потанина, ЗРГО, XXXIV, СПб., 1909.

Веселовский Н. И. О местонахождении Гюлистана Присарайского. Киев, 1907.

Веселовский Н. И. О религии татар по русским летописям. ЖМНП, нов. сер., ч. 1, XIV, июль 1916.

Веселовский Н. И. Пережитки некоторых татарских обычаев у русских. ЖС, 1912.

Веселовский Н. И. Погрешности и ошибки при издании документов по сношению русских государей с азиатскими владетелями. ЖС, 1909, вып. II—III (кн. 70—71).

Веселовский Н. И. Свистящие стрелы. ИАК, вып. XXX, СПб., 1909.

Веселовский Н. И. Хан из темников Золотой Орды. Ногай и его время. ЗРАН, VIII серия, т. XIII, Пгр., 1922.

Воейков. Путешествие по Волге к развалинам столицы Золотой Орды. Журн. для чт. воспит. военно-учебн. заведений, т. 63, № 250, 1846.

Голицин Л. Л. и Краснодубровский С. С. Увек. (Доклады и исследования по археологии и истории Увека). Саратов, 1891.

Голубинский Е. Г. Порабощение Руси монголами и отношения монгольских ханов к русской церкви или к вере русских и ее духовенству. БВ, 1893, № 7.

Голубовский П. Печенеги, торки и половцы до нашествия татар. Киев, 1884.

Гомбоев Г. Алтан-Тобчи, монгольская летопись в подлинном тексте и переводе с приложением калмыцкого текста истории Убаши-Хунтайджия и его войны с ойротами. ТВО, VI, СПб., 1858.

Гомбоев Г. О древних монгольских обычаях и суевериях, описанных у Плано Карпини. ТВО, IV, СПб., 1859.

Горлов Н. Полная история Чингис-хана, составленная из татарских летописей и других достоверных источников. СПб., 1840.

Городцов В.А. Результаты археологического исследования на месте города Маджар в 1907 г. ТАС, XIV.

Греков Б. Д. и Якубовский А. Ю Золотая Орда. (Очерк истории Улуса Джучи в период сложения и расцвета в XIII—XIV вв. Под ред. В. Быстрянского, 1937 (2-е изд. 1941).

Григорьев В. В. Еще два десятка неописанных джучидских монет. ИРАО, VIII, СПб., 1877.

Григорьев В. В. Монеты афганских султанов Индии, найденные в развалинах Сарая. ЗСПбАНО, 11, СПб., 1850.

Григорьев В. В. Монеты джучидов, генуэзцев и Гиреев, битые на Таврическом полуострове и принадлежащие [Одесскому] обществу [истории и древностей]. ЗООИД, 1, Одесса, 1844. (Отд. изд.: Одесса, 1843).

Григорьев В. В. Несколько новых видов и вариантов джучидских монет. ТВО, VIII, СПб., 1864.

Григорьев В. В. О местоположении Столицы Золотой Орды. СПб., 1845. (Отт. из ЖМВД).

Григорьев В. В. Описание клада из золотоордынских монет, найденного близ развалин Сарая. ЗСПбНО, II, СПб., 1850

Григорьев В. В. Россия и Азия. Сб. исслед. и статей по ист., этногр. и геогр. СПб., 1876.

Григорьев В. В. Четырехлетние археологические поиски в развалинах Сарая. ЖМВД, 1847, ч. 19.

Григорьев В. В. Ярлыки Токтамыша и Сеадет Герея. ЗООИД, I, Одесса,

1844.

Гриневич К. Э. Новейшие раскопки в Крыму. Красный журнал для всех, 1924, № 1.

Грум-Гржимайло Г. Е. Западная Монголия и Урянхайский край, т. 1. СПб., 1914; т. 2, Л., 1926; т. 3, вып. 1, Л., 1926; т. 3, вып. 2—4, Л., 1930.

Засыпкин Б. Н. Памятники архитектуры крымских татар. 1928.

Иванов А. И. Походы монголов на Россию по оффициальной китайской истории «Юань-ши». Зап. Разр. военн. археолог. и археогр. русск. военно-истор. общ., III, Пгр., 1914.

Ильминский Н. И. Замечания о тамгах и ункунах (онконах). ТВО, III, СПб., 1858.

Иностранцев К. А. К вопросу о басме. ЗВО, XVIII, СПб., 1908.

Калинин Н. Золотоордынская керамика в историко-археологическом отделе Центрального музея Татарской республики. Матер. ЦМ ТАССР, № 1.

Калугин И. С. Дипломатические сношения России с Крымом в княжение Иоанна III. Моск. Ведом., 1855, № 106—109.

ал-Калькашанди Субх-ал-Аша (арабский текст). 14 тт. Каир (начато изданием в 1913 г.).

Клавихо Рюи Гонзалес. Дневник путешествия ко двору Тимура в Самарканд в 1403—1406 гг. Подлинный текст с перев. и примеч. И. И. Срезневского. СПб., 1881.

Козин С.А. Тамги у крымских татар. Этнограф-исследователь, № 1, 1921.

Котвич В. Л. Из поучения Чингис-хана. Восток, III, 1923.

Крачковский И. Ю. Английский перевод истории Тимура Ибн Арабшаха. Сов. Востоковедение, II, М.—Л., 1941.

Кротков А. А. Два собрания джучидских монет. ТНВОК, вып. 37, Саратов, 1930.

Кротков А. А. и Шишкин Н. И. Городище и курганы близ села Квасниковки. ТСУАК, XXVI. Саратов, 1910.

Кротков А. А. К вопросу о северных улусах Золотоордынского ханства. ИООИА, № 5, Баку, 1928.

Кротков А. А. Клад серебряных джучидских монет с Водянского городища. ТСУАК, XXX, Саратов, 1913.

Кротков А. А. Раскопки в Увеках в 1913г. ТСУАК, XXXII.

Кудряшов К. В. Половецкая степь. Очерки исторической географии, т. 2. ЗВГО, Новая серия, М., 1948.

Кулаковский Ю. А. Новые данные для истории Старого Крыма. ЗРАО, 1898.

Куник А. Древние сказания о нашествии Батыя и разорении земли Рязанской. Ряз. губ. вед., 1844, №№ 11—14.

Куник А. О походе татар в 1223 г. по Нейбургской летописи. УЗАН, 1/5, СПб., 1854.

Кушева-Грозевская А. Золотоордынские древности Государственного Исторического музея из раскопок 1925—1926 гг. в Нижнем Поволжье. Изд. Саратовск. областн. музея, 1928.

Леопольдов А. Актубинские развалины. ЖМВД, 1837, № 4 (ч. XXIV).

Лихачев А. Ф. Новый клад из джучидских монет. Изв. РАО, VII, СПб., 1877.

Лихачев Н. И. Басма золотоордынских ханов. Сб. в честь гр. П. С. Уваровой, М., 1916.

Ляскоронский В. Г. К вопросу о битве с татарами на р. Ворскле в 1399 г. ЖМНП, 1908, июль.

Ляскоронский В. Г. Русские походы в степи в удельно-вечевое время и поход кн. Витовта на татар в 1399 г. ЖМНП, нов. серия, 1907, март, апрель, май.

Малиновский К. Н. Отчет о поездке в село Селитренное. 1888.

Маркевич А. И. Поездка в Старый Крым. ИТУАК, VI, Симферополь, 1888.

Маркевич А. И. Старо-Крымские древности. ИТУАК, XVII, Симферополь, 1892.

Марков А. К. Инвентарный каталог мусульманских монет Эрмитажа (и дополнения). СПб., 1896.

Марков А. К. О монетах хана Ногая. ТМНО, III.

Массон М. Е. Монетный клад из XIV в. из Термеза. БСГУ, 18, Ташкент, 1929.

Материалы по истории Татарии, вып. I. Казань, 1948.

Мелиоранский П. М. Что такое басма золотоордынских [послов] хана Ахмата. ЗВО, XVII, СПб., 1907.

Минаев И. Путешествия Марко Поло. ЗРГООЭ, XXVI, СПб., 1902.

Минх А. Н. Набережный Увек. «Саратовский сборник», 1, Саратов, 1881.

Мухаммед ибн-Хиндушах, Дастур ал-Катиб. Копия В. Г. Тизенгаузена. Архив Инст. востоковед. АН СССР.

Насонов А.Н. Татары и Русь. (История татарской политики на Руси). Изд. АН СССР, 1940, М.—Л.

Невоструев К. И. О городищах Волжско-Болгарского и Казанского царств в нынешних губерниях Казанской, Симбирской, Самарской и Вятской. ТАС, 1, М., 1869.

Никитин А. Хожение за три моря Афанасия Никитина 1466—1472. Под ред. акад. Б.Д.Грекова и чл.-корр. АН СССР В. А. Адриановой-Перетц. М.—Л., 1948.

ан-Нувейри. Нихайят ал-араб фи фунум ал-адаб (арабский текст). Каир.

Оболенский М.А. Ярлык хана Золотой Орды Тохтамыша к польскому королю Ягайлу. 1392—1393 г. Казань, 1850.

Папа-Афанасопуло К.Н. Декоративная керамика золотоордынской архитектуры. МПОРРП ТАССР, IV, Казань, 1930.

Папа-Афанасопуло К. Н. Золотоордынская керамика. (Опыт систематизации и описания золотоордынской посуды). УЗСГУ, т. III, вып. 3, Саратов. 1925.

Патканов К. История монголов инока Магакии XIII в. СПб., 1871.

Патканов К. История монголов по армянским источникам. 1—2 вып., СПб., 1873—1874.

Первое нашествие менголов на Европу. Сев. Архив, 1826, ч. 24 (№№ 21—24), 1827, ч. 25 (№№ 7, 8).

Петрушевский И. П. Хамдаллах Казвини как источник по социально-экономической истории Восточного Закавказья. ИАН, Отд. общ. наук, 1937, № 4.

Петрушевский И. П. К вопросу о прикреплении крестьян к земле в Иране в эпоху монгольского владычества. Вопросы истории, 1947, № 4.

Плано Карпини. История монголов. — Вильгельм Рубрук. Путешествие в Восточные страны. Перев. А.И.Малеина, СПб., 1911.

Полное собрание русских летописей. Изд. Археограф. комисс.

Пономарев Р. На развалинах города Увека близ Саратова. Древняя и Новая Россия, 1879.

Попов П. С. Яса Чингис-хана и уложение Монгольской династии. ЗВО, XVII, СПб., 1907.

Примодэ Э. История Черноморской торговли в средние века. Извлечения Вас. Шостака. Одесса, 1850.

Приселков М. Д. Ханские ярлыки русским митрополитам. ЗИФФПУ, CXXXIII, СПб., 1916.

Происхождение Казанских татар. (Матер. сессии Отд. ист. и философ. АН СССР, организ. совместно с Инст. яз., литер. и ист. Каз. фил. АН СССР 25—26 апреля 1946 г. в г. Москве). Казань, 1948.

Радлов В. Ярлыки Тохтамыша и Тимур-Кутлуга. ЗВО, III СПб., 1889.

Рашид-ад-дин. История монголов. Сочинение Рашид-Эддина. Введение: О турецких и монгольских племенах. Перев. с персидск. с введ. и примеч. И. Н. Березина. ТВО, V, СПб., 1858.

Рашид-ад-дин. Сборник летописей, т. III. Перев. с персидск. А. К. Арендса, под ред. А. А. Ромаскевича, Е.Э. Бертельса и А. Ю. Якубовского. М., 1946.

Рыбаков Б.А. Ремесло древней Руси. Изд. АН, М., 1948.

Рязановский В.А. Великая яса Чингис-Хана. Изв. Харбинск. юрид. факульт., X, 1938.

Саблуков Г.С. Остатки и древности в Усть-Набережном Увеке Саратовской губернии и уезде. ИОАИЭКУ, III, 1884.

Саблуков Г.С. Очерк внутреннего состояния Кипчакского Царства. ИКУ, VII, 1895.

Савельев В.К. О кладах золотоордынских монет в развалинах древнего города Болгар. ТАС, I, М., 1869.

Савельев П.С. Монгольское пайзе, найденное в Забайкальской области. ТВО, II, 1856.

Савельев П.С. Монеты Джучидов, Джагатаидов, Джелаиридов и другие, обращавшиеся в Золотой Орде в эпоху Тохтамыша, вып. 1—2. СПб., 1857, 1858.

Савельев П. С. Монеты джучидские, джагатайские, джелаиридские и другие, обращавшиеся в Золотой Орде в эпоху Тохтамыша. Екатеринославский клад. Тетюшский клад. Джучидские монеты из разных собраний. ТВО, III, СПб., 1858.

Савельев П.С. Список золотоордынских монет из города Увека, приобретенных летом 1879 г. ИОАИЭКУ, II, 1880.

Самойлович А.Н. Несколько поправок к изданию и переводу ярлыков Тохтамыш-хана. ИТОИАЭ, 1 (58), Симферополь, 1927.

Самойлович А.Н. Несколько поправок к ярлыку Тимур-Кутлуга. ИРАН, 1918.

Самоквасов Д. Монголы русской земли. ТАС, IX.

Смирнов А.И. Баня XIV в. в Великих Булгарах. Кратк. сообщ. ИИМК, VI, М.—Л., 1940.

Смирнов А.П. Волжские Булгары. (Краткие тезисы). Кратк. сообщ. ИИМК, XIII, М.—Л., 1946.

Смирнов А.П. Древняя история чувашского народа. Чебоксары, 1948.

Смирнов А.П. Исследование городища Сувар. СА, IV, М., 1937.

Смирнов А.П. Очерк древней истории Мордвы. ТГИМ, XI, Сб. статей по археолог. СССР, М., 1940.

Смирнов А.П. Очерки по истории древних булгар. ТГИМ, XI, Сб. статей по археолог. СССР, М., 1940.

Смирнов А.П., Ефимова А.М. и Калинин Н.Ф. Раскопки городища Великие Болгары в 1945 г. Кратк. сообщ. ИИМК, М.—Л., 1947.

Смирнов А.П., Ефимова А.М., Хованская О.С. и Калинин Н.Ф. Раскопки развалин Великих Болгар в 1946 г. Кратк. сообщ. ИИМК, М.—Л., 1947.

Смирнов А.П. Реконструкция Булгарской бани XIV в. Кратк. сообщ. ИИМК, XIII, М.—Л., 1946.

Смирнов А.П. Русский элемент в культуре волжских булгар. Историко-археолог. сб. Н.-и. инст. краевед. ……, М., 1948.

Смирнов А.П. Сувар. ТГИМ, XVI, М., 1941.

Смирнов В.Д. Археологическая экскурсия в Крым летом 1886 г. ЗВО, I, стр. 273—302.

Смирнов В.Д. Крымское ханство под верховенством Оттоманской Порты до начала XVIII в. СПб., 1887.

Смирнов В.Д. Татарско-ханские ярлыки из коллекции Таврической ученой архивной комиссии. ИТУАК, № 54, 1918.

Спасский Г.И. Старый Крым. ЗООИД, IV, Одесса, 1860.

Спицын А.А. Отчет о поездке члена Археологической комиссии А.А. Спицына летом 1893 г. на Жареный Бугор и некоторые приволжские золотоордынские города. ОАК, 1893.

Спицын А.А Татарские байсы. ИАК, XXIX, 1909.

Терещенко А.В. Археологические поиски в развалинах Сарая. ЗСПбАНО, II, СПб., 1850.

Терещенко А.В. Окончательное исследование местности Сарая с очерком следов Дешт-Кипчакского царства. Уч. зап. Ак. Наук по I и III отд., т. II, СПб., 1854.

Тизенгаузен В.Г. Сборник материалов, относящихся к истории Золотой Орды, т. I. Извлечения из сочинений арабских. СПб., 1884; т. II. Извлечения из персидских сочинений, собранные В.Г. Тизенгаузеном и обработанные А.А. Ромаскевичем и. С.Л. Волиным. М.—Л., 1941.

Трофимова Т.А. Этногенез татар Поволжья в свете данных антропологии. Изд. АН СССР, 1949.

Трутовский В.К. Гулистан Золотой Орды. ТВКМАО, 1.

Трутовский В.К. Гулистан, монетный двор Золотой Орды. Нумизматический сборник, т. I. М., 1911.

Успенский Ф.И. Византийские историки о монголах и египетских мамлюках. Византийский Временник, XXIV, Л., 1926.

Фасмер Р.Р.О двух золотоордынских монетах. ЗКВ, II, Л., 1926.

Федоров В.Г.К вопросу о дате появления артиллерии на Руси. Изд. Акад. арт. наук, М., 1949, стр. 67 след.

Фирсов Н.Н. Изучение Татарии в историческом, археологическом и этнографическом отношении. НВ, кн. 20—21, М., 1928.

Шильтбергер И. Путешествие Ивана Шильтбергера по Европе, Азии и Африке с 1394 по 1427 г. Перевел с немецкого и снабдил примечаниями Ф. Брун. Зап. Новоросс. унив., год I, т. I (вып. 1—2). Одесса, 1867.

Эмин Н. Всеобщая история Вардана Великого. М., 1861.

Юргевич В.Н. О монетах генуэзских, находимых в России. ЗООИД, VIII, Одесса, 1872.

Якубовский А.Ю. (Греков Б.Д. и Якубовский А.Ю.). См. Греков Б.Д. и Якубовский А.Ю.

Якубовский А.Ю. Из истории падения Золотой Орды. Вопросы истории, 1947, № 2.

Якубовский А.Ю. К вопросу о происхождении ремесленной промышленности Сарая Берке. Изв. ГАИМК, VIII, вып. 2—3, Л., 1931.

Якубовский А.Ю. Развалины Сыгнака (Сугнака). Сообщ. ГАИМК, т. II, Л., 1929.

Якубовский А.Ю. Развалины Ургенча. Изв. ГАИМК, VI, вып. 2, Л., 1930.

Якубовский А.Ю. Тимур. (Опыт краткой характеристики). Вопросы истории, 1946, №№ 8—9.

Якубовский А.Ю. Феодализм на Востоке. Столица Золотой Орды Сарай Берке. (Исторический очерк к выставке в зале 31). Л., 1932.

Abel-Rémusat. Nouveaux Mélanges asiatiques, II, Paris, 1829.

Ahmed ibn Arabshah. Tamerlane or Timur The Great Amir. Transl. by J.H. Sanders. London, Luzac, 1936.

Balducci Pegalotti F.B. La pratica della Mercatura. Изд. Allan Ewans, Cambridge. 1936.

Barthold W. Encyclopédie de l'Islam под словами «Batu», «Berke», «Djuwayni», «Toktamish».

Barthold W. Turkestan down to the Mongel invasion. London, GMS. 1928.

Barthold W. 12 Vorlesungen über die Geschichte der Türken Mittelasiens. Berlin, 1935.

Berthels E. Encyclopédie de l'islam. Под словом«Rashid al Din».

Bratianu G. Recherches sur le commerce génois dans la Mer Noire au XIII siécle, Paris, 1929.

Brosset M. Deux historiens armèniens: Kiracos de Gantzac, XIII s. Oukhtanès d'Ourha X s. St. Petersbourg, 1870.

Bretschneider E. Mediaeval Researches from Eastern Asiatic Sources, I—II, London, 1888. Новое издание: London, 1910.

Canard M. Un traite entre Byzance et l'Egypte au XIII siécle et les relations diplomatiques de Michel VIII Paléologue avec les Sultans mamlûks Baibars et Qalaûn. — Mélanges Gaudefroy — Demombynes Kairo, 1937.

Chavannes E. Inscriptions et pièces de chancellerie chinoises de l'époque mongole. См. T'oung Pao 1904, 1905, 1908.

Drouin E. Notice sur les monnais mongoles faisant partie des documents de l'époque mongole publié par le prince Bonoparte, Journal Asiatique. VII, 1896.

Dulaurier E. Les Mongols d'après les historiens arméniens, Journal Asiatique, V serie, t. XI, 1858.

Ernst N. Die Beziehungen Moskaus zu den Tataren der Krim unter Ivan III und Vasiliy III. Berlin, 1911.

Frähn C.M. De numorum Bulgaricorum forte antiquissimo. Казань,

1816.
Frähn C.M. Recensio numorum Muhammedanorum Academiae Imp. scientiarum Petropolitanae. St. Petersburg, 1826.
Frähn C.M. Uber die Münzen der Chane vom Ulus Dschutschi's oder der Goldenen Horde. St. Petersburg, 1832.
Grousset René. L'Empire Mongol. Histoire du Monde, Paris, 1941.
Juwayni. The Tarikh-i Jahán gushá of Alá ud-Din Átá Malik-i Juwayni. GMS, XVI, 1—3 (персидский текст).
Jūzjānī. The Tabaqat-i Nasiri of Aboo Omar Minhaj al-din Othman ibn Siraj al-din al-Juzjani, edited by W. Nassau Lees. Calcutta, 1863—1864. (Bibliotheca Indica).
Hafiz-i Abru. Chronique des Rois Mongols en Iran K. Bayani, II. Traduction et Notes. Paris, 1936.
Hammer-Purgstall. J. Geschichte der Goldenen Horde im Kiptschak, 1840.
Hammer-Purgstall. Geschichte Wassafs.
Howorth H. History of the Mongols. I—III. London, 1876—1888; t. IV и Supplement and Indices. 1927.
Kotwicz W. Quelques données nouvelles sur les relations entre les Mongols et les Ouigours. Rocznik Orjentalistyczny, II, 1925.
Kotwicz W. Les termes concernant le service des relais postaux. Wilna, 1933.
Lane-Poole S. Catalogue of the Oriental Coins in the British Museum. Bd VI — The Coins of the Mongols ... London, 1881.
Nizāmuddīn Šamī. Histoire des conquets de Tamerlan intitulée Zafar nama par Nizamuddīn Šāmī. Edition critique par Felix Tauer, T. I, Texte persan du Zafarnama. Praha, 1937.
d'Ohsson. Histoire des Mongols depuis Tchingis-Khan jusqu'a Timourbeg ou Tamerlan. 2-е изд. в 4-х томах, 1834—1835, 3-е изд. 1852.
Panaitescu P. La route commerciale de Pologne à la mer Noire au moyen-âge, Revista Istorica Romna, III. 1933.
Pelliot P. A propos des Comans. Journal Asiatique. Avril-Juin 1920.
Pelliot P. Sur yam ou jam, relais postal. T'oung Pao. 1930.
Poliak A.N. Le caractère colonial de I'Etat mamelouk dans ses rapports avec la Horde d'Or. Bevue des études islamiques, IX, 1935.
Qatrmère. Notice de l'ouvrage persan qui a pour titre: Matla assaadein. Notices et Extraits des manuscripts de la Bibliothèque du Roi, t. XIV.

Paris, 1843.

Rashid ed Din. Djami el Tévarikh. éditée par E. Blochet. T. II. Contenant l'histoire des empereurs mongols succsesseurs de Tchinkkiz Khagan. GMS, XVIII, 2.

Sharafuddin Ali of Vazd. The Zafarnamah, vol. I—II. Calcutta, 1888.

Spuler B. Die Goldene Horde. Die Mongolen in Russland 1223—1502. Leipzig, 1943.

Travels to Tana and Persia by Josafo Barbara and Ambrogio Contarini, London, 1873.

图 1　在萨拉托夫地区找到的手推石磨盘，13—14 世纪。

图 2　犁铧，14—15 世纪，发现于旧俄萨马尔省境内。

图 3　青铜片、手锯，13—14 世纪，别儿哥萨莱出土（残片）。

图 4　两枚拉弓的骨环、骨制响箭、两支捕鱼用的骨钩、捕鱼铁钩，别儿哥萨莱出土。

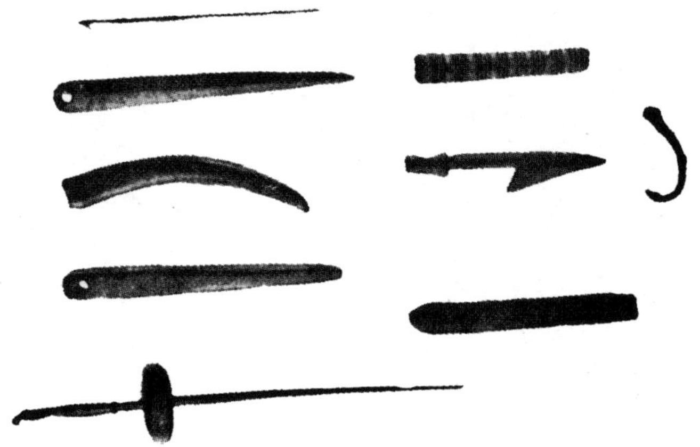

图 5　纺锤、加工皮革用的骨制工具、把手的残块、鱼钩，不里阿耳出土。

图 6　陶坩埚、青铜坩埚，别儿哥萨莱出土。

图 7　熔铸(金、银)饰物用的石模，别儿哥萨莱出土。

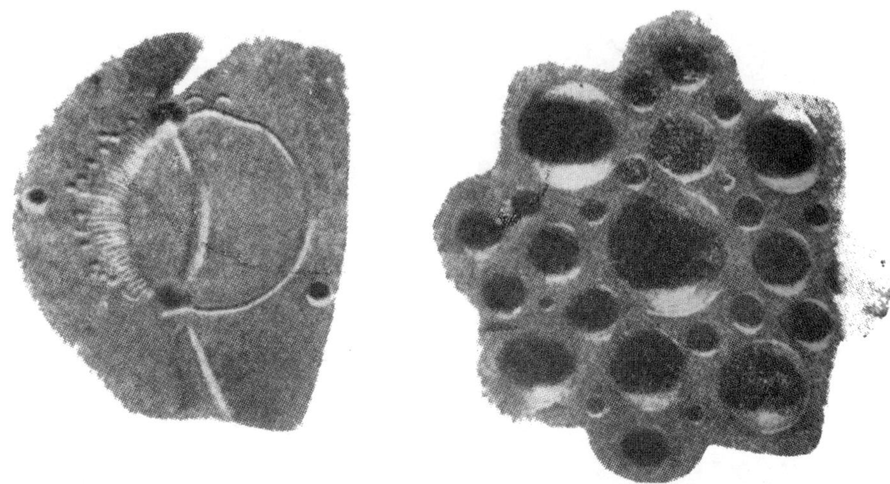

图 8　熔铸耳环用的模子、制金银珠用的青铜模子，别儿哥萨莱出土。

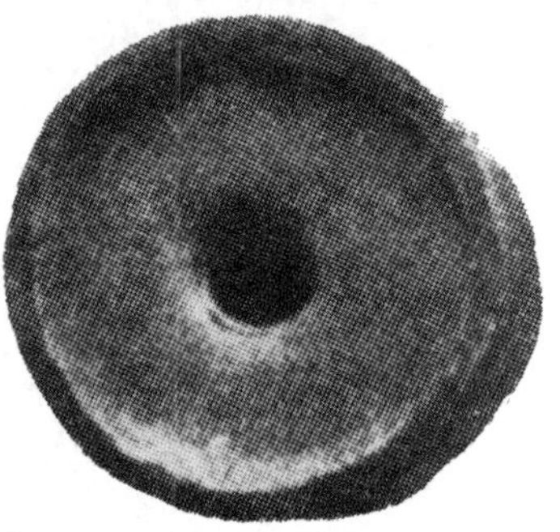

图 9　带印的戒指、青铜笔、碧釉陶制墨水瓶，别儿哥萨莱出土。

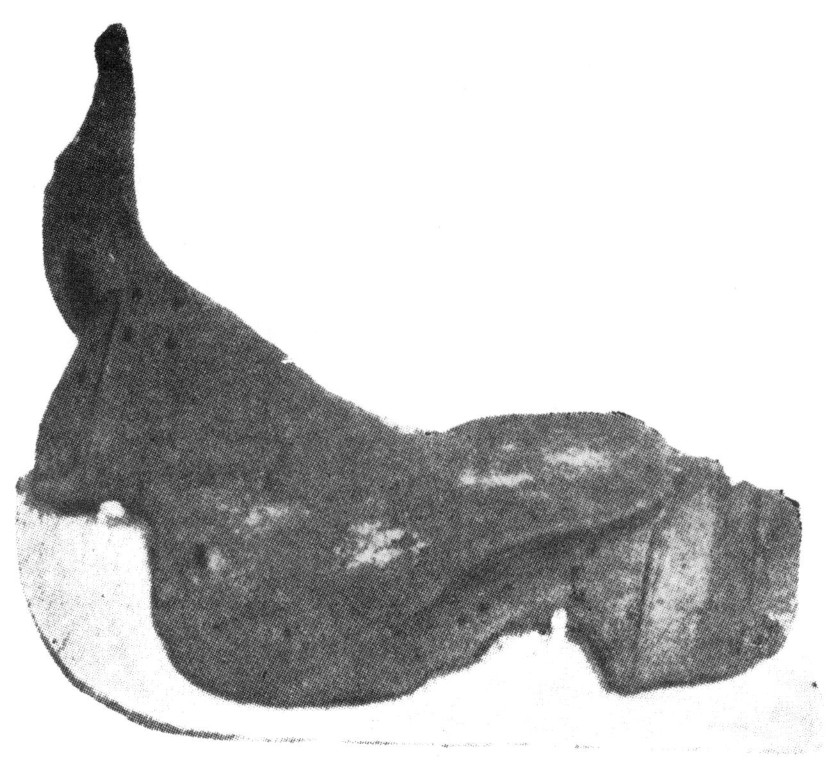

图 10　蒙古木制马鞍，13—14 世纪。

图 11　小弓，15 世纪。

图 12　东方制镀金铁盔，13—14 世纪。

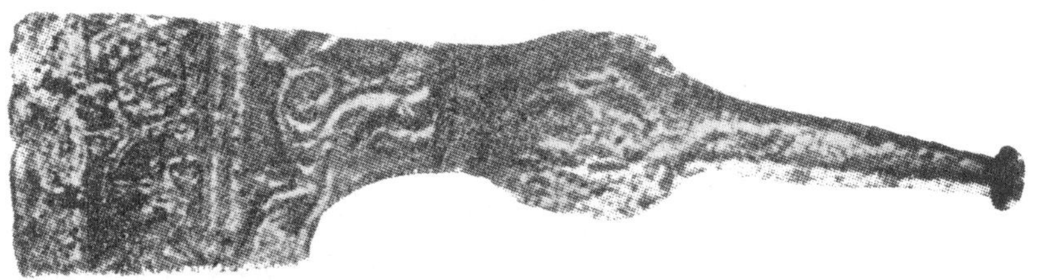

图 13　饰有奔跑的大角野山羊和特殊风格树枝的铁战斧，14 世纪。

图 14　有金色刻纹及月即别汗名字的蒙古(金帐汗国)腰刀，14 世纪。

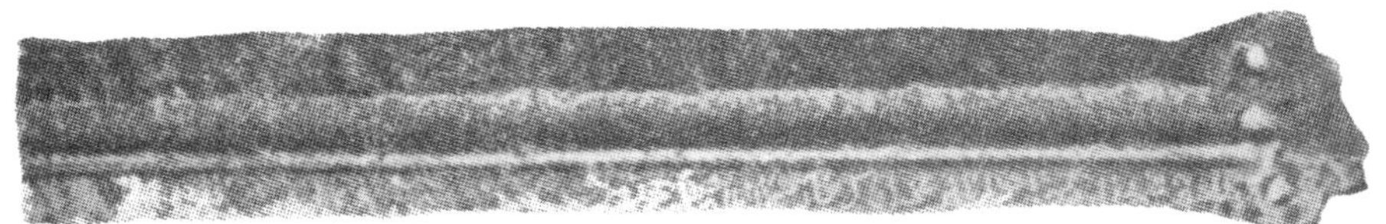

图 15　同上，细部（有月即别汗名字的题词），14 世纪。

图 16　铁环组成的有领的锁子甲，15 世纪东方制品。

图 17 “忽牙黑”——蒙古式护身甲胄，里面钉有鳞片状钢片。

图 18 用中国布制成的男长衣，14 世纪。

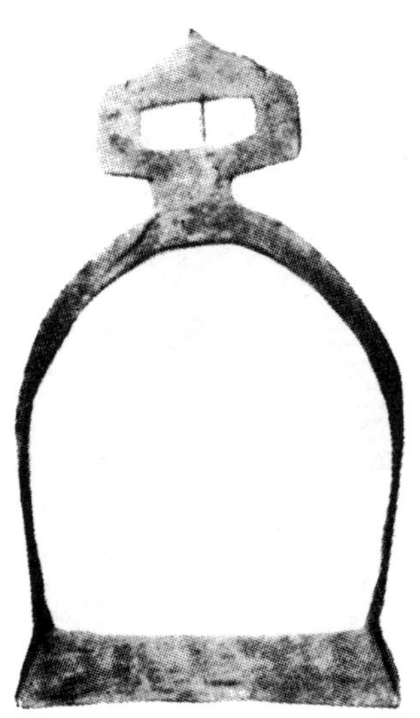

图 19 蒙古式铁镫。

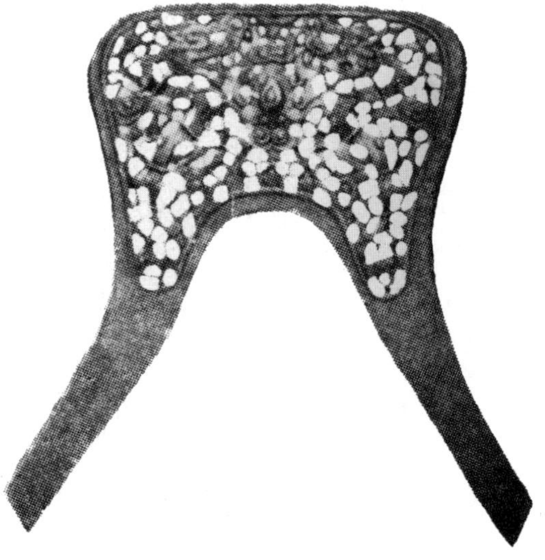

图 20 鞍桥上的青铜饰物，15 世纪。

图 21　用黑角制的扣绊、青铜圆锤(六角锤)。 图 22　奥都剌汗(1362—1366)银牌,正面。

图 23　镶有银字的铁牌。

图 24　哈儿撒黑拜的题铭(1391 年帖木儿用畏吾儿字母察合台文及阿拉伯文两种文字写成),全貌。

图 25　哈儿撒黑拜的题铭(1391 年帖木儿用畏吾儿字母察合台文及阿拉伯文两种文字写成)。

图 26　写在桦树皮上的畏吾儿-蒙文手迹,14 世纪。
1930 年在金帐汗国境内伏尔加河流域波德戈尔诺耶村附近发现。

图 27　青铜狮身人首像,14 世纪,别儿哥萨莱出土。

图 28　青铜门环,14 世纪,别儿哥萨莱出土。

图 29　青铜灯，14 世纪，别儿哥萨莱出土，藏于艾尔米塔什博物馆。

图 30　两座青铜钟，14 世纪，别儿哥萨莱出土，藏于艾尔米塔什博物馆。

图 31　有阿拉伯文题词的大理石灯座，14 世纪，高 23 厘米。

图 32　有釉彩图案的陶器。13—14 世纪，别儿哥萨莱出土，高 19.4 厘米。

图 33　有汉文题词的青铜镜，14 世纪，别儿哥萨莱出土，直径 15 厘米。

图 34　有阿拉伯文题词的青铜镜，13—14 世纪，别儿哥萨莱出土。

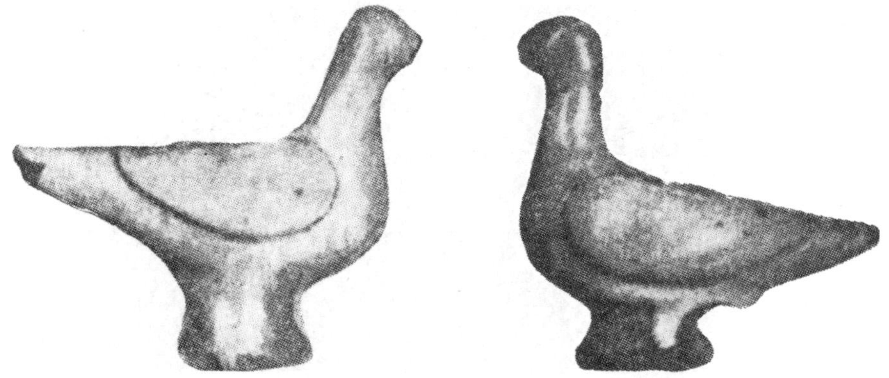

图 35　上绿釉的陶鸽，13—14 世纪，别儿哥萨莱出土。

图 36　有彩釉的陶碗，13—14 世纪，别儿哥萨莱出土，高 9.2 厘米，直径 18.4 厘米。

图 37　有彩釉的陶器，13—14 世纪，别儿哥萨莱出土，高 23 厘米。

图 38　有彩釉的陶质药罐，13—14 世纪，别儿哥萨莱出土。高 13.6 厘米。

图 39　有彩釉的陶碗，碗底有六角形星，13—14 世纪，别儿哥萨莱出土，直径 18.8 厘米。

图 40　有彩釉的陶碗，碗底有鸭的图案，13—14 世纪。别儿哥萨莱出土，直径 19.3 厘米。

图 41　有彩釉的陶质药罐，13—14 世纪，别儿哥萨莱出土。

图 42　用模压技术加以装潢的无釉陶罐，其上有阿拉伯文题词，13—14 世纪，别儿哥萨莱出土，高 25 厘米。

图 43　中国彩陶花瓶，宋代(10—13 世纪)。

图 44　无釉陶罐，13—14 世纪，别儿哥萨莱出土，高 16 厘米。

图 45　无釉陶器，13—14 世纪，别儿哥萨莱出土。

图 46　上端有怪鸟（鸟身女人头）像的圆锥体容器，13—14 世纪，高 14.8 厘米。

图 47　用模压和雕刻技术装饰的无釉陶灯残片，13—14 世纪，别儿哥萨莱出土。高 29 厘米。

图 48　用镶嵌技术制成的釉面瓷砖。13—14 世纪，
别儿哥萨莱出土，68×42 厘米。

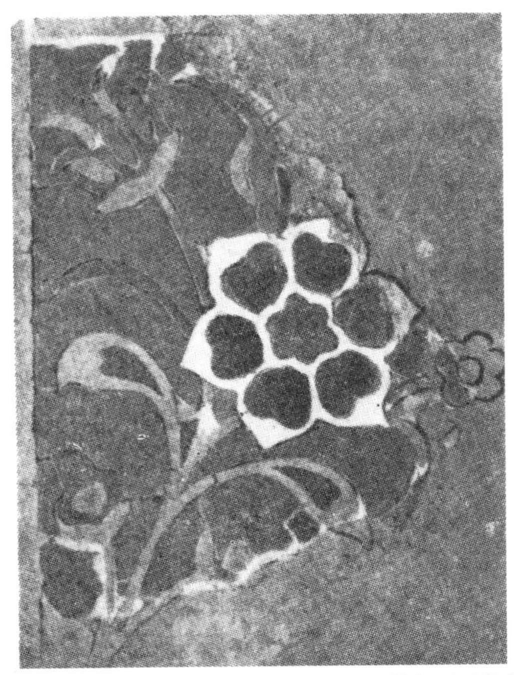

图 49　用镶嵌技术制成的釉面瓷砖，13—14 世纪，别儿哥萨莱出土。

图 50　彩绘釉面瓷砖，13—14 世纪，
别儿哥萨莱出土，24.7×24.7 厘米。

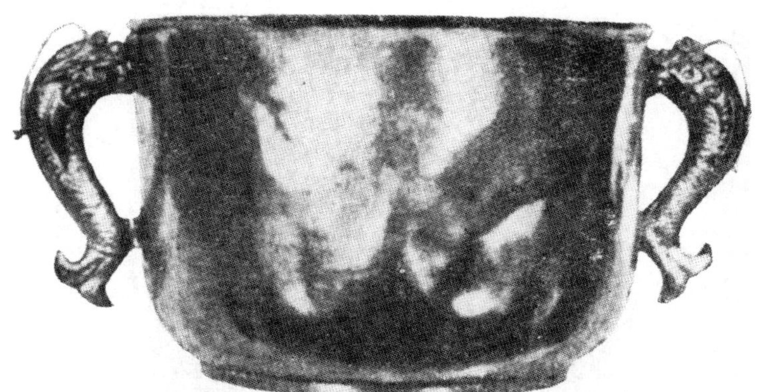

图 51　龙柄金碗，14 世纪，别儿哥萨莱出土，高 13 厘米，直径 18 厘米。
以上文物均藏于艾尔米塔什博物馆。

图 52　别儿哥萨莱城废墟平面图

1. 主要的城墙及壕沟　2. 土埂　3. 建筑物废墟　4. 现代建筑物　5. 湖、河　6. 人工湖及水库　7. 输水渠道　8. 城内小水渠　9. 坝　10. 基督教徒墓地　11. 穆斯林墓地　12. 古俄罗斯教堂的假定位置　13. 现代道路。别儿哥萨莱废墟的东南部为察列甫城,即今列宁斯克。

图书在版编目(CIP)数据

金帐汗国兴衰史/(苏)鲍里斯·格列科夫,(苏)亚历山大·雅库博夫斯基著;余大钧译.—北京:商务印书馆,2024
(汉译世界学术名著丛书:120年纪念版:珍藏本:增订本)
ISBN 978-7-100-23712-3

Ⅰ.①金… Ⅱ.①鲍…②亚…③余… Ⅲ.①金帐汗国—历史 Ⅳ.①K512.32

中国国家版本馆CIP数据核字(2024)第076752号

汉译世界学术名著丛书
(120年纪念版·珍藏本·增订本)
金帐汗国兴衰史
〔苏〕鲍里斯·格列科夫 亚历山大·雅库博夫斯基 著
余大均 译
张沪华 校

商务印书馆出版
(北京王府井大街36号 邮政编码100710)
商务印书馆发行
北京中科印刷有限公司印刷
ISBN 978-7-100-23712-3

2024年5月第1版 开本710×1000 1/16
2024年5月北京第1次印刷 印张30½ 插页11
定价:249.00元